U0660371

永嘉成派继何学

邵定美　编著

光明日报出版社

编委会

高级顾问：李　坚　秦　肖

顾　　问：李辅正　孙寒星

主　　任：邵定美

副 主 任：唐长青

委　　员：施蓓蓓　赵小玲　朱安利　黄丽萌

序

中共瑞安市委书记 李 坚

文化，既是一座城市独一无二的印记，也是一座城市融古通今的灵魂，更是一座城市最吸引人的特质。瑞安，这座独具魅力的江南古城，到底赓续着怎样的一种城市文脉，又传承着怎样的一种城市精神？

作为联合国地名专家组认定的"千年古县"，瑞安是一座具有1770多年历史的省级历史文化名城，素有"理学名邦""东南小邹鲁"美称，是中国重商文化和南戏文化的发祥地，近年来获评了全国文化先进市、中国曲艺之乡、中华诗词之乡、中国寓言大市、中国民间文化艺术之乡、中国报告文学创作基地等一大批国家级文化金名片。特别是兴于南宋的永嘉学派事功实学，最具坐标气质，堪称瑞安文化根脉。

永嘉学派始于瑞安、成于瑞安、续于瑞安。作为南宋时期重要的一个儒家学派，永嘉学派"秉入世之精神、求经世之功利、行济世之大义"，在当时与朱熹的"理学"、陆九渊的"心学"呈鼎足相抗之势，也是明清实学的主要渊源、乾嘉朴学的重要组成部分，在中国思想文化史上占有不可或缺的重要地位。作为浙学的主要渊源、温州学的核心内容，永嘉学派蕴含的"善为国者，务实而不务虚"的经世思想精髓，对当今社会具有不可替代的独特启示作用。如何通过挖掘和弘扬永嘉学派精神，寻找解决当下问题的时代方案，为中国式现代化事业提供更多的瑞安经验，需要我们瑞安人共同的智慧。

千年遗韵，重焕新风。近年来，瑞安聚力提升文化软实力，深入实施文化赋能"八大工程"，从出版《永嘉学派丛书》、举办系列高峰论坛、谋划永嘉学派馆，到着手开展永嘉学派集成研究、举办"实学思想家故里行"

等，系列组合动作稳步推进，有力地打响了永嘉学派这一宋韵文化金品牌。《永嘉成派继何学》一书，既是近五年来全国学界有关专家学者深入研究永嘉学派的一次集中成果展示，也是梳理瑞安文化主脉、探源瑞安城市精神的一次阶段性回顾。全书按照"一脉三高峰"的结构，再现了瑞安先哲以舍我其谁之担当和前仆后继之气概，远肇永嘉学派、中兴瑞安新学、近启温州模式的探颐索隐过程。特别是围绕"事功实学"这一主题，聚焦永嘉学派在中国哲学史上的历史地位、瑞安新学在近代中国第一次现代化中扮演的角色，以及瑞安成为温州模式主要发祥地的历史文化原因，展开了多方面、多角度的宏观与微观相结合的论述，以期更进一步扩大宋韵文化、永嘉学派影响力，更好地推动地域人文精神的赓续与传承。

文化与城市的联姻是历史进步的必然，城市发展的走向必将是从"功能城市"走向"文化城市"。瑞安拥有丰厚的"文化自信"资本，更需要强力的"文化自强"举措。此书的出版，将有力再现瑞安这座"千年古城"历史人文主线的发展过程，进一步弘扬"务实奋进，敢为人先"的瑞安精神，全面提升瑞安作为中国"实学名邦"的美誉度，助力瑞安打造新时代文化文明高地，为瑞安奋力打造共同富裕和中国式现代化县域样板提供强有力的精神支撑。

是为序。

2023 年 11 月 22 日

目录

第一篇

集成研究：
永嘉成派继何学

　　纵览中国儒学发展 2000 余年，始终有一条主线贯穿其中——志存天下、积极用世。永嘉学派秉入世之精神、求经世之功利、行济世之大义，全面拓展了"外王之学"的内涵与外延，可以称为儒家中的儒家。在南宋三大思想流派群雄逐鹿中，虽然朱熹道学最终胜出被确立为官方哲学，但是心学在明朝中叶被王阳明发扬光大而经久不衰，永嘉学派则被宋濂、黄宗羲等人发扬光大成为中国实学的主要渊源。永嘉学派在中国思想文化史上到底做出了哪些突出贡献？有什么样的当代价值？

永嘉学派的形成与发展脉络再探

邵定美

永嘉学派又称事功学派，它继承儒家入世精神，创立了以实学实体实用为特征的事功学说，全面丰富和发展了以"外王之学"为核心的事功哲学体系。从狭义的角度看，当前学术界所称的永嘉学派，一般是指南宋以叶适为代表的，与朱熹道学、陆九渊心学鼎足争鸣的思想流派。但学术是活态传承的，从广义的角度看，永嘉学派不仅有南宋的创立形成，而且有晚清的重振复兴，更有当代的创新发展，其间虽有盛衰起伏但一脉贯注，对浙江、全国乃至东南亚社会都有深远的影响。

一、创立与形成——南宋经世致用的永嘉学派

永嘉学派作为南宋三大思想流派之一，溯源于北宋温州学者"皇祐三先生"和"元丰九先生"。北宋以前，温州地处僻壤、远离京师，文化相对落后，罕有知名学者。"皇祐三先生"率先在温州传播中原文化种子，其中王开祖首倡"道学""见道最早"[1]，林石以"明经笃行著称于世"[2]，开始倾向于达用，丁昌期继之，三人开永嘉学术之先河，成为事功学说的源头。随后，去中原汴京太学学习的"元丰九先生"将洛学和关学引入温州，为永嘉学派的形成奠定了文化基础，其中功居首位的周行己在《宋元学案》中被称为"永嘉学派开山祖"[3]。郑伯熊私淑周行己，与其弟郑伯英"雕程书于闽中，由是永嘉之学宗郑氏"[4]，成为当时温州地区学术的领军人物。薛季宣则创立"制度新学"而"附之世用"[5]，至此脱胎伊洛程学而始为一派。

---

① 黄宗羲：《宋元学案》卷六《士刘诸儒学案》，杭州：浙江古籍出版社，1986年，第319页。
② 陈傅良：《止斋集》卷四十八《新妇墓表》，长春：吉林出版集团有限责任公司，2005年，第407页。
③ 黄宗羲：《宋元学案》卷三十二《周许诸儒学案》，杭州：浙江古籍出版社，1986年，第429页。
④ 黄宗羲：《宋元学案》卷三十二《周许诸儒学案》，杭州：浙江古籍出版社，1986年，第429页。
⑤ 叶适：《水心文集》卷十四《陈彦群墓志铭》，《叶适集》上册，北京：中华书局，1961年，第258页。

其门人陈傅良承上启下，讲学岳麓书院、创办仙岩书院，进一步阐发永嘉之学，得到了全国学界承认并产生重要影响。叶适吸收归纳前贤智慧提出"崇利养义"①"成利致义"②，最终确立了永嘉学派的主要宗旨和学术体系。此外，许景衡、徐谊、钱文子、蔡幼学、曹叔远等学者，都围绕通经致用进行过思想阐扬和论述。可以说，永嘉学派源远流长、功臣颇多，概而括之主要是由周行己开山，薛季宣创立，陈傅良中继，至叶适集大成。

二、重振与复兴——晚清变革图强的瑞安新学

元代开始，朱熹道学被尊为官方哲学，永嘉学派一度衰落。清末，"三孙五黄"（指孙氏衣言，弟锵鸣，子诒让；黄氏体正、弟体立、体芳，侄绍箕、绍第）、"东瓯三杰"（指陈虬、宋恕、陈黻宸）等学者面对内忧外患，重振永嘉学派，倡导维新儒学，冀以"振世救弊"。特别是孙衣言、孙锵鸣带领子侄门生，"以永嘉经制之学为己任"，以数十年治学之功，续力刊刻《永嘉丛书》《瓯海轶闻》等，宋恕说"天荒首破、曙光乃来""温人始复知有永嘉之学"③。他们深刻认同永嘉学派"必弥纶以通世变"④的现实意义，积极利用曾国藩、李鸿章、张之洞以及俞樾、章太炎等政学两界人脉，作新国学、躬行西学，亲自践行经世致用理念。倡议维新强国，近代中国十多名早期维新思想家温州独占其二，宋恕的《六斋津谈》是清末全面系统论述各项变法主张的最重要著作，陈虬的《治平通议》被梁启超收进《西学书目表》；推进教育兴国，创办小学、中学、府学、师范、职业、女校等数百所学校，开创了教育界的十余项全国第一；力行实业救国，创办农渔、工矿、运输等一批实体，参与掀起了近代中国早期现代化高潮，涌现了世所罕见的真正意义上的儒商群体。诚如叶适所言"识贯事中枢纽，笔开象外精神"⑤，他们创造了近代史上百余项全国各行业细分领域的单项冠军，使瑞安成为晚清浙江乃至全国的维新重镇，无愧是近代中国思想解放的先驱。

---

① 叶适：《水心别集》卷三《士学上》，《叶适集》下册，北京：中华书局，1961年，第674页。
② 叶适：《习学记言序目》卷二十三，北京：中华书局，1977年，第322页。
③ 胡珠生编：《宋恕集》，北京：中华书局，1993年，第325页。
④ 叶适：《水心文集》卷十《温州新修学记》，《叶适集》上册，北京：中华书局，1961年，第178页。
⑤ 叶适：《水心文集》卷二十九《和李参政》，《叶适集》中册，北京：中华书局，1961年，第603页。

三、创新与发展——当代敢为人先的温州模式

永嘉学派在立说之始，就倡导务实为国，反对空谈心性，重商、实干、创新已成为融入温州人骨髓的集体潜意识。改革开放以来，温州秉持敢闯敢试、敢为天下先的创业精神，从发展家庭工业和专业市场起步，以"小商品大市场"名闻全国，创造了举世瞩目的温州模式，赢得了"东方犹太人"之美誉。作为全国民营经济先发区，20世纪80年代的温州家家点火，户户冒烟，前店后厂，蔚为壮观，家庭工业是考察温州模式的必看内容。1986年4月万里副总理还为此在瑞安召开了著名的"七级书记会"，共议商品经济发展大计。从全国第一家弹棉机器厂、第一家乳品厂，到全国第一批个私企业、第一批专业市场，再到全国第一座农民城、第一个"三位一体"农村合作协会等，温州一直扮演着敢吃螃蟹的探路者角色，成为中国市场经济的主要发祥地。可以说，温州模式是事功学说的生动实践，事功学说因此被称为温州模式的文化基因。进入21世纪，温州用创新实践破解温州模式成长中的烦恼，以市场化、民营化和信息化推进工业化、城市化和国际化。积极创建全国唯一的新时代"两个健康"先行区，重塑民营经济新标杆，续写温州模式创新史。同时，以研究温州模式为缘起的温州学应运而生，温州正在迎来历史上的第三次文化高峰。温州——原本一座普通的城市，秉承事功学说的践履，经过改革开放的淬炼，已然并将继续成为一个时代的标杆。

总而言之，千年瑞安，远肇永嘉学派、中兴瑞安新学、近启温州模式，其中一脉相承的事功学说之精髓，穿越千年而绵延至今，是瑞安对中国哲学文化的重大贡献。

（原文刊载于 2021 年 6 月 14 日《温州日报》求索专刊）

永嘉学派的九大突破性历史成就

邵定美

从南宋经世致用的永嘉学派，到晚清变革图强的瑞安新学，再到当代敢为人先的温州模式，一脉贯穿的事功学说造就了温州历史上的两次文化高峰，成为瑞安乃至温州当之无愧的文化主脉。永嘉学派所创立的事功学说，"事"体现的是"事皆寓理、事上磨炼"的中心命题，"功"体现的是"为民立功、为国立功"的伟大理想。他们秉入世之精神、求经世之功利、行济世之大义，进一步拓展了"外王之学"的内涵与外延，不愧为儒家中的儒家。从新时代的视角看，永嘉学派重点在以下九大领域取得了突破性成就。

第一，在哲学方面：面对义利之辨这一哲学思想史上的千年争论，在倡导"笃行而不合于大义，虽高无益也；立志而不存于忧世，虽仁无益也"[1]的基础上，从"道不离器"的立场出发，提出崇利养义、成利致义，首次明确将"利"光明正大地上升到了不可或缺的重要位置。并以朴素的辩证思想倡导义利并举作为笃行大义的现实选择，终结了道义与功利的二元对立论，为事功学说乃至明清实学奠定了强大的哲学理论基石，使群众敢于光明正大地追求物质财富。

第二，在经济方面：提倡实事功利、反对虚谈心性，主张"既无功利，则道义者乃无用之虚语"[2]。在欧洲尚处于黑暗中世纪的情况下，就旗帜鲜明地主张"四民交致其用而后治化兴""通商惠工，扶持商贾"[3]，肯定雇佣关系和私有制的合理性，建议提高商人地位，有效助推了商品经济的发展，对资本主义萌芽起到了理论先导作用。晚清之际更是极为推崇谋利思想，提出通过在农业、工商业、财政、货币等方面采取改良政策，来推动民族资本主义经济发展。

---

① 叶适：《水心文集》卷二十九《赠薛子长》，《叶适集》中册，北京：中华书局，1961年，第607页。
② 叶适：《习学记言序目》卷二十三，北京：中华书局，1977年，第324页。
③ 叶适：《习学记言序目》卷十九，北京：中华书局，1977年，第273页。

第三，在民生方面：最早提出"许民求富、保民之富"的民富论观点，比欧洲古典政治经济学开山之作《国富论》中提出的"国富必须民先富"思想早了500多年。重视民生的极端重要性，认为民生攸关王朝的安危存亡，提出"天命之永不永，在民力之宽不宽耳"①，建议政府轻赋税、少管制、不争利，以"救民穷"来"宽民力"，用"济民困"来"结民心"②；主张"以天下之财与天下共理之"③，理财只为富民强国，是共富论思想的萌芽或雏形。

第四，在教育方面：永嘉学派虽"志在经世"，但坚持"以学为本"④，认为中兴国家"莫先人才"。通过广施教泽、开启民智，温州进士出现了从北宋前仅两名到南宋1000多名的井喷，地区人均进士数全国第一，创造了科举史上的温州神话，曹村镇被誉为"中华进士第一村"。在晚清时期，不仅开创了教育界的十余项全国第一、创办了数百所学校，而且涌现了数学家群体、北大温州学派（胡适语）等温籍学术团体，在诸多领域形成了"无温不成学"的局面。

第五，在史学方面：最早提出"名经实史"⑤"五经皆史"⑥，比清代章学诚"六经皆史"说早了500多年。认为"专于经则理虚而无证，专于史则事碍而不通"⑦，主张经与史、理与事结合，反对离器言道、讲求治史致用，注重从朝代成败兴亡、典章沿革兴废中研究治理国家的根本制度。对《易经》《周礼》《春秋》等经典进行深入研究，出经入史、托史见义，成为事功哲学思想的重要来源。其中陈傅良所著的《历代兵制》是我国第一部系统研究军事制度的通史巨著。

第六，在文学方面：承北宋古文运动之精神开创永嘉文体，以"雍容

---

① 陈傅良：《止斋集》卷二十《吏部员外郎初对札子第二》，长春：吉林出版集团有限责任公司，2005年，第181—182页。
② 陈傅良：《止斋集》卷二十《吏部员外郎初对札子第二》，长春：吉林出版集团有限责任公司，2005年，第181—182页。
③ 叶适：《水心文集》卷二《财计上》，《叶适集》下册，北京：中华书局，1961年，第658页。
④ 叶适：《水心文集》卷二十《故礼部尚书龙图阁学士黄公墓志铭》，《叶适集》中册，北京：中华书局，1961年，第393页。
⑤ 叶适：《水心文集》卷十二《序》，《叶适集》上册，北京：中华书局，1961年，第221页。
⑥ 叶适：《水心别集》卷六《史记》，《叶适集》下册，北京：中华书局，1961年，第720页。
⑦ 叶适：《水心文集》卷十二《序》，《叶适集》上册，北京：中华书局，1961年，第221页。

广大如柳欧,汪洋恣肆如韩苏"①之势,使南宋文风为之一变,重回文道合一,切于实用之路而形成永嘉文派。其散文创作为时而发、博于雄辩,《宋元学案》甚至有"文胜于学"②的赞誉。四库馆臣称叶适"文章雄赡,才气奔逸,在南渡卓然为一大宗"③,尤其是他的碑志文与韩愈、欧阳修齐名。陈傅良文章"几于家有其书……读之者无不动色"④"迓而求见者如云"⑤,被誉为"南宋文章第一家"⑥。

第七,在朴学方面:秉承通经致用之精神,采用乾嘉治经之方法,在经学、诸子学、文字学、训诂学、校勘学、目录学等方面均有独创之成就,特别是孙诒让被学界誉为一代朴学大师。《周礼正义》集2000年礼学研究之大成,被称为"清代新疏之冠"⑦。旨在弘扬墨子"救世"精神的《墨子间诂》,是墨学研究史上具有里程碑意义的著作,奠定了墨学真正复兴的基础。《契文举例》是我国第一部考释甲骨文的研究专著,《名原》开启用甲骨文考证古文字之先例。

第八,在学术品格方面:具有宝贵的批判性思维,公开批判占据封建社会正统地位的"抑末"乃至"禁末"思想,开创性提倡农商并重。对道统说提出疑问,疑"六经"、斥老庄、批孟子,甚至对至圣孔子的言论也不盲从。具有宝贵的创新性思维,认为"利惟谋新,害不改旧"⑧"因时施智,观世立法"⑨,提倡一切都必须跟随时代变化而创新具体做法。不迷信任何权威,敢于补前人之不足、发前人之所未发,创新性地提出了与道学、心学迥异的学术观点。

第九,在实践方面:把哲学问题拉到社会现实,从经济学的角度来理解哲学、从行为学的角度去落实哲学,演绎了一出"理论联系实际"的古代版经典之作。以中国士大夫阶层舍我其谁的人文品格、自我良知和道义

① 杨万里:《从永嘉文体到永嘉学派》,《江海学刊》2011年第1期,第198页。
② 黄宗羲:《宋元学案》卷五十五《水心学案下》,杭州:浙江古籍出版社,1986年,第608页。
③ 纪昀等编:《四库全书总目·水心集》,北京:中华书局,1997年,第2145页。
④ 陈傅良:《陈傅良先生文集》附录,杭州:浙江大学出版社,1999年,第682页。
⑤ 吴子良:《林下偶谈》卷四,"陈止斋"条,第42页。
⑥ 温州市瓯海区仙岩街道陈文节公祠正门楹联。
⑦ 梁启超:《中国近三百年学术史》,上海:上海古籍出版社,2014年,第202页。
⑧ 叶适:《水心别集》卷十《始议二》,《叶适集》下册,北京:中华书局,1961年,第760页。
⑨ 叶适:《水心别集》卷二《民事下》,《叶适集》下册,北京:中华书局,1961年,第657页。

担当，积极参与掀起了近代中国第一次现代化浪潮，在学术、教育、实业等多个维度都取得了令人瞩目的成就，涌现了中国历史上罕见的"知行合一"的儒商群体，成为践行经世致用的楷模，可谓理论家与实践家的完美结合体。

永嘉学派事功学说，是温州最具辨识度的特色文化符号。我们再勘永嘉学派的历史贡献与思想内涵，目的就是深挖永嘉学派这座思想宝库，进一步提炼出至今仍具有现实影响的人文精神、科学思维、核心理念等，发挥事功学说对当代社会经世致用之价值，以文化创新推动实践创新，努力推动经济社会发展。

（原文刊载于《求真》杂志 2021 年第 56 期）

永嘉学派之中国哲学史地位重估

邵定美

温州的文化自信在哪里？在中国思想文化最繁荣的宋代，温州不但以逾千文科进士名震全国，而且经济、政治和文化都呈现出前所未有的发展，并由此孕育诞生了与朱熹道学、陆九渊心学鼎足争鸣的永嘉学派，成为温州地域特色文化形成的标志。由此开端，从南宋经世致用的永嘉学派，到晚清变革图强的瑞安新学，再到当代敢为人先的温州模式，温州以义利并举、闯荡天下的开放胸襟，始终开风气之先声、领时代之潮流。其中一脉贯穿的事功学说，为中华民族创造了生生不息的精神动力和源泉。

但是，永嘉学派一直仅被作为区域显学来对待，这与它的历史贡献是极不相称的。事功学说不仅是浙学的源头活水，而且如果说中国传统哲学的发展，历经了先秦子学、两汉经学、魏晋玄学、隋唐佛学、宋明理学、明清实学、乾嘉朴学七个不同阶段，那么事功学说从创立以来就一直在中国传统哲学史上占有不可或缺的一席之地。

一、永嘉学派事功学说是浙学的重要源头和中坚力量

浙学作为富有活力的地域文化形态之一，从南宋成形以来已有700余年历史。"浙学"概念由朱熹评论陈傅良、叶适、陈亮等人学术时首创，他说："江西之学（指陆氏心学）只是禅，浙学（指永嘉、永康之说）却专是功利。"[①]可见，"浙学"概念自出现开始，指的就是永嘉学派首倡的事功学说。《宋元学案·周许诸儒学案叙录》在论及"元丰九先生"中周行己、许景衡时，认为"浙学之盛，实始于此"[②]，也就是说浙学的兴起盛行开始于"元丰九先生"，尤其是周、许两人。清代学者项傅霖说，永嘉经制为浙学大宗。现代学者王宇表示，永嘉学派是宋代浙学的中坚力量，叶适是宋代浙学当之无

---

① 黎靖德编：《朱子语类》卷一百二十三，北京：中华书局，1986年。
② 黄宗羲：《宋元学案》卷三十二《周许诸儒学案叙录》，杭州：浙江古籍出版社，1986年，第431页。

愧的集大成者。永嘉学派所蕴含的笃行大义的家国情怀，崇实黜虚的务实精神，工商皆本的事功追求，与时通变的创新思维，成为以求实、批判、兼容、创新为核心的浙学精神的主要源头。因此，浙学的兴盛和成形都与永嘉学派直接相关，事功学说是浙学的主要渊源，温州是浙学的主要发祥地之一。

二、永嘉学派事功学说是宋明理学的四大流派之一

理学是宋元明时期儒家思想学说的通称，是中国古代最为精致、最为完备的理论体系。作为公认的南宋三大思想流派，朱熹道学主张"性即理"，陆九渊心学主张"心即理"，这两种心性之学属于儒家的"内圣"之学。永嘉学派则主张"事即理"①，正如陈傅良的学生所言："但令事事理会……器便有道，不是两样，须是识礼乐法度皆是道理。"②而且永嘉学派侧重的是"义理之学"，即旨在寻求儒经中所蕴含的大义和道理，或者说合于一定伦理道德的行事准则。他们反对空谈义理，而是要实行"义理并见之事功"。因此，永嘉学派的事功之学属于儒家的"外王"之学。这三大思想流派加上张载气学，共同构成了宋明理学的四大流派，将中国传统哲学的思维水平提升到一个新高度。南宋学者楼钥说"言理性之学者宗永嘉"③，早年瑞安南山林介夫祠中悬有"理学渊源"匾额，陈傅良被赞为"理学名臣无双士"④，故温州有"理学名邦"之美誉。

三、永嘉学派事功学说是明清实学的主要渊源

明清实学主张崇实黜虚、实体达用，认为学问必须有益于国事，是中国古代朴素唯物论发展的最高阶段。永嘉学派强调"物之所在，道则在焉"⑤，注重"究心于实学"，提出"善为国者，务实而不务虚"⑥。这种"道不离器"的唯物观，加上"修实政、行实德"⑦的实践论，在"诸儒以观

① 陈来：《事皆是理——陈傅良与永嘉学派再认识》，《温州日报》2017年11月29日，第9版。
② 黎靖德编：《朱子语类》卷一百二十，北京：中华书局，1986年，第2967页。
③ 楼钥：《神道碑》，《止斋集·附录》，《四库全书》集部别集类八十九卷五十二，第918页。
④ 温州市瓯海区仙岩街道陈文节公祠正门楹联。
⑤ 叶适：《习学记言序目》卷四十七，第702页。
⑥ 叶适：《水心文集补遗·奏札》，《叶适集》中册，北京：中华书局，1961年，第617页。
⑦ 叶适：《水心文集》卷一《上宁宗皇帝札子》，《叶适集》上册，北京：中华书局，1961年，第6页。

心空寂名学"①的当时可谓独树一帜。《四库全书总目提要》称永嘉学派"一事一物，必稽于实而后已"②，清代学者黄宗羲则称其"步步着实，言之必使可行"③。当代学者陈来认为，真正接近于现代学术史研究所使用的"实学"概念，在南宋应为永嘉之学。④因此，永嘉学派在学术界也有"永嘉实学"之别称，中国实学思想初具形态是从南宋永嘉学派肇始。受永嘉学派经世致用思想之启发，明之宋濂宣扬"真儒在用世"⑤，方孝孺直接提倡经世之学，黄宗羲倡导"事功本于仁义，仁义达于事功"⑥，顾炎武主张"明道救世""引古筹今"⑦之实学。所以说，事功学说是明清实学的主要渊源。

四、永嘉学派事功学说是乾嘉朴学的重要组成部分

乾嘉朴学是一种以训诂、考订古代典籍为主的考据学，文风朴实简洁，重证据罗列而少理论发挥，对研究、总结、保存中国传统典籍做出了重大贡献。作为复兴永嘉学派的主将，孙诒让在经学诸子、金石文字、训诂校勘、文献目录等方面均有精深造诣，被学界誉为乾嘉考证学之殿军。他秉持以学术求治道的淑世情怀，所著《周礼正义》被梁启超称赞是"清代经学家最后的一部书，也是最好的一部书"⑧，覃思十年而撰成的《墨子间诂》是迄今为止最权威的注墨之作；《契文举例》是我国第一本考释甲骨文的研究专著，《名原》开启用甲骨文考证古文字之先例，其方法、体例开辟了古文字学研究的新途径，被誉为"划时代的作品"；《温州经籍志》被目录学界称为"近世汇志一郡艺文之祖""最著名的地方艺文志"。鉴于孙诒让的突出学术成就，章太炎称他"三百年绝等双"⑨，郭沫若说他是"启后承先一巨儒"⑩。

①叶适：《水心文集》卷二十五《宋厥父墓志铭》，《叶适集》上册，北京：中华书局，1961年，第490页。
②纪昀等编：《四库全书总目·止斋集》，第2108页。
③黄宗羲：《宋元学案》卷五十二《艮斋学案》，第56页。
④陈来：《事皆是理——陈傅良与永嘉学派再认识》，《温州日报》2017年11月29日，第9版。
⑤宋濂：《送方生还宁海（并序）》，《宋文宪公全集》卷三十。
⑥黄宗羲：《黄宗羲全集》，杭州：浙江古籍出版社，2006年，第498页。
⑦顾炎武：《亭林文集》卷三《与人书二十五》。
⑧梁启超：《中国近三百年学术史》，上海：上海古籍出版社，第251页。
⑨章太炎：《章太炎全集》（四），上海：上海人民出版社，1985年，第213页。
⑩郭沫若：《郭沫若全集文学编》卷四，北京：人民文学出版社，1984年，第127页。

总而言之，作为儒家思想别具一格的重要分支，永嘉学派志存天下、积极用世的进取精神，把"外王"之学发挥到极致，不但为中华民族留下了宝贵的精神财富，更在中国哲学史上写下了浓墨重彩的一笔。他们从矢志笃行大义之高度立德，从创立事功学说之理论立言，从躬行经世致用之践履立功，为后世树立了追求"三不朽"的光辉典范。

　　（原文刊载于 2021 年 8 月 30 日《温州日报》求索专刊）

试论永嘉学派对浙学的四大贡献

邵定美

一、引言

当我们穿越千年的时光隧道，回溯到号称"东方文艺复兴时代"的宋代，展现在我们面前的，是一个媲美春秋战国的百家争鸣时代。中国古代学术史名作《宋元学案》，在总结南宋思想文化时说："乾、淳诸老既殁，学术之会，总为朱、陆二派，而水心断断其间，遂称鼎足。"[①]这一时期，学术领域的群雄逐鹿，经过历史的大浪淘沙，最终积淀显现为以朱、陆、叶为代表的三大思想流派。

从马克思主义立场来分析，提倡"性即理"的朱熹道学属于客观唯心主义，提倡"心即理"的陆九渊心学属于主观唯心主义，而提倡"事即理"[②]的永嘉学派事功学说则属于唯物主义。前两种心性之学侧重于儒家的"内圣"之学，事功学说则侧重于儒家的"外王"之学。"只有民族的才是世界的。"套用鲁迅先生这一名言，我们可以说："只有地方的才是全国的。"诞生于温州的永嘉学派，不仅是有宋一代浙学的主要源头活水，而且在宋明理学、明清实学、乾嘉朴学中国哲学史三大阶段留下了浓墨重彩的一笔。从《宋元学案》勘探测明，到如今深度挖掘呈现，永嘉学派这座思想智慧之宝库，蕴含着对偏居江南一隅的温州如此重要的国宝级文化金矿，却曾经尘封 200 多年而鲜有人知。

二、永嘉学派对浙学从萌芽到诞生的先锋贡献

（一）"浙学"一词诞生伊始，指的就是永嘉学派首倡的事功学说

"江西之学只是禅，浙学却专是功利。"[③]南宋大儒朱熹一句针锋相

---

① 黄宗羲：《宋元学案》卷五十四《水心学案》，杭州：浙江古籍出版社，1986 年，第 561 页。
② 陈来：《事皆是理——陈傅良与永嘉学派再认识》，《温州日报》2017 年 11 月 29 日，第 9 版。
③ 黎靖德编：《朱子语类》卷一百二十三。

对的辩词，从侧面反映了当时全国学术界，呈现出分别以福建、江西和浙江三地学者为主的道学、心学和事功学三大思想流派鼎足而立、竞相争鸣的盛况。这句话，也让朱熹无意中成了历史上第一个提出"浙学"名词的学者。我们认真品读《朱子语类》可以发现，在这本朱熹与其弟子问答语录汇编中，朱熹使用"浙学"一词时，指的就是永嘉学派最早提倡的事功学说。浙江省社科院哲学研究所原所长吴光更是明确指出，狭义的"浙学"是指发端于北宋，形成于南宋永嘉、永康地区的浙东事功之学。[①]而温州，是永嘉学派的主阵地；温州贤哲，是创新传承事功学说的主力军。

（二）崇文重教的温州，为浙学的萌芽奠定了丰厚的文化土壤

作为中国山水诗发祥地，东晋诗人谢灵运笔下的温州，尚是"扬帆采石华，挂席拾海月"的滩涂之地。据清雍正《浙江通志》统计，唐代至五代共 340 多年，温州进士却仅有两名。由于交通闭塞、地处蛮荒，除了得到六祖印证的"一宿觉"永嘉大师，古时候的温州鲜有重量级的文化名人。北宋开始，温州进士数直线上升，达到 80 名。随后的南宋 152 年间，则出现了 1107 名的井喷，地区人均进士数全国第一，创造了科举史上的温州神话。曹村因出了 82 名进士（包括特奏名进士），在民间有"中华进士第一村"之誉。其中，有曹逢时一家四世甲科蝉联，有八对父子连科，有八人同年登科[②]，可谓佳话连连、盛况空前。因此，江浙一带曾流行这样一句话，叫作"做生意靠宁波人，打官司靠绍兴人，读书靠温州人"。崇文重教、群英荟萃的温州，成了宋代全国思想文化最为活跃的地区之一。

（三）"皇祐三先生"和"元丰九先生"，是浙学在北宋萌芽的主要代表人物

"会做生意"的当代温州人，最初擅长的居然是"会读书"，这着实有点令人出乎意料。从穷乡僻壤到理学名邦，温州是怎样完成从穷口袋到富脑袋的完美"逆袭"的呢？《宋元学案》里说："永嘉师道之立，始于儒志先生王氏，继之者为塘岙先生林氏……而先生（丁昌期）参之。"[③]

---

① 吴光：《简论"浙学"的内涵及其基本精神》，《浙江社会科学》2004 年第 6 期，第 147 页。
② 卢良秋：《温州瑞安曹村进士数考证》，《浙江大学学报》（人文社会科学版）2006 年第 3 期，第 160 页。
③ 黄宗羲：《宋元学案》卷六《士刘诸儒学案》，杭州：浙江古籍出版社，1986 年，第 319 页。

北宋开始，"皇祐三先生"率先在温州传播中原文化种子，其中王开祖创办东山书院首倡"道学"，清代著名史学家全祖望称他"见道最早"[①]；林石潜心钻研《春秋》大义，以"明经笃行著称于世"[②]，并在家乡塘下创办塘岙书塾授徒讲学，其理论在"明体"的基础上已开始倾向于"达用"[③]；"好儒术而重实行"[④]的丁昌期则参与其间。三人开永嘉学术之先河，成为宋代浙学的最初源头之一。

民国《瑞安县志稿》根据创于宋代端平年间的《梅源王氏家谱》记载，王开祖"先世王益……由闽赤岸迁瑞芳山乡，初居徐垟，益子曙转徙陶溪，曙次孙开祖析居永嘉"[⑤]。作为永嘉学术第一人，王开祖"倡鸣理学于濂洛未作之先"[⑥]，即在他设帐布道之时，宋代理学鼻祖周敦颐及程颢、程颐兄弟等大儒都尚未以理学称名于世。因此，王开祖不仅是永嘉理学开山祖，而且在整个宋明理学史上都属于最早的拓荒者之一。可惜英年早逝，归葬湖岭潮基，唯《儒志编》一书遗世。

继"皇祐三先生"初辟学统，北宋元丰前后，又有九位踌躇满志的温州学子，远赴中原汴京国立最高学府——太学学习，他们承继伊洛程学、兼传张载关学、吸收荆公新学，问道归来又相继开馆授课，在温州地区培养了大批学术后进，为南宋永嘉之学的兴盛奠定了人才基础。这批学子就是宋代浙学草创时期的"元丰九先生"。他们最先将当时最前沿的思想理论——洛学和关学引入浙江，在温州落地并直接催生了代表浙江而成为南宋全国三大思想流派之一的永嘉学派。有鉴于此，从"元丰九先生"开始，以永嘉地域闻名的文化人群体，开始被世人所熟知。因此，"皇祐三先生"和"元丰九先生"两大学术团体，在中央文史研究馆主编、有"文化地图"之称的《中国地域文化通览·浙江卷》中，被称为浙学在北宋萌芽的主要代表人物。[⑦]

---

① 黄宗羲：《宋元学案》卷六《士刘诸儒学案》，杭州：浙江古籍出版社，1986年，第319页。
② 陈傅良：《止斋集》卷四十八《新妇墓表》，长春：吉林出版集团有限责任公司，2005年，第407页。
③ 何俊：《事与心：浙学的精神维度》，北京：北京大学出版社，2013年，第6页。
④ 何俊：《事与心：浙学的精神维度》，北京：北京大学出版社，2013年，第6页。
⑤ 项葆桢：民国《瑞安县志稿》卷五《氏族补遗》，第53页。
⑥ 许及之：《儒志编》附《儒志先生像赞》，影印文渊阁四库全书本。
⑦ 吴光：《中国地域文化通览·浙江卷》，北京：中华书局，2015年，第296页。

三、永嘉学派对浙学从成形到鼎盛的开拓贡献

（一）宋代浙学的兴盛开始于"元丰九先生"

"元丰九先生"中，学界公认对永嘉之学贡献最大的是周行己和许景衡两人。据《宋元学案》等资料记载，周行己"风仪秀整，语音如钟"①，"七岁授句读，十五学属文"②，17岁就考入太学，并"以文行著……名重京师"③。周行己出道甚早，但仕途坎坷。然而，他在另一条人生赛道——学术领域上却跑出了别样精彩。周行己自筑浮沚书院，最早将伊川之学传播至温州。在"元丰九先生"中，周行己在乡里讲学时间最长，对洛学关学入浙作用也最大，后人写诗称赞他为"伊洛渊源百世师"。值得一提的是，作为"北宋时期货币思想的集大成人物"，周行己提出的"铁钱必等""往来之积"等货币管理法，是世界上最早的存款准备金制度理论。④

许景衡，官至尚书右丞，谥"忠简"，宋高宗称赞他"执政忠直，遇事敢言"，是温州被正史立传的重要人物。《宋元学案》说："伊川讲学，浙东之士从之者自先生（许景衡）始。"⑤许景衡的学术活动，在洛学和永嘉学派之间起到了非常重要的连接作用。孙诒让评价说："厥后永嘉学者，后先辈出，多于忠简为后进，或奉手受业其门。靖康、建炎之际，永嘉之学几坠而复振，于忠简诚有赖哉。"⑥

因此，全祖望在《宋元学案》中专辟《周许诸儒学案叙录》一节，阐述周行己、许景衡等人的学术源流与草创之功，并特别指出"浙学之盛，实始于此"⑦。也就是说，浙学的兴起盛行，开始于"元丰九先生"，尤其是周、许两人。作为关中张载之学、伊洛二程之学在温州最主要的传承者，叶适称："永嘉之学，必兢省以御物欲者，周作于前而郑承于后也。"⑧

---

①黄宗羲著，焦印亭整理：《〈宋元学案〉原本复原》，北京：中国社会科学出版社，2021年，第347页。
②周行己：《浮沚集》卷五《上祭酒书》，上海：上海社会科学院出版社，2002年，第91页。
③王瓒、蔡芳编，胡珠生校注：《弘治温州府志》，上海：上海社会科学院出版社，2006年，第234页。
④赵靖主编：《中国经济思想通史》，北京：北京大学出版社，2002年，第152页。
⑤黄宗羲：《宋元学案》卷三十二《周许诸儒学案叙录》，杭州：浙江古籍出版社，1986年，第431页。
⑥张宪文编：《孙诒让遗文辑存》卷八，杭州：浙江人民出版社，1990年，第399页。
⑦黄宗羲：《宋元学案》卷三十二《周许诸儒学案叙录》，杭州：浙江古籍出版社，1986年，第431页。
⑧叶适：《水心文集》卷十《温州新修学记》，《叶适集》上册，北京：中华书局，1961年，第178页。

全祖望也因此把周行己称为"永嘉学派开山祖"①。

（二）永嘉学派集宋代浙学之大成

经"皇祐三先生"和"元丰九先生"开荒拓路，南宋时期的温州学风蔚起、人才辈出，为浙学智慧之花的绽放培育了丰厚的土壤。特别是来自永嘉城区的薛季宣，提倡"无为空言，无戾于行"②，创立"制度新学"而"附之世用"③，从而使永嘉学术脱胎于伊洛程学始为一派。至此，永嘉之学开始显山露水。

师从薛季宣的陈傅良，年未三十便名震天下，讲学于温州城南茶院之时，学子"皆相号召，雷动从之"；去临安补试才到驿馆，"未脱草屦……迓而求见者如云"④……被当成"全民偶像"追捧的陈傅良，创办仙岩书院进一步阐扬永嘉之学。在湖南做官期间，他讲学于岳麓书院，传授事功学说，使湖南学风为之一振，连湖湘学派后期领袖胡季随也转投陈傅良门下，朱熹惊呼"君举到湘中一收，收尽南轩门人"⑤。作为承前启后的学术巨擘，陈傅良上承薛季宣，通过讲学传播，使永嘉学派得到了全国主流学界承认并产生了重要影响。同时，陈傅良下启同乡叶适，最终促成了永嘉学派理论体系的构建，上升为哲学思想流派。自述"陪公（陈傅良）游四十年，教余勤矣"⑥的叶适，这位在殿试中因一句"以庸君行善政，天下未乱也；以圣君行弊政，天下不可治也"⑦，而触怒龙颜屈降榜眼的天才，吸收归纳前贤智慧，从道统的高度确立了注重经世、提倡事功的哲学基石，提出了"崇利养义"⑧"成利致义"⑨的核心观点，最终完成了永嘉学派的主要宗旨、思维方法和学术体系之架构，成为宋代浙学的集大成者。

①黄宗羲：《宋元学案》卷三十二《周许诸儒学案》，杭州：浙江古籍出版社，1986年，第429页。
②薛季宣：《薛季宣集》卷二十五《答象先侄书》，上海：上海社会科学院出版社，2003年，第329页。
③叶适：《水心文集》卷十四《陈彦群墓志铭》，《叶适集》上册，北京：中华书局，1961年，第258页。
④吴子良：《林下偶谈》卷四，"陈止斋"条，第42页。
⑤黎靖德编：《朱子语类》卷一百二十三，北京：中华书局，1986年，第2961页。
⑥叶适：《水心文集》卷十六《陈公墓志铭》，《叶适集》中册，北京：中华书局，1961年，第300页。
⑦陈正焕编：《宋淳熙五年戊戌科叶适殿试卷》，《瑞安旧事·钝笔杂钞》。
⑧叶适：《水心别集》卷三《士学上》，《叶适集》下册，北京：中华书局，1961年，第674页。
⑨叶适：《习学记言序目》卷二十三，北京：中华书局，1977年，第322页。

四、永嘉学派对浙学精神内涵的独特贡献

永嘉学派不但直承伊洛之学开启浙学学术景观，而且其所蕴含的笃行大义、崇实黜虚、宽民之力、工商皆本、与时通变等精髓要义，成为以民本、求实、批判、兼容、创新为核心的浙学精神的主要源头。因此，吴光在《"浙学"的时代价值》一文中，称叶适为最能代表"浙学"基本精神的五大思想家之一。

（一）永嘉学派是浙学精神最为重要的历史文化根脉

"靖康耻，犹未雪。臣子恨，何时灭。"生长在与抗金名将岳飞同时代的永嘉学派主将们，切身感受到的是国土沦丧、山河飘摇的悲愤与痛心。眼看南宋诸儒"空谈误国"，心忧何时才能"还我河山"。正是在这样的社会大背景下，永嘉学派最早提出系统性事功学说，成为南宋版的"实干兴邦"论，对倡导"居敬穷理""默坐澄心"的朱陆之学造成了直接冲击，并在当时的学术界产生了广泛共鸣。力主抗金的叶适发出了"善为国者，务实而不务虚"①的呐喊。以陈亮为代表的永康学派，更是激进地提出"王霸并用，义利双行"。甚至，以心学为宗的四明学派也追求通经致用，偏重心学的金华学派同样特别重视明理躬行。

"浙中近年怪论百出，骇人听闻，坏人心术"②，自诩儒家正宗嫡传、主张"存天理，灭人欲"的朱熹，见此情形颇为着急。他在当时学术的江湖上，犹如独孤求败四处出击，撑心学、斥永康、贬永嘉，亲自策划主演了历史上数场著名而精彩的"华山论剑"：先与陆九渊兄弟有鹅湖之会，继之同吕祖谦、张栻有包山之约，随后和陈亮则有义利王霸之辩……绍熙元年（1190），眼见快速崛起、渐成气候的永嘉学派，年届花甲、思想已臻精微的朱熹致信陈傅良，直言"寻一畅辩，归于一是"。次年，朱熹感叹"相望千里，死亡无日"，又向叶适提出："欲得会面，相与剧谈，庶几彼此尽情吐露，寻一个是处……不亦快哉。"③

面对执意决一雌雄的朱熹，作为晚辈的陈傅良回信说："念长者前有

① 叶适：《水心文集补遗·奏札》，《叶适集》中册，北京：中华书局，1961年，第617页。
② 朱熹：《答詹师书》，《朱文公文集》卷三十一，《朱子全书》第23册，上海：上海古籍出版社，2002年，第1201页。
③ 朱熹：《答叶正则书》，《朱文公文集》卷五十六，《朱子全书》第23册，上海：上海古籍出版社，2002年，第2651页。

长乐之争，后有临川之辩……更相切磋，未见其益……矜持已甚，反涉吝骄。"①辈分更小的叶适此时刚过不惑之年，正值事业黄金期，公务繁忙，加上尚未形成严密的思想体系，也没有"接招"。18年后，59岁的叶适罢官归里，终于可以腾出时间，开始潜心学术。他"根柢六经，析衷诸子"，穷16载之精力，集宋代浙学之大成，完成了《习学记言序目》巨著，确立了事功学说的宗旨、方法和路径。然而此时，朱熹已经去世23年了。随后，朱熹的《四书集注》被确定为唯一的科举教科书，他集大成的道学也被确立为官方哲学而一统江湖。

"我本将心向明月，奈何明月照沟渠。"事功学说甫一成形就面临学术垄断，《习学记言序目》初印即成绝版。而且，伴随着附和朱学的政治正确，门户之见甚深的朱熹对永嘉之学的片面理解和贬损打压之言，不断固化为传统偏见，并导致学界形成历史性误会，让永嘉之学蒙冤600多年而难见"庐山真面目"。

（二）永嘉学派是唯一能够代表宋代浙学的哲学流派

事功学说等于功利主义吗？朱熹以想当然的傲慢与偏见，贬斥"永嘉学问，专去利害上计较"，犹如一些人把他的"存天理，灭人欲"曲解为西方的"禁欲主义"一样，徒落世人以断章取义之诟病。清代初年，初宗陆王、继信程朱、后乃大悟提倡实学的颜元，愤而写下《朱子语类评》，于言语犀利中对朱熹嬉笑怒骂，深为永嘉之学鸣不平。如朱子说"正则之说最误人，世间呆人都被他瞒"，颜元评论说："仆谓人再呆不过你，被你瞒者更呆。元亦呆了三十年，方从你瓶中出得半头，略见得帝皇王霸世界、尧舜周孔派头。一回想在呆局中，几度摧胸堕泪。"②

"吹尽狂沙始到金。"还是黄宗羲、全祖望在编著《宋元学案》时，还了永嘉学派一个历史公道，全祖望在按语中写道："永嘉功利之说，至水心始一洗之。"③纪晓岚在《四库全书总目提要》里也说："事功主于经世，功利主于自私，二者似一而实二，未可尽斥永嘉为霸术。"④

① 陈傅良：《与元晦第二书》，《陈傅良先生文集》卷三十，杭州：浙江大学出版社，1999年，第483页。
② 颜元：《颜元集》，北京：中华书局，1986年，第266页。
③ 黄宗羲：《宋元学案》卷五十四《水心学案》，杭州：浙江古籍出版社，1986年，第561页。
④ 纪晓岚编：《永嘉八面锋》（浙江鲍士恭家藏本），《四库全书总目提要》卷一百三十五，北京：中华书局，1965年，第1148页。

永嘉学派之所以能够在百家争鸣、学派林立的南宋脱颖而出，成为全国三大思想流派之一，是有缘由的。很多学者对此都有比较中肯客观的论述。比如，钱穆先生就说："陈亮反对朱熹的，在朱熹的新传统里抹去了汉唐诸儒，叶适则反对朱熹新传统里所定孔、曾、思、孟四子书之不合。陈亮还是在争态度，叶适始是在争思想。陈亮所根据的还是功利立场，叶适却直从正统宋学的义理立场来争辩。"①台湾学者韦政通在他的集大成之作《中国思想史》中也表达了自己的看法："陈亮是英雄主义的事功，叶适则就制度言事功。叶适在事功方面的思考，比陈亮为精密而有深度。他在外王问题上的思考，有重大的历史意义。"②因此，正如复旦大学特聘教授何俊所说："真正在思想上、方法上与宋代理学、心学构成鼎足之势的哲学流派只有永嘉学派。"③

五、永嘉学派对浙学精神发展的创新贡献

陈傅良说："所贵于儒者，谓其能通事务，以其所学，见之事功。"④儒者，尽人之所需也。作为儒家思想别具一格的重要分支，永嘉学派志存天下、积极用世的进取精神，光大孔孟"外王"之学，独领有宋一代风骚，为瓯越大地埋下了珍若拱璧的事功思想种子。在尘埋600余年后，事功学说这朵思想文化奇葩，在满目疮痍的清末再次顽强地破土而出，迎来了久违的绽放时刻。

（一）永嘉学派的重振与复兴，是浙学发展史上又一座高峰

"红毛昨日屠厦门，传闻杀戮搜鸡豚。恶风十日火不灭……天阴鬼哭遗空村。"⑤亲历鸦片战争之痛、目睹晚清积弱之弊的孙衣言，认为"今日之务以学术为急"⑥。于是，他和胞弟孙锵鸣带领子侄门生，以永嘉经制之学为己任，以数十年治学之功，先后刊刻《永嘉丛书》15种253卷，并创办诒善祠塾，培养桑梓人才。宋恕说，"天荒首破、曙光乃来""温

---

① 钱穆：《宋明理学概述》，北京：九州出版社，2010年，第147页。
② 韦政通：《中国思想史》，上海：上海书店出版社，2003年，第268页。
③ 何俊：《论南宋的永嘉事功学》，《事与心：浙学的精神维度》，北京：北京大学出版社，2013年，第41页。
④ 陈傅良：《外制·大理寺主簿王宁新知信阳军》，《陈傅良先生文集》卷十四，杭州：浙江大学出版社，1999年，第190页。
⑤ 阿英编：《鸦片战争文学集》上册，北京：古籍出版社，1957年，第56页。
⑥ 孙衣言：《瓯海轶闻·甲集自序》，上海：上海社会科学院出版社，2005年，第2页。

人始复知有永嘉之学"①。由此开端，以瑞安孙氏、黄氏、项氏等名门望族和"浙东三杰"（陈虬、宋恕、陈黻宸）为代表的一大批地方有识之士，勠力重振永嘉学派，践行经世致用理念。

他们倡议维新强国，力求通过改良变法寻求富强之道，近代中国十多名早期维新思想家温州独占其二。被李鸿章誉为"海内奇才"的宋恕，其《六斋津谈》是清末全面系统论述各项变法主张的最重要著作；作为中国近代早期维新派主要代言人之一的陈虬，所著《治平通议》被梁启超收进了近代目录学代表作《西学书目表》。有"瑞安三黄"之称的黄体芳、黄绍箕、黄绍第，积极参与戊戌变法，协助康有为组建上海强学会，并提出具体变法主张以期中国自强。他们推进教育兴国，提出并践行"富强之原，在于兴学"②。当时的瑞安出现了一大批国内领先的学校，开创了教育界的十余项全国第一：包括全国最早的新式中医学校利济医学堂，全国最早的数学专门学校瑞安学计馆，全国最早的化学专门学校瑞平化学学堂，全国最早的公共图书馆心兰书社，全国最早的教育史专著《中国教育史》，全国最早的高校科技学报《利济学堂报》……乃至北大和复旦的前身，都有瑞安人参与创办的主角身影。他们还力行实业救国，创立瑞安务农支会改进农桑技术，组设富强矿务公司开采永嘉铅矿，建立大新轮船股份公司开辟海上交通，创办永瑞汽轮公司开辟水运交通，以及创办电力厂和淀粉厂，等等。通过亲自创办实业，他们参与掀起了中国第一次近代化高潮，涌现了一大批张謇式的儒商。诚如叶适所言，"识贯事中枢纽，笔开象外精神"③，他们创造了近代史上百余项全国各行业细分领域的单项冠军，使瑞安成为晚清浙江乃至全国的维新重镇。因这段知识界加盟实业圈的光辉历史，学界将其称为晚清瑞安新学，并视为继南宋永嘉学派之后温州文化史上的第二次高峰，也是浙学发展史上的又一座高峰。

（二）以永嘉学派为文化基因的温州模式，是浙学精神在当代的生动演绎

永嘉学派事功学说，经过南宋的创立和晚清的复兴，其重商、实干、

---

① 胡珠生：《宋恕集》，北京：中华书局，1993年，第325页。
② 许嘉璐编：《与梁卓如论墨子书》，《籀廎述林》，北京：中华书局，2010年，第307页。
③ 叶适：《水心文集》卷二十九《和李参政》，《叶适集》中册，北京：中华书局，1961年，第603页。

创新的鲜明特点，逐渐成为融入温州人骨髓的集体潜意识，并内化为一种生生不息的城市精神。

如果说，南宋的永嘉学派还仅是文人士子在事功学说方面单一维度的理论创新，晚清的瑞安新学已是精英群体对事功理想知行合一的经世实践，当代的温州模式则是事功精神融入百姓潜意识后，广大市民自觉自发的群体创举——一脉相承，文以化人；千年绽放，日新其德。这是劳动人民创造文化、文化反哺社会发展的生动缩影。

六、结语

看见一条脉，读懂一座城。从南宋经世致用的永嘉学派，到晚清变革图强的瑞安新学，再到当代敢为人先的温州模式，一脉贯穿的事功学说，穿越千年而绵延至今，成为温州当之无愧的文化主脉。商行天下谋功利，善行天下担道义，"义利并举"已然内化为温州人的城市精神之核，成为温州人的安身立命之基。

当我们站在新时代的战略高度，将永嘉学派放在中国哲学史，乃至整个中华文化的范畴，去再勘它的思想内涵、重估它的历史地位时，我们会恍然发现：源于温州的事功学说，作为浙学的主要源头和高峰，既是宋明理学的四大流派之一，也是明清实学的主要渊源，更是乾嘉朴学的重要组成部分。坐言起行的永嘉学派，可谓"上得厅堂，下得厨房"，是具备它作为哲学思想流派所应有的普世意义的。

在事功学说这门学问构建的整个过程中，温州人以舍我其谁、唯道是求的使命担当，挺起了浙江学术界的思想脊梁，成为有宋一代浙学的开拓者和主力军。可以说，"浙学"一词从无到有，以及具象意义上的"浙学"从萌芽到诞生、从成形到鼎盛，乃至"浙学"精神延续至今的传承过程，都与永嘉学派、温州特别是瑞安息息相关。因此，清代著名学者钱泰吉在《逊学斋文钞·序》中说："吾浙之学，犹有永嘉，真脉乃在瑞安。"①

（原文刊载于《儒学天地》2023年第2期）

---

① 钱泰吉：《逊学斋文钞·序》，清同治十二年刻本，第2页。

从三不朽论永嘉学派的当代价值

邵定美

虽说人生短短几十秋，但是人类从未停止过对"不朽"的追求。那么，一个人到底怎样才能算作"不朽"呢？据《左传》记载：

二十四年春，穆叔如晋。范宣子逆之，问焉，曰："古人有言曰'死而不朽'，何谓也？"穆叔未对。宣子曰："昔匄之祖，自虞以上为陶唐氏，在夏为御龙氏，在商为豕韦氏，在周为唐杜氏，晋主夏盟为范氏，其是之谓乎？"穆叔曰："以豹所闻，此之谓世禄，非不朽也。鲁有先大夫曰臧文仲，既没，其言立，其是之谓乎！豹闻之，'太上有立德，其次有立功，其次有立言'，虽久不废，此之谓不朽。若夫保姓受氏，以守宗祊，世不绝祀，无国无之，禄之大者，不可谓不朽。"①

叔孙豹是鲁国三大家族之一叔孙氏的第五位宗主，同时也是一位杰出的外交家，因谥号为"穆"，史称穆叔。鲁襄公二十四年的春天，叔孙豹出使晋国。晋国大夫范宣子问他什么叫"死而不朽"。范氏家族从虞、夏、商、周以来，历代权势显赫、达官贵人辈出，范宣子得意地认为这就是"不朽"的表现。叔孙豹却说，范氏昌盛只能算"世禄"，而"立德、立功、立言"才是真正的"不朽"。

"三不朽"学说自叔孙豹提出以来，因其凝结着人生追求的恒久价值，以其突破小我之犹如大乘圆满精神，2000年来一直被中华传统士大夫奉为人生信条。特别是儒家历来主张创造出"三不朽"的价值，来实现"内圣外王"的完美人格理想。但是立德也好，立言也罢，最终都要通过立功显现其经世之价值。永嘉学派又称永嘉实学，它继承发展儒家的入世精神，

---

① 孔子、左丘明著，贾太宏译注：《春秋左传通释下》，北京：西苑出版社，2016年，第677页。

最早提出系统性事功思想，旗帜鲜明地主张"经世致用、义利并举"，把"外王"之学发挥到极致，全面丰富和发展了事功哲学体系。

从某种程度上说，永嘉学派所创立的事功学说，实质上就是一门关于"何为立功、为谁立功、如何立功"的学问。它以"立功"为切入点，为人们提供了一种践行"三不朽"学说的现实路径。事功学说说什么？如果顾名思义、拆字而解，那么：其一，"事"体现的是"事皆寓理、事上磨炼"的中心命题。①如何寓理于事、以事明理，在日常生活中无事定心、临事守心、历事练心，不断去除心中杂念、磨炼自己心性，是提高个人修养的必经法门。因此，叶适说要"兢省以御物欲，弥纶以通事变"②，指的就是这个。其二，"功"体现的是"为国立功、为民立功"的伟大理想。然而，永嘉学派直接从形而下的"功用""功利"入手，让朱熹十分担忧：

曰："如此说，所谓'内君子，外小人'，古人且胡乱恁地说，不知何等议论！永嘉学问专去利害上计较，恐出此。"又曰："'正其谊不谋其利，明其道不计其功。'正其谊，则利自在；明其道，则功自在。专去计较利害，定未必有利，未必有功。"③

朱熹将永嘉学派的事功思想，曲解为"专去利害上计较"的利己主义。虽然这种肮脏龌龊的流弊，于现实中并不鲜见，但是，永嘉学派所事之"功"，实乃追求的是经国济民之"功利"，或者说是国家的功利、社会的功利，而非个体的功利，更非当今市场经济体制下的私人的功利。因此，纪晓岚在《四库全书总目提要》里写道："事功主于经世，功利主于自私，二者似一而实二，未可尽斥永嘉为霸术。"④北京大学教授赵靖在所著的《中国经济思想通史》中，这样评论叶适的事功思想：

---

① 陈来：《事皆是理——陈傅良与永嘉学派再认识》，《温州日报》2017年11月29日，第9版。
② 叶适：《温州新修学记》，刘公纯、王孝鱼、李哲夫点校《叶适集》上册，北京：中华书局，2010年，第178页。
③ 朱熹：《论语十九》，黎靖德编《朱子语类》卷三十七，武汉：崇文书局，2018年，第739页。
④ 纪晓岚：《永嘉八面锋》（浙江鲍士恭家藏本），《四库全书总目提要》卷一百三十五，北京：中华书局，1965年，第1148页。

他不以重视功利及追求功在国家、利在生民的事业为满足，还注意对功利之学的理论基础以及对他认为是妨功害利的制度、观念进行思考、辨析，因而其经济思想的丰富和深刻都大非陈亮及同时代的其他人士所能及。①

戊戌六君子之一谭嗣同"盛称永嘉，深为叹服"，认为"可资经世"②。他在《仁学·自序》中，将永嘉学派归于墨学中的"任侠"派，他说："墨有两派：一曰'任侠'，吾所谓仁也，在汉有党锢，在宋有永嘉，略得其一体。"③何谓"侠"？侠之大者，为国为民，即为国立功、为民立功。因此，永嘉学派的核心思想，就是"经世致用，义利并举"八个字。"经世致用"，概括了所有学术文化的终极使命；"义利并举"，道出了经济社会发展的演进规律。当今世界，人类文明伴随着科技的高速发展而不断交流、交融甚至交锋。面对尊奉弱肉强食丛林法则的西方阵营咄咄逼人之势，秉持和谐共生包容思想的中华民族，正来到一个十字路口。作为世界上唯一延续至今未曾中断的文明，中国在迎来"'第二个结合'是又一次思想解放"的大背景下，如何为再次引领世界发展之潮流提供先进文化之指引？作为中华优秀传统文化的重要组成部分，永嘉学派有哪些普遍价值和深邃内涵，值得我们挖掘和弘扬呢？

一、笃行大义、忧世仁民的家国情怀

作为发源于伊洛程学的儒家分支，在孔子"天下为公，世界大同"的理想社会传统思想熏陶下，萌芽于北宋、诞生于南宋的永嘉学派有着强烈的家国天下之情结。儒家思想的主导地位，自汉代董仲舒开始确立。汉末，佛教传入中国并在隋唐时期达到鼎盛阶段，儒学第一次面临外来文化的严峻挑战。这个时候，"反佛斗士"韩愈明确提出道统之说，认为"尧以是传之舜，舜以是传之禹，禹以是传之汤，汤以是传之文、武、周公，文、武、周公传之孔子，孔子传之孟轲，轲之死，不得其传焉。"④韩愈认为，

①赵靖：《中国经济思想通史》，北京：北京大学出版社，2002年，第856页。
②谭嗣同：《致唐才常》，蔡尚思《谭嗣同全集》（增订本），北京：中华书局，1981年，第529页。
③谭嗣同：《自序》，王维欣导读，张玉亮汇校《仁学》（汇校本），杭州：浙江古籍出版社，2021年，第1页。
④韩愈：《原道》，钱仲联、马茂元校点《韩愈全集》，上海：上海古籍出版社，1997年，第122页。

孟子死后近千年之间，没有一人得到儒家道统之真传。道统之说自韩愈提出之后，在宋代得到了儒者的普遍认同。《宋史》更是点明了当时"道学"衰落的情形："孔子没，曾子独得其传，传之子思，以及孟子。孟子没而无传。两汉而下，儒者之论大道，察焉而弗精，语焉而弗详，异端邪说起而乘之，几至大坏。"①眼见儒家文化日益衰落，作为永嘉学术第一人，北宋王开祖担忧孟子以来"道学"之不传，以舍我其谁之气概，扛起了文化传承之使命：

> 濂溪者出，建图著书阐发幽秘，即斯人日用常行之际，示学者穷理尽性之归，上接洙泗、下启伊洛者，孟氏之后一人而已。景山前此而起，无所观望倚藉而能不以近代儒宗之所习者为师，超然心领神会于千载之上，言皆治国修身之要，见匪扣盘扪烛之为，如斯人者岂易得哉！其言曰：孟子以来，道学不明。今将述尧舜之道，论文武之治，杜淫邪之路，开皇极之门。吾畏诸天者也，吾何敢已哉！②

在"千年道统第一人"周敦颐再续真传、建图著书之前，王开祖就独自毅然奋起，以"述尧舜之道，论文武之治，杜淫邪之路，开皇极之门"为己任，从历史、政治、伦理修为和哲学追求四个角度，阐明了自己赓续孔孟之道的理想图景。"吾畏诸天者也，吾何敢已哉"——心忧天下的王开祖说，天理昭昭，我岂敢不去做这件事？表现了一位真正儒者积极入世的大无畏精神。

薛季宣提出 "为政之急，要在敢吏仁民"③，认为治理国家，关键在于有一批敢于担当、敢于作为的官吏，切实将仁爱和仁义施之于老百姓。叶适在《赠薛子长》中也讲道：

> 读书不知接统绪，虽多无益也；为文不能关教事，虽工无益也；笃行

---

① 脱脱：《道学一》，《宋史》卷四百二十七《列传第一百八十六》，北京：中华书局，2013年，第 12709 页。
② 王开祖：《儒志编》，金沛霖编《四库全书·子部精要上》，天津：天津古籍出版社，1998年，第 92 页。
③ 薛季宣：《薛季宣集》，上海：上海社会科学院出版社，2003年，第 319 页。

而不合于大义，虽高无益也；立志不存于忧世，虽仁无益也。①

为人处世如何有益于国家、有益于社会、有益于人民？叶适提出要做到"读书接统绪、为文关教事、笃行合大义、立志存忧世"四方面。义利之辨从春秋末期形成以来，一直是中国传统哲学思想争论的核心问题，也是人类社会生活中最普遍的实践话题。与朱熹强调义利的冲突即"明天理，灭人欲"②不同，叶适强调义利的统一，提出"崇义以养利，隆礼以致力"③和"成其利，致其义"④，首次明确将"利"光明正大地上升到了不可或缺的重要位置。永嘉学派以朴素的辩证思想，倡导义利并举作为笃行大义的现实选择，终结了道义与功利的二元对立论，为事功学说奠定了强大的哲学理论基石。

清末"三孙五黄"（指孙氏衣言，弟锵鸣，子诒让；黄氏体正，弟体立、体芳，侄绍箕、绍第）、"东瓯三杰"（指陈虬、宋恕、陈黻宸）等学者面对内忧外患，致力于重振永嘉学派、倡导维新儒学。作为独立潮头的知识精英，他们以高屋建瓴之势，在东西文化思潮激烈碰撞的夹缝里，寻求国运倒悬之际的济世良方。孙衣言穷半生之精力搜集乡邦文献，冀永嘉学派之重振，图民族伟业之复兴。出身于平阳县万全乡首富之家的近代启蒙思想家宋恕，目睹国破家亡、生灵涂炭，毅然"著书专代世界苦人立言"⑤。自称"生永嘉先生后七百年矣"⑥的陈虬，把著作取名为《治平通议》《治平三议》。何为"治平"？——"治国平天下"之谓也。因此说，永嘉学派倡导的"义利并举"，"义"乃是"义"字当头、"义"字为先，"利"则是利不可缺、利须并进。

对此，陈虬有一段精彩的论证：

①叶适：《赠薛子长》，刘公纯、王孝鱼、李哲夫点校《叶适集》中册，北京：中华书局，2013年，第607页。
②朱熹：《学六》，黎靖德编《朱子语类》卷十二，武汉：崇文书局，2018年，第154页。
③叶适：《士学上》，刘公纯、王孝鱼、李哲夫点校《叶适集》下册，北京：中华书局，2013年，第674页。
④叶适：《汉书三》，《习学记言序目》卷二十三，北京：中华书局，1977年，第322页。
⑤宋恕：《六字课斋津谈》，胡珠生编《宋恕集》上册，北京：中华书局，1993年，第51页。
⑥陈虬：《治平通议序》，胡珠生编《陈虬集》，北京：中华书局，2015年，第299页。

乃昧者惑乎义利之说，辄疑二者不可得兼。不知心乎利则无义非利，心乎义则无利非义，以天下之利公之天下而己无所私，即酌收薪水亦属取不伤廉。一人行之为学术，举世效之为风俗，将喜气洋溢，蒸为太和，翱飞吱息，各得其所，体天地好生之仁，弥尧舜犹病之憾，所谓凡有四端于我者，知皆扩而充之，若火之始然，沛然莫之能御，善与人同，其犹足多哉！①

陈虬认为，只要主观上是出于"义"的考虑，那么所有的"利"都可以是合乎道义的；而如果主观上是出于"利"的选择，那么所谓的"义"都可能是带有功利的。陈虬的这种由主观出发点决定义利行为善恶倾向的论断，相当于批判了英国经济学家亚当·斯密"主观为自己，客观为别人"②的观点。本着"以天下之利公之天下"的初衷，这批以高度的文化自觉重振永嘉学派的乡绅贤哲，躬行经世理念议改革、办学校、兴实业，亲身实践爱国、救国、报国的伟大政治理想，冀以"振世救弊"③。

2014年7月，习近平总书记在韩国国立首尔大学演讲时表示："只有义利兼顾才能义利兼得，只有义利平衡才能义利共赢。"道义和功利，可以因时弊不同而有所侧重。但总体而言，义为体、利为用，两者不是对立关系，更不可偏废。"义"为永嘉学派事功学说之本体，"利"为永嘉学派事功学说之功用。可以说，"义利并举"思想即使在千年后的当今社会仍然闪耀着智慧的光芒，对解决改革开放后拜金主义带来的各种道德困境具有现实的借鉴作用。在社会主义市场经济日渐成熟的当下，真正的企业家必须具备家国情怀，所有的市场主体必须肩负起应尽的社会责任，主动为国担当、为国分忧，商行天下的同时更要善行天下、义行天下。只有坚持义利并举、重视社会价值，才会在推动社会进步的同时实现自身可持续发展。

二、道不离器、崇实黜虚的务实精神

"道"和"器"是中国古代的一对哲学基本概念，道器关系实质上就

---

① 陈虬：《善举尽可计利以图扩充》，胡珠生编《陈虬集》卷八《杂著一》，北京：中华书局，2015年，第259页。
② 亚当·斯密：《国民财富的性质和原因的研究》，严辰松、朱利平注释，上海：上海译文出版社，2022年，第27页。
③ 孙诒让：《墨子间诂》，北京：中华书局，2009年，"自序"第2页。

是抽象道理与具体事物的关系。针对"高谈性命"之阔论，永嘉学派强调道不离器、舍器无道。薛季宣认为离开"器"，既不能知"器"，也不能知"道"：

> 上形下形，曰道曰器，道无形舍，器将安适哉！且道非器可名，然不远物，则常存乎形器之内。①

"器"一般指器具，"物"一般指货物，"器物"本义为各种用具的统称，引申为物质存在。叶适明确提出"物"是天地间最根本的存在，主张一切行为都应该以形而下的"物"为着眼点，而不能离开具体的"物"去谈虚无的"道"：

> 物之所在，道则在焉。物有止，道无止也。非知道者不能该物，非知物者不能至道。道虽广大，理备事足，而终归之于物，不使流散。②

南宋三大思想流派，各自特色鲜明：朱熹主张性即理，强调道问学、重格物，倡导把"居敬穷理"③作为一种基本的修养方法。朱熹说："半日静坐，半日读书，如此一两年，何患不进？"④陆九渊主张心即理，强调尊德性、重明心，倡导把"静坐澄心"作为一个重要的存心功夫。永嘉学派主张事即理，强调注重实际、实践和实证，倡导把"经世致用"作为一切学问的终极使命。王开祖在《儒志编》中说："举天下知孔子之言，而不行孔子之道，是不知孔子之道也。"⑤"知"通常指对事物本质和道德规范的理解和认识，"行"则是在"知"的基础上的实际践行和应用。王开祖十分强调行动的重要性，认为只有真正去做、去实践，才是真正地理解和掌握了"孔子之道"。

---

① 薛季宣：《答陈同父书》，《薛季宣集》卷二十三，上海：上海社会科学出版社，2003年，第298页。
② 叶适：《四言诗》，《习学记言序目》卷四十七，北京：中华书局，1977年，第702页。
③ 朱熹：《学三》，黎靖德编《朱子语类》卷九，武汉：崇文书局，2018年，第113页。
④ 朱熹：《郭德元告行》，黎靖德编《朱子语类》卷一百一十六，北京：中华书局，1988年，第2806页。
⑤ 王开祖：《儒志编》，金沛霖编《四库全书·子部精要上》，天津：天津古籍出版社，1998年，第91页。

叶适针对朱陆之学直指其弊：

学者尽废古人入德之条目，而专以心性为宗主，致虚意多，实力少，测知广，凝聚狭，而尧舜以来内外交相成之道废矣。[①]

在金兵的铁蹄之下，南宋朝廷称臣纳币、割地求和。在摇摇欲坠的政局中，面对崇尚静坐、空谈心性之风，力主抗金的叶适鲜明地批判朱陆之学"虚意多，实力少"，并积极上书宁宗皇帝，提出了南宋版的"实干兴邦"论：

臣闻欲明大义，当求公心；欲图大事，当立定论。自献者追愤，自安者忘仇，非公心也。勇者惟欲进，怯者惟欲止，非定论也。善为国者，务实而不务虚，择福而不择祸，条目先定，而始末不差，斯所谓公心矣。措己于安，而制敌之危，斯所谓定论矣。[②]

作为浙东学派的先导学派，永嘉学派这种针砭时弊、措诸实行的拳拳爱国之心，在当时的知识界引起了广泛的共鸣。以陈亮为代表的永康学派，提倡"王霸并用，义利双行"[③]；偏重心学的金华学派，提倡"明理躬行"；以心学为宗的四明学派，也提倡"通经致用"，从而使"崇实黜虚"的事功之学，作为区别于心性之学的别样存在，在宋代浙江乃至全国成为一种清新而务实的思想潮流。

清末"三孙五黄""东瓯三杰"等学者，更是提倡"大贤有志当世，似当观风气所趋，挽其既敝"[④]。孙诒让在《瑞安新开学计馆叙》中写道：

光绪乙未，东事甫定，中国贤士大夫始蠢然有国威未振之惧。于是京都及南洋皆有强学书局之举，而瑞安同人亦议于邑城卓忠毅公祠开学计馆

---

①叶适：《告子》，《习学记言序目》卷十四，北京：中华书局，1977年，第207页。
②叶适：《水心文集补遗·奏札》，刘公纯、王孝鱼、李哲夫点校《叶适集》中册，北京：中华书局，2013年，第617页。
③陈亮：《又甲辰秋书》，《陈亮集》卷二十八，石家庄：河北教育出版社，2003年，第270页。
④孙延钊撰，徐和雍、周立人整理：《孙衣言孙诒让父子年谱》，上海：上海社会科学院出版社，2003年，第200页。

以教邑之子弟,皆以甄综术艺,培养人材,导厥涂彻,以应时需,意甚盛也。①

"东事"指爆发于1894年的甲午战争,它给中华民族带来空前严重的民族危机。1896年,孙诒让从东降西升中有感于"数学是一切科学之基础",与黄绍箕等人倡导成立了"专治算学"的瑞安学计馆。学计馆后来与瑞安方言馆合并为官立瑞安普通学堂,这就是浙南百年名校瑞安中学的前身。瑞安中学的校训"甄综术艺,以应时需"就典出于此。作为清末复兴永嘉学派的主将,他们秉持求真务实的态度,脚踏实地、真抓实干,无论是创办学校还是开办实业,全都应时而发,以求救亡图存。特别是他们对西学的兼收并蓄乃至立说立行,更是超越了晚清全国知识界的大多数流派。

知而不行,只是未知;起而行之,行则必至。永嘉学派作为"求真务实"的倡导者、"知行合一"的实干家,不但为沉湎穷理尽性而独善其身的南宋学界引入一股清流,而且成为晚清中国社会思想启蒙的先驱,即使对当今社会仍具有积极的借鉴意义。他们特别重视实践实行这一关键环节,在学术、教育、实业、政治等多个维度都取得了令人瞩目的成就,与当前倡导的"空谈误国,实干兴邦"若合符契,可谓理论家与实践家的完美结合体。20世纪80年代,温州就是本着求真之精神、务实之举措,搁置姓"资"姓"社"讨论,闯出了一条举世瞩目的民营经济新路子。奋斗成就梦想,实干方能兴邦。厚植"求真务实"基因,把握时代脉搏,洞察社会需求,让"讲实话、崇实行、见实效"的务实精神始终占据人类社会主流思想的C位,这是时代发展的真切需要。

三、工商皆本、经世致用的事功追求

所谓经世致用,顾名思义就是"经国济世、以致其用"。西汉时期的董仲舒,传播最为广泛的一句名言是:"仁人正其谊不谋其利,明其道不计其功。"②可以说,重义轻利的思想是中国传统伦理的主导思想。永嘉学派继承发扬儒家事功哲学,则提倡实事功利,反对空谈道义和虚谈心性。

---

① 孙诒让:《瑞安新开学计馆叙》,许嘉璐编、雪克点校《孙诒让全集》,北京:中华书局,2010年,第353页。
② 班固:《董仲舒传》,《汉书》卷五十六,北京:中华书局,1962年,第2524页。

对这个问题，陈傅良说"所贵于儒者，谓其能通世务，以其所学，见之事功"③，明确提出要在通世务、见事功上落地。叶适也说得很干脆：

> "仁人正谊不谋利，明道不计功"，此语初看极好，细看全疏阔。古人以利与人，而不自居其功，故道义光明。后世儒者行仲舒之论，既无功利，则道义者乃无用之虚语耳。④

俗话说"民以食为天"，中国古代封建社会"以农为本"，统治阶级认为农业是天下的根本，是国民经济的基础。针对封建社会千年来"厚本抑末"的一贯指导思想和实际政策，叶适大胆地否定了这一古代圣王之政的传统观点：

> 按《书》"懋迁有无化居"，周讥而不征，春秋通商惠工，皆以国家之力扶持商贾，流通货币，故子产拒韩宣子一环不与，今其词尚存也。汉高祖始行困辱商人之策，至武帝乃有算船告缗之令，盐铁榷酤之入，极于平准，取天下百货自居之。夫四民（士、农、工、商）交致其用，而后治化兴，抑末厚本非正论也。使其果出于厚本而抑末，虽偏尚有义，若后世但夺之以自利，则何名为抑？⑤

甚至叶适还提出："其要欲使四民世为之，其理固当然，而四民古今未有不以事。至于丞进髦士，则古人盖曰无类，虽工商不敢绝也。"⑥叶适说，自古以来士、农、工、商皆能够得以任事而发挥其才能。因此，为国家推荐有用之才应该不拘一格、不分类别，即使是工人、商人也应该一视同仁。

在古代中国，工与商处在社会阶层的末等，特别是商人被称为"下人"。隋唐实行科举制度之后，商人子弟也不能参加科举，被归在了贱民一类。南宋时期是中国历史上工商业发展最快的时期之一，叶适以敏锐的眼光从

---

③ 陈傅良：《外制·大理寺主簿王宁新知信阳军》，《陈傅良先生文集》卷十四，杭州：浙江大学出版社，1999年，第190页。
④ 叶适：《汉书三》，《习学记言序目》卷二十三，北京：中华书局，1977年，第324页。
⑤ 叶适：《史记一》，《习学记言序目》卷十九，北京：中华书局，1977年，第273页。
⑥ 叶适：《齐语》，《习学记言序目》卷十二，北京：中华书局，1977年，第167页。

根本上反对沿袭了近千年的传统"厚本抑末"基本国策，打破了古代中国对工与商的偏见。他认为工商业者有助于促进社会经济的发展，甚至也要给予其参政议政、任职干事的权利，这对传统的贱商论提出了大胆的挑战，代表了当时工商业发展到一定阶段的社会呼声和民意。即使总体上对叶适持不同意见的牟宗三，对此亦有一段深中肯綮的比较性论述：

> 叶水心、陈同甫对于时代之观察、局势之了解，实比朱子为较真切，既切中其弊，又切中其扭转之窍，实比较能扣紧政治之客观意识而立言。彼等要求事功，实非寡头泛言之事功，亦非功利主义与事务主义之事功。①

清末"三孙五黄""东瓯三杰"等先贤不仅继续和发扬了永嘉学派事功经济思想，更是以实际行动去践行事功经济思想。他们既做学术、办学校，又开工厂、营实业，带头掀起了近代中国第一次现代化浪潮，涌现了中国历史上少见的儒商群体。特别是孙诒让在学术成就"三百年绝等双"②的同时，创办了农渔、工矿、运输、学校等一批实体，成为践行经世致用的楷模。他们内具传统士大夫之品格，外建现代企业家之功业，一生品行令人景仰，让当前某些金钱速生而声名速朽的所谓富豪感到羞愧。

永嘉学派对经世、对事功的重视，与邓小平同志"发展才是硬道理"的观点如出一辙。用现代的话语体系来讲，经济基础决定上层建筑，没有生存权、发展权，谈何人权？同样的道理，没有"功利"的现实成就来保障基本的民生需求，"道义"不就是水中月、镜中花吗？

元明以来，朱熹理学一直占据官方正统地位。陆九渊心学沉寂300年后，经王阳明发扬光大也再次大放异彩。但是两者均只侧重个人内在心性修养的缺点十分明显，读书与社会严重脱节，经世致用更是无从谈起。基于对朱学和王学末流所造成的种种积弊进行理性反思和深刻批判，明清的知识界形成了一种关心国计民生、重视工商发展、倡导实地践履的务实学风。从某种意义上说，这是南宋三大思想流派鼎足争鸣在时空上的一种延续，更是因解决不同阶段社会弊病对思想开路先导的需要而此消彼长的一

① 牟宗三：《政道与治道》，长春：吉林出版集团有限责任公司，2010年，第675页。
② 章太炎：《章太炎全集》，上海：上海人民出版社，1985年，第213页。

种学术回应。而这批明清实学家包括南雷学派、东林学派、泰州学派等，都不同程度地直接汲取了永嘉学派实学思想的精神营养。黄宗羲、全祖望等在《宋元学案》100卷共2000余名学者中，为薛季宣、陈傅良专列艮斋学案、止斋学案，将叶适的水心学案还分为两卷，与周敦颐、二程、张载、朱熹相并列，足见其对永嘉学派非一般之认同与重视。顾炎武对叶适之论钦佩之至，他在著述中屡屡摘抄以阐述论证自己的学术思想。顾炎武"考百王之典、综当代之务"的学术路径，与永嘉学派的经制之学、事功之学可谓一脉相承。

可以说，"经世致用"永不过时，"事功追求"乃是任何一个经济社会发展阶段的基本需要。在当前新发展阶段，扎实推动高质量发展、提升人民生活品质，既是中国正在笃实践履的经世之伟业，也是最大的事功之追求。因此，把高质量发展要求贯穿到经济社会发展各个领域和全过程，集中精力办好自己的事情，全力实现充分发展、均衡发展，是当前不可动摇的头等大事。

四、理财富国、宽民之力的民本思想

犹如和平与发展是当今世界的主流诉求一样，中国自古以来就将"民生"与"国计"相提并论，民生问题一直与政局稳定和发展存在着密不可分的关系，也可以说始终是最能拨动执政者心弦的重大问题。永嘉学派认为民生攸关王朝的安危存亡，并将民本思想贯彻到为官施政之中。叶适提出，管理国家的关键，在于赢得人民群众的拥护和爱戴：

> 为国之要，在于得民。民多则田垦而税增，役众而兵强。田垦税增，役众兵强，则所为而必从，所欲而必遂。①

陈傅良上书皇帝直陈己见说：

> 方今之患，何但四夷？盖天命之永不永，在民力之宽不宽耳，岂不甚

---

① 叶适：《进卷·民事中》，刘公纯、王孝鱼、李哲夫点校《叶适集》下册，北京：中华书局，2013年，第653页。

可畏哉？陛下宜以救民穷为己任，推行太祖未泯之泽，以为万世无疆之休。①

陈傅良认为四夷来犯、山河沦丧固然是大患，但是"民力"如果不宽裕才更为可怕。他说，皇朝根基能否永固，关键还是要在"宽民力、救民穷、结民心"上下功夫，这才是立国之本、立政之基，这样才能确保江山社稷长治久安。

郑伯谦的《太平经国之书》，是永嘉学派一部以《周礼》为蓝本来探讨财政经济管理的专著。他十分重视经济在政治生活中的基础性作用，在书中认为理财富国是百姓安居乐业的先决保障：

> 以理财为先务者，天下之事非财则不立，天下之人非财则不聚。财用足，然后百志成。食货通，然后民安居。②

叶适在《财计上》中，对理财也有自己鲜明而犀利的观点：

> 理财与聚敛异。今之言理财者，聚敛而已矣。非独今之言理财者也，自周衰而其义失，以为取诸民而供上用，故谓之理财。而其善者，则取之巧而民不知，上有余而下不困，斯其为理财而已矣……是故以天下之财与天下共理之者，大禹、周公是也。古之人，未有不善理财而为圣君贤臣者也。③

叶适说，理财是为天下理财，不是为君主理财，更不是敛财；理财的最高境界是"取之巧而民不知，上有余而下不困"，而古代的大禹、周公就都是善于理财的高手。因此理财要讲究方法，把握好度的问题，具体讲要统筹好国家财政的需要与社会财富的增益。叶适视富人为国家和社会的根本，认为富民可以促进强国，强调富人对国家和社会的重要性。他客观评价富人财富的积累和对生产发展的正面作用，提出主张保护富人：

---

① 陈傅良：《吏部员外郎初对札子第二》，《止斋集》卷二十，长春：吉林出版集团有限责任公司，2005年，第181—182页。
② 郑伯熊、郑伯谦：《二郑集》，上海：上海社会科学院出版社，2006年，第162页。
③ 叶适：《财计上》，刘公纯、王孝鱼、李哲夫点校《叶适集》下册，北京：中华书局，2013年，第658页。

以破坏富人为事……此非善为治者也……富人者，州县之本，上下之所赖也。富人为天子养小民，又供上用。[1]

自从人类的私有制产生以来，摆脱贫困状态、追求物质富裕的生活，既是全人类翘首企足的美好愿望，也是每个人与生俱来的基本权利。在古代，孔子推崇"三代之治"，追求建立"大同世界"，希望全社会达到富足安宁的和谐状态。在当下，中国发展经济的根本目的，就是让所有人都过上富裕美好的幸福生活。从发出全球安全倡议、全球发展倡议、全球文明倡议，到倡导"构建人类命运共同体"，这些既是中华优秀传统文化在当代的创造性发展，也是"大同世界"理念的现代版本，更是执政当局政治智慧的结晶。作为生活在1000余年前的宋代士大夫，叶适这种"许民求富、保民之富"的富民观，与当下"让一部分人先富起来，先富带动后富，最终实现共富"的战略构想不谋而合，可谓是中国古代思想史上的一大创举。

清末"三孙五黄""东瓯三杰"等学者十分关注现实民生问题，不管是在为政实践上，还是在著书立说中，都体现了关注民生、体恤民情的挚诚之心，甚至曾经上书道光皇帝成功弹劾投降派军机大臣穆彰阿的孙锵鸣还因"为民请命"而遭罢官。清同治元年八月，朝廷因温州遭受金钱会战乱，特下诏豁免咸丰十一年之前百姓所欠的钱粮漕米。温州知府周开锡却将豁免年限提前两年截止。民间奋起反抗，到处张贴《声讨匿旨擅征檄》，然官府反采取高压手段逮捕抗拒者。时任翰林院侍读学士孙锵鸣获悉后，致函浙江巡抚左宗棠未果，又上书朝廷为民讨公道。左宗棠袒护门下周开锡而反告，致使清廷于同治三年年初下谕"勒令休致"，罢免了孙锵鸣官职。孙锵鸣去世后，宋恕的挽诗是这么写的："不教方寸着炎凉，自爱闲中日月长。笔记条条关治乱，斯民疾苦岂能忘！"[2]陈虬对"富民"与"强国"也有自己深刻的认识，他说："国之强弱系于民心，民心之向背系于州县，

---

① 叶适：《进卷·民事下》，刘公纯、王孝鱼、李哲夫点校《叶适集》下册，北京：中华书局，2013年，第657页。
② 宋恕：《外舅孙止庵先生挽诗》，胡珠生编《宋恕集》下册，北京：中华书局，1993年，第865—866页。

宜以州县得民为强国之本。"①怎么样才可以做到富民强国？陈虬在《救时要议》中提出了一套完善的改革方案，包括开新埠、广商务等14项"富策"，开铁路、扼要塞等16项"强策"，开议院、广言路等16项"治策"。②约言之，他们均强调"民为邦本，本固邦宁"的执政理念，希望通过放活民间个体致富来达到推动社会整体经济提升的目的，有效助推了商品经济的发展和商业贸易的繁荣。

得民心者得天下，改善民生、赢取民心是养国固本的第一要务。如何走出沿袭千年的"官本位"困境，实现管理理念向"民本位"转变，是执政当局的永恒课题。永嘉学派思想中蕴含的民本思想渊源，在官本位占据主流思想的封建社会，体现了朴素而真挚的人文主义情怀。在我国综合国力即将重返世界之巅的当下，"国富"已经基本实现，"民富"中也已实现一部分人和一部分地区"先富"。如何顺应亿万群众期盼，进一步增进民生福祉，推动全体人民实现"共富"，已成为当务之急。因此，共同富裕不仅是价值理念，更是实践要求。如此，中国才能为21世纪的全球发展树立伟大榜样。

五、与时通变、不守窠臼的创新思维

人类社会的发展史，实质上就是一部变革创新史。如果说孔孟儒学是儒学发展的1.0版、两汉经学是2.0版，那么宋明理学就是3.0版。作为宋明理学的四大流派之一，永嘉学派从萌芽、创立、发展到成形的过程，实质上就是永嘉学者不断解放思想、开拓创新的过程，是对儒家"外王"之学在宋代的创造性转化和创新性发展。宋儒解《易经》之书甚多，永嘉学派主将对《易经》也均有专门研究或论述。日为阳、月为阴，日月为易，因此《易经》就是一部阐述万物运行、阴阳消长的书。叶适认为："以其义推之，非变则无以为易，非经非别则无以尽变。"③"易"反映的就是变化的道理、原理、原则，或者说是关于变化的规律。因此，凡事都应该认清时务、根据时势，以通晓变化之理做到通达权变。叶适这样表达自己

---

① 陈虬：《论国之强弱系于民心》，胡珠生编《陈虬集》卷九《杂著二》，北京：中华书局，2015年，第381页。
② 陈虬：《救时要议》，胡珠生编《陈虬集》卷三《专著三》，北京：中华书局，2015年，第69页。
③ 叶适：《周易四·系辞》，《习学记言序目》上册卷四，北京：中华书局，1977年，第39页。

对改旧与谋新的理解：

> 利惟谋新，害不改旧……当为则为，毋以为昔未尝有；当改则改，毋以为今方循用；除百年之宿蠹，开兴王之大道，计岁月之举措，求日新之功效：明发慷慨，同于饥渴，乌能尽天下而虑之乎！①

只要是合乎实际，有利于社会发展、有利于老百姓的事情，昔未尝有亦当为，今方循用亦当改。叶适不仅这么说，也是这么做的。比如，前文所录叶适指出"抑末厚本非正论也"，公开批判长期占据统治地位的"抑末"乃至"禁末"思想，开创性提倡农商并重，现在看来好像本该如此，但在当时可谓振聋发聩。《四库全书总目提要》称叶适"讲学析理，多异先德"，侯外庐评价说："对思、孟，尤其是对孟子，叶适的批评最多，也最严厉。在他评注的《孟子》一卷中，几乎逐条逐句都有所论。"②对于叶适大胆而又务实的治学批判精神，就连牟宗三先生也是这样评价的：

> 历来敢对程朱内圣道统提出疑问者，如明末顾亭林、颜元、李塨等人，实皆不及叶水心之勇敢与一贯，并曾子、子思、孟子、《易传》而一起皆反之也。③

学术批判也是具有建设性、创新性的，批判不仅是破旧的武器，也是立新的法宝。叶适这种前无古人的批判精神，从某种角度来说是具有划时代意义的。在批判的基础上，叶适通过研究剖析史学经籍和历代政治制度，创新提出了一系列改革政制、兴利除弊的主张，对元明清思想界可谓影响巨大。黄宗羲、顾炎武、颜元等思想家不但充分肯定了叶适主张的实学思想观点，而且接续了叶适反对空谈心性的批判精神，扛起了追求经世致用的文化大旗。

---

① 叶适：《始议二》，刘公纯、王孝鱼、李哲夫点校《叶适集》下册，北京：中华书局，2013年，第760页。
② 侯外庐：《宋明理学》，北京：人民出版社，1997年，第463页。
③ 牟宗三：《心体与性体》，南京：正中书局，1996年，第278页。

批判性思维是一种质疑和求证的能力，这是任何时代进步的源泉所在。清末"三孙五黄""东瓯三杰"等先贤同样富有大胆批判之精神，比如，宋恕是一名从小浸润于原始儒学的传统士大夫，但是他的思想并没有囿于千年封建道统的程式化之定论。宋恕十分尊崇孔孟之学，坚定地主张恢复爱民仁民之教，但这并不妨碍他基于事实、基于真理对孔孟展开的质疑与反思，宋恕说：

　　《论衡》有《问孔》《刺孟》二篇，纪文达斥为无忌惮。余谓有疑而问，弟子之常，过去之师与现在之师，一也。若以问过去师为无忌惮，则问于现在师亦为无忌惮乎？①

　　在这里，宋恕明确质疑纪昀的观点，表达了自己对王充问难孔子、讥刺孟子的鲜明支持态度。宋恕认为中国自秦汉以来"以法乱儒""阳儒阴法"，真正的儒家早已消亡，其罪魁祸首是叔孙通、董仲舒、韩愈和程颐四人。甚至批判"家宇之弊，极于姬周，发、旦抑民，殆甚殷、夏"②，认为周文王、周武王的抑民政策比桀、纣更为黑暗。因此，宋恕主张要"变法家天下为儒家天下"，以儒学沟通西学为继承孔子道统和维新变法服务，以期在中国实现资产阶级民主主义变革的社会进步。

　　批判的最终目的，是通过真正的思索解决新的问题。他们积极倡导变革维新，陈虬著《治平通议》，宋恕撰《六斋卑议》，孙诒让作《周礼政要》，均主张变法自强。陈虬甚至还在《治平三议》中提出了世界"大一统"的概念：

　　今中西一家，偶俱无猜；电机所发，秒忽万里，声教之讫，无远勿届，环地球以游，半载可周；盖骎骎乎有大一统之势矣……万国并建，天必笃生非常神圣之人与天地合撰，与日月合明，使之宪章万古，开辟中外，创古今未有之盛治。③

---

① 宋恕：《六字课斋津谈·九流百氏类第十一》，胡珠生编《宋恕集》上册，北京：中华书局，1993年，第82页。
② 宋恕：《致夏穗卿书》，胡珠生编《宋恕集》下册，北京：中华书局，1993年，第527页。
③ 陈虬：《大一统议》，胡珠生编《陈虬集》卷一《专著一》，北京：中华书局，2015年，第7—8页。

陈虬将古代圣贤"大同世界"的理念首次设想到整个地球之上，倡议全球大一统，以开创"古今未有之盛治"。这与当下共产党着眼人类发展和世界前途，而提出"构建人类命运共同体"的战略思想，实有异曲同工之妙。宋恕在他的代表作《六斋卑议》中，系统地提出了政治权利、诉讼权利、教育权利、财产权利等民权思想。他们面对"事势之危、世变之酷"[1]，不墨守成规、不盲从权威，仗义执言倡导改革弊政，以中国士大夫阶层的人文品格、自我良知与道义担当推动着社会的进步与发展。

社会进步没有休止符，改革创新永远在路上。人类依靠创新摆脱了史前愚昧时代，也依靠创新不断发展到今天。在当今科技竞争白热化的形势下，我们必须大力弘扬永嘉学派不守窠臼、大胆质疑的批判精神，坚持将自主创新作为时代发展永不褪色的主旋律，发扬逢山开路、遇水架桥的拼搏精神，打好关键核心技术攻坚战，争取实现更多"从0到1"的原创突破，努力跻身创新型国家前列。

六、立己达人、兼济天下的教育理念

"己欲立而立人，己欲达而达人"，是古代知识分子毕生追求的"仁"之境界。永嘉学派主将们不仅自己苦学成才，而且大部分都开办书院、设馆授徒，通过教育培养人才。他们自己"勤耕立家，苦读明道"，而教育家是其立己达人的又一显著身份。王开祖提出"学者国之大本，教者国之大务"[2]，在华盖山设塾讲学，开温州书院之先风。由此开端，到南宋时，温州书院林立、学风盛极一时，在全国独领风骚。据统计，宋代浙江有48所书院，温州就占12所。正如《弘治温州府志》所说：

自谢康乐招学士讲经，而郡之有学旧矣。堂斋庑舍，莫盛于宋，而学业随之……夫群一郡之秀彦而养之学宫，固将使之明圣贤之道以全体学之用……吾瓯自宋以来，有书院，有义塾，学业炽盛，正藉于此。[3]

---

[1] 胡小远、陈小萍：《末代大儒——孙诒让》，北京：作家出版社，2006年，第303页。
[2] 王开祖：《儒志编》，金沛霖编《四库全书·子部精要上》，天津：天津古籍出版社，1998年，第91页。
[3] 王瓒：《弘治温州府志》卷二，上海：上海社会科学院出版社，2006年，第22—27页。

伴随着书院的兴起，温州人的"乐学"之风与"善教"之法，齐头并进、所向披靡。据《宋史》记载，庆元二年，吏部尚书叶翥在给宋宁宗的奏折中专门提道："有叶适《进卷》、陈傅良《待遇集》，士人传诵其文，每用辄效。"①自宋以来，《永嘉先生八面锋》更是科考举子人手一册，各级官吏案头必备，乾隆皇帝告诫皇子皇孙"必须熟读此书"。这部由陈傅良所著、宋孝宗赐名的《永嘉先生八面锋》，既是一部让学子奉为宝典、专言时务的应试之书，亦是一部专门研究治国方针和施政思想的经典专著。

陈傅良十几岁开始在家乡教书，20多岁就声名鹊起、从者如云。随后任职最高学府太学录，罢官之际创办仙岩书院，为官期间多次讲学于岳麓书院，回京后又先后兼赞读、侍讲为太子、皇帝讲学而担任"帝王师"。陈傅良的教学生涯，因其切中时弊、立意新奇、笔调犀利，一直被学子追捧为偶像巨星般的存在。宋代学者林子长甚至评价说："止斋之论，论之祖也。"由陈傅良等人倡导的切于实用、思维缜密的务实文风，一改以往苛求文理、注重辞藻的八股之气，深受广大学子欢迎而在全国八面开张。客观地讲，虽然永嘉文体作为一种科场程文体式，只是举子事业而非君子事业，但是它对推动一地学风昌盛的作用是毋庸置疑的。包括吕祖谦亦曾经编定《左氏博议》和《左氏奥论》两部著作，作为指导学生应试的科举范文。在陈傅良等人的推动下，崇学重教之风席卷东瓯大地。

南宋时温州人有多会读书？省试也称礼部试，相当于全国高考，第一名称"省元"。南宋温州以九名"省元"高居全国各城市第一，乾道八年尚书省礼部主持面向全国举人的省试中，前三名更是全由温州士子（蔡幼学、陈傅良、徐谊）包揽，成为南宋科场的一大传奇，轰动朝野上下。然而，作为入仕的唯一通途，以一流时文考取一流功名毕竟只是方便手段，而以科举考试为载体为国家培养栋梁之材才是真正目的。因此，高中榜眼的叶适说：

天下之物养之者必取之。养其山者必材，养其泽者必渔。其养之者备，则其所取者多；其养之者久，则其得之也精。夫其所以养之者，固其所以

---

①脱脱、阿鲁图：《宋史》，北京：中华书局，1977年，第3635页。

为取也。古者将欲取士而用之，则必先养之。①

叶适认为，人才是国家兴盛与否的根本因素之一，与国家的前途和老百姓的命运息息相关。而使用人才的前提，是必须先大力培育人才。

清末"三孙五黄""东瓯三杰"等学者认为，国家富强的根源在于兴办教育。宋恕指出："欲振作政事，必先转移议论，而欲转移议论，必先开广学校，此古今中外之道理也。"②被称为清代永嘉学派最后一位传人的林损说："天下兴亡，责在学者，树人百年，丧诸旦夕，纳手扣心，愧愤奚如！"③时逢内忧外患的百年变局之际，在中国实行了1300余年的科举制度走到了历史尽头，如何发展新式教育、提高全民素质，成为无数中华仁人志士念兹在兹的一项基本考量。

1898年，黄绍箕参与创办中国近代第一所国立大学京师大学堂（北京大学前身），并编写了中国第一部教育通史《中国教育史》。1902年，陈黻宸在上海创办第一份纯学术期刊《新世界学报》。1903年，项骧在上海发起创办中国近代第一所私立大学震旦学院（复旦大学前身）。在京沪一线积极引领教育事业的同时，家乡的教育事业也如火如荼地展开。1872年，许启畴等人深感瑞安僻处浙江尽头、苦无书读，倡议合资聚书，在大沙堤建心兰书社，布衣学子可自由检阅图书，开全国公共图书馆之先河。1885年，陈虬等人牵头创办利济医学堂，这是我国第一所采取欧美办学制度和方法开办的新式中医学校。1896年，孙诒让等人创办瑞安学计馆，这是我国近代最早的一所数学专科学校；次年，黄庆澄在温州的府前街创办中国第一份数学期刊《算学报》，把算学以大众传媒报刊的形式向民众传播；1899年，孙诒让创办中国现代最早的地区性数学学会瑞安天算学社，这些都为温州成为"数学家摇篮"奠定了坚实基础。据统计，孙诒让在温、处两地16县牵头创办各级各类学校300多所，并成立了多种进步社会机构。他们积极践行教育救国之志，创造了近代中国教育史上十多项全国第一。

---

① 叶适：《士学下》，刘公纯、王孝鱼、李哲夫点校《叶适集》下册，北京：中华书局，2013年，第676页。
② 宋恕：《代陈侍御请广学校折》，胡珠生编《宋恕集》上册，北京：中华书局，1993年，第247页。
③ 林损著，陈镇波、陈肖粟编校：《林损集》中册，合肥：黄山书社，2010年，第1111页。

欲争天下，先争人才；百年大计，教育为本。永嘉学派秉持务虚求实、学以致用的教育理念，他们大部分出仕之前即已执教为业，为政之时更是办学兴教，归田之后仍以讲学为乐，非常重视培养治国安邦的人才。从宋孝宗赐名的《永嘉先生八面锋》风靡天下，到科举考场"永嘉文体"的极度盛行，再到"天下翰林皆后辈"之美誉，都从侧面印证了温州对教育、对人才的极端重视。环顾当今世界，国际竞争实质上就是综合国力的较量，归根结底是人才的竞争。因此，教育强则国家强，人才兴则民族兴。只有大力弘扬耕读传家、诗书济世的传统文化理念，坚持科教兴国和人才强国战略不动摇，才能培养出具有中国人精气神和国际化大视野的复合型人才。

七、结语

概而括之，任何区域及时代的经济社会繁荣，必然以其开放包容的思想文化冲锋先行。哈佛大学教授、竞争战略之父迈克尔·波特认为：基于文化的优势是最根本的、最难替代和模仿的、最持久的和最核心的竞争优势。中华文明不仅是一个回溯5000年的过去时，更是一个引领新时代的进行时。数千年来，博大精深的中华优秀传统文化始终引领着人类思想的大潮，使中华民族巍然屹立于世界之林。在大国博弈日趋激烈的当下，中国如何在科技自立自强和文化自信自强中实现中华民族伟大复兴的中国梦，从而着眼人类福祉为全球提供一种不同于西方资本主义的新文明，开创一个再次引领世界转型发展的伟大盛世，这是需要我们共同努力的。晚清启蒙思想家邓实说：

尝谓二千年神州之学术，其最盛者有三期：一曰周秦诸子，一曰永嘉诸子，一曰明末四先生（黄顾王颜）。三期之学，其学风相似，其规模盛大相似，而永嘉一期之学派，则固上继周秦，下开明末四先生之学统者也。[1]

邓实认为，永嘉学派与周秦诸子和明末四先生相并列，是成就2000年来中国思想文化史三大巅峰的创造者，而且永嘉学派在三者学统之间起

---

①林损著，陈镇波、陈肖粟编校《林损集》，合肥：黄山书社，2010年，第355页。

到了承上启下的关键作用。简要地讲，永嘉学派事功学说作为中华优秀传统文化中一种富有特色、充满活力的儒学分支形态，注重道义与功利兼顾、理论与实践结合、学术与实业并重、富民与强国共进、创新与制度齐抓，充满着朴素的唯物论与辩证法。其所蕴含的质朴哲理，不但是持续创新发展的思想源泉，而且为追求"三不朽"的完美人格理想提供了一条现实路径，必将在建设新时代"大同世界"式的中华民族现代文明中发挥重要作用。今天，我们追溯地域文明的历史文化渊源，并不仅仅是要实现传统与现代的有机衔接、服务于当下的经济社会发展，更要在整个人类思想文化史上寻求普遍的意义——让"经世致用"的济民情怀薪火绵延，让"义利并举"的精神之花永恒绽放。

（原文刊载于《温州学刊》2023 年第 6 期）

永嘉成派继何学

——《永嘉学派丛书》出版侧记

邵定美

一、光阴荏苒，弦歌不辍

文化的传承，既靠挖掘，也靠弘扬。如果没有全祖望"遂称鼎足"的一锤定音，永嘉学派或已渐成绝响；如果没有孙衣言广搜博采的一剑之任，事功学说或仍深藏闺中。

《宋元学案》历经200余年的续修补辑，成就了中华古代学术史上编纂水平最高的不朽名作。晚清大儒孙衣言穷半生之心血，带领子侄门生搜集刊刻地方文献，为赓续温州文化做出了不可磨灭的贡献，成为近代当之无愧的"温州学"整理与研究第一人。"东瓯三杰"宋恕对此评价说："天荒首破、曙光乃来""温人始知有永嘉之学"。

自孙衣言搜集刊刻《永嘉丛书》后，孙诒让编写《温州经籍志》，冒广生整理《永嘉诗人祠堂丛刻》，黄群编印《敬乡楼丛书》，林庆云铅印《惜砚楼丛刊》等，刊刻事业接踵蔚起……他们因雅爱乡邦文史，而以舍我其谁的文化自觉，通过文献整理使地方文脉得以赓续；他们因崇尚永嘉之学，而以知行合一的担当魄力，通过躬身践履使事功学说得以光大。

在地方精英士人的接续努力下，温州古代典籍文化，在整理总结中不断升华，在指导实践中不断深化。从南宋永嘉学派，到晚清瑞安新学，绵延千年的事功学说创造了温州文化史上的两座高峰。而其所包含的"经世致用，义利并举"的核心思想，也在活态传承中不断丰富和拓展，并再次在瓯越大地上演绎了温州模式的奇迹。当各界普遍将温州模式看作事功学说的生动实践后，以研究温州模式为缘起的温州学应运而生，温州正在迎来历史上的第三次文化高峰。

在这样的新时代大背景下，如何追问和解读温州模式经济现象背后事功学说的文化基因遗传和演进路径，并将其升华为地方城市精神，进一步反哺经济社会发展，是我们当下需要努力的。永嘉何以为学？永嘉何以成派？其中最基础的，自是依赖书籍文献得以传世。基于此，从正本清源的角度出发，我认为从原汁原味的第一手古籍资料入手，进行全面梳理和研究的路径方法是可取的。

当然，此事的缘起，还得从2018年年底，瑞安市委决定启动乡邦文献整理工程说起。当时，我刚从市委办副主任提任市社科联主席岗位。承接任务后，第一期项目从哪里开始？通过调查了解，我发现瑞安历史上有目录记载的古籍文献近600部，其中幸存至今的有200多部，占温州全市五成以上。可以说，一部东瓯史，半部在瑞安。那么，其中最重要的、亟须抢救性挖掘的是什么呢？我决定从瑞安文化主脉之永嘉学派事功学说开始做起，力求一炮打响。

二、三度春秋，一脉书香

瑞安，这座曾经让一代大儒朱熹亲书"东南邹鲁"赞誉的小城，远肇永嘉学派，中兴瑞安新学，近启温州模式，而其中一脉贯穿的主线就是事功学说。永嘉学派代表人物大部分是瑞安籍，包括永嘉学术第一人王开祖，永嘉学派开山祖周行己、中继者陈傅良、集大成者叶适……有宋一代从瑞安走出的一大批学者，是中国哲学思想史天空上引人注目的璀璨群星。但是，从瑞安先贤孙衣言校刻《永嘉丛书》150余年来，对永嘉学派古籍尚未有过进一步的系统梳理。

说干就干。确定"永嘉学派丛书整理与研究"作为首期项目后，关键是要找到专业人士负责学术主编。作为一套学术丛书，永嘉学派是温州学的核心内容，温州学是浙学的重要组成部分，寻求浙学研究中心学术上的支持，是最为恰当不过了。2019年10月14日，我们专门跑到浙江省社科院拜访了陈野副院长。陈院长当时兼任浙学研究中心主任，她毕业于杭州大学古籍研究所，毕业论文就是关于晚清复兴永嘉学派主将孙诒让的，对瑞安文化底蕴可谓了如指掌。

陈院长十分认同我们的工作，确定由副研究员徐立望具体主持学术编辑。为便于开展合作事宜，我们还商议成立了浙学研究中心瑞安研究基地。既然是古籍整理出版，我们自然又找到了省内最专业的浙江古籍出版社。

浙江省政府主导编纂的《浙江文丛》，就是由浙江古籍出版社组织实施的重大出版项目。

敲定学术支持和出版事宜，接下来就是细致排摸、优选底本，从瑞安、温州，到杭州、上海，再到南京、北京，各大图书馆、博物馆，发函、沟通、等待……我们还邀请吴格、陈安金、李圣华、陆敏珍、洪振宁等专家学者，相继召开底本论证会、编纂评审会……最终，我们选定了从北宋王开祖到南宋刘戡等16位永嘉学派核心人物著作，并收录了清人孙衣言、孙锵鸣、叶嘉棆等所撰永嘉学案、学人书目和年谱。所选底本多为精校本或稀见批注本，也有抄本、刻本，充分展现了从宋代至民国的文献发展形态。

这套丛书，总共包括19人35部古籍作品，分成23册影印出版。对每个版本，由徐立望老师撰写学术提要，既考证作者生平及史事，又论其指归、辨其高下，炼出独特的历史贡献和时代价值。可以说，《永嘉学派丛书》是目前为止，最全面、最完整反映永嘉学派从北宋到晚清的学术传承脉络和内在特征的经典文库。

2021年8月底，经专家评审、网络公示，"永嘉学派丛书整理与研究"项目成功列入浙江文化研究工程（第二期），成为全省首个列入该工程的县级古籍整理研究项目。2021年11月7日，《永嘉学派丛书》在浙江省宋韵文化研究成果发布会上做了初步展示。2022年6月初，历经三年多的搜集、甄别与整理，《永嘉学派丛书》终于正式出版发行。至此，永嘉学派古籍文献的挖掘整理，以入选全省最高级别的文化精品项目完美落幕。

三、遗响得承，绝学可续

但我认为，这还是万里长征第一步，阐释弘扬才真正任重而道远。所以，我从2019年开始，就先后策划两届瑞安市哲学社会科学年会，邀请北大、复旦、浙大等高校的国内顶尖专家学者，围绕挖掘地方文化精髓、弘扬永嘉学派精神，筹办了系列高峰论坛，由我和复旦大学李天纲、项宇合作主编的《从永嘉之学到瑞安新学》一书也即将付梓。在整个过程中，我把自己学习研究的一管之见，陆续整理成《永嘉学派的形成与发展脉络再探》《永嘉学派之中国哲学史地位重估》等文章发表，《浙江日报》也摘要刊发了我的《中国事功学说的内涵再勘与价值重估》一文，这些观点在学术界引起了较大反响。

去年有一次，我碰到温州大学图书馆馆长、国学院院长陈安金教授，他说："看到你的文章，我一下子就被吸引住了。"素不相识的《瑞安市志》主编宋维远老先生，托《温州都市报》资深编辑王蓓转来一条微信："邵主席在《温州日报》发表的永嘉学派文章，很有学问，代我向领导致意。"……我虽喜爱传统文化，但与其说是专家学者对这几篇拙作的肯定赞赏，还不如说是永嘉学派的独特魅力赢得了他们的由衷赞叹。

这又回到我们挖掘整理《永嘉学派丛书》的核心之问：永嘉成派继何学？文化是一座城市、一个民族的根与魂。理学，这一儒学在大宋王朝的3.0升级版，犹如禅宗一花开五叶，衍生出了道学、心学、事功学三大流派。从南宋经世致用的永嘉学派，到晚清变革图强的瑞安新学，再到当代敢为人先的温州模式，一脉相承的事功学说，穿越千年而绵延至今，成为瑞安、温州乃至浙江当之无愧的一条文化主脉。

学者有籍贯，学术无疆界。"永嘉学派"作为一个学术思想代号，早已超越了"永嘉"作为温州古地名的地域性，升华为中华优秀传统文化不可或缺的重要组成部分。晚清学者邓实在《永嘉学派述》中说："尝谓二千年神州之学术，其最盛者有三期：一曰周秦诸子，一曰永嘉诸子，一曰明末四先生（黄顾王颜）。"永嘉学派作为宋代浙学的重要源头与高峰，首倡事功学说、导源浙江精神、启迪实学思想，不仅是宋明理学的四大流派之一，也是明清实学的主要渊源，更是乾嘉朴学的重要组成部分。

坐言起行的永嘉学派，可谓"上得厅堂，下得厨房"，是具备它作为哲学思想流派所应有的普世意义的。因为，一句"经世致用"，概括了所有学术文化的终极使命；一句"义利并举"，道出了经济社会发展的演进规律。儒家历来主张创造出"立德、立功、立言"三不朽的价值，来实现"内圣外王"的完美人格理想。但是立德也好，立言也罢，最终都要通过立功显现其经世之价值。从"三不朽"的角度来讲，传承儒家而又独树一帜的事功学说，就是关于"何为立功、为谁立功、怎样立功"的一门终极学问。

戊戌六君子之一谭嗣同"盛称永嘉，深为叹服"，认为"可资经世"，他在《仁学·自序》中，将永嘉学派归于墨学中的"任侠"派。何谓"侠"？侠之大者，为国为民。永嘉学派"事功"学说，顾名思义，"事"体现的是"事皆寓理、事上磨炼"的中心命题，"功"体现的就是"为国立功、为民立功"的伟大理想。

余光中的《乡愁》一诗名气很大。近日读余秋雨的《中国文脉》，其中写道："很多与他稍稍有点关系的地方都希望他宣布故乡在斯、所愁在斯，但他说：我的故乡不是一个具体的地方，而是中华文化。思亦在斯，愁亦在斯。"《永嘉学派丛书》的顺利付梓，总算了却一桩心事，但缘此萦绕在心头的那一份牵挂，或将永远难以放下……

（原文刊载于 2022 年 9 月 6 日《温州日报》文化周刊）

第二篇

创立与形成：
南宋经世致用的永嘉学派

　　"皇祐三先生"和"元丰九先生"不仅开永嘉学术之先河，更是浙学在北宋萌芽的主要代表人物。永嘉学派源远流长、功臣颇多，概而括之主要是由周行己开山、薛季宣创立、陈傅良中继，至叶适集大成。作为中国学术史名作，整整达100卷的《宋元学案》，共记录了2700多名学者，却只有8人被用2卷篇幅来述写，叶适便是其中之一，永嘉学派在全国的学术影响力由此可见一斑。

还理于《象》
——叶适易学的破与立

何 俊[*]

宋代理学以易学为理论架构，但因各派立论不同，对易学的论述亦有重大分歧。就永嘉学派而言，其集大成者叶适对易学有最全面系统的论述。《习学记言序目》前四卷专门论述《周易》经传，占专论"五经"的九卷之近半，可知易学在叶适思想中的重要性。此外尚有《水心别集·进卷》中专门论《易》的文章，以及散见于《文集》与《序目》中的论述。在《习学记言序目》专论《周易》经传的四卷中，前三卷对六十四卦逐一进行诠释，后一卷专论上下《系辞传》与《序卦传》。黄宗羲尝曰："乾、淳诸老既殁，学术之会，总为朱、陆二派，而水心断断其间，遂称鼎足。"[①]学界就叶适易学而专论永嘉事功学与朱、陆两派分歧的论著，似尚不多见。[②]本文希望由此切入，以窥叶适易学作为永嘉事功学基础理论的性质与特征。

一、否定程朱易学与对"十翼"的分判

叶适易学的基本立场是义理易学，但是路径及结论与程朱、象山迥异。朱、陆虽有理学与心学的区分，但两家在易学上都承继程颐义理易学的基本立场，不同的是朱熹在方法上兼取象数易学，希望融汉宋易学为一体，确立理的形上本体，而象山则将易学所阐扬的义理归于一心。朱、陆相较，程朱易学因其思想关系而自为一派。在叶适看来，程朱理学的宗旨在斥佛老，而其理论则与佛老似异而实同，究其原因正在于程朱理学的理论基

---

* 现任复旦大学特聘教授、哲学学院博士生导师，国家社科基金重大项目首席专家，曾任杭州师范大学副校长，杭州大学、浙江大学教授、博士生导师。
① 黄宗羲：《宋元学案》卷五十四《水心学案上》，《黄宗羲全集》第五册，杭州：浙江古籍出版社，1985年，第106页。
② 朱伯崑《易学哲学史》（北京：北京大学出版社，1988年）与蒋伟胜《叶适的习学之道》（北京：中国社会科学出版社，2009年）辟有专节与专章叙述叶适的易学思想。

础——易学。他说："程张攻斥老佛至深，然尽用其学而不自知者，以《易大传》误之，而又自于《易》误解也。"①叶适并不一概否定《易大传》，但是他认为《周易程氏传》对《易大传》的理解存在着根本问题。

《周易程氏传》究竟于《易大传》有何误解呢？叶适从两方面给予了回答。

其一，从理论本身指出《易》所承载的周孔圣人之道与佛老有本质的分歧，而程朱易学"自坐佛老病处"。他说：

佛老之学所以为不可入周孔圣人之道者，盖周孔圣人以建德为本，以劳谦为用，故其所立能与天地相终始，而吾身之区区不与焉。佛老则处身过高，而以德业为应世，其偶可为者则为之，所立未毫发，而自夸甚于丘山。至其败坏丧失，使中国胥为夷狄，安存转为沦亡而不能救，而亦不以为己责也。嗟夫！未有自坐佛老病处，而揭其号曰"我固辨佛老以明圣人之道者"也。（《习学记言序目》下册，第751—752页）

儒佛分歧在入世与出世，建德与劳谦是儒之根本与功用。程朱理学阐易斥佛，而实质上只是援佛入儒，结果不仅混淆了儒佛，也误解了《易》。叶适又说：

本朝承平时，禅说尤炽，儒释共驾，异端会同。其间豪杰之士，有欲修明吾说以胜之者，而周、张、二程出焉，自谓出入于佛老甚久，已而曰"吾道固有之矣"，故无极太极、动静男女、太和参两、形气聚散、絪缊感通、有直内、无方外，不足以入尧舜之道，皆本于"十翼"，以为此吾所有之道，非彼之道也。及其启教后学，于子思、孟子之新说奇论，皆特发明之，大抵欲抑浮屠之锋锐，而示吾所有之道若此。（《习学记言序目》下册，第740页）

在叶适看来，程朱理学所阐扬的性命理气之学，虽基于《易传》的论说，但其精神内涵不过是佛老之道的转手，同时附着于子思、孟子的"新说奇论"。

①叶适：《习学记言序目》下册，北京：中华书局，1977年，第751页。下引该书，仅随文标注书名、册数与页码。

其二，进一步对《易》本身做出区分，尤其指出程朱易学"不悟'十翼'非孔子作，则道之本统尚晦；不知夷狄之学本与中国异"（《习学记言序目》下册，第740页），从文本上彻底推翻程朱易学的立论基础。叶适说：

> 《易》不知何人所作，则曰"伏羲画卦，文王重之"。按周"太卜掌三《易》，经卦皆八，别皆六十四"，则画非伏羲，重非文王也；又，周有司以先君所为书为筮占，而文王自言"王用享于岐山"乎？亦非也。有《易》以来，筮之辞义不胜多矣，《周易》者，知道者所为，而周有司所用也。孔子独为之著《彖》《象》，盖惜其为他异说所乱，故约之中正以明卦爻之指，黜异说之妄以示道德之归。其余《文言》、上下《系》、《说卦》诸篇，所著之人，或在孔子前，或在孔子后，或与孔子同时，习《易》者会为一书，后世不深考，以为皆孔子作也，故《彖》《象》掩郁未振，而"十翼"讲诵独多。魏晋而后，遂与老庄并行，号为孔老。佛学后出，其变为禅，喜其说者以为与孔子不异，亦援"十翼"以自况，故又号为儒释。（《习学记言序目》下册，第739—740页）

这段论述涉及易学史上的两个重要问题。

一是《易》更三圣的问题。《汉书·艺文志》提出《易》更三圣的说法，确立起《易》的完成经过了伏羲画卦、文王演卦立辞、孔子作传三个阶段的叙说。后世治易学虽有象数与义理的偏重，但朱熹经过释证，对《易》更三圣的问题做了三圣一贯的阐明，为义理易学与象数易学的调和提供了文本支持。叶适依据《周礼》，否定《易》更三圣的观念，尤其否定伏羲与文王这两个阶段。他说：

> 按易之初一画，卦分而为十二，二卦对立而为六十四，画之始终具焉。圣人非罔民以自神者，而学者多异说，不知过也。按班固用刘歆《七略》记《易》所起，伏羲、文王作卦重爻，与《周官》不合，盖出于相传浮说，不可信。（《习学记言序目》上册，第35页）

叶适的论断，旨在从根本上否定象数易学，甚至在一定程度上也消解了占筮之《易》，强调"圣人非罔民以自神者"，去除《易》的神秘性。所谓"《周易》者，知道者所为，而周有司所用也"，明确地将《易》确定为阐明道理、示人以道德之归的经典。

二是"十翼"即《易传》的作者问题。自欧阳修对《易传》作者提出疑问以来，宋儒即有讨论，叶适持论更为决绝。叶适说：

> 言"孔氏为之《彖》《象》《系辞》《文言》《序卦》之属"，亦无明据。《论语》但言"加我数年，五十以学《易》"而已，《易》学之成与其讲论问答，乃无所见，所谓《彖》《象》《系辞》作于孔氏者，亦未敢从也。然《论语》既为群弟子分别君子小人无所不尽，而《易》之《象》为君子设者五十有四焉。《彖》《象》辞意劲厉，截然著明，正与《论语》相出入，然后信其为孔氏作无疑。至所谓上下《系》《文言》《序卦》，文义复重，浅深失中，与《彖》《象》异，而亦附之孔氏者，妄也。（《习学记言序目》上册，第35页）

叶适从君子小人的核心内涵与辞意劲厉的修辞风格两方面论证了"十翼"中只有《彖传》《象传》与《论语》一贯，从而论定为孔子所作，其余都只是附于孔子名下而已。

在上述两点的基础上，叶适着重否定《序卦传》，这可以说是完全针对《周易程氏传》的。程颐在传统释《易》的辞、变、象、占四种路径中，推重辞的路径，以为能够依靠语言的逻辑力量确立起理学体系；与此相应，程颐在"十翼"中尤重《序卦传》，因为《序卦传》为六十四卦的次序赋予了内在逻辑，阐明六十四卦不是随机的罗列，从而与理相吻合。对《序卦传》的重视可以说是程氏易学显著而重要的特征，亦是程氏易学由易学转出理学的关键。[1]而叶适对《序卦传》的否定则可谓不遗余力，除了在《习学记言序目·周易四》中专列"序卦"一条外，对《序卦传》的批评在六十四卦的释传中随处可见。这里只引《周易四》的"序卦"条以见叶适的判识，他说：

---

[1] 参见何俊：《由易学转出理学——〈周易程氏传〉的传释模式、理的性质以及延异》，《哲学研究》2019年第1期。

按上下《系》、《说卦》浮称泛指，去道虽远，犹时有所明，惟《序卦》最浅鄙，于《易》有害。按诸卦之名，以象取之，与文字错行于世者少，圣人重复殷勤其词以训释之，多至数十百言而未已，盖其难明如此。今《序卦》不然，以是为天地万物之所常有也，鳞次栉比而言之，以是为铅椠篆籀之常文也。嗟乎！使其果若是，则束而联之，一读而尽矣，奚以《易》为！学者尺寸不辨，而谓有见于无穷，吾不知也。（《习学记言序目》上册，第50页）

叶适讲得很清楚，《序卦传》的根本问题就在于把《易》所呈现的事物及其义理的多样性归约为一种逻辑，表面上使得《易》上升为某种理论，而实质上是消解了《易》的丰富性，也使得《易》所蕴含的真正精神被彻底遮蔽。因此，"惟《序卦》最浅鄙，于《易》有害"。与此相反，如前所引，叶适以为，"《周易》者，知道者所为，而周有司所用也"，《易》的精神正在于对现实生活的具体指导，而现实生活并不是纯粹的逻辑，而是复杂多样的存在。因此，在"十翼"中，叶适最重视的是《象传》，其次是《彖传》，以为只有它们与《论语》的精神高度吻合。

二、对《系辞传》的否定

叶适对程朱易学的驳斥聚焦于对上下《系辞传》的评论。他说：

自有《易》以来，说者不胜其多，而淫诬怪幻亦不胜其众。孔子之学，无所作也，而于《易》独有成书，盖其忧患之者至矣。不幸而与《大传》以下并行，学者于孔氏无所得，惟《大传》以下之为信。虽非昔之所谓淫诬怪幻者，然而依于神以夸其表，耀于文以逞其流，于《易》之道犹日出入焉而已。（《习学记言序目》上册，第39页）

这里讲的《大传》以下，主要是指上下《系辞传》。叶适强调，依据《大传》以下来阐发，不能真正承续孔子易学的精神，即"于《易》之道犹日出入焉而已"，而其表征则在两点，即"依于神以夸其表，耀于文以逞其流"。

先看叶适对"依于神以夸其表"的批评，兹举三条为证。

一是论揲蓍成卦。《系辞上传》"大衍之数五十"章专述揲蓍成卦，以为成卦是用蓍草五十，实用四十九，分为二而挂一以象征天地人三才，以及揲四以象征四时，又有归奇再扐一闰再闰，从而形成特定的数字，以此"当万物之数也"，表征易数"显道神德行，是故可与酬酢，可与祐神矣"。故"大衍之数五十"章可谓"依于神以夸其表"的典型。他说：

> 按《易》之始，有三而已，自然而成八；有六而已，自然而成六十四；一成一反，象类晓然而名义出焉，非四十九所能用，非挂非归非再扐所能通也。然则自乾而至未济，皆已具矣，已具则必有起数，故筮人为是以起之，云"得某爻，爻成当某卦，某爻当变，变当之某卦"而已，此《易》之浅事也。《易》成在先，卦起在后，今《传》之言若是，是不知《易》之所以成，而即以筮人之所起者为《易》，无惑乎《易》道之不章也。又谓象三材四时，一闰再闰，愈浅末矣。（《习学记言序目》上册，第45页）

叶适的评断完全去除附在筮占上的神秘性，他指出易象由阴阳二爻叠三而得八卦，叠六而得六十四卦，每两卦又呈正反之象，完全是一个自然的形成过程，数只是存于其中的形式，而不是反过来，卦象据于数而成。筮人为了彰显易卦的神秘性，着意于数的彰显，衍生出种种占筮的形式，看似玄妙，实则浅末，而且与易道相背离。

二是驳太极的概念。易象众多，数亦繁复，《系辞上传》"天一地二"章在进一步阐明易寓于数以后，指出"是故，易有太极，是生两仪，两仪生四象，四象生八卦，八卦定吉凶，吉凶生大业"，从而将易象与数的繁复多样统一于太极，以建构起秩序性。这一逻辑正符合理学的诉求，故"太极"成为理学形上维度的重要概念，也可以说是"依于神以夸其表"的另一种形式。叶适对此深不以为然，评价道：

> "易有太极"，近世学者以为宗旨秘义。按卦所象惟八物，推八物之义为乾、坤、艮、巽、坎、离、震、兑，孔子以为未足也，又因《象》以

明之，其微兆往往卦义所未及。故谓乾各正性命，谓复见天地之心，言神于观，言情于大壮，言感于咸，言久于恒，言大义于归妹，无所不备矣；独无所谓"太极"者，不知《传》何以称之也？（《习学记言序目》上册，第47页）

显然，叶适从根本上反对建构形而上的抽象图式，强调一切都应还原到现象层面上加以认识与体会。八卦指称的物象及其义涵不足以穷尽现象世界，故孔子"因《象》以明之"，从而通过六十四卦的阐发来穷尽对现象世界的认识。叶适举乾、复、观、大壮、咸、恒、归妹诸卦为例，即揭明易学就物象而言理的基本精神。至于"太极"这个概念及其所蕴含的观念，既不见于六十四卦，亦不见于《彖传》《象传》，故不属于孔子的思想。叶适进一步指出：

自老聃为虚无之祖，然犹不敢放言，曰"无名天（地）之始，有名万物之母"而已。至庄列始妄为名字，不胜其多，故有"太始""太素""未始有夫未始有无"茫昧广远之说，传《易》者将以本原圣人，扶立世教，而亦为太极以骇异后学，后学鼓而从之，失其会归，而道日以离矣。又言"太极生两仪，两仪生四象"，则文浅而义陋矣。（《习学记言序目》上册，第47页）

"太极"一说，完全是由老子虚无之说衍化而来。换言之，程朱理学，亦即"近世学者"所推崇的"易有太极"，以及据此而建构的理学形而上之说，完全是援道入儒手法。理学的形而上建构看似广远，其实是故弄玄虚，"文浅而义陋矣"。[1]

三是斥"一阴一阳之谓道"的微言。在易学史上，乾坤阴阳的关系存有争议，崇阳抑阴与崇阴抑阳都可以在《易经》中找到依据，而《系辞传》主张"一阴一阳之谓道"，取阴阳并重的立场。周敦颐《太极图说》认同阴阳之动静互为其根，但又强调"主静立人极"，实有崇阴抑阳的偏向；

---

[1] 对揲蓍成卦与太极的破斥，足证叶适对程朱易学亦加以破斥。

二程以持敬修正了主静，并强调格物致知，才真正据于"一阴一阳之谓道"而推衍相应的理学思想。但叶适以为阴阳并重不足以真正引导人的行为，而只能引来难以说明与践行的神秘，所谓"阴阳不测之谓神"。他说：

> "一阴一阳之谓道，继之者善也，成之者性也，仁者见之谓之仁，智者见之谓之智，百姓日用而不知，故君子之道鲜矣。"后世以是为微言之极也。一阴一阳，氤氲渺微，至难明也。善为之继，而综统之机难执，性所以成，而归全之本易离，仁智皆道之偏也。（《习学记言序目》上册，第 42 页）

阴阳并举，看似平衡，将极致的微言做了精妙的阐扬，但由于一阴一阳互为其根的机理隐于氤氲渺微之中而极难明白，因此所谓的继善成性或难以把握，或易偏离，即便仁与智也都只能是偏离正道的结果。由此，叶适明确提出：

> 道者，阳而不阴之谓也，一阴一阳，非所以谓道也。（《习学记言序目》上册，第 42 页）

道不是一阴一阳，而是阳而不阴。崇阳抑阴固然也有难以阐明的问题，但叶适以为相对于"一阴一阳之谓道"却要容易把握许多，故孔子终究还是通过《彖传》对于易道做了多视角的阐述。他说：

> 虽然，圣人之于道，盖难乎言，其言之者有矣，曰"天道下济而光明"，"天道亏盈而益谦"；曰"刚浸而长，说而顺，刚中而应，大亨以正，天道也"；又曰"观天之神道而四时不忒"；又曰"天地之道，恒久而不已也"。（《习学记言序目》上册，第 42 页）

《彖传》中关于天道的种种论述虽然只阐释了天道的部分特征，天道本身的完美尚超溢出圣人的阐述，故仁者、智者也难以完全体察天道，但仁终究是仁，智也终究是智。放弃仁与智这样的君子之德，而去追求虚无缥缈的，既难言说更复难行的一阴一阳之道，实为孔子所强调的君子不以为贵的行为。

如果说"依于神以夸其表"是《系辞传》之易学的理论姿态，那么"耀于文以逞其流"则近乎是其理论的言说风格。所谓"耀于文以逞其流"，乃指放弃《象传》对卦义的实质之释，转而依托浮夸之言而敷衍成说。《系辞上传》"《易》有圣人之道四焉"章，在陈述了辞、变、象、占四种解《易》之道的路径后，对解《易》做了玄妙而夸张的颂赞。但在叶适看来，这样的虚张夸大之说，与孔子《象传》的释卦之实质全然不同。他说：

> 按《易》以《象》释卦，皆即因其画之刚柔逆顺往来之情，以明其吉凶得失之故，无所谓"无思无为""寂然不动""不疾而速、不行而至"者。（《习学记言序目》上册，第 46 页）

不仅如此，《系辞传》的这些虚张之说实际上与佛教的言说很相近，或者只不过是卜筮者的故弄玄虚。他说：

> 余尝患浮屠氏之学至中国，而中国之人皆以其意立言，非其学能与中国相乱，而中国之人实自乱之也。今《传》之言《易》如此，则何以责夫异端者乎？至于"问焉而以言，其受命也如响，无有远近幽深，遂知来物"，真卜筮之所为，而圣人之所黜尔，反以为有圣人之道，可乎？（《习学记言序目》上册，第 46 页）

这便明确指出了程朱易学寄望于依据《系辞传》的论说来建构拒斥佛教的理论，只能是援佛入易，完全自乱于孔子所阐明的易道，或者是流于圣人所黜的卜筮。无论是佛教的异端之说，还是卜筮所为，其呈现的风格都是故弄玄虚。

叶适进一步指出，"耀于文以逞其流"的言说风格，表面上呈现为易道的玄远隐微，但究其实是排除了人的理性认知，并最终无益于人的践行。他说：

"天下同归而殊途，一致而百虑"，以为不足思，不足虑也。然言"日月相推而明生"者，是不知明之所由生；"寒暑相推而岁成"者，是不知岁之所由成也；因其往来之已然，而遂欲利用安身于其间者，是不知德之所由崇也；然则曾"憧憧往来朋从尔思"之未及，而尚何以穷神而知化乎！故《传》之义多似于深而其实浅者，亦学者之所不可不知也。（《习学记言序目》上册，第48页）

认识到"日月相推而明生"与"寒暑相推而岁成"的现象，并不等于认识到"明之所由生"与"岁之所由成"。从知其然到知其所以然，须是人经过艰苦认知的结果，绝非不思不虑可轻松获得。如果仅知其然而不知其所以然，那么处身于变化之中的人，实质上是不足以真正把握到如何"利用安身"的，"德"也不可能真正获得培植，至于"穷神而知化"更是无稽呓语。因此，《系辞传》所阐扬的玄远宏阔之论实无足取，所谓"《传》之义多似于深而其实浅者"。

三、对《彖传》《象传》的揭明与阐扬

对上下《系辞传》、《序卦传》的否定，表明叶适着意于彻底推倒程朱理学建构形而上学所立基的易学理论，而永嘉事功学核心理论的确立，则有赖于叶适对《象传》的肯定与阐扬。叶适推断《彖传》《象传》皆为孔子所撰，但比较起来，他对《象传》更为重视，其中的原因实在于《象传》更吻合事功学"内外交相成"的精神，而《彖传》重在由卦名阐发卦义，与现实的具体事仍有一间之隔，故叶适对《象传》的肯定重在揭明卦义后起于事象的性质。

在叶适看来，要摈弃程朱理学所建构的"专以心性为宗主"的道统，返回"尧舜以来内外交相成之道"（《习学记言序目》上册，第207页），则孔子所撰《象传》乃是最足以彰显这一精神的易学著作。在逐一解释六十四卦后的《上下经总论》中，叶适开宗明义，不嫌其细烦，抄录《象传》为君子所设诸德54条，进而申明其精神。只有尽列诸德之详，才足以见得叶适易学的宗旨，故此亦照引之。他说：

日与人接，最著而察者八物，因八物之交错而象之者，卦也，此君子之所用，非小人之所知也。故乾"以自强不息"，坤"以厚德载物"，屯"以经纶"，蒙"以果行育德"，需"以饮食燕乐"，讼"以作事谋始"，师"以容民畜众"，小畜"以懿文德"，履"以辨上下，定民志"，否"以俭德避难"，同人"以类族辨物"，大有"以遏恶扬善，顺天休命"，谦"以裒多益寡，称物平施"，随"以向晦入宴息"，蛊"以振民育德"，临"以教思无穷，容保民无疆"，贲"以明庶政，无敢折狱"，大畜"以多识前言往行以畜其德"，颐"以慎言语，节饮食"，大过"以独立不惧，遁世无闷"，坎"以常德行，习教事"，咸"以虚受人"，恒"以立不易方"，遁"以远小人不恶而严"，大壮"以非礼弗履"，晋"以自昭明德"，明夷"以莅众用晦而明"，家人"以言有物而行有恒"，睽"以同而异"，蹇"以反身修德"，解"以赦过宥罪"，损"以惩忿窒欲"，益"以见善则迁，有过则改"，夬"以施禄及下"，萃"以除戎器，戒不虞"，升"以顺德积小以高大"，困"以致命遂志"，井"以劳民劝相"，革"以治历明时"，鼎"以正位凝命"，震"以恐惧修省"，艮"以思不出位"，渐"以居贤德善俗"，归妹"以永终知敝"，丰"以折狱致刑"，旅"以明慎用刑而不留狱"，巽"以申命行事"，兑"以朋友讲习"，节"以制数度，议德行"，中孚"以议狱缓死"，小过"以行过乎恭，丧过乎哀，用过乎俭"，既济"以思患豫防"，未济"以慎辨物居方"：皆因是象，用是德，修身应事，致治消患之正条目也。观孔子与群弟子分别君子小人甚详，而正条目于《易》乃明著之，又当于其间择其尤简直切近者，孟子所谓左右逢其原，而近世亦有求端用力之说。夫力则当用，而端无事于他求也，求诸此足矣。此学者参前倚衡之要道也，与夫意测声随而宛转于枝叶之外者殊绝矣。(《习学记言序目》上册，第34—35页)

《象传》解释六十四卦，皆据一卦象以说明一德之用，但叶适所录仅其中五十四卦，其原因即前文尝引及的"《论语》既为群弟子分别君子小人无所不尽，而《易》之《象传》为君子设者五十有四焉"，即他认定《论语》中所见孔子之教的重心在君子小人之别，而《象》中就君子言者共有54条，乃是对《论语》君子之教的进一步申说。至于其他十卦，叶适没有抄录，则是因为《象传》对此十卦的释传没有针对君子，而是针对"先王""后""大人"。全祖望尝予以说明：

> 水心所引五十四条，而曰"先王"，曰"后"，曰"大人"者，皆不豫焉。①

换言之，叶适取《象传》以解《易》，重在寻常人生，而非君王权贵。因此，他细引《象传》54条，表征寻常人生成就君子之学，全源自多样性的一事一物之德的累积，而不止抽象的普遍原则，即所谓"常德"的把握。如此累积之德，才是养成君子的"实德"。他在释屯、蒙二卦时，对"常德"与"实德"有所阐明。他说：

> 刚柔未交，健者为乾，顺者为坤，循于常德而已；刚柔既交，明者为屯，昏者为蒙，德虽有常而不可常矣。圣人之于《易》也，不以一德御众变，《书》《诗》异指者，自此以往，诸卦皆然也，此德之应于物者也；若其有诸己也，则一而已矣。《传》曰："《易》之为书也不可远，其为道也屡迁，变动不居，周流六虚，上下无常，刚柔相易，不可为典要，惟变所适，其出入以度，外内使知惧，又明于忧患与故，无有师保，如临父母。"呜呼！使于其卦必有稽也，吾何间焉！以其泛于言也，则变动周流，微者为象，粗者为数，而君子之实德隐矣。（《习学记言序目》上册，第2—3页）

乾坤之健顺虽为常德，但天地阴阳交感而生物，便进入流变之中，"德虽有常而不可常"，故"圣人之于《易》也，不以一德御众变"，只有于现实的境遇中，"惟变所适，其出入以度"，才足以养成"君子之实德"；倘若自以为"循于常德"即可，其实质只是"一而已矣"，君子之实德最终被隐没。叶适更借《蒙·象》"山下出泉，蒙；君子以果行育德"，指出：

> 观蒙之《象》"以果行育德"，夫以其义险而止，则果行可也；以其卦山下出泉，则育德可也。山之为水也必达于海，即蒙而治蒙，则养正者

---

① 黄宗羲：《宋元学案》卷五十四《水心学案上》，载《黄宗羲全集》第五册，第125页。

圣人之功也。（《习学记言序目》上册，第2页）

显而易见，叶适将"果行"与"育德"分而释之，强调"育德"重于"果行"。他以"山下出泉"之物象为喻，指出人的成长，正如山泉奔流至海一般，非一日之功，必须不断学习以治蒙昧，而果行乃是基于治蒙的结果，最终养成圣人之德。概言之，追求具体的经验与知识的获得，并基于这样的获得而展开践行，乃是叶适易学取《象传》为理论基础的宗旨。正是这一易学思想，构成了永嘉事功学的理论依据。

四、结语

在充分明确了叶适以《象传》为基础的易学思想，以及获知了永嘉事功学因事言理而去除形而上的理论特质以后，此处须进一步指出，叶适易学并未因此对义理本身弃而不论，或只是停留于现象之事。在《上下经总论》最后一部分，叶适围绕着《象传》，全面阐明了义理与事象的关系。他说：

书文训故，莫知所起之时，盖义理由此而出。以《易》考之，有即其所称不待解释而明者，如屯、泰……如此类者，必当时人所通知，故不复解释，止于核卦象而已。有虽其所称义不随见，必待训释而通者，如"山下有险，险而止，蒙"……需之为须，师之为众……必非其当时所通知，或虽通知而字与义不偶，故必以后字明前字，转相足而后著也。又有义不止于卦名者，如天为乾而象乃为健……有虽卦所取名，《象》所训义，而后世犹不能从者，如坤、小畜……有虽卦所取名，《象》所训义，而义理终微小不与卦并行者，如屯、需、渐是也。（《习学记言序目》上册，第35—36页）

义理是后于生活现象的，这是叶适开宗明义的观点。人们从生活现象中提炼出义理而呈现为语言，即所谓"书文训故"，其呈现亦是多样的，有些"不待解释而明"，有些"必待训释而通"；而后者之中，又有种种不同。正是在这样的种种不同中，由生活所转出的义理变得繁复多样而歧见纷呈。毫无疑问，如果人们纠缠于由生活转出的种种义理并希望理出头绪，然后返归真实的生活本身，恐怕将不胜其失。叶适说：

> 夫人之一身，自仁义礼智信之外无余理，形于世故，自六十四卦之外无余义，学者溯源而后循流，则庶几得之，若沿流以求源，则不胜其失。（《习学记言序目》上册，第36—37页）

难以认同程朱理学所追求的玄远形而上之论，坚持儒学在生活现象层面上的仁义礼智信诸德，落在易学上，便是要以呈现事的卦象为根本，进而因卦名而通其义，即《象传》《彖传》才是易学之本源，而上下《系辞传》、《序卦传》只是导人不胜其失之流。对于自己的易学思想，叶适一言以蔽之：

> 故余谆谆焉以卦象定入德之条目而略于爻，又以卦名通世故之义训而略于卦者，惧沿流不足以求源也。（《习学记言序目》上册，第37页）

叶适对《大象传》的推崇值得关注，明代的黄道周、王夫之等人都对《大象传》的独立意义及其价值有专门阐发。叶适对《系辞传》及其与孔子儒学关系的否定，在传统主流学者看来未免有些武断，甚至惊世骇俗。然而，这些论述可以帮助我们重新认识《易传》的复杂性，在易学研究史上有着一定的思想解放意义。

（原文刊载于《周易研究》2021年第1期）

永嘉学派及其事功思想的建构与价值

陈安金*

一、关于永嘉学派

永嘉学派是诞生于南宋温州，以薛季宣、陈傅良、叶适等为主要代表人物，以事功为思想特质的儒学流派。永嘉学派源起于北宋，"皇祐三先生""元丰九先生"奠其基；兴起于南宋初，郑伯熊、薛季宣分别开创其内圣、外王二维；鼎盛于南宋中期，陈傅良、叶适等经过持续的学术耕耘，丰富了经制、义理二维，完善了以事功为鲜明特色的儒学思想体系，最终自成一派，与盛极一时的理学、心学形成鼎足之势。

永嘉学派最初以"永嘉之学"的形态呈现在学术史上，直至近代才以"学派"的形态逐渐走进人们的学术视野中。在晚清大变局历史背景和清末民初中西文化激烈碰撞的学术背景下，一些学者对宋代注重务实事功的"永嘉之学"进行归纳总结，并对这一学说的创立和传承脉络进行学术史梳理，从而建构出了现代学术意义上的永嘉学派。

在建构永嘉学派的过程中，贡献最大的学者有三人，即孙衣言、邓实和林损。

清同光年间，孙衣言著《瓯海轶闻》一书，对"永嘉之学"的特色和精髓进行了总结性阐发，并梳理了这一学说的传承谱系，初步建构了永嘉学派。他称"永嘉之学"是"经制之学"，是与乾嘉儒学和程朱理学风格迥异的儒学思想，一定程度上揭示了"永嘉之学"的思想特质。孙衣言在《瓯海轶闻》中首次系统建构了永嘉学派的学说体系及传承脉络。他认为自鸦片战争、太平天国运动后，"一时材能之士因事会以就功名，遽欲任其私智以治天下，其意以为古人之法不可复施于今，顾反述于奇邪怪诞之术。趋和风靡，举世骚然，未知所届"，[1]呼吁"今日之务，以学术为急"，

* 现任温州大学国学研究院（永嘉学派研究院）院长，二级教授，浙江省哲学学会副会长，温州市叶适与永嘉学派研究会会长，温州市历史文化研究中心主任，浙江省重点文化创新团队带头人。
① 孙衣言著，刘雪平点校：《孙衣言集》，杭州：浙江古籍出版社，2017年，第587页。

并认定在众多学术中,以宋代胡瑗之学最为"切要",永嘉之学"实于胡氏为一家言"。于是他以永嘉学术为主,穷搜博采,分门别类,辑成《瓯海轶闻》这部规模宏博的温州地方史资料。

《瓯海轶闻》前21卷以"永嘉学术"为名,对北宋以来温州学术的发展情况进行较为全面的梳理,其中有"永嘉学派"条目。他将宋代温州创立传承经制之学的儒学群体定名为永嘉学派。

清末,邓实在《国粹学报》发表《永嘉学派述》一文,系统阐述了永嘉学派的思想精髓与传承脉络。他认为"永嘉之学"以经制言事功,仍是当时中国的"有用之学"。他还较为精准地勾勒了永嘉学派的传承谱系:周行己、许景衡—郑伯熊、薛季宣—陈傅良—叶适。由此,永嘉学派进一步以清晰的面貌走进人们的视野。

新文化运动时期,林损等学者心忧国学命运,主张以审慎、客观的态度对待国学,取其精华,去其糟粕。林损认为"永嘉之学"是国学精华的一部分,著《永嘉学派述》和《永嘉学派通论》两篇文章系统阐述了其思想要旨、当代价值及传承脉络,完善了永嘉学派的学术建构。

此外,民国时期孙延钊、徐振达等学者也著文对永嘉学派及其学说进行过介绍。经过孙衣言、邓实、林损、孙延钊、徐振达等学者持续的学术建构,"永嘉学派"成为专有学术名词,永嘉学派得到学术界的承认。

二、所谓事功思想

对永嘉学派的事功思想,大致有功利、经制、务实和义利双行四种阐释。对"永嘉之学"①功利的评判大概源自朱熹对浙学"专是功利……学

---

①"永嘉之学"一词原专指南宋时期崛起于温州的特色儒学,即永嘉学派之学说,源自朱熹所称。《朱子语类》中有载其言:"因论'永嘉之学',于制度名物上致详。"(北京:中华书局,1986年,第1311页)"永嘉之学,只是要立新巧之说,少间指摘东西,斗凑零碎,便立说去。纵说得是,也只无益,莫道又未是。"(同上,第2086页)叶适于《温州新修学记》中言:"永嘉之学,必兢省以御物欲者,周作于前而郑承于后也……永嘉之学,必弥纶以通world变者,薛经其始而陈纬其终矣。"也将周行己—郑伯熊—薛季宣—陈傅良一脉相承的温州儒学称为"永嘉之学"(《叶适集》,北京:中华书局,2010年,第178页)。《宋元学案·艮斋学案》中言:"永嘉之学统纪远矣,其以程门袁氏之传为别派者,自艮斋薛文宪公始。"(北京:中华书局,1986年,第1690页)"艮斋薛文宪公"即薛季宣,全祖望言"永嘉之学"脱胎于程学自成一派自其始,亦将"永嘉之学"视为不同于程学的温州特色儒学,亦即后世所称之永嘉学派之学说。

者习之，便可见效，此意甚可忧"①的批评。但"学者习之，便可见效"一言也表明了朱熹对"永嘉之学"务实、有效的认可。显然朱熹并未否认"永嘉之学"的事功，或者说朱熹也主张事功。朱熹论孔子之赞管仲"九合诸侯，不以兵车"时言："夫子许其有仁之事功也。"②在评述浙学时又言"自隆兴以后有恢复之说，都要来说功名，初不曾济得些事。今看来，反把许多元气都耗却。管子、孔门所不道，而其言犹曰'礼义廉耻，是谓四维'。如今将礼义廉耻一切扫除了，却来说事功！"③即朱熹认为事功必须以"仁"为根基、以"礼义廉耻"为支柱，而永嘉学派的事功缺失了根基、支柱，是不完整的事功，或者是"专是功利"。

经制与义理心性相对，重在强调永嘉学派诸贤注重研究经史中先贤治世之制度举措，以为社会现实问题的解决提供借鉴。它既是宋代永嘉学派诸贤对其研究对象与旨趣的自述，也是当时其他学者以及后世学者对"永嘉之学"特点的一般描述。薛季宣教导陈傅良："史书制度自当详考，不宜造次读过。"④而他也躬身践履了这一学术思想，陈傅良言其"自六经外，历代史、天官、地理、兵刑、农末至于隐书小说，靡不搜研采获，不以百氏故废。尤邃于古封建、井田、乡遂、司马之制，务通于今"⑤。吕祖谦（1137—1181）评薛季宣："凡疆里、卒乘、封国、行河，久远难分明者，听其讲画，枝叶扶疏，缕贯脉连，于经无不合，于事无不可行。"⑥陈傅良出色地承继了薛季宣这一学术思想，鲜明地体现在其《周礼说》《历代兵制》等著作中。楼钥（1137—1213）言其"精研经史，贯穿百氏，以斯文为己任，综理当世之务，考覆旧闻于治道"⑦。叶适循着薛、陈的经制思路继续求索，从传世的儒家经典中搜研能为永嘉学派事功思想做学术支撑的思想资源，以求实现"内圣"与"外王"的贯通，构建永嘉学派独立的儒学体系。其门人孙之弘在《习学记言序目·序》中言："其致道成德之要，如渴饮饥

---

① 朱熹著，黎靖德编，王星贤点校：《朱子语类》，北京：中华书局，1986年，第2967页。
② 朱熹著，黎靖德编，王星贤点校：《朱子语类》，北京：中华书局，1986年，第1127页。
③ 朱熹著，黎靖德编，王星贤点校：《朱子语类》，北京：中华书局，1986年，第2701页。
④ 薛季宣著，张良权点校：《薛季宣集》，上海：上海社会科学院出版社，2003年，第213页。
⑤ 薛季宣著，张良权点校：《薛季宣集》，上海：上海社会科学院出版社，2003年，第615页。
⑥ 薛季宣著，张良权点校：《薛季宣集》，上海：上海社会科学院出版社，2003年，第622页。
⑦ 陈傅良著，周梦江点校：《陈傅良先生文集》，杭州：浙江大学出版社，1999年，第683页。

食之切于日用也；其指治摘乱之几，如刺腧中肓之速于起疾也；推迹世道之升降，品目人材之短长，皆若绳准而铢称之，前圣之绪业可续，后儒之浮论尽废。"①朱熹用"永嘉之学，于制度名物上致详"②一言概括了永嘉学派思想之经制特色。清人全祖望结合经制与事功言"永嘉之学"："主礼乐制度，以求见之事功。"③近人邓实更是直言"永嘉之学"为"经制之学"。④

务实是事功的鲜明特点与价值取向。永嘉学派事功思想是在永嘉诸贤认识到程朱理学"空无"而难以实现富民强国、恢复中原等重大政治目标后方始形成的，因而务实有用是"永嘉之学"的鲜明特点与价值取向。薛季宣积极抵制"骛于空无"的学术风气，重视对于现实问题的研思及儒学思想与社会实际的结合。面对宋室南渡后半壁江山沦丧、制度混乱、社会矛盾尖锐、金国军事威胁等严峻形势，薛季宣将对金政治军事谋划、军队战术战法的研究、社会制度的改革完善作为学术钻研的主要方向。陈傅良继之，诸如《周礼说》《历代兵制》等著作进一步丰富和深化了薛季宣的政治军事思想。叶适剖析北宋中期财匮、民贫、兵冗、将懦等社会状况，提出了当下要优化财税制度、促进农商发展、在江淮地区设立坞堡等一系列实政改革构想。朱熹"学者习之，便可见效"的评语反映出永嘉诸贤这些构想的切实有效。后世学者评判永嘉学派事功思想时，也常将务实视为其核心价值。如邓实"有用"、杨国荣"强调实际的践行并注重践行的实际结果"⑤、陈安金"讲实事、究实理、求实效、谋实功"⑥⑦等评说，皆表达了对永嘉学派事功思想务实价值的推崇。

义利双行是相对于功利而言的对永嘉学派事功思想的价值评判，是后世学者对朱熹"（浙学）专是功利"观点的反驳。实际上朱熹所批评的是

---

① 叶适：《习学记言序目》，北京：中华书局，1977 年，第 759—760 页。
② 朱熹著，黎靖德编，王星贤点校：《朱子语类》，北京：中华书局，1986 年，第 1311 页。
③ 黄宗羲著，全祖望补修，陈金生、梁运华点校：《宋元学案》，北京：中华书局，1986 年，第 1690 页。
④ 邓实：《永嘉学派述》，《国粹学报》1905 年第 12 期。
⑤ 杨国荣：《物·势·人——叶适哲学思想研究》，《南京大学学报》（哲学·人文科学·社会科学版）2011 年第 2 期。
⑥ 陈安金：《永嘉学派与温州区域文化的崛起研究》，北京：人民出版社，2008 年，第 338 页。
⑦ 陈安金：《论南宋时期温州的"文化自觉"——以永嘉学派为中心》，《温州大学学报》（社会科学版）2020 年第 6 期。

还未完善"内圣"之学建构的浙学（含永嘉学派）。①后世学者基于叶适晚年的思想创建，给予了永嘉学派较为全面、客观的评价。《宋元学案》《四库全书》等以事功替代功利作为对永嘉学派思想特质的总结便是一种折中。全祖望评薛季宣之学："观艮斋以参前倚衡言持敬，则大本未尝不整然。"②虽言薛氏之说未曾偏离程朱理学"由内圣而外王"的思想主线，但仅仅靠"以参前倚衡言持敬"则略显论据不充分。全祖望评叶适之学："永嘉功利之说，至水心始一洗之。"显然他看到了"永嘉之学"于叶适晚年在"内圣""外王"两端已渐趋平衡。四库馆臣评"永嘉之学"："朱子颇以涉于事功为疑。然事功主于经世，功利主于自私，二者似一而实二。"③也委婉地承认了永嘉学派义利双行，而非"专是功利"。近人林损进一步言："永嘉诸子之言事功者，亦必不能离心性。事功与心性合，而后经济之真乃出。"④"是故心性体也，事功用也，无事功之心性，则为无用之学，无心性之事功，则为无体之事。"⑤即"心性"为"事功"之根本，二者在"永嘉之学"内浑然一体。可以说，经过叶适终生不懈的学术耕耘，终使永嘉学派事功思想臻于义利双行的更高价值层次。

综上，永嘉学派事功思想涵盖经制、义理二维，追求义利双行，行本于仁义而功见于实事是其最根本内涵。

三、建构过程

永嘉学派事功思想的主要开创者为周行己与郑伯熊。

叶适回顾"永嘉之学"的传承脉络与学术旨要时言："昔周恭叔首闻程、吕氏微言，始放新经，黜旧疏，挈其俦伦，退而自求，视千载之已绝，俨然如醉忽醒，梦方觉也。颇益衰歇，而郑景望出，明见天理，神畅气怡，笃信固守，言与行应，而后知今人之心可即于古人之心矣。故永嘉之学，必兢省以御物欲者，周作于前而郑承于后也。薛士隆愤发昭旷，独究体统，

---

① 永嘉学派的"内圣"之学完善于叶适晚年，即1209年十月他被夺职奉祠之后，朱熹早在1200年便已去世。
② 黄宗羲著，全祖望补修，陈金生、梁运华点校：《宋元学案》，北京：中华书局，1986年，第1690页。
③ 永瑢等：《四库全书总目》，中华书局影印浙刻本1965年，第1148页。
④ 林损著，陈镇波、陈肖粟编校：《林损集》，合肥：黄山书社，2010年，第340页。
⑤ 林损著，陈镇波、陈肖粟编校：《林损集》，合肥：黄山书社，2010年，第343页。

兴王远大之制，叔末寡陋之术，不随毁誉，必摭故实，如有用我，疗复之方安在！至陈君举尤号精密，民病某政，国厌某法，铢称镒数，各到根穴，而后知古人之治可措于今人之治矣。故永嘉之学，必弥纶以通世变者，薛经其始而陈纬其终也。四人，邦之哲民也，诸生得无景行哉！"① 叶适强调了四位邦哲——周行己、郑伯熊、薛季宣和陈傅良，明确了两点学术旨要——"必兢省以御物欲""必弥纶以通世变"。四库馆臣言："季宣少师事袁溉，传河南程氏之学。晚复与朱子、吕祖谦等相往来，多所商榷。然朱子喜谈心性，而季宣则兼重事功，所见微异。其后陈傅良、叶适等递相祖述，而永嘉之学遂别为一派。盖周行己开其源，而季宣导其流也。"②

周、郑之学术贡献在于将关洛心性义理之学传入温州，厚植了温州的儒学根基。周行己自幼聪颖好学，少时随父宦游汴京，在太学接触到了"新学""关学"。元祐五年（1090），游学洛阳，成为程颐亲传弟子，受到了程颐心性之学的熏染。周行己心性论的主要观点有："得性者，天下之善也。善者，天下之可欲也。然则人之有善，皆得乎性者也。人之有不善，皆失乎性者也。"③ "君子所以知天者，知其性也。所以事天者，事其心也。性之不明，心之不存，则在我者与天不相似，故有长傲以悖天德，从欲以丧天性。"④ "性"出于"天"，"性"本善，君子修德之要在存心养性，纵欲使人心迷失而天性丧，周行己这些观点具有鲜明的程学特色。全祖望言："永嘉诸先生从伊川（程颐）者，其学多无传，独先生（周行己）尚有绪言，南渡之后，郑景望私淑之，遂以重光。"⑤ 宋徽宗大观三年（1109），周行己被御史毛注弹劾"师事程氏，卑污苟贱，无所不为"而遭罢官，返回温州，筑浮沚书院（位于今温州市鹿城区）讲学著书，将程学传入温州。南宋时期，由于其他得程颐亲炙的温籍学者之学说大多没有广泛的学术传承⑥，硕果仅存的周行己学术传承遂成为温州"洛学"复兴的星火。

① 叶适著，刘公纯、王孝鱼、李哲夫点校：《叶适集》，北京：中华书局，2010年，第178页。
② 《四库全书总目》，中华书局影印浙刻本1965年版，第1379页。
③ 周行己著，周梦江点校：《周行己集》，上海：上海社会科学院出版社，2002年，第19页。
④ 周行己著，周梦江点校：《周行己集》，上海：上海社会科学院出版社，2002年，第25页。
⑤ 黄宗羲著，全祖望补修，陈金生、梁运华点校：《宋元学案》，北京：中华书局，1986年，第1132页。
⑥ 北宋时亲炙程颐的温籍学者主要有周行己、沈躬行（生卒不详）、刘安节（1068—1116）、刘安上（1069—1128）四人。由于政治原因，周行己长期赋闲，曾在温州讲学数年，因而在温州有学术传承。余皆耽于仕宦，虽有著述也一般藏传于家，无广泛的传播。

概因从学程颐时间短（似不足一年），周行己对程颐之学研思较浅，在其著作中罕见有关理气论的阐发，其心性论也稍显支离。或者说程学未能对周行己形成如对杨时、游酢等人那般全面而深刻的影响，使周在思想上呈现出更多的自由性与独特性。杨、游从学二程时间较长，"洛学"不仅塑造了他们的学术风格，也影响了他们的思维方式。二人一生致力于弘扬"洛学"，成为两宋之交"洛学"南传的旗手，对朱熹理学体系的形成影响巨大。靖康元年（1126），在内忧外患的危急形势下，杨时上书钦宗畅言国政，仍大谈穷理修身[1]，"空虚"之言为时人所讥。[2] 与此形成鲜明对比的是周行己约于宋徽宗宣和二年（1120）的上书，其要旨为劝皇帝关注实际、施大有为之政，以得人心、经国用、实现强国富民。其得人心之说有四："广恩宥""解朋党""用有德""重守令"。经国用之说有六："修钱货之法""修茶盐之法""修居养安济漏泽之法""修学校之法""修吏役之法"，"修转输之法"。[3] 几无穷理灭欲、修心养性之说，却满含事功、经济之意。可以说，永嘉诸子重视实用之学的风气由周行己开其先河，他在将"洛学"修身养性之说传入温州的同时，也为邑之后学树立了一种务实、事功的为政为学风气，亦因此被后世称为永嘉学派之先驱者。

郑伯熊为周行己之私淑弟子，他进一步发展了周行己思想的义理、经制两端。《宋元学案》载，在宋高宗绍兴年间秦桧专权、"伊洛之学几息，九先生之绪言且将衰歇"的情势下，"二郑""推性命微眇，酌古今会要，师友警策，惟以统纪不接为惧。首雕程氏书于闽中，由是永嘉之学宗郑氏"[4]。郑伯熊从思想阐发与文本刊刻两方面对绍兴末"洛学"在温州的复振做出了巨大贡献，但他也并非如朱熹、陆九渊那样"纯粹"的程学传承者，而是较多地继承了周行己的务实、事功学术风格。《宋元学案》载："文肃有集三十卷，有《六经口义》《拾遗》，有《懿语》有《记闻》。"[5] 这些著作在清代已然大部亡佚，仅存《敷文书说》一卷。郑伯熊在《敷文书说》中以点评圣王们的刑杀之政为主要内容，阐发了对《尚书》中圣王

① 杨时著，林海权校理：《杨时集》，北京：中华书局，2018 年，第 1—3 页。
② 徐梦莘著：《三朝北盟会编》，上海：上海古籍出版社，2008 年，第 384—385 页。
③ 周行己著，周梦江点校：《周行己集》，上海：上海社会科学院出版社，2002 年，第 5 页。
④ 郑伯熊、郑伯谦著，周梦江校注：《二郑集》，上海：上海社会科学院出版社，2006 年，第 60 页。
⑤ 郑伯熊、郑伯谦著，周梦江校注：《二郑集》，上海：上海社会科学院出版社，2006 年，第 61 页。

之道的认识。主要观点有：（论舜征有苗，汤伐夏）"夫以将天明威而下顺乎民，黜伏罪人而上应乎天，福善祸淫之道，得以不替，涂炭水火之民，得以更生，自舜、禹以降，厥功茂矣。"① "若夫禹治水，汤胜夏，武克商，拯民于昏垫涂炭之中，其功德大矣。"② "圣人之于人，虽不可化，亦姑惟教之。化之未格，亦曰姑惟俟之。俟之久矣，而终不吾化，则所谓不移之愚，而怙终之刑所不得宥也。"③ 以大赞圣王刑杀之道为主要精神，概括圣王之道为"福善祸淫"，即通过果断、严明、公正的刑杀实现惩治罪恶、救民于水火的政治目标，圣王之德便体现于其中。这与朱熹所认为的圣王政出于德、以德化民、德主刑辅的观点大相径庭。因此朱熹阅后曾致书三封于郑伯熊，进行了系统的辩驳。朱熹之核心观点为："夫刑虽非先王所恃以为治，然以刑弼教，禁民为非，则所谓伤肌肤以惩恶者，亦既竭心思而继之以不忍人之政之一端也。……况君子得志而有为，则养之之具，教之之术，亦必随力之所至而汲汲焉，故不应因循苟且，直以不养不教为当然，而熟视其争夺相杀于前也。"④ 即先王治国"以刑弼教"，以刑罚辅弼教化，德化为王道之本，刑罚只是德化之补充。郑伯熊从《尚书》所载之圣王实政事迹中探索圣王之道的学术思路，以及提出圣王以实政修实德的思想观点，已与陈傅良、叶适基本一致了，因此可以说郑伯熊是永嘉学派义理之学的主要开创者之一。因而叶适言"周作于前而郑承于后"，亦将郑伯熊视为"永嘉之学"的开创者之一。

今人一般将薛季宣、陈傅良和叶适视为永嘉学派之三大主干人物，主要依据在于三人之间存在的鲜明师承关系，以及三人在学术风格与思想旨要上的一致性。三人继续经制、义理二维的学术耕耘，最终形成具有事功特质的儒学思想体系。

首先是经制维度。薛季宣"自六经外，历代史、天官、地理、兵刑、农末至于隐书小说，靡不搜研采获，不以百氏故废。尤邃于古封建、井田、

---

① 郑伯熊、郑伯谦著，周梦江校注：《二郑集》，上海：上海社会科学院出版社，2006年，第24页。
② 郑伯熊、郑伯谦著，周梦江校注：《二郑集》，上海：上海社会科学院出版社，2006年，第28—29页。
③ 郑伯熊、郑伯谦著，周梦江校注：《二郑集》，上海：上海社会科学院出版社，2006年，第9页。
④ 郑伯熊、郑伯谦著，周梦江校注：《二郑集》，上海：上海社会科学院出版社，2006年，第70—71页。

乡遂、司马之制，务通于今"。陈傅良著有《周礼说》《历代兵制》等，加深了对社会制度、军事制度的变革完善的研思。叶适致力于实政探研，收录于《水心文集》与《水心别集》中的大量杂著、奏议、奏札等，记载了各个时期叶适对国家基本法度、人才选拔制度、社会热点问题、社会制度、财政制度、军事制度等领域的观察研究和相应的改进策略的宏观思考与详细谋划。永嘉学派丰富的经制思想，以及其中体现出的崇实、事功精神，得到了当时后世学者的肯定与推崇。邓实之言"究心实用，坐言而可以起行，经义而即以治事，此有用之学也"[1]，便是对永嘉学派经制之学价值的恰当评价。

其次是义理维度。为一洗"功利之说"，叶适完善了"永嘉之学"的义理维度建构。

一是从人欲之恶倒推出人性有恶、"天德有偏"，从而论证了"人"的自我意识和事功行为的正当性。叶适在承认《中庸》中"天命之谓性"命题的前提下，摒弃了程朱理学由"情"善推论"性"善、由"性"追溯"天理"的思路，直视"欲"为人性之固有内容，从人欲之恶推出"天德有偏"，从而确立了"人德"可补"天德之偏"的天人关系。叶适言："天德虽偏，必以人德补之……若后世治偏尽性，必至于圣而后用者……枉其才，弃其德者也。"[2]"尽性，必至于圣而后用"指的是理学修养论观点，叶适尖锐地批评其"枉其才、弃其德"，"主张'人'应当通过积极的行为去弥补'天德'之不足，使'人'摆脱了'天'的控制，阐明了'人'的自我意识和事功行为的正当性"[3]。

二是从《尚书》关于尧、舜、禹等圣贤们的道德功业中总结出圣贤之道蕴含于他们治理天下人欲的实政中。叶适重新梳理《尚书》中尧、舜等圣贤们的德行，据此重新定义了儒家的"道"，即"内圣外王交相成"。叶适认为，儒家的"道"应当是"皇极""大学""中庸"三合一。他指出："在唐、虞、三代之世者，上之治谓之皇极，下之教谓之大学，行天下谓之中庸，

此道之合而可明者也。"① 即"皇极""大学"和"中庸"三合一，"道"方可明。他阐述"皇极"为："极之于天下，无不有也。耳目聪明，血气和平，饮食嗜好，能壮能老，一身之极也；孝慈友弟，不相疾怨，养老字孤，不饥不寒，一家之极也；刑罚衰止，盗贼不作，时和岁丰，财用不匮，一国之极也；越不瘠秦，夷不谋夏，兵戈寝伏，大教不爽，天下之极也；此其大凡也。至于士农工贾，族性殊异，亦各自以为极而不能相通，其间爱恶相攻，偏党相害，而失其所以为极；是故圣人作焉，执大道以冒之，使之有以为异而无以害异，是之谓皇极。"② "极"是社会上每一个个人、家庭、群体、国家对美好生活的追求，"皇极"则是这些追求皆得以实现后的理想社会状况，圣人之道的主要作用或精神便在如何调和与节制社会普遍欲望，实现全社会的美好生活追求。叶适通过重新阐述"大学""中庸"两个概念，将经国济世的事功举措纳入"道"的范畴中。程朱理学强调《大学》中"修身、齐家、治国、平天下"的次序，要求学者严格遵守。二程解《中庸》为"反本"之学："故君子贵乎反本。……惟循本以趣之，是乃入德之要。……反本之要，吾心诚然而已。"③ 此"本"即"性"，也就是说圣贤之道的核心精神在穷理复性。叶适则认为："唐、虞、三代，内外无不合……今之为道者，务出内以治外也……守其心以自信，或不合焉，则道何以成？"④ 即圣王之道无分内圣外王，而是内外合一。正如陈锐所言："（叶适）反对那种'各执其一以自遂'的态度，但他不是要在两个极端之间选取中道，而是强调两者的不可分离或'相合'，义与利、形而上与形而下、内和外都是如此，'仁智皆道之偏也'。"⑤ 叶适认为的"中庸"之道，正是内圣外王的浑然一体。"永嘉之学""专是功利"或"专是事功"的思想体系缺陷至此得到了弥补，正如全祖望所言："永嘉功利之说，至水心始一洗之。"⑥

---

① 叶适著，刘公纯、王孝鱼、李哲夫点校：《叶适集》，北京：中华书局，2010 年，第 726 页。
② 叶适著，刘公纯、王孝鱼、李哲夫点校：《叶适集》，北京：中华书局，2010 年，第 728 页。
③ 程颢、程颐著，王孝鱼点校：《二程集》，北京：中华书局，1981 年，第 1164 页。
④ 叶适著，刘公纯、王孝鱼、李哲夫点校：《叶适集》，北京：中华书局，2010 年，第 727 页。
⑤ 陈锐：《叶适对〈中庸〉的批评及其对儒学的解释》，载《叶适与永嘉学派》（吴光、洪振宁主编），杭州：浙江人民出版社，2012 年，第 216 页。
⑥ 黄宗羲著，全祖望补修，陈金生、梁运华点校：《宋元学案》，北京：中华书局，1986 年，第 1738 页。

薛季宣、陈傅良和叶适经过持续的学术耕耘，丰富了经制、义理二维，完善了以事功为鲜明特色的儒学思想体系，最终自成一派，与盛极一时的理学、心学形成鼎足抗衡之势。

四、衰微与重振

叶适之后，永嘉学派渐趋衰微，直至晚清方得重振。衰微的具体表现为：承继事功思想、有重大影响力的温籍思想家的绝迹，"永嘉之学"的创新步伐停滞。其主要原因有三：温州政区政治地位的下降、温州知识人群体的萎缩、理学的官学化。而学派无论衰微或重振，皆与其事功思想特质息息相关。

元明清温州政区政治地位的下降与知识人群体的萎缩之间存在一定的因果关系。靖康之变后，宋室南渡，以临安为行在（今杭州），也将温州从"僻远下州"提升至"次辅郡"的地位，解决了温州在地理上边缘的尴尬。政治地位的跃升极大地促进了温州文化的繁荣。就教育与科举而言，"南宋温州读书士子数量之多为全国之最……将近18户有一人参试，将近100人有一人参试"①，合南宋一代共中进士1128名，并涌现王十朋、木待问、赵建大、周坦、徐俨夫等多名状元。②元明清三代，随着国都的北移，温州再次成了"偏远下州"，温州知识人群体也随之锐减。元代科举共开科16次，温籍士人登第有名可靠者仅10人。③明清时期温州的文教情况较之元代虽有好转，与南宋却相去甚远，据统计，明代温州中进士者合134名④，清代则仅有21名（1851年前）。⑤

元明清科举登第人数的锐减，反映出了温州区域文化教育的衰退，贫瘠的文化土壤也使得大思想家出现的概率降低。而南宋后期至清代理学的官学化，使得本已凋零的"永嘉之学"传承更加雪上加霜。张立文言："由'理学'而使'儒学'独尊地位的确立，它不仅渗透和支配了我国意识形态的

---

① 胡珠生等：《温州古代史》，北京：中国文史出版社，2009年，第348页。
② 胡珠生等：《温州古代史》，北京：中国文史出版社，2009年，第357—358页。
③ 胡珠生等：《温州古代史》，北京：中国文史出版社，2009年，第427页。
④ 胡珠生等：《温州古代史》，北京：中国文史出版社，2009年，第642页。
⑤ 胡珠生等：《温州古代史》，北京：中国文史出版社，2009年，第642页。

各个领域,而且影响社会生活的各个方面。"①程朱理学在科场的巨大影响力,致使大部分的温州士子转向理学,甚至包括叶适的弟子门人。劳思光言:"朱氏解经之说,成为官学,以致明清一般知识分子,齐经而专攻朱注或朱氏之解释,以取科名。"②永嘉学派之衰微与重振,皆与其学说的事功特质息息相关。由于旗帜鲜明地主张事功、反对程朱理学,"永嘉之学"在南宋晚期开始被官方所压制,为主流学界所排斥。因而即便有人意识到其学说之重要价值,也不敢公开表示提倡推崇。全祖望言薛季宣:"其学主礼乐制度,以求见之事功。然观艮斋以参前倚衡言持敬,则大本未尝不整然。"即在客观阐述薛季宣学说的同时,委婉地批评了其在义理心性畛域的不足。全氏言叶适:"永嘉功利之说,至水心始一洗之。然水心天资高,放言砭古人多过情,其自曾子、子思而下皆不免。不仅如象山之诋伊川也。要亦有卓然不经人道者,未可以方隅之见弃之。"即言叶适虽能自成体系,但对程朱理学根本的反对,导致官方及主流学术界敌视之。四库馆臣之言:"永嘉之学,倡自吕祖谦,和以叶适及傅良,遂于南宋诸儒别为一派,朱子颇以涉事功为疑。然事功主于经世,功利主于自私,二者似一而实二,未可尽斥为霸术。"③评薛季宣:"盖周行己开其源,而季宣导其流也。其历官所至,调辑兵民,兴除利弊,皆灼有成绩。在讲学之家,可称有体有用者矣。"④即馆臣们在肯定永嘉学派事功思想之重要价值的同时,也讲明了由于主事功而被大部分学者排斥的现实。由此,"永嘉之学"逐渐湮没于历史尘埃中,乃至连绝大多数温州人也长期不闻其名。清末孙衣言曾描述过这一时期永嘉学派的处境:"自元明都燕,取士法陋,温复荒僻,至皇朝荒益甚。阮公元督浙学,悯温之荒,殷殷诱焉而不能破。及先生与兄太仆出,力任破荒,不惮舌敝,以科第仕宦之重动父兄子弟之听,于是温人始复知有永嘉之学,始复知有其他学派。"⑤即便如此,"永嘉之学"并未彻底湮灭,其事功特质之独到价值仍得到了部分学者的认同或重视,明清时期学者们对薛季宣、陈傅良、叶适等人著作的刊刻研究便是例证。

---

① 张立文:《宋明理学研究》,北京:人民出版社,2002年,第796页。
② 劳思光:《新编中国哲学史》,北京:生活·读书·新知三联书店,2019年,第315页。
③ 永瑢等:《四库全书总目》,中华书局影印浙刻本,1965年,第1148页。
④ 永瑢等:《四库全书总目》,中华书局影印浙刻本,1965年,第1379页。
⑤ 宋恕著,胡珠生编:《宋恕集》,北京:中华书局,1993年,第325页。

而永嘉学派经典文献得以较为完整地保存，为事功思想在晚清得以重振奠定了基础。

也恰恰是因为永嘉学派之思想务实、事功，主张切于世用，所以走进了晚清温州士人的研究视野，在晚清大变局中被部分开明学者所"发掘"出来，并吸取了新的思想资源而得以实现创造性转化和创新性发展。晚清士人在家国危亡之际，积极探寻救亡图存之思想武器，掀起了整理古代文献、挖掘先贤智慧的学术运动，对永嘉学派文献的整理研究便是其中的一部分。在这一过程中，孙衣言"发现"永嘉学派事功思想之时代价值，始大力推崇之："其功业气节之盛，皆卓然无愧于孔孟之徒，盖学术之正，其效见于人心风俗而蔚为人才者如此，此圣人之经所以为有用也。……咸丰同治以来，削平大盗，抚纳远人，一时材能之士因事会以就功名，遽欲任其私智以治天下，其意以为古人之法，不可复施于今。顾反詓于奇邪怪诞之术，趋和风靡，举世骚然，未知所届，而言六艺者乃徒惊于文字之末器，数之微以自弊其聪明材力之所能为，一旦试之于事，则所谓是非得失之切于一身者，犹未能决。其所从又何以与天下之事哉？顾尝谓今日之务以学术为急，尤以胡氏为切要，而永嘉之学实与胡氏为一家言。"⑥孙认为永嘉学派源出孔孟，通经致用，与宋代胡瑗之学一样。尤其在清咸丰、同治年间，面对日益严峻的内忧外患，部分士大夫认为中国传统文化已失效，只能师夷长技。孙衣言则认为以永嘉学派事功思想为代表的中华优秀传统文化仍然是解决时代危机之有用之学，应该大力发掘弘扬。清末邓实亦推崇永嘉学派事功思想，言："有心性之学，有经制之学。心性之学，空言理欲，其学易涉于玄虚，归于寂灭，此无用之学也。经制之学，究心实用，坐言而可以起行，经义而即以治事，此有用之学也。……（永嘉之学）一切施诸政事之间，可以隆国体、济时艰。所谓用之则可行之也，是曰永嘉经制之学。"⑦邓实的推崇理由亦在于"永嘉之学"之事功经制特色。在孙衣言筚路蓝缕之后，继起的孙诒让、陈黻宸、陈虬、宋恕继续秉承永嘉学派事功思想，融汇中西，通经致用，使永嘉学派在晚清温州得以重振。具体体现为1840—1910年，温州地区以瑞安为中心众多科宦世家与知识

---

⑥ 孙衣言著，刘雪平点校：《孙衣言集》，杭州：浙江古籍出版社，2017年，第587页。
⑦ 邓实：《永嘉学派述》，《国粹学报》1905年第12期。

群体的涌现。主要包括前述之孙氏家族，以黄体芳（1832—1899）、黄绍箕（1854—1908）、黄绍第（1855—1914）等前后"清流党"为主要成员的黄氏家族，以项湘藻（1858—1918）、项崧（1859—1909）兄弟为主的项氏家族，以"东瓯三先生"或"温州三杰"著称于世的陈虬（1851—1904）、陈黻宸（1859—1917）与宋恕（1862—1910），以及与孙氏家族关系密切的刘绍宽（1867—1942）、黄庆澄（1863—1904）等。他们通常集学术、政治、经济与社会活动于一身，深耕儒学，研习西学，兴办学校，结社办报，经营实业，将各自的知识资本、社会资本发挥到极致，极大地光大了永嘉学派的事功思想，形成了近代温州文化再次崛起的盛景，进而推动了温州地方社会的现代转型。

五、当代价值

永嘉学派事功思想之当代价值主要体现在三方面。

首先，永嘉学派事功思想为"温州人精神"打下了厚重的底色。目前学界一般将"温州人精神"概括为：温州人群体世代传承的吃苦耐劳、艰苦创业、敢闯敢冒、敢为人先、务实求实等精神。[1]"温州人精神"之渊源虽远，但在宋代以前似乎只能算是温州人之群体作风或民风，后经由宋代温州士大夫群体之践行弘扬而彰显于世，成为一种区域文化精神。根植于血液中的文化精神为域内人群所普遍认知，这是温州区域文化自觉的开端。通过文化自觉，温州区域人群的文化自信不断增强，从而推动了温州区域文化在南宋的崛起。自远古至南宋，温州区域文化的发展状态一直不温不火。北宋中后期，以"皇祐三先生"和"元丰九先生"为代表的温州士人不顾艰难险阻赴中原游学，以成为中原地区先进文化之传人为荣。而至南宋中期，"永嘉之学"已然能与"理学""心学"分庭抗礼，争夺"儒家正统"的文化地位，"永嘉之学"的内核正是永嘉学派之事功思想。

永嘉学派诸贤以严谨务实、经世致用的学风塑造了温州士大夫群体的思想精神。如果说"皇祐三先生"是温州儒学的拓荒者，那么"元丰九先生"就是其奠基人，后经由郑伯熊、薛季宣、陈傅良和叶适之发挥而达于鼎盛。

---

① 李强：《关于创立温州学的思考》，《光明日报》2002年11月1日。

可见，永嘉学派诸贤是推动温州儒学从奠基走向兴盛的中坚力量。周行己、郑伯熊、薛季宣、陈傅良和叶适这些永嘉学派的主干人物，不仅深耕学术、著书立说，还广开书院、培育后学，经几代贤人之持续努力，温州文人士大夫群体的"雪球"越滚越大，最终形成了南宋时代温州文化的繁荣局面。

永嘉学派诸贤勇毅笃行，践履事功思想，为温州士大夫群体树立了精神标杆。诸贤之胆略与担当可为时人之楷模：薛季宣任武昌县令时，骤逢金军大举南侵，沿边官守皆系马于庭准备逃亡，他则尽忠职守，与军民共患难；陈傅良任中书舍人时，为公义敢于冒犯专横跋扈的当朝皇后犯颜直谏；叶适任知建康府兼沿江制置使时，遭遇韩侂胄兵败、金军大举入侵，他临危不乱、指挥若定，有效地挫败了金军的进攻，缓解了边境危机。诸贤为官之清廉正直可为宋代官员之典范：薛季宣奉使安抚淮西时，能不畏权贵，勇于任事，大胆革除地方弊政；陈傅良任福州通判时"平一府曲直，壹以义，强御者不得售其私"①，任提举茶盐公事、转运判官这样的"肥官"多年，去世时家中仅有白银数十两，治丧全赖友人、学生资助。诸贤正直、忠勇的高尚品格可为宋代文人群体之杰出代表：薛季宣敢于上书斥责当朝主和之权贵，为岳飞等忠烈鸣冤；叶适不畏权贵，伸张正义，为朱熹辩护。

四库馆臣言："事功主于经世，功利主于自私，二者似一而实二。"观永嘉学派诸贤之为学、为官、为人，"经世"而"无私"正是对他们学术思想和精神风貌的恰当概括。诸贤通过言传身教，将事功思想根植于温州士大夫群体的灵魂深处，历数百年沧海桑田，成为"温州人精神"的底色。

其次，永嘉学派事功思想是当代温州经济社会发展背后的文化命脉。改革开放以来，温州区域经济奇迹般崛起，温州人创造了与苏南模式、珠江模式三分天下的温州模式，更使得温州和温州人蜚声中外。温州模式所彰显出的温州人崇实、重商、创新变通精神便源自永嘉先贤踔厉建构的事功思想。永嘉学派事功思想的根本宗旨是经世致用，因此，它不做空洞的玄学讨论，不发迂阔的议论，提倡"讲实事、究实理、求实效、谋实功"。这种崇实精神反映在改革开放以来的温州人身上乃是埋头苦干、发展经济、改善民生，而不大关切外界的看法与评论；这种崇实精神曾使温州模式在

---

① 脱脱等：《宋史》，北京：中华书局，1985 年，第 12886 页。

"姓'资'姓'社'"的论争中一直自强不息，一往无前。温州模式可以说是一种完全建立在商业基础上的经济发展模式，温州人的强烈商品意识亦根植于永嘉学派事功思想，永嘉学派主张工商并举、讲求义利双行，契合了商品经济发展的要求。正是受这种重视工商业发展的精神的影响，南宋以来温州一直便是商贸集聚的地方，"其货纤靡，其人多贾"。温州传统文化这种"通商惠工"的精神孕育出温州人一种近乎天然的商品意识，善于发现商机、捕捉商机，并成为温州模式商业特点的基础。温州模式的整个发展过程实际上就是一个制度的不断创新过程，这种勇于创新的精神也离不开永嘉学派事功思想的熏染。永嘉学派事功思想的整个发展过程就是一个超越传统儒学的学术创新过程。永嘉学派的创新精神总是和务实精神结合在一起，"通世变"就是永嘉学派事功思想的一个重要特点。时刻把握客观世界的发展变化，并根据这种变化和现实条件，不断改变自己的路径选择，顺势应时，与时俱进，方能求得"真功""实效"。这种适应变化、主动求变的传统精神形成了今天温州人特有的精明和机敏，敢于进取、敢于冒尖、敢于探索，追求标新立异。温州人勇于去闯荡、去探索、去冒险、去开拓，敢为人先、自强不息的精神最终造就了改革开放20多年的经济奇迹。

21世纪初，面对发展中的要素性、素质性、结构性矛盾及金融风险，温州人继续发扬崇实、重商、创新变通精神，积极推动区域金融综合改革，重构社会信用体系，并通过腾笼换鸟、机器换人、空间换地、电商换市等方式，实现了战略性新兴产业、高新技术产业和装备制造业的跨越式发展，从而有效地化解了区域金融风险，推动了实体经济发展。

在建设"千年商港、幸福温州"、浙江省被列为"建设共同富裕示范区"的今天，在迈向第二个百年奋斗目标、实现中华民族伟大复兴的新征程上，永嘉学派事功思想也必将启发温州人乃至浙江人取得更大的发展成就，为新时代中国特色社会主义建设事业提供源源不断的精神动力与智力支持。

最后，永嘉学派事功思想的建构对当下中华优秀传统文化的创造性转化与创新性发展具有重要启示意义。习近平在中国共产党第十九次全国代表大会上做的报告《决胜全面建成小康社会 夺取新时代中国特色社会主义伟大胜利》及《中华人民共和国国民经济和社会发展第十四个五年规划和 2035 年远景目标纲要》等文件明确提出，要"推动中华优秀传统文化创造性转化、创新性发展"①②。即立足当前中国特色社会主义建设实际，全面而又科学地认识、继承和发展中华优秀传统文化。永嘉学派事功思想作为中华优秀传统文化的重要组成部分，是永嘉诸贤立足时代现实对中华优秀传统文化创造性转化与创新性发展的优秀成果，其当下启示有三。第一，永嘉学派事功思想是永嘉诸贤在继承先秦及北宋儒学最优秀成果的基础上建构和发展起来的，先有"元丰九先生"吸收北宋"洛学""关学""新学"而奠定了根基，后经由薛季宣、陈傅良和叶适深研先秦儒家经典而建构了思想体系。当下中华传统文化的"双创"也应批判性地继承历代传统文化中的最优秀成果，从而为铸就中华文化新辉煌奠定良好的基础。第二，永嘉学派事功思想是学派诸贤在忧思两宋内外危机、探索应对之策的过程中开创出来的，立足现实、经世致用是其思想举措的最显著特点。当下中华文化的"双创"也应立足当代中国现实、结合当今时代条件，建设为人民服务、为社会主义服务的实用文化。第三，永嘉学派诸贤不问来源、不存门派之见，以开放包容的胸怀、钩深致远的心态，融突和合百家之学，而成致广大而尽精微的永嘉学派事功之学。启发当下致力于中华文化"双创"工作的研究者，既要立足社会现实，秉承经世致用精神深入发掘中华优秀传统文化中的实用内涵，也要拓宽国际视野，广泛吸收其他国家或民族文明中的优秀成果，以铸就中华文化的新辉煌。

（原文刊载于《浙江社会科学》2022 年第 11 期）

---

① 习近平：《决胜全面建成小康社会　夺取新时代中国特色社会主义伟大胜利——在中国共产党第十九次全国代表大会上的报告》，北京：人民出版社，2017 年，第 41 页。
②《中华人民共和国国民经济和社会发展第十四个五年规划和 2035 年远景目标纲要》，北京：人民出版社，2021 年，第 104 页。

浙学中坚：论永嘉学派在哲学中的历史地位

王　宇*

重估永嘉学派在浙学中的历史地位，以下两个问题不可回避：永嘉学派在宋代浙学体系中是一个什么样的角色和定位？在元明清三代，浙学主流已变为程朱理学和陆王心学，永嘉学派是否已经永远成为历史的陈迹呢？

本文认为，从浙学的形成历史来看，宋代是浙学实现思想自觉的关键时期，而永嘉学派是宋代浙学的主力军，叶适是宋代浙学的最后一位领袖，也是宋代浙学的集大成者。南宋灭亡后，虽然程朱理学和陆王心学相继成为思想主流，但永嘉学派仍保持了生命力，并在近代中国获得了创造性转化和创新性发展。

一、浙学和宋代浙学

宋代，是浙学演进历史上分水岭式的关键时期。这主要是因为，在宋代以前没有人使用"浙学"一语。以宋代为界，浙学先后经历了从"自在的浙学"到"自为的浙学"两个阶段。自良渚文化以来，浙江大地上产生的所有文化现象和精神产品，固然可以统称为"浙学"，但此种观念的浙学只是强调了浙江这一地理属性，譬如，东汉王充《论衡》这样的巨作虽诞生于浙江，但仍属于中原文化南传的产物，浙江这一地理属性与这些文化现象、精神产品内在的思想逻辑缺乏联系，名为"自在的浙学"。

进入宋代，尤其是在南宋，理学大师朱熹在历史上第一次使用"浙学"这一术语批评两浙地区所流行的一种思想学术，斥为"浙学尤更丑陋""浙学却专是功利"。从朱熹的批评可以发现，这一时期的浙学有两个鲜明的

---

*现任浙江省社会科学院文化研究所所长、研究员，浙江省儒学学会副会长，浙江省哲学学会副秘书长、学术委员会委员，浙江省社会科学院浙学研究中心秘书长，浙江国际阳明学研究中心副主任。

特征。第一，只有到了宋代，浙学才内生出了一种全国性影响的思想学术，浙学之"浙"已不是一个单纯的地理观念，而是一种原创的、独立的学术思想体系，引起了当时思想界的瞩目。第二，"浙学"之"学"的灵魂是儒学，由于儒学是中国传统文化的主流思想学术体系，浙学只有在儒学体系内发展出一整套独立的思想观点，才能真正获得自身稳定的内涵和清晰的边界。在宋以前浙江大地虽然出现了道教魏伯阳、天台宗智者大师等人，但没有人称其为"浙学"。

由此可见只有到了宋代，浙学才迎来了思想自觉的复兴，而永嘉学派作为一个区域性的原创的儒学思想体系，成为浙学从"自在"走向"自为"的主力军。为了说明这一点，有必要先回顾一下宋代浙学崛起的历史背景和问题意识。

在北宋中期，新儒学运动影响迅速扩大，全国各地"学统四起"，一些地域特色鲜明的思想学术传统和学者群体次第崛起。仁宗庆历二年（1042），新儒学运动的重要人物胡瑗（993—1059）受邀来到湖州讲学，将这股清新的变革之风吹到了两浙地区。全祖望说："庆历之际，学统四起。齐、鲁则有士建中、剑颜夹辅泰山而兴。浙东则有明州杨、杜五子，永嘉之儒志、经行二子，浙西则有杭之吴存仁，皆与安定湖学相应。"[1]此时的浙学尚处于萌芽期，北宋哲宗朝所流行的几种区域思想学术主要是二程兄弟洛学、三苏兄弟蜀学、司马光朔学、王安石新学，竞相角逐，最终在徽宗朝以王安石新学胜出、垄断"道统"为结局。

北宋灭亡，宋室南渡，王安石的荆公新学在与洛学（此时已经成为"程学"）的竞争中节节败退，程学获得了朝野上下广泛的认可。进入孝宗朝，朱熹、张栻、吕祖谦勠力同心，在隆兴至淳熙初年掀起了传播、研究程学的高潮。但是，随着程学复振运动的深入，在程学内部出现了自我改革的呼声，对于如何进一步加强程学的思想批评力量的问题，吕祖谦与朱熹出现了微妙的分歧。吕祖谦更加重视北宋、南宋过渡之际程学缺乏"经世应务"能力的缺陷，并试图加以弥补；朱熹则更加强调在"内圣"的方向上完善程学的术语体系、逻辑体系。正是这一思想矛盾的萌芽和充分展开，导致朱熹

---

[1] 周梦江：《叶适与永嘉学派》，杭州：浙江古籍出版社，1992年，第17页。

形成了"浙学却专是功利"的价值判断，从而宣告了"自为的浙学"的诞生。

二、永嘉学派是宋代浙学的中坚力量

（一）永嘉学派推动了吕祖谦为"宗主"的宋代浙学之定型

当吕祖谦思考程学不能经世致用时，他发现了永嘉学派的奠基人薛季宣（1134—1173）正在实践改革二程理学的工作。吕氏在为薛季宣所撰写的《墓志铭》中，高度肯定他治学"于经无不合，于事无不可行"。既有别于王安石一类的功利刑名之学，又避免了单纯内倾化所导致的"不足以涉事耦变"的弊端。同时，"公之学既有所授"，薛季宣是程颐再传；薛季宣早年在武昌为官的实践经验支撑了其学术研究，他的地理之学不仅是为了解经训说，更是为南宋当代军事斗争服务的兵要地志之学。薛氏对本朝制度律法极为娴熟，以至同僚和下属不敢相信"其为儒者"，从而暗示南宋"儒者"普遍不擅长制度之学。吕祖谦还指出，薛季宣并不认为佛教是理学面临的大敌，理学在南宋社会面临的真正的危机，是如何从"道揆"走向"法守"、从"成己"走向"成物"。薛季宣的实践和主张，都给吕祖谦很大的启发，鼓舞他继续为改造二程理学而努力。薛季宣卒于孝宗乾道九年（1173），此时浙学尚在酝酿阶段，可以说薛季宣对吕祖谦的启发推动了浙学的最终成熟。

（二）永嘉学派用学理论证、经典阐释的方式，明晰了浙学的基本立场和核心要旨

认识到北宋新儒学不能经世致用，只是提出了问题和任务，最困难的工作是如何通过学术研究的实践去解决这个问题。吕祖谦去世后，浙学与程朱理学的矛盾公开化，而程朱理学又构建了以"四书"学为核心的新经典体系并对经典进行全新阐释，表达自己的思想。因此，浙学与理学对话论辩时，必须将永嘉学派的思想观点、学术实践、政治实践，以三位一体的完整体系来进行论证。哲学是抽象的，后二者则是具体的，双方相互支撑，骨肉相连。而陈亮与朱熹虽然展开了精彩的"王霸义利之辩"，但他对经典阐释的路径兴趣淡薄，因此没有能将浙学的基本思想用学术研究、经典阐释的形式加以展开论证，也没有能够将浙学的基本立场在学术辩论中固定下来。这一伟大的工作，是由永嘉学派，尤其是叶适完成的。从薛季宣

开始，永嘉学派就高度重视通过经典阐释传播论证自己的思想主张。薛季宣对《尚书》《论语》《春秋》《礼记·中庸》等经典都有训释，并在《中庸解》中旗帜鲜明地强调学习客观知识的"自明诚"，否定了"自诚明"的直观顿悟的认识方式；陈傅良更是通过《周礼说》系统阐明了浙学改造南宋各种制度所要实现的"三代"制度典范，还通过《左传》研究提出了自己的史学思想。叶适的《习学记言序目》更是一部涵盖经史子集四部的百科全书式的学术专著，他通过对儒家经典、历史要籍、诸子百家的评点，提出了批评程朱理学心性思想、解构理学道统论的一系列全新观点。这些观点不仅在理论锐气和原创性方面与陈亮不相上下，而且在学理阐释和经典引证方面更胜陈亮一筹。

清代学者全祖望认为，"浙学"自吕祖谦以后就分化成永嘉、陈亮、吕祖俭三支，相互之间没有思想上的共通性。在这三支中，功利倾向最严重的自然是陈亮："永嘉以经制言事功，皆推原以为得统于程氏。永康则专言事功而无所承，其学更粗莽，抢魁晚节尤有惭德。"①所谓陈亮"更粗莽"就是批评他没有学理化地论证自己的观点。全祖望认为是叶适做出了专业的学术贡献：

> 水心较止斋又稍晚出，其学始同而终异。永嘉功利之说，至水心始一洗之。然水心天资高，放言砭古人多过情，其自曾子、子思而下皆不免，不仅如象山之诋伊川也。要亦有卓然不经人道者，未可以方隅之见弃之。乾、淳诸老既殁，学术之会，总为朱、陆二派，而水心断断其间，遂称鼎足。②

叶适通过经典阐释的论证方式，将浙学发展过程中产生的"功利"思想进行合理的阐释，使之符合儒家经典的规范，只有这样，叶适才有资格与朱熹、陆九渊鼎足而三，成为南宋思想学术界的第三极。

（三）永嘉学派代表了浙学思想的原创性和革命性的一面

吕祖谦虽然是"浙学宗主"，但他的总体思想背景仍然是理学。他一方面致力于在理学内部改造理学、提升理学的思想，另一方面又与朱熹通

---

① 黄宗羲：《宋元学案》卷五十六《龙川学案》，杭州：浙江古籍出版社，1986年，第214页。
② 黄宗羲：《宋元学案》卷五十四《水心学案上》，杭州：浙江古籍出版社，1986年，第106页。

力合作，弘扬推广理学。理学的改造者与弘扬者的双重身份决定了他的思想创新具有很强的局限性和保守性。

永嘉学派，尤其是叶适，经过长达30年的探索，最终意识到其与朱熹在理论上难以调和（朱熹也是这样认为的），浙学的历史使命不是从理学内部发掘经世致用的因素，也不是补齐理学所缺失的经世致用的本领，而是要在理论预设层面上驳正理学，即理学思想体系中最核心的心性论思想。

永嘉学派早在薛季宣那里就逐一批驳理学的核心思想——心性论思想。薛季宣撰写了论文《知性辨示君举》，提出了"性不可知论"，反对将"天命之谓性"作为儒学的功夫对象（认识对象）；陈傅良（字君举）在继承"性不可知论"的基础上，提出"道法不相离"，并批评理学视为圭臬的《尚书·大禹谟》"十六字箴"受到了老庄思想的影响，其误在于否定以制度建设改造客观世界是"道"的主要实践形式。

叶适在《习学记言序目·总述讲学大旨》中否定了理学"心包万理"的预设，指出"心"并不先天具有真理，而只是一种认识真理、探索真理的能力；叶适批评理学以《太极图说》为中心所构建的宇宙论体系，是一个超出人的感官经验、违背常识、超越历史时空的形而上学的体系，在某种程度上已经被佛教思想所"污染"；他断然否认了理学道统论谱系中曾子的传道者地位。这些批判和反思都直击理学思想体系的核心和要害，引起了理学派的不满。程朱理学的重要学者真德秀就批评叶适《习学记言序目》属于"放言"，这恰反映了永嘉学派探索真理的勇气。元代学者黄溍（1277—1357）认为陈傅良、陈亮、叶适虽受益于吕祖谦，但吕氏去世之后，"人自为书，角立竞起"，而叶适之学"无一合于吕氏"，就反映了这一点。[1]

叶适虽曾多次向吕祖谦问学，特别是孝宗淳熙五年，他为了备考省试而在临安逗留了半年之久，其间向同在临安任官的吕祖谦问学，吕氏向他传授了关于《皇朝文鉴》的构思和逻辑，指出应该通过研究宋代的本朝史，揭示儒家的"治道"。淳熙八年吕祖谦去世时，陈亮和一批吕祖谦门人恳请叶适继承吕学，被他拒绝。其原因一方面是叶适顾虑吕祖谦门人群体内

---

[1] 黄溍：《文献集》卷五《送曹顺甫序》，《黄溍全集》，天津：天津古籍出版社，2008年，第237页。

部人际关系的复杂性，更重要的原因则是叶适感觉到吕祖谦对程学的反思和批判还不够彻底。

（四）叶适是宋代浙学最后一位领袖和集大成者

吕祖谦开创浙学之后，永嘉学派、陈亮在他的指引下丰富和壮大了浙学。朱熹指出："其学（指吕祖谦）合陈君举、陈同父二人之学问而一之。永嘉之学理会制度，偏考究其小小者。惟君举为有所长，若正则则涣无统纪。同父则谈论古今，说王说霸。伯恭则兼君举、同父之所长。"[1]陈傅良（君举）、叶适（正则）和陈亮（同父）都是吕祖谦学术的继承者，但各自从不同方向发展了浙学：陈傅良主要研究制度，开创了"制度新学"；陈亮则在历史哲学领域与朱熹开展了"王霸义利之辩"；叶适被朱熹贬低为"涣无统纪"，乃是因为朱熹去世之前，叶适尚未完成对浙学的思想总结。

但是，吕祖谦于淳熙八年（1181）去世后，陈亮、陈傅良成为浙学的代表人物；绍熙五年（1194）陈亮去世，浙学的代表人物已经变为陈傅良、叶适；嘉泰三年（1203）陈傅良去世，此后20年间，叶适成为浙学当之无愧的领袖。他利用晚年闲居的机会，系统总结了浙学的理论思考，进行了学理化的论证，整理了《水心外稿》《后总》，撰写了《习学记言序目》，同时继续讲学收授，获得了广泛的思想影响。正是看到了叶适的这一巨大影响力，南宋末期著名学者黄震（1213—1280）在他的《黄氏日抄》中对《水心文集》进行了逐篇点评。他认为朱熹、陆九渊、陈亮、陈傅良确为南宋思想学术的四大家，而叶适"混然于四者之间"，遂为第五大家：

愚按乾淳间，正国家一昌明之会，诸儒彬彬辈出，而说各不同。晦翁本大学致知格物以极于治国平天下，工夫细密。而象山斥其支离，直谓即心是道。陈同甫修皇帝王霸之学，欲前承后续，力挂乾坤，成事业而不问纯驳。至陈傅良则又精史学，欲专修汉唐制度吏治之功。其余亦各纷纷，而大要不出此四者，不归朱则归陆，不陆则又二陈之归，虽精粗高下，难一律齐，而皆能自白其说，皆足以使人易知。独水心混然于四者之间，总言统绪，病学者之言心而不及性，则似不满于陆；又以功利之说为卑，则

①李幼武：《宋名臣言行录外集》卷十三《吕祖谦·东莱先生成公》引"晦翁（朱熹）语"，影印文渊阁四库全书本。

似不满于二陈；至于朱则忘言焉。水心岂欲集诸儒之大成者乎？然未尝明言统绪果为何物，令人晓然易知如诸儒者。[1]

黄震明确指出，所谓"独水心混然于四者之间"，是说叶适虽然是永嘉学派的集大成者，其思想却与朱熹、陆九渊有着不同程度的交集，这是因为他对南宋思想学术所有重要的命题都进行了深入的思考，对朱子学、象山心学、浙东学派都进行了批判性的吸收和重构。

三、元明清浙学充分吸收了永嘉学派思想和学术

叶适去世（1223）后，程朱理学成为官学，逐渐统治了整个思想文化领域，永嘉学派乃至朱熹所批评的"专是功利"的浙学也在师徒授受的系统中逐渐失去了传承，元明清时期浙学的主流已经成为程朱理学和陆王心学，永嘉学派给人一种戛然而止的印象。这就产生了一个问题，如果永嘉学派被永远定格于南宋，那么它对元明清浙学乃至近现代浙江，岂非毫无影响？

实际上，只要我们仔细考察元明清浙学的发展历史，就会发现永嘉学派的思想观点、学术方法已经融入了浙学之中，获得了另外一种形式的传承。这一点可以从以下几方面加以考察。

（一）程朱理学对永嘉学派进行了批判性的吸收和借鉴

永嘉学派以"制度新学""事求可，功求成"为号召，但是程朱理学并不完全排斥制度研究和对"事功"的追求。黄干就曾说："君举陈丈（陈傅良），于大经大本固难责以尽合，然闻其于制度考证亦颇有过人处，善取人者，亦资其长以益己而已。"[2]"大经大本"是朱子学理论的核心——心性学，但永嘉学派的"制度考证"也是值得朱子学借鉴汲取、丰富自我的有益成分。作为朱子学在宁宗、理宗朝的代表人物，魏了翁早年与叶适有一定的交往，全祖望推测："嘉定而后，私淑朱、张之学者，曰鹤山魏文靖公。兼有永嘉经制之粹，而去其驳。"[3]所谓"兼有永嘉经制之粹，

---

① 黄震：《黄氏日抄》卷六十八《读叶水心文集·敬亭后记》，影印文渊阁四库全书本。
② 黄干：《黄勉斋先生文集》卷八《与胡伯履西园书》，丛书集成初编本。
③ 黄宗羲：《宋元学案》卷八十《鹤山学案·序录》，杭州：浙江古籍出版社，1986年，第124页。

而去其驳"，反映了魏了翁早年对"道学"的接受，是在一个宽泛的意义上来进行的。①如传承陆学的"甬上四先生"之一的袁燮（1144—1224）也曾问学陈傅良："永嘉陈公傅良，明旧章，达世变，公与从容考订，细大靡遗，其志以扶持世道为己责。然自始学，于义利取舍之辨甚严。"②所谓"然自始学，于义利取舍之辨甚严"，指袁燮学问虽然从陈傅良那里吸收了"制度新学"的营养，但对"义利"关系的认识与之大异其趣。朱熹的弟子滕璘（1150—1229）也曾问学于陈傅良："公既从子朱子，得为学大方，异时至永嘉，又从故中书舍人陈公傅良，问《左氏》要义，陈公告语甚悉，大略谓：'左氏本依经为传，纵横上下，旁行溢出，皆所以解驳经义，非自为书。'且告以六经之义，兢业为本，公佩服焉。"③魏了翁、袁燮、滕璘虽然最终都归本于朱子学或象山心学，但陈傅良的"制度新学"也成为他们吸收的思想养分。以上事实证明朱子学与永嘉学派具有一定的互补性。

南宋末年福建朱子学者林希逸（1193—1271）说："自薛常州、陈止斋以周官六典参之诸史，讲求古今，损益异同之故。又考本朝文献相承所以垂世立国者，欲正体统，联上下，使内朝外廷必别，大纲小纪必严，与夫取民、制兵、足国、厚下之法，随事条理，期为长久，以今准昔，而不为好古之迂。本末明究，要皆可行。"④

林氏指出薛季宣、陈傅良不但善于考证三代名物、舆地、制度，且注意总结吸取北宋立国以来的制度变迁的得失；这些研究不仅是为了复原历史的原貌（"好古之迂"），而且是要在复原历史原貌的基础上，整理出足以解决南宋当代财政、政治、军事、社会危机的制度安排，实现国家的长治久安。元代朱子学者程端礼（1271—1345）曾这样评价薛季宣：

余谓士之谈诗书而略事功，其来已久，遂使俗吏嗤儒为不足用……余

---

① 何俊：《南宋儒学建构》，上海：上海人民出版社，2013年，第352页。
② 真德秀：《西山文集》卷四十七《显谟阁学士致仕赠龙图阁学士开府袁公行状》，影印文渊阁四库全书本。"甬上四先生"与永嘉学派的学术交流情况，详见周梦江：《叶适与永嘉学派》，杭州：浙江古籍出版社，2005年，第132—139页。
③ 真德秀：《西山文集》卷四十六《朝奉大夫赐紫金鱼袋致仕滕公墓志铭》，影印文渊阁四库全书本。
④ 林希逸：《竹溪鬳斋十一稿续集》卷二十二《秘阁提刑侍讲正言陈公墓志铭》，影印文渊阁四库全书本。

少读薛常州《行述》，窃欣慕之，盖其学本濂洛，其自得之实，于经无不合，于事无不可行，莅官文武，应机处变，政无巨细，靡不曲当。①

程端礼批评从南宋后期开始，读书人中流行的"谈诗书而略事功"的偏向，削弱了朱子学改革客观世界、经世致用的功能；而他注意到薛季宣"学本濂洛"，担任过多个军政职务，政绩卓著，同时又是一个出色的学者，可以纠正朱子学末流蹈空好高之弊。

一些明代学者虽然承认浙学是与朱、陆鼎足而三的，但认为三者之间具有明显的"互补"特征。如浙江学者章懋（1436—1521）说：

为学之道，居敬、穷理不可偏废。浙中多是事功，如陈同父、陈君举、薛士龙辈，只去理会天下国家事，有末而无本；江西之学多主静，如陆象山兄弟专务存心，不务讲学，有本而无末。惟朱子之学知行本末兼尽，至正而无弊也。②

章懋将浙学和陆学整合到了朱子学体系之中，即朱子学是全面的、自洽的，而前二者是片面的、不自洽的，但浙学、陆学之片面并非他者，而是朱子学的多面性中的一面，因此朱子学的丰富性和普遍适用性，也需要浙学和陆学彰显。

由上可知，叶适去世后漫长的600年间，永嘉学派虽然已经停止了发展，也不再产生新的领袖人物，但它的思想观点和学术成就仍然受到了程朱理学的重视，虽然这种重视是以批判为前提的，我们仍不得不承认，永嘉学派已经融入了元明清时期浙学的发展进程之中，由此得到了部分的传承。

（二）永嘉学派通过近代复兴实现了创造性转化和创新性发展

永嘉学派主张"事求可，功求成"，反对空谈心性，主张将儒学的价值观运用实践于现实生活，实实在在地增进人民福祉，改革社会弊端，起到了纠正程朱理学、陆王心学末流空疏清谈的积极作用，在民族危机深重的近代中国，永嘉学派的独特价值引起了思想学术界的重视。在以孙衣言、

---

① 程端礼：《畏斋集》卷三《送薛学正归永嘉序》，四明丛书本。
② 章懋：《枫山语录·学术》，丛书集成初编本。

孙诒让父子为代表的知识群体的努力下，在晚清掀起了复兴永嘉学派的高潮，由于这次近代复兴，永嘉学派的文化基因被人为地激活了，实现了在近现代中国的创造性转化和创新性发展。这种创造性和创新性表现为：晚清温州知识群体大量刊刻传播永嘉学派文献，为研究永嘉学派提供了可靠的资料，并大力宣传永嘉学派的历史地位和贡献；更重要的是，他们秉承永嘉学派经世致用的宗旨，积极发展近代实业，创办新式学校，设立各种新式社会事业，对温州乃至浙江走向近代化，起到了重要的推动作用。由于孙诒让等学术大师的倡导和呼吁，永嘉学派得到了全国学术界的重视和瞩目，在某种程度上恢复了南宋中期的辉煌。更重要的是，这次近代复兴直接促成了改革开放以来当代温州人精神的孕育和定型，是赓续永嘉学脉的中继线和里程碑，应该得到高度肯定。2019 年 7 月，时任浙江省省长袁家军同志来温考察调研期间，肯定了永嘉学派的历史地位和现实价值，明确指出应加强永嘉学派研究。

四、结语

今天我们重估永嘉学派在浙学中的历史地位，绝非出于乡梓情深的羁绊，为古代乡贤争地位、抢功劳，而是力图通过严谨的学术研究和学理论证，恢复永嘉学派在浙学发展历史上应有的地位。事实证明，永嘉学派是宋代浙学的中坚力量，叶适是宋代浙学当之无愧的集大成者。明确了这两个关键的历史地位，才能正本清源地研究浙学历史，追溯当代温州人精神的源头活水，从而为建设新时代文化温州注入精神动力。

叶适道统论再研究

蒋伟胜[*]

　　道统是宋明时期学者普遍认同的儒家精神传承系统。人们依据各自对儒家精神内涵和历史事实的理解，构建出了多个版本的道统谱系。唐宋八大家之一的韩愈首先揭橥道统之说："所谓道也……尧以是传之舜，舜以是传之禹，禹以是传之汤，汤以是传之文、武、周公，文、武、周公传之孔子，孔子传之孟轲，轲之死，不得其传焉。"[①]在儒家第一份道统名单中，孟子是殿军人物，含而未露的意思，是韩愈把自己作为孟子之后的道统继承人。后来学者在自续道统时，也多以上接孟子的儒家精神担当者自任，如程颐在《明道先生墓表》中说："孟轲死，圣人之学不传，学不传，千载无真儒，先生生于千四百年之后，得不传之学于遗经，志将以斯道觉斯民……圣人之道得先生而后明。"[②]在程颐的道统观中，程颢越过韩愈成为直续孟子"不传之统"的担当者。南宋时期，朱熹重新排列道统名单，把周敦颐、二程、张载和自己都列入道统，成为孟子道统传人，"道之正统，待人而后传……由孟子而后，周、程、张子继其绝，至熹而始著"[③]。这些道统谱系的共同之处在于，以心性之学为儒家精神内涵，以孟子为上承尧舜禹汤、下启唐宋诸儒的道统中坚。

　　叶适也是道统论的拥趸，他排列的道统谱系是"道始于尧，次舜，次禹，次皋陶，次汤，次伊尹，次文王，次周公，次孔子……自是而往，争言千载绝学矣"[④]。这个道统不同于其他道统之处在于，其中没有孟子的地位，道统始于尧舜，止于孔子，往后就湮没无传了。叶适阐述孔子之后道统遮蔽原因时说道："呜呼！道果止于孟子而遂绝耶？其果至是而复传耶？孔

---

*现任浙江工商大学马克思主义学院副教授、硕士生导师，台湾大学哲学系访问学者。
①韩愈著，刘真伦、岳珍校注：《韩愈文集汇校笺注》第一册，北京：中华书局，2010年，第4页。
②程颢、程颐著，王孝鱼点校：《二程集》，北京：中华书局，1981年，第640页。
③脱脱等撰：《宋史·朱熹传》，北京：中华书局，1985年，第12770页。
④叶适：《习学记言序目》，北京：中华书局，1977年，第735—739页。

子曰'学而时习之',然则不习而已矣。"①由尧舜至于周孔的道统内涵是"学而时习之"的工夫实践精神,孟子及以后的学者,都没有传习"学而时习之"的道统精神,导致孔子之后道统断绝。

叶适以是否坚守"学而时习之"的道统精神,作为儒家圣贤入选道统名单的依据,重构了由尧舜经周孔直至唐宋的儒家历史,那么,他体认的"习学"是一种怎样的道统精神呢?

一、一贯之道

叶适认为儒家历史上存在着两个"一以贯之"的传统,一个是"一贯之道"的精神传统,一个是"一贯之学"的工夫传统。叶适说道:

> 《书》称"若稽古"四人,孔子言:"大哉尧之为君也","舜有天下而不与焉","禹吾无间然矣"。子夏曰:"舜举皋陶,不仁者远矣。"故考德者必先四人,其次汤伊尹,又次文武周公,世有差降,德有出入,时有难易,道有屈伸,孔氏以是为学之统绪。②

《尚书》前四篇依次是"尧典""舜典""大禹谟"和"皋陶谟",且都是以"曰若稽古"为开头展开经文,意思是说尧、舜、禹、皋陶四人能"顺考古道而行之",是上古文化的继承者、实践者。巧合的是《论语》也提到了这四位圣人,孔子、子夏对他们赞赏有加,而且除了这四位之外,《论语》没有提及其他上古圣人。叶适认为两部经典都提到这四个人,这不是纯粹的偶然,《尚书》把与尧、舜、禹、皋陶四人相关的文献放在前四篇的位置,以显示他们在儒家道统中的特殊地位,让后人永志不忘他们开创儒家之道的功绩,"凡天下义理,始于尧、舜、禹、皋陶,使其见义不明,析理不精,安得致唐虞三代之治?孔孟犹是祖述之尔"③,他们对儒家义理有深切的理解,并把义理运用到治理天下的实践之中,实现了三代之治,是孔子、孟子遵循的对象,从而形成了儒家一贯之道,"尧舜禹

---

① 叶适:《习学记言序目》,北京:中华书局,1977 年,第 741 页。
② 叶适:《习学记言序目》,北京:中华书局,1977 年,第 60 页。
③ 叶适:《习学记言序目》,北京:中华书局,1977 年,第 420 页。

汤文武周公至于孔子，一道也"①，道始于尧舜，至于孔子，一以贯之。

儿家道统的内涵，学者一般根据"曾子曰'夫子之道，忠恕而已矣'"，解释为忠恕之道。如何晏注、刑昺疏的《论语注疏》说："夫子之道，唯以忠恕一理，以统天下万事之理。"②朱熹《四书章句集注》说："尽己之谓忠，推己之谓恕……夫子之道一理浑然而泛应曲当。"③意思是说，孔子以忠恕之理贯穿思想言行，身心修养意义的忠恕之道是儒家思想的核心，相应地，儒家思想也应该侧重于伦理道德层面的建构。叶适却对此提出了批评，他说：

自尧舜禹汤文武周公孔子，所传皆一道，孔子以教其徒，而所受各不同。以为虽不同而皆受之于孔子则可，以为尧舜禹汤文武周公孔子之所以一者，而曾子独受而传之人，大不可也。孔子尝告曾子"吾道一以贯之"，曾子既唯之而自以为忠恕……传之有无，道之大事也。世以曾子为能传而余以为不能。④

叶适认为，曾子把一贯之道解释为"忠恕"，是在孔子走出去之后，曾子对别的弟子说的话，这一解释没有得到过孔子的认可，因此不可以作为标准答案，"忠以尽己，恕以及人，虽曰内外合一，而自古圣人经纬天地之妙用固不止于是，疑此语未经孔子是正，恐亦不可便以为准也"⑤。曾子的解释只是曾子体会的孔子之道，是他个人心目中的道的内涵，而非上接尧舜的儒家传统之道，"以为曾子自传其所得之道则可，以为得孔子之道而传之，不可也"⑥，不可以此为根据把一贯之道的内涵确定为"忠恕"。

叶适认为，儒家"尧舜禹汤文武周公孔子所以一者受而传之"的道侧重的是"经纬天地"的外王事业，曾子的忠恕之道强调的是"君子所贵乎道者三"，讲究的是"动容貌而远暴慢，正颜色而近信，出辞气而远鄙倍"，

---

①叶适：《习学记言序目》，北京：中华书局，1977年，第245页。
②《论语注疏》，李学勤主编《十三经注疏》（标点本），北京：北京大学出版社，1999年，第51页。
③朱熹：《四书章句集注》，北京：中华书局，1983年，第72页。
④叶适：《习学记言序目》，北京：中华书局，1977年，第188—189页。
⑤叶适：《习学记言序目》，北京：中华书局，1977年，第178页。
⑥叶适：《习学记言序目》，北京：中华书局，1977年，第188页。

关注的是个人的身心修养，至于儒家一向重视的政治活动领域，则认为"笾豆之事则有司存"，被曾子主动放弃了。概言之，曾子把"一贯之道"解释为"忠恕"，只体现了道所包含的内圣工夫，而遗落了道的内涵中本来具有的外王事业，因此不能反映儒家之道的传统，只能算是曾子个人的"意见"，是曾子"不本诸古人之源流，而以浅心狭志自为窥测"①的结果。所以叶适明确说"世以曾子为能传而余以为不能"，认为曾子不传孔子。曾子之后的子思、孟子对儒家之道的理解，自然就偏离了孔子的本意，"轲喜于自异而乐称之，岂孔子之所敢安哉？不敢安，则所学者皆意之而非其，而孔子之道远矣"②。曾子之学得自孔子，但是曾子所学之于孔子所教，为一变；孟子之学得自曾子弟子子思，孟子又"喜于自异"，孟子所学之于曾子所传，又为一变。至于孟子之后的儒家对孔子之道的理解，更是愈去愈远。

叶适援引孔子对颜子说的话，进一步证明儒家一贯之道的内涵不是忠恕，而是"克己复礼为仁"的习学工夫，他说：

> "克己复礼为仁"，举全体以告颜渊也。孔子固未尝以全体示人，非吝之也，未有能受之者也。颜子曷为能受之？得全体而能问其目故也。全体因目而后明，凡孔子之言仁，凡弟子之问仁，未有的切明白广大周遍如此者。世谓孔子语曾子一贯，曾子唯之，不复重问，以为心悟神领，不在口耳。呜呼，岂有是哉，一贯之指，因子贡而粗明，因曾子而大迷。③

孔子多处言仁而各不相同，是因为孔子因材施教，针对不同资质的弟子因人设施，那些关于仁的具体说法都是随机应答，阐述了仁的某一方面内容。唯有颜渊资质过人，所以孔子告之以"克己复礼为仁"，这是体现了孔子思想的"全体"。"克己复礼为仁"是有体有目，体是"为仁"的工夫实践，目是视、听、言、动不逾礼的具体行动，这才是孔子一贯之道的全部内涵，"体孔子之言，要须有用力处。克己复礼，为仁由己，其具

---

① 叶适：《习学记言序目》，北京：中华书局，1977年，第189页。
② 叶适：《习学记言序目》，北京：中华书局，1977年，第245页。
③ 叶适：《习学记言序目》，北京：中华书局，1977年，第192—193页。

体也；出门如宾，使民如祭，其操术也；己欲立而立人，己欲达而达人，又术之降杀者。常由此用力，而一息一食无不在仁，庶几可以言知矣"①。开展"克己复礼""为仁由己""出门如宾，使民如祭""己欲立而立人，己欲达而达人"的工夫，并要"常由此用力"，把工夫实践作为儒家之道的内涵，才算是真正知道了"一贯之道"，"庶几可以言知矣"。

二、一贯之学

叶适认为，儒家历史上不仅有以克己复礼为内涵的一以贯之的"道统"，还有一个一以贯之的"学统"。《论语·卫灵公》中孔子与子贡有一段对话："子曰：'赐也，汝以予为多学而识之者欤？'子贡曰：'然。非与？'曰：'非也，予一以贯之。'"历代注家都注意到了此章与《论语·里仁》"一以贯之"章之间的关系，以为两个"一以贯之"说的是同样的意思，讲的内容都是"忠恕一贯"。如《论语注疏》注此章曰"用一理以贯通之，以其善有元，事有会，知其元则众善举矣"②，与《论语·里仁》"一以贯之"章的解释基本没有差别，都是说以忠恕之道贯穿、统领万事之理，就能开展各种善事。朱熹注此章时则直接说"说见第四篇，彼以行言，而此以知言"③，两句"一以贯之"说的是一回事，讨论的都是忠恕之道，只不过《论语·里仁》说的是忠恕之行，这里说的是忠恕之知，讨论问题的侧重点不同罢了。

对此，叶适又提出了不同的见解。叶适认为，此章所言的"一以贯之"所指的内容与《论语·里仁》曾子阐述的"忠恕一贯"大不相同，这里的"一以贯之"指的是"一以为学"，他说：

子曰："赐也，汝以予为多学而识之者欤？"子贡曰："然。非与？"曰："非也，予一以贯之。"一以为学，古圣人未之及也，而独见于孔子，曾子徒唯而子贡疑之。④

---

① 叶适：《习学记言序目》，北京：中华书局，1977 年，第 178 页。
②《论语注疏》，李学勤主编《十三经注疏》（标点本），北京：北京大学出版社，1999 年，第 208 页。
③ 朱熹：《四书章句集注》，北京：中华书局，1983 年，第 161 页。
④ 叶适：《习学记言序目》，北京：中华书局，1977 年，第 658 页。

叶适在解释一贯之道的内涵不是忠恕,而是克己复礼的习学工夫的时候,曾提到"一贯之指,因子贡而粗明",因为子贡的发问,孔子才把一贯之道明确为"一以为学",这是古圣前贤没有阐述过的观点,孔子发前人之所未发,子贡也与有荣焉。而孔子的孤明独发恰恰概括了儒家一以贯之的传统,叶适说道:"'"参乎,吾道一以贯之。"'"赐也,汝以予为多学而识之者欤?"曰:"然。非与?"曰:"非也,予一以贯之。"'夫斯文兴丧之异,由于一贯迷悟之殊,或者统纪之学几在是耶?"①儒家的"统纪"就在"多学而识之"的习学工夫之中,许多孔门高第都没能认识到这一点。孔子因人设施,因为子贡曾说"夫子之文章,可得而闻也;夫子之言性与天道,不可得而闻也"(《论语·公冶长》),没有认识到学习文章是达到性与天道的阶梯,"分截文章、性命,自绝于其大者而不敢近",所以孔子才"丁宁告晓,使决知此道未尝离学"②,告诉子贡通过学习、理解文章中的价值意涵,可以把握到性与天道。以习学工夫实现天道,是儒家一以贯之的传统。

叶适认为,曾子把一贯之道理解为忠恕,纯粹是一个误会,这个误会没有得到孔子的纠正,人们还相信了这就是孔子之道的内涵。不仅如此,人们又再次误会了孔子对子贡所阐述的"一以为学"的"一贯之指",以为两个"一以贯之"都是指忠恕,终于导致"一贯之学"隐晦不显,"忠恕之指"谬种流传,而且愈演愈烈,"近世之学,但夸大曾子一贯之说,而子贡所闻者殆置而不言,此又余所不能测也"③。对此,叶适呼吁:"人有不知学,学有不闻道,皆弃材也。"④人要知学,学要闻道,人们应该回到通过"一以为学"体会儒家之道的正确道路上来。

叶适认为儒家"一贯之学"的历史源远流长,可以上溯至《诗》《书》时代。他说:"'学如不及,犹恐失之',傅说'终始典于学',《颂》'学有辑熙于光明',言学之功用大矣,然未有如此其急;如此其急自孔子始也。时习,节也;如不及,节之峻疾者也;非如不及不足以得之也。"⑤

① 叶适:《习学记言序目》,北京:中华书局,1977年,第245—246页。
② 叶适:《习学记言序目》,北京:中华书局,1977年,第178页。
③ 叶适:《习学记言序目》,北京:中华书局,1977年,第179页。
④ 叶适:《叶适集》,北京:中华书局,1961年,第382页。
⑤ 叶适:《习学记言序目》,北京:中华书局,1977年,第189页。

《尚书·说命下》中的"终始典于学"之学、《诗经·周颂·敬之》中的"学有辑熙于光明"之学，《论语·泰伯》中的"学如不及，犹恐失之"之学，思想一脉相承，形成了一个学统，前两部经典讨论了"学"的重要性，孔子则用"一以贯之"的方式把"学"的思想系统化。叶适因此告诫学者，道学"以学致道……有志于古人，当以《诗》《书》为正"①，有志于道的学者必须以经典为依据，认可这个"一以贯之"的学统。

叶适阐述道，虽然一贯之道和一贯之学作为儒家传统一直存在于历史之中，但是由于道统不明，学统隐晦，所以彼此独立，互不相涉。经过孔子对道统和学统的阐述，尤其是把"一以为学"明确为儒家传统之后，结束了两个传统的隔绝状态，两个"一以贯之"结合为一个整体，形成道统和学统二而一、一而二的关系。他说：

> 至孔子，于道及学始皆言"一以贯之"……道者，自古以为微眇难见；学者，自古以为纤细难统。今得其所谓一，贯通上下，应变逢原，故不必其人之可化，不必其治之有立，虽极乱大坏绝灭蠹朽之余，而道固常存，学固常明，不以身没而遂隐也。②

孔子之前，此道"微眇难见"，此学"纤细难统"，经过孔子的阐扬，一贯之道与一贯之学才得以"常存""常明"，并"得其所谓一，贯通上下"，统一成为以学为内涵的整体之道，"此道虽未尝离学，而不在于学，其所以识之者，一以贯之而已"③，学是工夫，道是价值，是有区别的；同时工夫实现价值，价值就在工夫之中，二者又是统一的。道与学以"一以贯之"的方式统一于以习学工夫为内涵的儒家道统之中。

三、学统内涵

叶适代表作《习学记言序目》中的"习学"二字出自《论语》首章"学而时习之"一句。"习学"二字的含义为实践和学习，是儒家工夫论范畴

---

① 叶适：《叶适集》，北京：中华书局，1961年，第554页。
② 叶适：《习学记言序目》，北京：中华书局，1977年，第178页。
③ 叶适：《习学记言序目》，北京：中华书局，1977年，第179页。

的概念，"学之为言效也"，"习，鸟数飞也"①，把学习的内容落实到实践中，并对其产生喜悦、爱好之情，涵泳其中逐步提高修养境界，"既学而又时时习之，则所学者熟，中心喜说，其进自不能已矣"②。

叶适从儒家经典中拈出"习学"二字来命名其著作，是深有用意的，他用这种方式强调儒家道统的内涵就是学习和实践的工夫。"学而时习之，不亦说乎！有朋自远方来，不亦乐乎！人不知而不愠，不亦君子乎！前乎孔子，圣贤之所以自修者无所登载，故莫知其止泊处；若孔子成圣之功，在此三语而已，盖终其身而不息也。"③叶适认为，孔子之前的圣人如何成圣，文献阙如，人们不能妄加揣测，但孔子成圣工夫是很明确的，就是《论语》首章三句话所揭示的习学工夫。因此《论语》首章的意义，不应只做初学入德之门看，这是孔门开宗明义展示儒家精神要义的章节，《论语》通过把"学而时习之"五个字放置在卷首的方式，表明"学之功用大矣"④，儒家道统的内涵就是习学工夫，儒家之道就是习学之道。

叶适的习学工夫有着明确内涵，学是学习"六经"，习是实践礼乐。叶适认为，"六经"都有鲜明的主题。《周易》的中心是乾道，这是工夫的本体依据；《尚书》的着眼点是以物质手段"建极"，实现社会和谐；《诗经》的关键是发挥诗的教化作用，实现人的情性中和，达到社会风俗淳美；"三礼"之学的重点是践行礼乐，借助礼乐制度和典章器物实现治道；《春秋》体现了"理在事中"的哲学观点，抽象之理必须与具体事物相联系。

叶适通过诠释经典主题，确认"六经"既是历代儒家圣人的言传身教记录，又是孔子以"述而不作"的方式保存的上古经典文献，体现了儒家之道的一贯性。"夫尧舜禹汤文武周公孔子之所以一者，非特以身传也；存之于书所以考其德，得之于言所以知其心"⑤，"'述而不作，信而好古'，孔子之道所以载于后世者在此"⑥，"六经"中蕴含的儒家之道，使古圣相传的道统精神得以存续。学习"六经"是考知圣人德行心意，实现道统

① 《朱子全书》第六册，上海：上海古籍出版社，2002年，第67页。
② 《朱子全书》第六册，上海：上海古籍出版社，2002年，第67页。
③ 叶适：《习学记言序目》，北京：中华书局，1977年，第175页。
④ 叶适：《习学记言序目》，北京：中华书局，1977年，第189页。
⑤ 叶适：《习学记言序目》，北京：中华书局，1977年，第188页。
⑥ 叶适：《习学记言序目》，北京：中华书局，1977年，第152页。

精神体认与传承的途径。因此，叶适明确要求通过学习"六经"把握儒家之道，他说：

> 孔氏未尝以辞明道，内之所安则为仁，外之所明则为学，学则《六经》……至于内外不得而异称者，于道其庶几矣。①

以仁的修养境界为内在目标，以学习"六经"为外在途径，内外协同，目标与途径一致，可以实现儒家价值理想。他解释《论语·述而》"若圣与仁，则吾岂敢，抑为之不厌，诲人不倦，则可谓云尔已矣"章说：

> 所谓"为之"者，学而已。自学不厌，又以此诲人不倦，岂固以圣仁之名为在己哉？然而即夫世之所名者，则圣仁不外是矣。②

孔子就是在经典学习中成就圣与仁的修养境界的，这是一条"如火燎暗冥，舟济不通，可谓至切至近，无微妙不可知之秘"③的坦途，是具有普遍意义的工夫方法。学习"六经"、体认儒家精神不能停留在个体价值自觉、人格自我完善的地步，还必须推而广之，使价值自觉走出个体性的局限，把儒家之道落实到"周旋于天下""以道易天下"的外王实践中，表现为"治道"，实现儒家的社会理想。叶适认为，这是儒家经世精神的内在要求，因此，习学工夫还应该包括"克己复礼"的礼乐实践。

永嘉学派有重视礼学的传统，前辈学者郑伯熊就以"经制治法"的礼学成就闻名士林："永嘉郑伯熊、薛季宣皆以学行闻，而郑伯熊于古人经制治法，讨论尤精。"④叶适的老师陈傅良更是礼学名家，认为《周礼》一书蕴含"理财居半之说""售富强之术"，还有"开基立国之道"⑤。他通过礼学研究，抽象出了一个"器便是道"的哲学本体论命题："形而上者谓之道，形而下者谓之器。器便有道，不是两样，须是识礼乐法度皆

---

① 叶适：《习学记言序目》，北京：中华书局，1977年，第654页。
② 叶适：《习学记言序目》，北京：中华书局，1977年，第187页。
③ 叶适：《习学记言序目》，北京：中华书局，1977年，第183页。
④ 脱脱等撰：《宋史·陈傅良传》，北京：中华书局，1985年，第12866页。
⑤ 陈傅良：《陈傅良先生文集》，杭州：浙江大学出版社，1999年，第505页。

是道理。"①器便是道，道也便是器，形上之理与形下世界打成一片，礼乐法度之器与价值抽象之道不是两样，"事事理会"就是把握事中之道。

叶适继承永嘉前辈的观点，同样对"三礼"之学青睐有加，认为"其书章明一代之法典，殆尧舜禹汤所无有；而古今事理之粹精特聚见于此"②。其中记载的法典制度，内容无所不备，详略繁简得当，是尧舜禹汤以来历代典章制度的总汇，概括了古今事物之理，表达了"道与事等"的道理，很有可能就是孔子主张接受的周代制度。因此，其中规定的礼仪制度既是人们初学入道的门户，也是终生遵守的行为准则，礼仪规范中包含了义理规模，是价值依附的对象，维护礼就是保存道。

因为"数所以出义"③，典章度数之中包含了儒家之道的价值内容，所以"数度制而德行可议……议德而后能进德"④。通过研究典礼制度中的价值内容，可以明确人之为人的德行要求，讨论德行要求则可以促进德性提高。叶适希望按照《周礼》要求开展礼仪实践，以外王性质的礼仪实践，促进内圣品格的修养提升。他说："乐兼防而中和兼得，则性正而身安，此古人之微言笃论也。"⑤实践《周官》经中的五礼、六乐、中礼、和乐，可以调和身心、陶冶情操，以实现性情中和，"合性情之正而为言者，闻道也；即性情之安而为言者，近道也"⑥，修养至于性情中和，合于法则，就是闻道、近道，接近于实现儒家内圣目的。

儒家外王理想同样可以通过实践礼乐去实现。叶适发挥其师陈傅良"器便是道"的主张，要求在礼乐实践中，落实儒家经史致用的外王追求。他说："《周官》言道则兼艺……其言'儒以道得民''至德以为道本'，最为要切，而未尝言其所以为道者……今且当以'儒以道得民''至德以为道本'二言为证，庶学者无畔援之患而不失古人之统也。"⑦

《周官》经"言道则兼艺"，价值本体之道存在于技艺性质的礼乐形

---

①黎靖德编：《朱子语类》，北京：中华书局，1986年，第2896页。
②叶适：《习学记言序目》，北京：中华书局，1977年，第83页。
③叶适：《习学记言序目》，北京：中华书局，1977年，第102页。
④叶适：《习学记言序目》，北京：中华书局，1977年，第32页。
⑤叶适：《习学记言序目》，北京：中华书局，1977年，第87—88页。
⑥叶适：《叶适集》，北京：中华书局，1961年，第602页。
⑦叶适：《习学记言序目》，北京：中华书局，1977年，第86页。

式之中，实践礼乐，就是学习儒道；相应地，人有内在的中和之德，也必然遵循儒家之道，表现为符合礼仪规范之行。叶适以为，通过"儒以道得民""至德以为道本"的礼乐实践，可以引导人们按照道的要求进行生活，从而实现天下大治。"经纪天下，精神会聚于此……其得之未尝以智力，其守之未尝不以礼义"①，实践礼乐既可以得天下，也可以守天下。叶适总结道："必欲此身常行于度数折旋之中……必有致于中，有格于外，使人情物理不相逾越，而后其道庶几可存。"②儒家内圣外王之理想，都可以通过实践礼乐得到实现。道统内涵也包含了儒家价值理想。

四、道学就是学道

叶适把"学以致道"，以习学工夫实现儒家价值理想，作为士大夫唯一的人生使命。他说："士在天地间，无他职业，一徇于道，一由于学而已。道有伸有屈，生死之也。学无仕无已，始终之也。集义而行，道之序也；致命而止，学之成也。"③

士大夫生于天地之间就是要以习学的方式求道不已，学而不求道，或求道不由学，都不是学者应有的态度。叶适以孔门弟子为例，说道："余尝考次洙泗之门，不学而任材者，求也；遗学而求道者，参也；学而近于名者，商；学而近于利者，师也。呜呼！余无以命之矣。"④《论语》中孔子曾评价他的几个弟子，说"求也艺""参也鲁""师也过""商也不及"——冉求、曾参、子夏、子张等人都有各自的不足。叶适以为，孔子批评他们的原因是这几个人没有能够把习学工夫与求道目标结合起来，"孔氏之所称，颜回而已"，只有颜回做到"克己复礼为仁"的实践，视听言动都能遵循礼仪，所以得到孔子的赞许。习学工夫也是士大夫唯一能够"得道"的方式。叶适以车行道路做比喻，说道："行者以不得乎道也，故陷于迷；学者以不得乎道也，故趋于谬；是则道者限也，非有不通而非无不通也。道一而已，无正也，无他也，自行而言，车航混混，不舍昼夜，虽

---

① 叶适：《习学记言序目》，北京：中华书局，1977年，第90页。
② 叶适：《习学记言序目》，北京：中华书局，1977年，第95页。
③ 叶适：《叶适集》，北京：中华书局，1961年，第193页。
④ 叶适：《叶适集》，北京：中华书局，1961年，第491页。

不得其道犹至也；自学而言，车航混混，不舍昼夜，苟不得其道皆迷也。"①行车没有正确的道路会迷路，学道没有正确的工夫方法会迷道，只有习学工夫才是学道的正确方式。

由此，叶适对"道学"之名做出了新的解释。淳熙十五年（1188）因为兵部侍郎林栗弹劾朱熹，叶适上《辩兵部郎官朱元晦状》，为朱熹辩护，其中提到时人对"道学"的认识是"见士大夫有稍慕洁修，粗能操守，辄以道学之名归之"②，人们认为道学就是追求品格高尚、行有操守。但是这样不免落人口实，以为道学就是专务虚名的"伪学"。叶适也以"道学自名"，但是他理解的道学是"学以致道"，坚持以习学工夫追求道的人"仁义礼乐，是为道；问辨讲习，是为学；人有不知学，学有不闻道，皆弃材也。古人同天下而为善，故得谓之道学，名之至美者也"③，道学就是学道，以学闻道，通过习学的方式追求道。叶适重新解释了当时已经被污名化了的道学，试图为百余年的道学发展史正名。

至于心性学者念兹在兹的持敬工夫，叶适并不否认其在个体价值自觉的修养工夫中的意义。但是他认为持敬要服从习学根本工夫，先开展"克己复礼为仁"的习学工夫，然后才有可能进行"敬以直内，义以方外"的持敬修养。叶适说道："学有本始，如物始生，无不懋长焉，不可强立也……复礼者，学之始也……敬者，德之成也。学必始于复礼，故治其非者而后能复，礼复而后能敬。"④他解释学习工夫比持敬工夫更具有根本性的原因，说道："未能复礼而遽责以敬，内则不悦于己，外则不悦于人，诚行之则近愚，明行之则近伪；愚与伪杂，则礼散而事益繁，安得谓无！此教之失，非孔氏本旨也。"⑤

没有克己复礼的习学工夫，缺乏对礼乐精神的价值认同，行为举止不能合乎礼仪规范，内不能悦己，外不能悦人，勉强教人开展持敬工夫，要么不明所以近于愚，要么装模作样近于伪，都有失成圣成贤的工夫本旨。先习学而后持敬的工夫逻辑却非常明确，叶适说："非礼则不以视听言动，

---

① 叶适：《习学记言序目》，北京：中华书局，1977年，第659页。
② 叶适：《叶适集》，北京：中华书局，1961年，第19页。
③ 叶适：《叶适集》，北京：中华书局，1961年，第382页。
④ 叶适：《叶适集》，北京：中华书局，1961年，第163页。
⑤ 叶适：《叶适集》，北京：中华书局，1961年，第164页。

而耳目百体瞿瞿然择其不合乎礼者期去之。昼去之，夜去之，旦忘之，夕忘之，诚使非礼之豪发皆尽，则所存虽丘山焉，殆无往而不中礼也，是之谓礼复。礼复而敬立矣，非强之也。"①

在"克己复礼为仁"的长期工夫实践中，逐步去除不合乎礼节的行为，言行举止"无往而不中礼"，自觉遵守礼仪规范，谨慎约束个体行为，"敬"就自然地确立起来了。叶适说的"敬"是以"礼"为对象的"敬礼"工夫，具有外在对象的指向性，而非心性学者所谓"敬所谓一者，无适之谓一"的内在心理状态。

五、习学道统的意义

儒家道统之说其来有自，孔子在《论语·泰伯》末尾赞叹尧、舜、禹三位上古圣人，被认为是儒家道统雏形。孟子根据"五百年必有王者兴"的观点，在《孟子·尽心下》最后一章中，提出了一个从尧、舜至于孔子的人物谱系，并以当今之世舍我其谁的气概，自续这份人物谱。成熟的道统思想，是韩愈在佛教禅宗"法统"和"传灯"思想影响下构建出来的，后来学者提出的道统谱系，基本都以韩愈道统为蓝本发展而来。根据道统论思想，儒家有一个核心的精神价值，也就是道，通过圣贤相续的方式进行传承，传承道统的人物既有尧、舜、禹、汤、文、武、周公等"圣君"，也有孔子、孟子等学者。

宋明学者纷争道统，从形式上看是道统人物谱系之争，实质则是各自理解的儒家精神，也就是道的内涵之争。叶适把孟子排除在道统之外，其实是对宋代新儒学心性化发展方向提出了疑问。心性儒学以心、性等先验道德根据为工夫对象，以格致诚正或存心养心的工夫方式，追求个体完善，具有内向探索的特点，对儒家社会责任有所忽略。叶适通过对儒学发展史的批判性反思，要求严守儒家实践传统，反对儒学的内向化、形而上学化发展，把工夫对象向外拓展，把学习儒家经典、实践礼乐作为工夫对象内涵，形成了以习学工夫实践为特色异彩的儒学新理论。叶适认为儒家之道就是习学之道，内圣外王的价值追求统一于习学工夫之中，成就儒家道德理想

---

① 叶适：《叶适集》，北京：中华书局，1961年，第164页。

的基础不是内在的先验心性本体，而是现实的习学实践活动，从事外王经济事功就是追求内圣理想人格。叶适的道统论紧紧扣住工夫实践这一关键环节来理解儒家之道，体现了他对儒家价值追求的独特理解与细致把握，对儒家哲学的实践性质做了突出的发挥。

儒家习学工夫之道经历了孔子的阐扬、曾子以后的晦暗，再到叶适的重新发现，是一个肯定、否定、否定之否定的辩证发展过程，因此叶适于儒林功莫大焉。他的学生孙之弘认为其师是孔子之后的儒家第一人，"独先生之书能稽合乎孔氏之本统者也"①，依据就是叶适发现并弘扬了这个"学必待习而后成，因所习而记焉"②的习学工夫道统。至于"始于尧，次舜，次禹，次皋陶，次汤，次伊尹，次文王，次周公，次孔子"的儒家历史，则与孔孟道统观支配下建构出来的历史一样，都不是历史中的真实，而是叶适体认的"习学"精神统领下勾画出来的历史，其意义是作为论证"习学"工夫道统合理性的历史材料。

---

① 叶适：《习学记言序目》，北京：中华书局，1977年，第759页。
② 叶适：《习学记言序目》，北京：中华书局，1977年，第759页。

叶适哲学的实践性质

蒋伟胜

叶适作为南宋永嘉学派的集大成者，其学通常被定位为事功学。这一说法最早出自朱熹，他评论以陈亮、叶适为代表的浙学说："近世言浙学者多尚事功。"[①]"浙学却专是功利。"[②]受朱熹影响，后来学者基本都认同这一结论，如清代学者黄宗羲、黄百家等人说："永嘉之学……其为学俱以读书经济为事……遂为世所忌，以为此近于功利。"[③]时至今日，叶适身上依然贴着事功学的标签。然而，在宋明理学的语境中，"事功学"概念是有贬义的，学者把外务于即事求功，关注现实问题，却缺乏儒家价值理想，没有内圣的人生境界追求的学术称为事功学。叶适本人对"趋附事功之说"[④]持否定态度，陈亮也以为"功利之习，君子羞道焉"[⑤]。他们都不会领受事功学或功利学的定位。

叶适与朱熹、陆九渊等人注重心性本体的建构有所不同，他的哲学理论侧重于作圣之工的实践层面，要求人们通过学习儒家经典，从事经济事功，在"习学"实践中实现儒家理想。为此，他以"根柢六经"的方式重新诠释经典，消解心性之学中心、性概念的形而上学地位，把儒家之道引导至工夫实践层面。习学工夫是其学术的大端要旨，也是他理解的儒家精神价值之所在。事功仅仅是习学工夫的外在表现而已。

一

叶适从孔子"谁能出不由户，何莫由斯道也"[⑥]一语体认道之本义，

---

① 朱熹：《朱子全书》，第二十六册，第 814 页。
② 朱熹：《朱子全书》，第十八册，第 3873 页。
③ 黄宗羲：《黄宗羲全集》，杭州：浙江古籍出版社，2005 年，第五册，第 216 页。
④ 叶适：《叶适集》，北京：中华书局，1961 年，第 832 页。
⑤ 陈亮：《陈亮集（增订本）》，石家庄：河北教育出版社，2003 年，第 200 页。
⑥《论语·雍也》。

认为"出必由户，既知户矣；行不由道，未知道也。道者，所当行之路也"①，倾向于从感性具体的角度理解儒家之道的内涵。《说文解字》曰："道，所行道也。……道之引申为道理。"②道的本原意义就是人走的路，引申为生活方式之理。道的双重含义意味着抽象的道理联系着形象的事物，价值意义的道需要借助具体的事物来表现自身。叶适由此发挥道物关系理论说：

> 古诗作者，无不以一物立义，物之所在，道则在焉，物有止，道无止也，非知道者不能该物，非知物者不能至道；道虽广大，理备事足，而终归之于物，不使散流，此圣贤经世之业，非习为文词者所能知也。③

按照叶适的理解，"物之所在，道则在焉"，没有独立存在的纯粹抽象意义的道，道总是与具体的物联系在一起，物是道的前提。"礼乐未尝不兼玉帛、钟鼓。……礼非玉帛所云，而终不可以离玉帛；乐非钟鼓所云，而终不可以舍钟鼓也。"④礼乐价值精神不能脱离玉帛、钟鼓等器物，器物是价值赖以存在的基础。除了玉帛钟鼓、典章器物等可感的物质对象之外，叶适说的"物"也包括"物，犹事也"⑤之物，即道德物。"古人之德，未尝不兼物而言。"⑥讨论道德问题需要联系具体的案例，不能空谈义理，于史有征方能显示其可信性，"义理亦必以史而后不为空言"⑦。探究道德的义理之学要"纯于义理，与事相丽"⑧，在探索事情本末的基础上抽象出义理，而不是在纯粹抽象的层面上谈论事物之理。

在道与物关系中，具体的物是有限的，所谓"物有止"；道是无限的，所谓"道无止"。人们在对待道物关系时，认识有限的物要从无限的道的高度来加以观照，所谓"非知道者不能该物"；把握无限的道要从具体有限的物出发才能实现，所谓"非知物者不能至道"。但无论是对道或是物

---

① 叶适：《习学记言序目》，北京：中华书局，1977年，第182页。
② 许慎撰，段玉裁注：《说文解字注》，上海：上海古籍出版社，1981年，第75页。
③ 叶适：《习学记言序目》，北京：中华书局，1977年，第702页。
④ 叶适：《习学记言序目》，北京：中华书局，1977年，第106页。
⑤ 郑玄疏，孔颖达注：《礼记正义》，北京：北京大学出版社，1999年，第1592页。
⑥ 叶适：《习学记言序目》，北京：中华书局，1977年，第145页。
⑦ 叶适：《习学记言序目》，北京：中华书局，1977年，第205页。
⑧ 叶适：《习学记言序目》，北京：中华书局，1977年，第134页。

的认识，都基于一个前提，道存在于物之中，物是道的根据和基础："道虽广大，理备事足，而终归之于物。"①

叶适论述的道物关系与朱熹的理气关系理论明显异趣。朱熹理气关系的要义是理气不离不杂，但理具有逻辑先在性，理先气后，理比气更具根本性。与朱熹一样，叶适也认为"理本不虚立尔"②，"义理与事相丽"③，抽象的道或理要与形象的物联系在一起，并通过具体的物来表现自己。与朱熹不同的是，叶适认为"物之所在，道则在焉"，物是道的前提，逻辑上物先于道。

叶适强调物相对于道具有逻辑先在性的目的，是要通过突出感性事物的地位，把儒家之道从形而上层面引导向钟鼓玉帛的器物层面，进而强调礼乐的实践属性，把儒家精神价值落实到工夫实践领域。儒家礼乐是以善为价值目标的实践智慧的集中体现，叶适从"道在物中"的道物关系理论出发，非常重视礼乐实践，认为培养个人的仁德修养需要通过礼乐实践把握典章器物、玉帛钟鼓中蕴含的价值内涵。"体孔子之言，要须有用力处。克己复礼，为仁由己，其具体也。"④体会孔子的语言，其思想应该落实在"用力"的实践上，具体表现为克己复礼、为仁由己的实践活动。"克己复礼为仁，举全体以告颜渊也。孔子固未尝以全体示人，非吝之也，未有能受之者也。颜子曷为能受之？得全体而能问其目之故也。全体因目而后明，凡孔子之言仁，凡弟子之问仁，未有的切明白广大周遍如此者。"⑤体现孔子精神追求的仁要通过感性的视、听、言、动等具体礼仪实践方能得到彰显，"全体因目而后明"，实践礼是显明道的方式，仁德修养境界是在礼仪实践中逐步实现的。叶适因此认定，尽管仁体现了孔子的精神境界追求，但不是孔子思想的核心。"《论语》'子罕言利与命与仁'，今考孔子言仁多于他语；岂其设教不在于是，朋至群集有不获闻，故以为罕耶？"⑥《论语》文本中反复出现仁，讨论仁的内容比较多，但"子

① 叶适：《习学记言序目》，北京：中华书局，1977年，第702页。
② 叶适：《习学记言序目》，北京：中华书局，1977年，第155页。
③ 叶适：《习学记言序目》，北京：中华书局，1977年，第134页。
④ 叶适：《习学记言序目》，北京：中华书局，1977年，第178页。
⑤ 叶适：《习学记言序目》，北京：中华书局，1977年，第192页。
⑥ 叶适：《习学记言序目》，北京：中华书局，1977年，第738页。

罕"章又说孔子罕言利、命、仁。叶适认为这个矛盾的产生是由于仁不是孔子设教的着眼点，故人以为罕言。儒家礼仁关系的实质是在践履礼仪的工夫中培育仁德修养，礼仪实践是仁德修养的基础，孔子思想的着重点是在工夫实践层面。

叶适被人判定为驰心外骛、即事求功的事功学者，与他致力于经世致用的外王实践有关。按照他的道物关系理论，儒家价值存在于礼乐器物之中，开展典章制度建设的社会实践，就是实现儒家之道的价值要求。他阐释皇极问题说："故皇极无不有也，而其难在于建；建极非难也，而其难在于识其所以建……夫极非有物，而所以建是极者则有物也。君子必将即其所以建者而言之，自有适无，而后皇极乃可得而论也。"[1]《洪范》九畴的第五畴是皇极，后世学者常以《易经》之"九五"附会之，引发人们对儒家关于"中"的思想的联系。学者一般都把"皇极"解释为"大中"，如孔颖达《尚书正义》说："皇，大。极，中也。凡立事当用大中之道。"[2]陆九渊曰："皇，大也；极，中也。《洪范》九筹，五居其中，故谓之极。是极之大，充塞宇宙。"[3]他们都把皇极理解为普遍公平或绝对正义，是儒家追求的社会价值目标。与前人关于皇极问题的阐释不同，叶适认为理解皇极问题，重点不是"极"的概念，因为"极非有物"，"极"不属于"物"的层面；"所以建是极者则有物也"，体现"极"这一价值要求的政治制度、社会秩序是形象具体的物。求道须先求物，追求公平或正义应该从建设社会政治制度着手。因此，讨论皇极问题的重点是在如何"建极"的实践问题上，在建设政治制度、社会秩序中实现大中和谐之道。这样，叶适不仅把儒家个体层面成圣成贤的人生境界追求引向了作圣工夫的实践领域，也强调了儒家理想的大中皇极社会同样必须在工夫实践中才能实现。

在叶适看来，价值存在于事物之中，通过人的实践活动呈现出来，实践是彰显价值的方式。孔子创立儒学的要义是要在工夫实践中实现个人人格追求和理想社会秩序，由实践礼乐下学上达逐步修养成德，在制度建设中实现社会理想。因此，儒家之道的核心是成就圣功的工夫实践，坚守作

①叶适：《叶适集》，北京：中华书局，1961年，第728页。
②孔安国疏，孔颖达注：《尚书正义》，北京：北京大学出版社，1999年，第299页。
③陆九渊：《陆九渊集》，北京：中华书局，1980年，第283页。

圣工夫是"孔氏之本统"①。不以实践而是用语言的方式阐述儒家之道则乖离了儒家传统，儒家精神不会体现在以语言建构的观念的逻辑体系之中："孔氏未尝以辞明道。"②把儒家之道的价值引导至形而上学领域是思孟后学对圣人精神的误读："子思之流，始以辞明道。辞之所之，道亦之焉，非其辞也，则道不可以明。"③子思、孟子以理论的方式阐述儒家之道，其结果是"言与行不相待""言行先失其统"④，不但没有说清楚儒家道统，还丢失了儒家真精神。到了宋代，儒学为了回应佛老之学的挑战，学者普遍借鉴佛家概念与思维方式，建构儒家宇宙论、本体论的形而上学，儒学在与异端之学的辩论中进一步迷失了价值精神的本义："程张攻斥老、佛至深，然尽用其学而不自知者……未有自坐佛、老病处，而揭其号曰'我固辨佛、老以明圣人之道者'也。"⑤叶适就经学问题"析言性命"，批评心性之学，目的就是以醇儒姿态对儒学概念做正本清源的工作，把儒家之道的实践性质与佛老之学的心性形而上学区别开来，克服"将黜异端而流于异端，是未尝以身体之也"⑥的偏颇，重新彰显儒家重视身体力行的实践传统，将儒家之道落实到工夫领域。

孔子思想的核心是工夫实践，心性儒学却去从事"以辞明道"的形而上学建构，迷失了儒家之道的真精神。叶适总结心性儒学背离儒家实践传统的原因在于，学者受异端牵引把儒学与佛老学的概念混为一谈。他说：

> 浮屠书言识心，非曰识此心；言见性，非曰见此性；其灭非断灭，其觉非觉知；其所谓道，固非吾所有，而吾所谓道，亦非彼所知也。予每患自昔儒者与浮屠辩，不越此四端，不合之以自同，则离之以自异，然不知其所谓而强言之，则其失愈大，其害愈深矣。予欲析言，则其词类浮屠，故略发之而已。⑦

---

①叶适：《习学记言序目》，北京：中华书局，1977年，第759页。
②叶适：《习学记言序目》，北京：中华书局，1977年，第654页。
③叶适：《习学记言序目》，北京：中华书局，1977年，第654页。
④叶适：《习学记言序目》，北京：中华书局，1977年，第106页。
⑤叶适：《习学记言序目》，北京：中华书局，1977年，第751—752页。
⑥陈亮：《陈亮集（增订本）》，石家庄：河北教育出版社，2003年，第207页。
⑦叶适：《习学记言序目》，北京：中华书局，1977年，第741页。

《习学记言序目》由叶适在晚年亲自编定，这段话出现在该书末尾的"总述讲学大旨"中，作者借此自陈心迹，表明为学宗旨。照其自述，其学术活动的目的意在分别浮屠所说之心性与吾儒所说之心性的不同，并引申到浮屠之道与吾儒之道的差异。叶适认为儒学没有必要借鉴佛学，佛学是"世外奇伟广博之论也"①，属于出世的学问，儒学是经世致用的"治道"，着眼于君臣父子、人伦义理。二者从问题意识、工夫路径到价值观念都是不同的。"其所谓道，固非吾所有，而吾所谓道，亦非彼所知也。"②"（佛道）本不能与治道相乱，所以参杂辨争，亦是读者不深考尔。"③心性学者没有把两者区分清楚，赋予心性概念以道德本体的意义，混淆了儒家经典与西方之学的性、命概念。儒家经典中的性"乃言性之正，非止善字所能弘通"④，指人的性情之正；心是"勤心苦力以奉其民"⑤的意志品质，而且"古之圣贤无独指心者"⑥。心与性既不是道德本体，也不是思维器官。"以心为官，出孔子之后，以性为善，自孟子始；然后学者尽废古人入德之条目，而专以心性为宗主，致虚意多，实力少，测知广，凝聚狭。"⑦概念使用上的混乱使得儒家与佛老的论战非但无益于儒学表明自身的学术观点，还受到了二氏之学的误导，把儒家之道的精神价值导向了形而上学领域，忽视了儒家的实践传统。这样既不利于培养个人道德修养，也无助于实现经世致用的社会理想。

二

叶适代表作《习学记言序目》中的"习学"二字出自《论语》首章"学而时习之"一句，这是深有用意的。"习学"二字的含义为实践和学习，是儒家工夫论范畴的概念，"学之为言效也。""习，鸟数飞也。"⑧把

---

① 叶适：《叶适集》，北京：中华书局，1961 年，第 599 页。
② 叶适：《习学记言序目》，北京：中华书局，1977 年，第 741 页。
③ 朱熹：《朱子全书》第二十三册，《答叶正则书》，第 2651 页。
④ 叶适：《习学记言序目》，北京：中华书局，1977 年，第 206 页。
⑤ 叶适：《习学记言序目》，北京：中华书局，1977 年，第 199 页。
⑥ 叶适：《习学记言序目》，北京：中华书局，1977 年，第 652 页。
⑦ 叶适：《习学记言序目》，北京：中华书局，1977 年，第 207 页。
⑧ 朱熹：《朱子全书》第六册，第 67 页。

学习的内容落实到实践中，加强理解并对其产生喜悦、爱好之情，学者涵泳其中逐步提高修养境界，"既学而又时时习之，则所学者熟，中心喜说，其进自不能已矣。"①叶适从儒家经典中拈出"习学"二字来命名其著作，显示出他特别重视工夫理论在儒家学术体系中的地位，并明确工夫就是学习和实践。"学而时习之，不亦说乎！有朋自远方来，不亦乐乎！人不知而不愠，不亦君子乎！前乎孔子，圣贤之所以自修者无所登载，故莫知其止泊处；若孔子成圣之功，在此三语而已，盖终其身而不息也。"②叶适认为，孔子之前的圣人如何成圣，文献阙如，人们不能妄加揣测，但孔子的成圣工夫是很明确的，就是终身坚持学习和实践，这是孔子能够达到圣人地步的原因。因此《论语》首章的意义，不应只做初学入德之门看，"常疑后人只作初学领会"③。这是孔门开宗明义展示儒家精神要义的章节，通过把"学而时习之"五个字放置在卷首的方式，表明"学之功用大矣"④，习学实践在成就学者修养境界过程中有大功用，是儒家学术体系中的关键环节："时习，节也。"⑤儒家的实践精神具体表现为习学工夫，儒家之道就是习学之道，儒家价值就体现在人们的学习和实践活动之中。他说：

> 至孔子，于道及学始皆言"一以贯之"……道者，自古以为微眇难见；学者，自古以为纤细难统。今得其所谓一，贯通上下，应变逢原，故不必其人之可化，不必其治之有立，虽极乱大坏绝灭蠹朽之余，而道固常存，学固常明，不以身没而遂隐也。⑥

《论语·里仁》载："子曰：'参乎！吾道一以贯之。'"《论语·卫灵公》载："子曰：'赐也，女以我为多学而识之者与？'对曰：'然，非与？'曰：'非也，予一以贯之。'"通过《论语》的这两则材料，结合《尚书·说命下》中的"念终始典于学"，《诗经·敬之》中的"学有辑熙于光

---

① 朱熹：《朱子全书》第六册，第67页。
② 叶适：《习学记言序目》，北京：中华书局，1977年，第175页。
③ 叶适：《习学记言序目》，北京：中华书局，1977年，第175页。
④ 叶适：《习学记言序目》，北京：中华书局，1977年，第189页。
⑤ 叶适：《习学记言序目》，北京：中华书局，1977年，第189页。
⑥ 叶适：《习学记言序目》，北京：中华书局，1977年，第178页。

明"和"学如不及，犹恐失之"①等材料，叶适总结出孔子思想中既有一以贯之的道，也有一以贯之的学。孔子之前，此道"微眇难见"，此学"纤细难统"，经过孔子的阐扬，一贯之道与一贯之学才得以"常存""常明"，并"得其所谓一，贯通上下"，统一成为以学为内涵的整体之道。"此道虽未尝离学，而不在于学，其所以识之者，一以贯之而已。"②学是工夫，道是价值，是有区别的；同时工夫体现价值，二者又是统一的。道与学以"一以贯之"的方式统一于以习学工夫为内涵的儒家道统之中。

作为古圣相传的儒家精神传统，道学概念有广狭之分。广义的道学包括所有探索儒家之道的精神价值的学派，狭义道学则指程颐、朱熹一派学者体认天理为道之内涵的理学。叶适"以道学自名"③，属于探究儒家明体达用之学的广义道学家，他辨章学术、考镜源流的目的就在于彰显儒家之道，从早年认同天理的理学新进到晚年自成一家之言的儒门耆宿，"道为何物"的问题意识贯穿了其学术生涯的始终。但是叶适没有将儒家之道做形而上学的理解，而是导向了实践领域，认为儒家精神体现在习学工夫之中。他提出的儒家道统，"道始于尧，次舜，次禹，次皋陶，次汤，次伊尹，次文王，次周公，次孔子……自是而往，争言千载绝学矣"④，就是以工夫实践为道统内涵，"自尧舜禹汤文武周公孔子，所传皆一道，孔子以教其徒……孔子告颜子'一日克己复礼天下归仁焉'"⑤。克己复礼的实践精神贯穿于古圣先贤的道统传承之中，体现着儒家的价值追求。

在韩愈正式提出的儒家道统中，"尧以是传之舜，舜以是传之禹，禹以是传之汤，汤以是传之文、武、周公，文、武、周公传之孔子，孔子传之孟轲，轲之死，不得其传焉"⑥。孟子是其中的殿军人物，后来宋代学者在自续道统时，多以上接孟子的儒家精神担当者自任。而叶适的道统中

---

① 《论语·泰伯》。
② 叶适：《习学记言序目》，北京：中华书局，1977年，第179页。
③ 叶绍翁：《四朝闻见录》，北京：中华书局，1989年，第152页。
④ 叶适：《习学记言序目》，北京：中华书局，1977年，第735—739页。
⑤ 叶适：《习学记言序目》，北京：中华书局，1977年，第188页。
⑥ 韩愈：《韩愈文集汇校笺注》第一册，北京：中华书局，2010年，第4页。

却没有孟子的地位，孔子之后道统就断绝了，"争言千载绝学矣"。这是因为孟子提出性善说，倡言心性之学，开启了儒学形而上学化的端绪，导致儒学的发展背离了实践传统，不再践行习学工夫。因此，孟子不传孔子。"呜呼！道果止于孟子而遂绝耶？其果至是而复传耶？孔子曰'学而时习之'，然则不习而已矣。"①孔子之后道统断绝，就是因为没有传习"学而时习之"的道统精神。学者要接续儒家道统，就应该放弃以言语辞辩说明儒家之道的努力，回归孔子以习学实践为内容的儒家精神上来："学者苟知辞辩之未足以尽道，而能推见孔氏之学以上接圣贤之统，散可复完，薄可复淳矣。"②叶适的学生孙之弘认为乃师是孔子之后的儒家第一人，"独先生之书能稽合乎孔氏之本统者也"③，依据就是叶适坚持并弘扬了这个"学必待习而后成，因所习而记焉"④的道统。

古圣相传的道统精神是习学实践，孔子成圣的经历就体现了习学工夫的意义。叶适推尊孔子，但不认为孔子是天纵之圣，孔子之圣与仁的修养境界是在学习和实践中逐步实现的，他是习学成圣。"'若圣与仁，则吾岂敢，抑为之不厌，诲人不倦，则可谓云而已矣。'按孟子言孔子自谓'圣则吾不能，我学不厌而教不倦也'。此两言正相似，则所谓'为之'者，学而已。自学不厌，又以此诲人不倦，岂固以圣仁之名为在己哉？然而即夫世之所名者，则圣仁不外是矣。"⑤学而不厌的学习精神，诲人不倦的实践品质，是成就孔子圣人境界的关键。不仅如此，习学工夫也是孔子教导他人成德的方式："'默而识之，学而不厌，诲人不倦'，孔子自陈尽力处以告后人，如火燎暗冥，舟济不通，可谓至切至近，无微妙不可知之秘。"⑥"孔子教人以多闻多见而得之，又著于大畜之《象》曰：'多识前言往行，以畜其德。'"⑦孔子不仅自己坚持学不厌、诲不倦，也告诉后人通过习学实践积累知识，涵养德性，实现转识成智。

①叶适：《习学记言序目》，北京：中华书局，1977年，第741页。
②叶适：《习学记言序目》，北京：中华书局，1977年，第654页。
③叶适：《习学记言序目》，北京：中华书局，1977年，第759页。
④叶适：《习学记言序目》，北京：中华书局，1977年，第759页。
⑤叶适：《习学记言序目》，北京：中华书局，1977年，第187页。
⑥叶适：《习学记言序目》，北京：中华书局，1977年，第183页。
⑦叶适：《习学记言序目》，北京：中华书局，1977年，第187页。

对于学习的内容，叶适明确为儒家"六经"："内之所安则为仁，外之所明则为学，学则六经也。"①坚持以仁为内在修养目标，向外努力学习儒家经典，就能实现儒家之道，"志于内外不得异称者，于道其庶几矣。"②叶适把"六经"确定为学习内容的原因是孔子以"述而不作"的方式，保存了《诗经》《春秋》等经典文献，其中蕴含了儒家之道的精神，使古圣相传的儒家道统得以存续："'述而不作，信而好古'，孔子之道所以载于后世者在此。"③"夫尧舜禹汤文武周公孔子之所以一者，非特以身传也；存之于书所以考其德，得之于言所以知其心。"④学习"六经"是考知圣人德行心意，实现道统精神体认与传承的途径。当然，学习"六经"、体认道统不能停留在个体价值自觉、人格自我完善的地步，还必须落实到"周旋于天下"⑤"以道易天下"⑥的外王实践中去，体现儒家的经世精神，这是"圣贤出处之要也"⑦。

"儒家自孔子始，内圣外王为一综体。"⑧心性之学由于在人性中设置了先验的道德本体作为个体道德自觉的内在根据，不仅使格物致知或格物明心的心性学工夫有了明确的对象，还保证了工夫的效验，只要持续开展对心性本体的格致诚正或存养工夫，就一定能实现体认天理或恢复本心，并在道德层面由内而外扩充到政治领域，实现内圣外王的理想人格境界。叶适否定心、性具有先验道德本体的意义，提出习学工夫是道之内涵，他必须说明学习和实践是具有普遍、必然意义的工夫理论，学者通过习学工夫方式一定能够成就内圣，实现"以建德为本，以劳谦为用"⑨的人生理想。为此，叶适提出以人的认识能力"衷"为根据，以"思学兼进""内外交相成"的方式成就内圣理想的哲学理论。

按照叶适的理解，儒家经典中的心性概念只具有经验意义，人受之于

---

① 叶适：《习学记言序目》，北京：中华书局，1977 年，第 654 页。
② 叶适：《习学记言序目》，北京：中华书局，1977 年，第 654 页。
③ 叶适：《习学记言序目》，北京：中华书局，1977 年，第 182 页。
④ 叶适：《习学记言序目》，北京：中华书局，1977 年，第 188 页。
⑤ 叶适：《习学记言序目》，北京：中华书局，1977 年，第 191 页。
⑥ 叶适：《叶适集》，北京：中华书局，1961 年，第 695 页。
⑦ 叶适：《习学记言序目》，北京：中华书局，1977 年，第 192 页。
⑧ 牟宗三：《心体与性体》，上海：上海古籍出版社，1999 年，第 225 页。
⑨ 叶适：《习学记言序目》，北京：中华书局，1977 年，第 752 页。

天的心性、义命等内容都应该在经验的层面上加以解释。他阐述"天命之性"的问题，认为命是自然生命，性是"若有恒性"①，属于人的意志品质，并发挥《汤诰》"惟皇上帝降衷于下民"一句的含意，特别指出"天降之衷"的问题，创造性地提出"衷"是人们开展习学活动实现价值自觉的认识能力。

《书》称"惟皇上帝降衷于下民"，即"天命之谓性"也，然可以言降衷，而不可以言天命。盖万物与人生于天地之间，同谓之命；若降衷则人固独得之矣。降命而人独受则遗物，与物同受命，则物何以不能率而人能率之哉？盖人之所受者衷，而非止于命也。②命是天地之间人与万物所共有的自然生命，把人与万物区别开来的内容，是人独受于天而万物所不具有的"衷"。学者一般把"衷"解释为"善"③或"中"④，是人受之于天的先验道德属性。但是叶适根据其一贯的哲学立场，赋予这个概念以经验的意义，认为"衷"是人所具有的学习、实践、思考的能力，人们凭借这种能力在习学实践和思维活动中认识事物，理解义理，把握儒家当然之道。"盖已受其衷矣，故能得其当然者。"⑤是否获得天降之衷的习学和思维能力正是区别人与物的标志，人既受命又受衷，是既具有生命活力，又具有习学和思维能力的实践主体，在实践活动中把握"天之当然"，也就是儒家义理和道德世界的本然状态。而万物则只受命而不受衷，因而没有认知能力，"若止受于命，不可以知其当然也"⑥。

通过习学活动获得的是经验知识，"智者知之积"⑦，通过"思"的统合作用，感性经验可以上升为德性智慧。"作圣实本于思。其他哲、谋、肃、乂，随时类而应，则思之所通，诚一身之主宰，非他德可并而云也。"⑧叶适的这一阐述是对《尚书·洪范》思想的发挥。《尚书·洪范》曰："五

---

①《尚书·汤诰》。
②叶适：《习学记言序目》，北京：中华书局，1977 年，第 107 页。
③孔安国疏，孔颖达注：《尚书正义》，北京：北京大学出版社，1999 年，第 199 页。
④蔡沈：《书集传》，见《朱子全书外编》第一册，上海：华东师范大学出版社，2010 年，第 91 页。
⑤叶适：《习学记言序目》，北京：中华书局，1977 年，第 107 页。
⑥叶适：《习学记言序目》，北京：中华书局，1977 年，第 107 页。
⑦叶适：《习学记言序目》，北京：中华书局，1977 年，第 28 页。
⑧叶适：《习学记言序目》，北京：中华书局，1977 年，第 186 页。

事。一曰貌，二曰言，三曰视，四曰听，五曰思。貌曰恭，言曰从，视曰明，听曰聪，思曰睿。恭作肃，从作乂，明作哲，从作谋，睿作圣。"①《尚书·洪范》五事要求容貌恭敬，言论正当，观察明白，听闻广远，思考通达。因为容貌恭敬才能严肃，言论正当才能治理，观察明白才能昭晰，听闻广远才能善谋，思考通达才能圣明。根据"物之所在，道则在焉"的道物关系理论，价值存在于事物之中，在习学实践中运用貌、言、视、听的感官能力"随时类而应"感受事物，可以获得关于事物的经验性知识，然后通过"一身之主宰"的思维活动的统筹作用，能从知识之中抽象出价值意义的精神内涵，达到对当然义理的体验式把握。叶适坚定地认为："思学兼进者为圣……孔子教人以求圣者，其门固在是矣。"②"思曰睿，睿作圣，人固能之。"③人有"衷"的思维能力，通过习学工夫，是可以成就圣贤境界的，这是一条具有普遍性、必然性的成圣路径。叶适概括道：

耳目之官不思而为聪明，自外入以成其内也；思曰睿，自内出以成其外也。故聪入作哲，明入作谋，睿出作圣，貌言亦自内出而成于外。古人未有不内外交相成而至于圣贤，故尧舜皆备诸德，而以聪明为首。④

习学活动获得经验"外入以成其内"，人受天降之衷的思维能力"内出以成其外"，二者相互作用，"内外交相成"，形成聪明睿智，则事无不通，修养至于圣贤境界。

三

中国哲学有着鲜明的实践特征，儒家哲学就是一种实践哲学。实践属性也表现于心性之学中，心性学者也普遍重视工夫实践。只是心性之学为了回应佛老之学的挑战，在努力排佛的同时，也积极借鉴佛老之学的宇宙论、本体论思维，以重新诠释《易经》《中庸》《孟子》等经典的方式，

① 孔安国疏，孔颖达注：《尚书正义》，北京：北京大学出版社，1999 年，第 303 页。
② 叶适：《习学记言序目》，北京：中华书局，1977 年，第 186 页。
③ 叶适：《习学记言序目》，北京：中华书局，1977 年，第 736 页。
④ 叶适：《习学记言序目》，北京：中华书局，1977 年，第 207 页。

创新了儒家形而上学作为工夫实践的理论基础、形而上依据，从而使心性之学比传统儒学表现出更加重视形而上学、趋向理论化的特点。同时，以心、性等内在先验道德根据为对象的心性之学工夫具有内向探索式的特点，格致诚正或存心、养心的工夫方式侧重于追求个体完善，对儒家社会责任有所忽略。叶适通过对儒学发展史的批判性反思，要求严守儒家实践传统，反对儒学的形而上学化，并把工夫对象向外拓展，儒家经典、经济事功、社会秩序都纳入工夫对象范畴，形成了以习学工夫实践为核心的儒学新理论。叶适认为儒家之道就是习学之道，内圣外王的价值追求统一于习学工夫之中，成就儒家道德理想的基础不是内在的先验心性本体，而是现实的习学实践活动，从事外王经济事功就是追求内圣理想人格。叶适的习学理论紧紧扣住工夫实践这一关键环节来理解儒家之道，体现了他对儒家价值追求的独特理解与细致把握，对儒家哲学的实践性质做了突出的发挥。在叶适与朱熹、陆九渊的"断断争辩"中，习学能与理学、心学鼎足为三，反映了他坚持实践传统、挺立道德实践主体的观点代表了当时的一种学术思潮。而从今天儒学现代化的要求来说，叶适把儒家之道阐述为习学实践精神，与当下的观念体系相协调，更容易为人们所接受。

豪杰精神与思想范式重建：
从王开祖看永嘉学派一个被忽略的精神面向

刘梁剑*

一、引言：被忽略的永嘉学派，被忽略的精神面向

永嘉（郡）之于中国精神的历史贡献，山水居其一。"山水"二字，对中国人来说无疑有着特别的意味。山水不等于自然风光，后者可以举足而至，进而反过来悦我目、洗我肺、健我身、欣我心、怡我神。然而，我们对风光只是看，可看的风光有看头，而山水需要观，可观的山水可观。山水滋润心灵，提升意境（生存意义境界），构成中国精神传统一个独特的向度。孔子曰："知者乐水，仁者乐山。"（《论语·雍也》）至南朝刘宋时代，山水诗滋兴。山水之滋，首推谢灵运（385—433）。谢公谪守永嘉郡，其文心诗兴与山水形胜相激荡，诗赋歌咏不得不作。这些不朽的诗篇，一方面，令永嘉山水文气钟灵，不断滋养在此休养生息的一方人杰；另一方面，则令永嘉山水不复仅为永嘉所有，而是超越地域限制，汇入文化的洪流，为中国文化开启新的精神向度，滋养中国人的心灵 1600 余载。

然则，永嘉之于中国精神的历史贡献，除山水之外，断断不可忽者，乃两宋思想史上的永嘉事功学派。精研浙学的董平教授述其发展，勾勒了一条由王开祖、周行己、郑伯熊（1124—1181）、薛季宣（1134—1173）、陈傅良（1137—1203）、叶适（水心，1150—1223）等代表人物前后相续而构成的脉络：

两宋永嘉之学实由王开祖初导其源，而由"元丰九先生"，尤其是周行己与许景衡奠其基础；中经郑伯熊之私淑周氏而重振，又经薛季宣之考核经制而改其学风；陈傅良承薛氏经制之学而致其广大，影响被于遐迩，

---

*现任华东师范大学哲学系主任、教授，中国现代思想文化研究所研究员。

世人始以功利之名归于薛、陈，而叶适实总其大成。①

南宋乾道、淳熙年间（1165—1189），宋孝宗励精图治，在加强中央集权的同时，大胆而自信地推行百家争鸣的思想方针，诸儒彬彬辈出。其荦荦大者，除朱熹、陆九渊为代表的理学和心学两派之外，叶适集永嘉之学之大成，"断断其间，遂称鼎足"（全望祖语）②。然则，从后世的流传来看，众人对水心的注目远不及朱陆。笔者虽生于楠溪江畔，复以治中国哲学为业，但对于永嘉之学也是一直没有上心。近两年来，因种种因缘，有幸聆听浙江大学董平教授教诲，结识有志于永嘉学派当代重建的吴龙灿教授，以及种种理论和时势的牵引，得以初览乡贤遗文，抚卷之余，不胜感慨：永嘉之学，理论意涵丰厚，实践意义深远，是一座亟待开发的思想宝库。笔者限于学力，仅就王开祖《儒志编》管窥永嘉之学的豪杰面向。谢灵运为山水诗之祖，王开祖则为永嘉学派之祖。

二、失落的"豪杰"：王开祖《儒志编》两种提要辩证

叶适为永嘉之学的集大成者，推溯其源，则为北宋初年的王开祖（字景山，人称儒志先生，生卒年未详）。南宋绍熙二年（1191），学人陈谦即尊王开祖为"永嘉理学开山祖也"③。如上所引，董平教授也主张"两宋永嘉之学实由王开祖初导其源"。王开祖英年早逝，享寿三十有二。著作多湮没不传，仅有讲学语录辑佚本《儒志编》行世。《四库全书总目提要》云：

> 当时濂洛之说犹未大盛，讲学者各尊所闻。孙复号为名儒，而尊扬雄为模范。司马光三朝耆宿，亦疑孟子而重扬雄。开祖独不涉歧趋，相与讲明孔孟之道。（《四库全书总目提要·儒志编提要》）

文渊阁四库全书本《儒志编》书前提要与此稍异：

---

① 董平：《宋明儒学与浙东学术：董平学术论集》，贵阳：孔学堂书局，2015年，第130页。
② [明]黄宗羲著，[清]黄百家纂辑，[清]全祖望修订：《宋元学案》卷五十四《水心学案》序，载沈善洪主编：《黄宗羲全集》第5册，杭州：浙江古籍出版社，2005年，第106页。
③ [宋]陈谦：《儒志学业传》，载[宋]王开祖：《儒志编》附，文渊阁四库全书本。下引《儒志编》，用文中注，不再注版本信息。

开祖当北宋仁宗时，濂洛之说未兴，讲学者犹家自为说，虽贤如司马光，犹不免有《疑孟》之作，而开祖独毅然奋起，以讲明圣道为事，虽其立说未必有尽归精当，而阐明理道，不惑歧趋，不可谓非豪杰之士也。

两种提要的差异，除了繁简有别之外，更引人注目的，莫过于书前提要中的"豪杰"在《四库全书总目提要》中失落了。从编纂过程来看，各书前面的提要由四库馆臣所撰，它们在编入《四库全书总目提要》时，"又经过较大的修改补充，最后由总纂官纪昀和陆锡熊综合、平衡，并在文字上加以润饰"①。"豪杰"的评价在加工过程中失落，着实发人深思而令人扼腕。②

《儒志编》由明代新安理学家汪循（1452—1519）任永嘉地方官时搜访辑佚而成。③四库本书前提要在文末不忘表彰汪循："循，字进之，休宁人。弘治丙辰进士。所著有《仁峰集》。其笃行好学，亦有足称者云。"实际上，"豪杰"的评价就出自汪循原序：

士有起于邹鲁不传之后，濂洛未倡之先，卓有所知而能自立于世者，其豪杰之士矣乎！……矧能真见天人性命之理，入道胜复之功，措之言语文字之间，平正精实，先得周子《易通》之近似，如永嘉先哲王氏景山者，

---

① 中华书局影印组："出版说明"，参见永瑢等撰：《四库全书总目》，北京：中华书局，1965 年，第 1 页。关于总目提要与书前提要的比较研究，可参见陈晓华《"四库总目学"史研究》（北京：商务印书馆，2008 年）、《〈四库全书〉与十八世纪的中国知识分子》（北京：社会科学文献出版社，2009 年），江庆柏《四库提要文献的比较与研究》[《湖南大学学报》（社会科学版）2016 年第 6 期]，王娟《〈四库全书总目〉与文渊阁〈四库全书〉书前提要比勘研究：以第一历史档案馆编〈纂修四库全书档案〉为基础》（山东大学 2011 年硕士论文）等。学界目前的研究以文献学为主，哲学义理的向度尚有待开展。
② 关于两种提要差异的发现，得益于和学生吴陈浩的讨论。笔者曾在课上论及此差异，研究生丁宇提出数点意见：除了书前提要、总目提要之外，尚有更为原始的四库提要分纂稿；比较分纂稿与总目提要的差异，更能见出四库馆臣之间的思想差异（包括汉宋之争）；从书前提要到总目提要的修改，相当大一部分要考虑编纂体例变化的因素；就《儒志编》而言，总目提要虽无"豪杰"二字而实承认其豪杰精神。
③ 书前提要及总目提要均作"王循"，误。总目提要云："据其原序，乃明王循守永嘉时始为搜访遗佚，编辑成帙。"然原序文末署名则是"新安汪循"。书前提要所述"循"之爵里、著作，亦与汪循合。关于汪循，可参见解光宇、王凡：《论新安理学家汪循》，载姜广辉、吴长庚主编：《朱子学刊》第 18 辑，2009 年，合肥：黄山书社，第 233—241 页。

不谓之豪杰之士，可乎？^①（《儒志编》序）

　　王开祖的同时代人陈襄（1017—1080）曾致函王开祖，写道："某谓今圣天子在位，不当有豪杰之士尚在山野，心常忧焉。近者窃不自揆，思欲擷拾天下遗逸之士，而书其所谓德行道艺者。……如足下者，固某夙夜所欲致诚尽礼、惟恐求而弗得者。"^②陈襄系宋神宗、仁宗朝名臣，他在信函中实际上已经将王开祖视为豪杰之士。

　　"豪杰"二字，对于永嘉之学无疑有着特别的意味。中国传统的儒者无不以成圣为人生第一等事，但对于何为圣人有不同的理解。以程朱为代表的正统理学家追求醇儒之境，而永嘉学派似乎不约而同将豪杰标举为理想人格。如薛季宣《与沈应元书》："须拔萃豪杰，超然远见，道揆法守，浑为一途，蒙养本根，源泉时出，使人心悦诚服，得之观感而化，乃可为耳。"^③王开祖学宗孟子，而薛季宣也用"豪"字为孟子点赞：孟子有功于孔门，"气豪而辞辩"^④。又如郑伯熊、郑伯英"惟以统纪不接为惧"，二人"性行虽不同，然并为豪杰之士"^⑤。叶适也用"儒豪"等词评论永嘉人物。如谓郑伯熊、郑伯英在大道隐遁的艰难时世，"能以古人源流，前辈出处，终始执守，慨然力行，为后生率"，真乃"瑰杰特起者"^⑥；而"自二郑公后，儒豪接踵，而永嘉与为多"^⑦。

　　然则，何谓豪杰？

①周子《易通》即周敦颐代表作《通书》。宋潘兴嗣撰《周敦颐墓志铭》云："尤善谈名理，深于《易》学。作《太极图》《易说》《易通》数十篇，《诗》十卷，今藏于家。"（[宋]周敦颐撰、陈克明点校：《周敦颐集》，北京：中华书局，2009年，第91页）朱熹则认为："潘公所谓《易通》，疑即《通书》。"（[宋]朱熹：《太极通书后序》，可参见[宋]周敦颐撰，陈克明点校：《周敦颐集》，第44页）

②陈襄：《答王景山启》，《古灵集》卷16，文渊阁四库全书本。

③参见[明]黄宗羲著，[清]黄百家纂辑，[清]全祖望修订：第5册，第52页。

④参见[明]黄宗羲著，[清]黄百家纂辑，[清]全祖望修订：第5册，第54页。

⑤[明]黄宗羲著，[清]黄百家纂辑，[清]全祖望修订：《周许诸儒学案》，《宋元学案》卷32，沈善洪主编：《黄宗羲全集》第4册，第429—430页。

⑥[宋]叶适：《归愚翁文集序》，《水心文集》卷12，刘公纯、王孝鱼、李哲夫点校：《叶适集》第3册，北京：中华书局，2010年，第216页。

⑦[宋]叶适：《归愚翁文集序》，《水心文集》卷12，刘公纯、王孝鱼、李哲夫点校：《叶适集》第3册，第217页。

三、豪杰：豪气，逸气，英气，卓识

豪杰之士豪气干云，虽文弱之书生，对于文化使命的传承与担当却是当仁不让。如孔子在匡地遭拘禁，险恶的处境激发孔子道出了斯文在兹的自信与豪气："文王既没，文不在兹乎？天之将丧斯文也，后死者不得与于斯文也；天之未丧斯文也，匡人其如予何！"（《论语·子罕》）孟子深信500年必有王者兴，而当今之世，如欲平治天下，舍我其谁（参见《孟子·公孙丑下》）。王开祖则说："孟轲死，道不得其传，而当今之世，如欲继往圣之绝学，舍我其谁？我岂不自知固陋，然深畏道之不传，不得已也。""由孟子以来，道学不明。我欲述尧舜之道，论文武之治，杜淫邪之路，辟皇极之门，吾畏诸天者也，吾何敢已哉！"（《儒志编》）

如果说，豪杰对道统的领会是一种知，则此种知必是"动力之知"（knowing-to）[8]，必驱使豪杰慨然行之，"惟以统纪不接为惧"。既以道统不接为惧，如碰到与道相合的见解，自然从善如流，开放包容，不问出处。如周行己虽从程颐游而服膺其理学（洛学），但同时对苏轼的蜀学也极为倾倒，"绝不立洛蜀门户之见"（《四库全书总目提要·浮沚集提要》）。另一方面，如碰到与道相违的见解，哪怕它是绝大多数人所持的见解，哪怕它是权威人士所持的见解，哪怕是最亲近之人所持的见解，也是慨然不敢苟同。[9]与王开祖同时而齐名的丁昌期（经行先生）有子三人。"兄弟好古清修，自相师友，各以所得，质于其父，不为苟同。曰：'此理天下所共，不可为家庭有阿私也。'"[10]《四库全书总目提要》评薛季宣，言其持论"不必依傍先儒余绪"（《四库全书总目提要·浪语集提要》）。汪循言王开祖"能不以近代儒宗之所习者为师，超然心领神会于千载之上"（《儒志编原序》），我们也可以倒过来说，王开祖超然心领神会于千载之上，故能不囿习见，不迷信权威，不以近代儒宗之所习者为师。不迷信权威，是

---

[8] 关于动力之知（knowing-to）、能力之知（knowing-how）、命题之知（knowing-that）三者的辨析与讨论，参见黄勇：《论王阳明的良知概念：命题性知识，能力之知，抑或动力之知？》，《学术月刊》2016年第1期。

[9] 赵钊已在硕士论文（董平教授指导）中指出，永嘉学派敢于批判否定、勇于开拓创新，不拘门户之见、博采众家之长。（赵钊：《王开祖〈儒志编〉研究》，浙江大学人文学院2010年硕士论文，第44页）

[10] [明]黄宗羲著，[清]黄百家纂辑，[清]全祖望修订：《士刘诸儒学案》，《宋元学案》卷6，沈善洪主编：《黄宗羲全集》第3册，第317页。

英气，是独立人格在理智上的体现；不囿习见，是逸气，是风流人格在理智上的体现。逸气和英气令豪杰之士的理智德性呈现出别样的气象。①

逸者，溢也。牟宗三释魏晋名士之"逸"，其论甚妙："精神溢出通套，使人忘其在通套中，则为逸。……逸则不固结于成规成矩，故有风。逸则洒脱活泼，故曰流。故总曰风流。风流者，如风之飘，如水之流，不主故常，而以自在适性为主。"②我们不难看到豪杰精神中的风流面向。豪杰挥斥逸气，溢出惯性思维框框和行为模式。王开祖明确主张溢出"庸庸之论""规规之见"："胶柱不能求五音之和，方轮不能致千里之远，拘庸庸之论者，无通变之略，持规规之见者无过人之功。《诗》云：'就其深矣，方之舟之。就其浅矣，泳之游之。'"（《儒志编》）

汪循所讲的"近代儒宗"，《四库全书总目提要》举了孙复、司马光之例："孙复号为名儒，而尊扬雄为模范。司马光三朝耆宿，亦疑孟子而重扬雄。"然则，从经学史上看，司马光疑孟，却参与开创了经学上的变古创新思潮。如皮锡瑞承王应麟说，指出"经学自汉至宋初未尝大变，至庆历始一大变也"。具体言之，"经学自唐以至宋初，已陵夷衰微矣。然笃守古义，无取新奇，各承师传，不凭胸臆，犹汉唐注疏之遗也"；而北宋庆历年间，诸儒群起议经，包括欧阳修排《系辞》③、欧阳修、苏轼、苏辙毁《周礼》，李觏、司马光疑《孟子》，苏轼讥《尚书》，晁说之黜《诗序》，王安石作《三

---

① 20 世纪 50 年代以来，伦理学和知识论不期然都发生了某种"德性转向"（virtue turn）或"德性复归"（virtue return），德性伦理学（virtue ethics）与德性知识论（virtue epistemology）一时成为伦理学与知识论当代发展的新方向。德性知识论的一个核心概念即为理智德性或智德（intellectual virtue），与知识相关的德性。德性知识论的两条不同的进路对理智德性的理解有所不同：可靠主义把它理解为认知能力（cognitive powers，包括准确的感知力等），而责任主义则把它理解为人格特性（character traits，包括认知勇气等）。可参见刘梁剑：《德性民主：在德治之外超越民主》，载方朝晖主编、翟奎凤副主编：《大同》，北京：五洲传播出版社，2017 年；[美]迈克尔·斯洛特：《情感主义德性知识论：超越责任主义与可靠主义》，李妮娜译，《贵阳学院学报》（社会科学版）2017 年第 6 期。
② 牟宗三：《才性与玄理》，《牟宗三先生全集》第 2 册，台北：联经出版事业公司，2003 年，第 78—79 页。
③《儒志编》中亦有一条辨《系辞》是否出于孔子，主张《系辞》为孔子所作，但在流传过程中有后人羼入，读者当善于辨析："或曰：今之所谓《系辞》果非圣人之书乎？曰：其源出于孔子而后相传于《易》师。其来也远，其传也久，其间失坠而增加者，不能无也。故有圣人之言焉，有非圣人之言焉。其曰：'《易》之兴也，其于中古乎？作《易》者，其有忧患乎？'当文王与纣之事邪？商之末世，周之盛德邪？若此者，虽欲日非圣人之言，可乎？其曰：'河出图，洛出书，圣人则之，幽赞神明而生蓍。'若此者，虽欲曰圣人之言，可乎？凡学不通者惑此者也，知此然后知《易》矣。"

经新义》。①皮锡瑞所讲的"不凭胸臆",在经学论域内意味着笃守旧说,其思维上的特点,则是不能独立思考,不能为自己思考。相形之下,司马光的疑孟,已表现出独立思考、凭诸胸臆的特点。而王开祖于此时尊孟,不是在经学上复古,固守汉唐旧注,而是进一步力图在思想上逆潮流而动,在思想范式层面开风气之新,表现出极强的独立思考的能力和理论首创精神。

英气不迷信权威,逸气不囿习见,但它们还需要跟独立思考的能力相配合方能产生卓识睿见。若无独立思考的能力,则逸气、英气难免变异为狂气,发乎言则难免不流为疏阔之论。依《宋元学案》,王开祖能以豪杰之姿而"见道最早",在周敦颐、二程之先阐发天人性命之微。《宋元学案》简择其金句曰:"先生见道最早,所著有《儒志编》,言:'《复》者性之宅,《无妄》者诚之原。'又言:'学者离性而言情,奚情之不恶?'又曰:'使孔子用于当时,则《六经》之道,反不如今之著。'又言:'由孟子以来,道学不明。今将述尧舜之道,论文武之治,杜淫邪之路,开皇极之门,吾畏天者也,岂得已哉!'"②

《宋元学案》表彰王开祖以尊奉孔孟、讲明道学为己任,在实质内容上亦着力凸显王开祖在形而上理论层面努力会通《易经》《中庸》,尝试对后世理学孜孜探讨的天人、性情关系给予精微的说明,得周敦颐《通书》之近似而开理学风气之先。

然《宋元学案》所引过短,实不足以完整准确地反映王开祖的卓识。其性情论,如仅观《宋元学案》所引"学者离性而言情,奚情之不恶",容易产生重性抑情的印象。实则,王开祖的主张是不可贼情、情可动而不可乱:"学者之言曰:性善也,情恶也;莫善于性,莫恶于情。此贼夫情者之言,不知圣人之统也。夫情本于性则正,离于性则邪,学者不求其本,离性而言之,奚情之不恶?……贤者之于情,非不动也,能动而不乱耳。"(《儒志编》)王开祖的观点,近似于程颐《论颜子所好何学论》"性其情"之说:有性则有情,"情既炽而益荡,其性凿矣。是故觉者约其情使合于中,正其心,

---

① [清] 皮锡瑞著,周予同注释:《经学历史》,北京:中华书局,2008 年,第 220—221 页。
② [明] 黄宗羲著,[清] 黄百家纂辑,[清] 全祖望修订:《士刘诸儒学案》,《宋元学案》卷六,沈善洪主编:《黄宗羲全集》第 3 册,第 318 页。

养其性，故曰'性其情'"①。又如"《复》者性之宅，《无妄》者诚之原"二句，王开祖紧接着说："《大畜》者道之归也，《颐》者德之施也。故君子复足以知性，无妄足以立诚，大畜足以有容，颐足以育物。知其复则能知性，知性则能立诚，立其诚则能畜德，畜其德则能发育万物而与天地配矣。《中庸》之言推乎人性赞天地而育万物，其原于此乎！"只取前两句，不啻断章取义，至多反映了王开祖三分之一的思想。王开祖重心性内圣，同时也重事功外王，且心性涵养（成己）还必须展开在事功（成己成物）的过程之中。正是这一点，鲜明地体现了永嘉学派特有的精神取向，同时也构成了永嘉学派豪杰精神的题中应有之义。②再如王开祖论以诚成人："诚者，成也，所以成人也；人而不诚，禽兽奚择焉？……夫诚者也；诚于心，人莫之见也；接于物，亦莫之见也；由人服而物化之，然后见焉。及其至也，充乎天地之大，此其著可知也矣！"（《儒行志》）诚以成人（成就与禽兽有别的本真之"人"），除了涵养心性之外（"诚于心"），还要发用显现为"成人"与"成物"（"人服而物化之"），及其至充乎天地之大，正是"推乎人性赞天地育万物"。

　　然则，正因为强调心性涵养（成己）必须展开在事功（成己成物）过程之中，王开祖所试图推动的新的思想范式似乎有别于宋明时期后来居于主流的理学思想范式。《宋元学案》推许王开祖"见道最早"，汪循、四库馆臣推许王开祖昌明道学，然王开祖所见之道、所昌明之道学似有别于《宋元学案》、汪循或四库馆臣所理解的"道"或"道学"。此中消息，耐人寻味。

---

① [宋] 程颐：《颜子所好何学论》，《文集》卷 8，见 [宋] 程颢、程颐著，王孝鱼点校：《二程集》，北京：中华书局，2004 年，第 577 页。
② 董平教授已指出，王开祖"要求个体不以其自身之道德学问的涵养为满足，而必欲将其内在之德性外向展现于经世事业的开辟之中，乃与后来崛起的永嘉学派是有点本质精神之共性的"（董平：《宋明儒学与浙东学术：董平学术论集》，第 118—119 页）。值得一提的是，叶适述永嘉学统，以周行己、郑伯熊、薛季宣、陈傅良四人为典范："永嘉之学，必克省以御物欲者，周作于前而郑承于后也""永嘉之学，必弥纶以通世变者，薛经其始而陈纬其终也"（[宋] 叶适：《温州新修学记》，刘公纯、王孝鱼、李哲夫点校：《叶适集》，北京：中华书局，2010 年，第 178 页）。叶适通过对四个人物的评价，实际上也指出，永嘉之学存在两个不同的思想面向：其一，正心修身的面向；其二，治国平天下的面向。可以说，叶适的分析既是历史的，又是逻辑的，体现了史与思统一的特点。

四、失落的豪杰孟子绝学，贵民轻君

王开祖毅然以讲明圣道为事，此等豪杰精神本身已是上接孟子浩然正气。然则，王开祖学宗孟子，所宗者何？上引性情说，实发孟子性善论之微。《宋元学案》、汪循及四库馆臣当已见于此。然则，统观《儒志编》，其重心所在，却是抉发孟子贵民轻君、挺立士道尊严的思想。相对于儒家对于君臣大义的正统理解，孟子思想的这一面向无疑带有浓厚的异端色彩。

王开祖谓君子立身，或出或处，皆心系天下万民，并以此作为与君相交的出发点。心系天下万民，这是君臣相交的道义基础。就理想状态而言，"古之所谓君臣者，或相歌颂，或相称德。御下者不敢有其尊，奉上者不获惧其威，道交而心接，朝廷之间至和乐也"（《儒志编》）。臣非君私人所有，这是臣应有的自我理解；有此自我理解，自然不会以奴妾之道事君。孔子高弟子路为卫大夫孔悝之邑宰，卫国内乱，子路怀着"食其食者不避其难"的信念，为救孔悝而遇难。（《史记·仲尼弟子列传第七》）在王开祖看来，子路为孔悝而死，并不算得其正命："或曰：子路在卫结缨而死，正乎？曰：正则吾不知也。卫乱，子路可以无死。死而结缨，惜乎在不正之后也。不正之正，君子不由也。"（《儒志编》）

臣非君私人所有，这也是君应有的理解；有此自我理解，自然不会以奴妾之道待臣。"君不敢有也，故能成其道。"臣应心系天下万民，君也应心系天下万民："或曰：尊为天子，富有四海，不亦乐乎？曰：中有乐乎耳，非乐乎有天下也。乐养天下也。"养天下乃是君的本分："天之立君以养人也，非使之掊天下以养己也。"如君不能爱民，则无君之实，臣民不以君视之可也："有民而不爱，非吾君也。辟如行路之人，为行路之人复仇，是亦必无而已矣。《诗》曰：'无言不仇，无德不报。'夫不施于人而人报之者，未之有也。"无君之实而居君之位，则是小人窃取天位，其内心必然"惴惴焉，惟恐人之一蹶而覆已也"。王开祖甚至说："吾观孟子有旱乾水溢则变置社稷之说，则知神尚有责况于人乎。夫为人而无责，则是无耻也。无耻，斯禽兽夷狄矣。"这里可谓隐含了大逆不道的想法：人如不能尽责，则为无耻之徒；社稷之神如不能尽责，则变置社稷可也；君如不能尽责，造反可也。实际上，王开祖完全认同商汤吊民伐罪、诛杀暴君的必要性和合法性："其君残贼于天下，故不得已而伐之者，汤也。……伐暴吊民得天下，其心若汤可也。"（《儒志编》）

王开祖于臣谏君非、君纳善言之道再三致意焉。他对伯夷的隐居行为做了别致的理解，认为这是为了非武王而救万世之民："伯夷自谋曰：……吾亦何为哉？吾其救万世之民乎？于是非武王而去之。武王犹非，况不至武王乎？其救万世之民也如此。"他讲"孝莫大于格亲之非""罪莫大于逢亲之恶"，我们不难引申出，"忠莫大于格君之非""罪莫大于逢君之恶"。实际上，孟子就说过："长君之恶，其罪小；逢君之恶，其罪大。"（《孟子·告子下》）王开祖对于"舜为天子，尽得天下之善言"心向往之。他称许东汉申屠蟠识时变，不像范滂那样天真妄议招来杀身之祸，其背后却隐含着一丝悲凉，臣不得谏君非、君无意纳善言，如之奈何。[1]

贵民轻君、挺立士道尊严构成了豪杰更为深层的本质内容。自孟子殁，此种思想久不见于中国传统，真绝学也。王开祖能超然心领神会于千载之上，令贵民轻君、挺立士道尊严这一湮没已久的豪杰精神重新显露，真豪杰也。然王开祖所表彰的这一孟子绝学似乎一开始就落在汪循、四库全书馆臣对"豪杰"的理解之外。在此意义上，豪杰的失落，早已发生在从《儒志编》书前提要到总目提要的转变之前。

五、结语

试问豪杰今安在？唐宋两代，中国社会在经济、政治、军事、社会结构等方面经历了巨大的转变。如黄仁宇写道："孔孟之道战胜了诸子百家的理论，从汉代开始，就成为统治全国的指导思想。时代愈是往前发展，统治者对它的依赖程度也愈大。到10世纪以后，也就是唐宋两代，中国经历了一次巨大的变化：经济的重心，由华北旱田地带移至华中和华南的水田地带。随之产生的显著后果，则是内部的复杂性相继增加。官僚阶层过去为豪门大族所垄断，至此改变而为与绅士阶层相表里。军队中的将领逐渐失去了左右政治的力量，文官政治确立为统治帝国的原则。这种多方

---

[1]《后汉书·周黄徐姜申屠列传》记载申屠蟠对于太学清议不容于朝廷的先见之明："先是京师游士汝南范滂等非讦朝政，自公卿以下皆折节下之。太学生争慕其风，以为文学将兴，处士复用。蟠独叹曰：'昔战国之世，处士横议，列国之王，至为拥先驱，卒有坑儒烧书之祸，今之谓矣。'乃绝迹于梁、砀之间，因树为屋，自同佣人。居二年，滂等果罹党锢，或死或刑者数百人，蟠确然免于疑论。"王开祖对此评论说："知进退，识时变，临物而不惑者，其惟申屠蟠乎！太学之兴也，士之盛也，莫不振衣引足愿居其间，吾独指秦以为病焉。及群党坐于徽棘之中，我独优游于外，人皆以妄死，我独保正命以没，可谓独立君子达吉凶之命者也。"（《儒志编》）

的改变，使集权的中央政府不得不创立新的哲学理论，以维系社会上成千上万的优秀分子，即读书的士人。"①与之相应，儒家学者积极建构新的思想范式。在儒学大转变之际，周敦颐、王开祖所开创的理路，似乎代表了重建思想范式的两种不同的努力方向。周敦颐的进路为程朱陆王所光大，成为宋明理学的正统；而王开祖先于周敦颐所开创的进路虽有永嘉后学赞其成，然相对于程朱陆王仍属旁枝歧出。永嘉豪杰精神在事功中展开心性的面向似乎已多多少少失落在历史长河之中。然则，某一思想的意义，只有放在历史延长线上才能获得估定，而随着历史延长线长短之不同，其意义亦将有所不同，有时甚至出现 180 度的大翻转。

居今之世，数百年来高歌猛进的现代文明已经到了某个临界点。展望未来，中国文明在挺立自信之后亟待进一步的觉醒。严中西之辨，忽古今之别，在人类的后经学时代以经学方式弘扬儒学，或为今日儒学发展最大之歧趋。人类整体如欲向死而生，必须在根本处转变思想范式，创造出有别于现代性的新的思想范式。时代召唤着豪杰之士毅然奋起，以其豪气、英气、逸气与卓识回应时代的召唤。

尝试论之。现代文明的转变，有待于意欲方向的根本转变，有赖于观物之法的根本转变。就前者而言，当代文明的曙光，有赖于人们从爱牡丹转向爱莲花。周敦颐《爱莲说》将莲花与富贵花牡丹区分开来，在世人通常追求的富贵之上建立另一种"至富至贵"，以道充为贵，以身安为富。得此富贵，则享孔颜之至乐，"常泰无不足"。如此，意欲的方向自然从"轩冕""金玉"那里离开。如此，当下即是永恒，无须不断地进步到未来，不断地将当下牺牲在未来的黑洞之中。意欲方向的根本转变，必然引发观物之法的根本转变。孔子之乐水离不开他的观水之术。周敦颐庭前草不除，以为"万物之生意最可观"。周敦颐之"观"物与孔老之观水相类，而与现代人习以为常的"看"物大不相类。这里似蕴含着两种分别，不妨以两种不同的"观法"与"看法"之分对应之。其一，狭义上的"观法"，我们将孔、老、周子之观物称为"观法"，而将现代人习以为常的"看"物称为"看法"，从而标识二者的根本差异。这样的观法可以联系"可观""壮观""观止"这样一些在现代汉语中仍

---

① 黄仁宇：《万历十五年》，北京：九州出版社，2015 年，第 217 页。

然沿用的语汇来获得某种理解的线索。观法常常关联着学于物（learn from things），而看法常常关联着研究物（study things），或了解物（learn about things）。其二，广义上的观法。我们把孔、老、周子之观物与现代人之看物之间的差异称为观法上的差异；而把孔、老、周子因观物而产生的差异，或现代人因看物而产生的差异称为看法上的差异。易言之，在同一观法层面（perspective）可以有不同的看法（opinion），从一种观法到另一种观法（如从"以我观之"到"以物观之"到"以道观之"，如从孔、老、周子之观物到现代人之看物），意味着视角的根本转变及主体心灵结构的根本转化。由此出发，我们或许可以重新发现永嘉学派被忽略的豪杰面向的意义。

（原文刊载于《现代哲学》2019 年第 1 期）

试述陈傅良"六经皆史"卓识思想

陈志坚*

"六经皆史"是中国经学史、中国史学史的一大命题。"六经皆史"说，众所周知章学诚最为知名，其《文史通义》开宗明义"六经皆史也"。

有关"六经皆史"的学术渊源，学界主要观点有：

"创见"说，即认为"六经皆史"说系章学诚首创。如柴德赓于 1963 年 5 月 8 日在《光明日报》上发表《试论章学诚的学术思想》，陈光崇于 1979 年第 2 期《辽宁大学学报》（哲学社会科学版）上发表《章学诚的史学》，皆持此说，但并没有对"创见"说予以充分论证。

"道家"说，即认为"六经皆史"的思想肇始于道家庄子。如钱锺书《谈艺录》中目次八六《章实斋与随园》附说二十《六经皆史》，高寿仙于 1997 年第 5 期《北方论丛》上发表《章学诚"六经皆史"说诠释》，同持此说。

"远绍刘、班，近承浙东"说，即认为，章学诚"六经皆史"说远绍刘歆、班固的思想，近承浙东学术。周予同、汤志钧于 1962 年第 1 辑《中华文史论丛》上发表《章学诚"六经皆史说"初探》，田河、赵彦昌于 2004 年第 3 期《社会科学战线》上发表《"六经皆史"源流考论》，均持此说。

"王通"说，即认为"六经皆史"说的思想源于隋代王通。如钟肇鹏于 1962 年第 1 期《学术月刊》上发表的《论"经"与"史"——与周予同、汤志钧先生商榷》，岛田虔次于 1969 年岩波书店出版《讲座哲学》第四卷中的《六经皆史说》，同持此说。

"进一步充实"说，即认为，"六经皆史"说非章学诚首创，但章学诚赋予了充实内容和系统理论。如仓修良于 1981 年第 2 期《史学月刊》

---

*现任温州市叶适与永嘉学派研究会副会长，瑞安市陈傅良纪念馆荣誉馆长。此文为 2023 年北京大学历史学系"博雅史学论坛"参会论文。

上发表的《也谈章学诚"六经皆史"》，认为"'六经皆史'说命题至迟明代中叶已经出现"，他例示王阳明"五经皆史"说和李贽"六经皆史"说。此外，何晓涛在其博士论文《经学与章学诚史学》中也指出"六经皆史"非由章学诚首言，"但章学诚的'六经皆史'说有它丰富而特殊的含义，尤其是其中所包含的对经学研究传统的否定，对六经只是三代以上一段历史之真实写照的论述，更是之前的学者所未提出过的"①。

比上述更早的钱玄同，则于1931年北平文化学社出版、方国瑜标点的《新学伪经考》序文《重论经今古学问题》中称：

> 考"《六经》皆史"之说，始于宋之陈傅良（徐得之《左氏国纪序》），其后明之王守仁（《传习录》），清之袁枚（《史学例议序》），章学诚（《文史通义》），龚自珍（《古史钩沉论二》），及章太炎师（《国故论衡》的《原经》）皆主此说。②

但钱玄同没有引述陈傅良、王阳明、袁枚、章学诚、龚自珍、章太炎等人的"六经皆史"之说。下面正文，本人从历史文献源流考证、思想背景搜说申证、躬行践履史实印证等角度，详细论述陈傅良"六经皆史"卓识思想。

一、先进性：陈傅良是首位全面叙述"六经皆史"的儒家

（一）先考陈傅良"六经皆史"之说

陈傅良在徐得之《左氏国纪序》中说：

> 古者事言各有史。凡朝廷号令与其君臣相告语，为一书，今《书》是已。被之弦歌，谓之乐章，为一书，今《诗》是已。有司藏焉，而官府都鄙邦国习行之，为一书，今《仪礼》，若《周官》之六典是已。自天子至大夫士氏族传序为一书，若所谓《帝系》书是已。而他星、卜、医、祝，皆各

---

① 刘雄伟：《章学诚"六经皆史"研究》，长春：吉林大学出版社，2017年，第3—8页。
② 钱玄同：《重论经今古文学问题》，《钱玄同全集（第四卷）》，北京：人民大学出版社，1999年，第216页。此篇原曾发表于1932年北京大学《国学季刊》第3卷第2号。

为书。至编年，则必叙事如《春秋》，三代而上仅可见者《周谱》，他往往见野史《竹书》《穆天子传》之类。自夫子始以编年作经，其笔削严矣。①

这段话，陈傅良全面表述胪列：古代朝廷各类政事言行，各有记注史书，为《尚书》《诗经》《仪礼》等，如《周官》之六典，为族谱传序之《帝系》，为星、卜、医、祝之类书，编年的如《春秋》，三代仅《周谱》和野史《竹书》《穆天子传》之类。

其中，《帝系》即《汉书·艺文志》所记《世本》中一篇，《大戴礼记》中有录；《星书》为天文之书，《周礼》（《周官》）保章氏掌天星，以志星辰日月之变动，以观天下之迁，辨其吉凶；《卜书》当为《易》，《周礼》大卜掌三易之法：一曰《连山》，二曰《归藏》，三曰《周易》；《祝书》即祝辞之书，《周礼》大祝掌六祝之辞，以事鬼神祇，祈福祥，求永贞；《周谱》应为《周书》，《汉书·艺文志》无《周谱》而有《周书》，《陈傅良先生文集》卷三六《答丁子齐》有"下问《读书谱》，近方脱稿，自画《易》至获麟，圣贤调度，尽在此卷"可证。

陈傅良在上述序文中，清楚表明自孔子以《春秋》编年作经以前，非但六经，各类所记政典人事言行均是史书，"六经皆史"之意，明白无误。

（二）上考先世之说

1. "道家"说

《庄子·天运》：

孔子谓老聃曰："丘治《诗》《书》《礼》《乐》《易》《春秋》六经，自以为久矣，孰知其故矣；以奸者七十二君，论先王之道而明周召之迹，一君无所钩用。甚矣夫！人之难说也，道之难明邪？"

老子曰："幸矣子之不遇治世之君也！夫六经，先王之陈迹也，岂其所以迹哉！今子之所言，犹迹也。夫迹，履之所出，而迹岂履哉！……"②

---

① [宋]陈傅良著，周梦江点校：《陈傅良先生文集》卷四〇，杭州：浙江大学出版社，1999年，第509—510页。
② [清]郭庆藩撰，王孝鱼点校：《庄子集释》，北京：中华书局，2013年，第473—474页。

《庄子·天运》是《庄子》外篇，有学者怀疑外篇为伪，但引为思想史应可用。从所引之言，可见道家认为儒家六经仅为履之迹，非为履。郭象注："所以迹者，真性也。夫任物之真性者，其迹则六经也。""况今之人事，则以自然为履，六经为迹。"道家意指六经为史迹，非为自然之道。《庄子·天道》记，桓公读圣人之书，轮扁讲书乃古人之糟粕，道之精微，徐疾不行，言传不可。如此即使说"六经皆史"肇端于此，其真义已异。

2."刘、班"说

此说依据是，章学诚去世后，他的儿子章华绂在编订《章氏遗书》时说：

著有《文史通义》一书，其中倡言立议，多前人所未发，大抵推原官礼，而有得于向、歆父子之传，故于古今学术渊源，辄能条别而得其宗旨。①

向、歆之书，虽已无存，但它的主要内容，却保存在《汉书·艺文志》中。

考《汉书·艺文志》之《六艺略》有九种，其中六经为《易经》《书经》《诗经》《礼经》《乐记》《春秋经》。《国语》《战国策》《太史公》（《史记》）等附于《春秋》诸传记之下，并结言："古之王者世有史官，君举必书，所以慎言行，昭法式也。左史记言，右史记事，事为《春秋》，言为《尚书》，帝王靡不同之。"②

如此，说"刘、班"有"六经皆史"思想显然不妥，但刘歆奏立《周官》博士学官，推崇《周官》，而章学诚也言"六经皆先王之政典也"。章学诚"六经皆史"学术思想受"刘、班"影响可说。

3."王通"说

王通《文中子中说》卷一《王道》：

子谓薛收曰："昔圣人述史三焉（薛收字伯褒，隋内史道衡之子。昔圣，谓孔子）：其述《书》也，帝王之制备矣，故索焉而皆获（史有记言，求

①周予同著，朱维铮编校：《章学诚"六经皆史说"初探》，《周予同经学史论》，上海：上海人民出版社，2010年，第497页。
②[汉]班固撰，[唐]颜师古注，中华书局编辑部编：《汉书》，《二十四史》（简体字本），北京：中华书局，2000年，第1359页。

言则制度得矣）；其述《诗》也，兴衰之由显，故究焉而皆得（史有明得失，穷政化则《诗》明矣）；其述《春秋》也，邪正之迹明，故考焉而皆当（史有记事，稽邪正则法当矣）。此三者，同出于史而不可杂也，故圣人分焉（载言，载事，明得失，皆史职也。职同体异，故曰分）。"①

王通只是说，孔子述史三种——《书》《诗》《春秋》，三种分别记言、记事、明得失，并没有说《礼》《易》也是史，故说"以'经'为'史'最早的恐怕是文中子（王通）"是以偏概全，是不妥的。

王应麟《困学纪闻》卷八《经说》也有记：

《文中子》言："圣人述史三焉，《书》《诗》《春秋》，三者同出于一。"陆鲁望谓："六籍之中，有经有史。《礼》《诗》《易》为经，《书》《春秋》实史耳。"②

对此，有学者说："他只是认为'六经'中只是部分为史，却可以证明这正是由'经即史'到'六经皆史'发展的轨迹，这是一个逐渐发展的过程。"③

说陆龟蒙言二经是史，便是"经即史"，同样是以偏概全。

4."刘知几"说

刘知几《史通》内篇《六家第一》：

自古帝王编述文籍，《外篇》言之备矣。古往今来，质文递变，诸史之作，不恒厥体。权而为论，其流有六：一曰《尚书》家，二曰《春秋》家，三曰《左传》家，四曰《国语》家，五曰《史记》家，六曰《汉书》家。今略陈其义，列之于后。④

---

① [隋] 王通著，[宋] 阮逸注，秦跃宇点校：《文中子中说》，南京：凤凰出版社，2017 年，第 2 页。
② [宋] 王应麟著，[清] 阎若璩、何焯、全祖望注，栾保群、田松青校点：《困学纪闻》，上海：上海古籍出版社，2015 年，第 288 页。
③ 田河、赵彦昌：《"六经皆史"源流考论》，《社会科学战线》，2004 年第 3 期，第 127 页。
④ [唐] 刘知几撰，白云译注：《史通》，北京：中华书局，2014 年，第 2 页。

有学者又说："唐代修订五经正义，经在社会上地位极为崇高，但是刘知几还是依据事实将《尚书》《春秋》认为是史之源流。虽未明确提出'经即史'，但是从上述论述中管中窥豹，也可以看出刘知几是认为'经即史'的，至少他已经明确认为《尚书》《春秋》为史。"又犯了以偏概全的错误。

5."刘恕"说

田河、赵彦昌在《"六经皆史"源流考论》中又说：

宋人刘恕认为："古有史而无经，《尚书》《春秋》皆史也；《诗》《易》者，先王所传之言；《礼》者，先王所立之法，皆史也。"可以看出亦有"六经皆史"之意味，惜未明确提出，也未做具体论述，但可以看出他已将"六经"皆视为史了。①

考《四部丛刊》，史部《资治通鉴外纪》刘恕（字道原）引言，其相关之语为：

案历代国史，其流出于《春秋》，刘歆叙《七略》，王俭撰《七志》，《史记》以下皆附《春秋》，荀勖分四部，《史记》旧事入丙部，阮孝绪《七录》记传录纪史传，由是经与史分。夫今之所以知古，后之所以知今，因善恶以明褒贬，察政治以见兴衰，春秋之法也。②

刘恕引言无田河、赵彦昌所引之言，回考田河、赵彦昌《"六经皆史"源流考论》，见列举第三清人袁枚说，袁枚也是引刘恕之言。再考清人袁枚《随园随笔》卷二十四《古有史无经》：

刘道原曰："历代史出于《春秋》，刘歆《七略》，王俭《七志》，皆以《史》《汉》附《春秋》而已，阮孝绪《七录》才将经史分类。"不知古有史无经，《尚书》《春秋》皆史也；《诗》《易》者，先王所传之言；

---

① 田河、赵彦昌：《"六经皆史"源流考论》，《社会科学战线》，2004 年第 3 期，第 127 页。
② [宋] 刘恕撰：《资治通鉴外纪》引，《四部丛刊初编》，上海商务印书馆，民国二十五年影印本。

《礼》者，先王所立之法，皆史也。①

于是明确，田河、赵彦昌所引刘恕之言，引错了，那是袁枚的话，是袁枚评论之言。钱锺书《谈艺录》"'六经皆史'之说，刘道原《通鉴外纪序》实未了了"也可佐证。

（三）旁考"叶适"说

许道勋、徐洪兴《中国经学史》中认为叶适是"'六经皆史'说的先驱"。他们引《水心别集》卷六《进卷·史记》之言：

《书》起唐虞，《诗》止于周，《春秋》著于衰周之后，史体杂出而其义各有属，尧舜以来，变故悉矣。②

尹燕《陈黻宸学术思想研究》第三章中《"六经皆史"论的泛化》同持此说。上述引文只提《书》《诗》《春秋》三种，似乎依据不足。

蔡克骄、夏诗荷《浙东史学研究》第二章中《叶适的史学思想》也认为："'六经皆史'的思想早在叶适的著作中就已初露端绪。"不过他们又从他文分别加引《易》《礼》，说叶适认为："《易》者，易也。夫物之推移，世之迁革，流行变化，不常其所，此天地之至数也。"讲的是历史变化的规律。叶适谓《周礼》是"六卿之书"，"其于建国、设宫、井田、兵法、兴利、防患、器械、工巧之术咸在，凡成、康之盛，所以能补上世之未备而后世之为不可复者，其先后可见，其本末可言也"，则是各种制度的史料了。③

结合三条引文，可说叶适有"六经皆史"思想之端绪，但表述分散于不同文章，且有显有晦，不如陈傅良表述全面集中，详细明显。

（四）下考元明之说

1. "郝经"说

元人郝经《陵川集》卷十九之《经史论》：

---

① [清] 袁枚撰：《随园随笔》卷二四，《续修四库全书》一千一百四十八·子部·杂家类，上海：上海古籍出版社，2002 年据华东师范大学藏清嘉庆十三年刻本影印，第 361 页。
② 许道勋、徐洪兴：《中国经学史》，上海：上海人民出版社，2006 年，第 222 页。
③ 蔡克骄、夏诗荷：《浙东史学研究》，北京：知识产权出版社，2009 年，第 88 页。

古无经史之分。孔子定六经，而经之名始立，未始有史之分也。六经自有史耳，故《易》即史之理也；《书》史之辞也；《诗》史之政也；《春秋》史之断也；《礼》《乐》经纬于其间矣，何有于异哉！至于马迁父子为《史记》，而经史始分矣。其后遂有经学、有史学，学者始二矣。①

虽然郝经只提"六经自有史耳"，但他全部分表《易》为史之理，《书》为史之辞，《诗》为史之政，《春秋》为史之断，《礼》《乐》经纬其间无异。如此，"六经皆史"之意全面明确表述。

2."潘府"说

明人潘府明确提出"五经皆史"命题：

五经皆史也，《易》之史奥，《书》之史实，《诗》之史婉，《礼》之史详，《春秋》之史严，其义则一而已矣。②

儒家六经为《诗》《书》《礼》《乐》《易》《春秋》，因《汉书·艺文志》只有《乐记》，没有《乐经》，而现存《礼记》中又有《乐记》篇章，故"五经皆史"近似"六经皆史"意思。

3."王阳明"说

王阳明《传习录》首为《徐爱录》，中有徐爱问经史之别：

爱曰："先儒论《六经》，以《春秋》为史，史专记事，恐与《五经》事体终或稍异。"

先生曰："以事言谓之史，以道言谓之经。事即道，道即事。《春秋》亦经，《五经》亦史。《易》是包牺氏之史，《书》是尧、舜以下史，《礼》《乐》是三代史。其事同，其道同，安有所谓异？"

---

① [元]郝经：《陵川集》卷十九，《文渊阁四库全书本》第1192册（影印），上海：上海古籍出版社，1987年，第208—209页。

② [明]潘府：《南山素言》，《郁离子（及其他五种）》，《丛书集成初编》，北京：中华书局，1991年，第20页。

又曰："《五经》亦只是史。史以明善恶、示训戒。善可为训者，特存其迹以示法。恶可为戒者，存其戒而削其事以杜奸。"

此中五经是《春秋》《易》《书》《礼》《乐》，没有《诗》。为何王阳明不提《诗》？继下之问答可解：

爱又问："恶可为戒，存其戒而削其事以杜奸。何独于《诗》而不删郑、卫？先儒谓'恶者可以惩创人之逸志'，然否？"
先生曰："《诗》非孔门之旧本矣。孔子云：'放郑声，郑声淫。'又曰：'恶郑声之乱雅乐也。''郑卫之音，亡国之音也。'此是孔门家法。孔子所定三百篇，皆所谓雅乐，皆可奏之郊庙，奏之乡党，皆所以宣畅和平，涵泳德性，移风易俗，安得有此？是长淫导奸矣。此必秦火之后，世儒附会，以足三百篇之数。盖淫佚之词，世俗多所喜传，如今闾巷皆然。'恶者可以惩创人之逸志'，是求其说而不得，从而为之辞。"①

王阳明说"《五经》亦史"，是因为他认为现存《诗》有《郑风》，不符合孔子"放郑声，郑声淫"之意，是秦火后，世儒附会之编，以足三百篇之数，故其不承认现《诗》为经，只说"《五经》亦史"。

4."李贽"说
李贽《焚书》卷五之《经史相为表里》明确提出"六经皆史"命题：

经、史一物也。史而不经，则为秽史矣，何以垂戒鉴乎？经而不史，则为说白话矣，何以彰事实乎？故《春秋》一经，一时之史也。《诗经》《书经》，二帝三王以来之史也。而《易经》则又示人以经之所自出，史之所从来，为道屡迁，变易匪常，不可以一定执也。故谓《六经》皆史可也。②

李贽虽明言"六经皆史"，认为经史相为表里，但只表述《春秋》《诗经》《书经》《易经》，不见《礼经》《乐经》。

---

① [明]王阳明：《传习录》，《王阳明全集》，长春：吉林文史出版社，2017年，第20—21页。
② [明]李贽：《焚书 续焚书》，北京：中华书局，2009年，第214页。

综观上述以陈傅良为中心，"六经皆史"源流文献之考证，可得结论：道家先哲以旁观者视角，原先认为"夫六经，先王之陈迹也"；陈傅良则是首位儒家内部自身有"六经皆史"思想，并予以全面表述的学者；其后元代郝经提"六经自有史耳"，并全面明确表述"六经皆史"思想；明代潘府清楚说明，首提"五经皆史"；王阳明哲理论述经史之说，提"《五经》亦史"；李贽认为经史相为表里，首提"六经皆史"命题，但表述简单不充分，待章学诚《文史通义》系统论述。

二、哲学性：经从史出 "器便有道" 经史并衡

（一）历史观：经从史出

前面举证，陈傅良为徐得之《左氏国纪》序文中叙述，先有史，后有经，再有传，续有纪，孔子以史述经，左氏依经作传，荀悦、袁宏以两汉皇帝为纲、编年为纪（《两汉纪》），徐得之以左氏作国纪，有功于左氏。同时表露，经从史出，"六经皆史"思想。

经史关系是一个历史过程。先有史（官），后有子（私），再有经（家），汉武帝独尊儒术后，经为儒家六经尊称，诸史附经，诸家称子，其后史书渐多而独立，于是分经史子集。

从经学史、史学史考察，实迹史比经早。《吕氏春秋·先识览》记："夏桀迷惑，暴乱愈甚。太史令终古乃出奔如商。""殷内史向挚见纣之愈乱迷惑也，于是载其图法，出亡之周。"[1]此记所见，早在夏、殷，皆已有史。当然文献只是一面之词，考实证，殷墟甲骨文有"卿史"字[2]，而"巠''经'，始见于周代铜器。盂鼎、克鼎、毛公鼎、克钟都有'巠'字"[3]。自从孔子述六艺，儒家有六经，先秦诸子百家争鸣，《管子》有《经言》，《墨子》有《经》《经说》，道家有《黄帝四经》，医家有《黄帝内经》，《韩非子》有《八经》，地理有《山海经》，等等。战国时期设学官博士，秦始皇时

---

① 张双棣、张万彬、殷国光、陈涛注译：《吕氏春秋译注》（修订本），北京：北京大学出版社，2011年，第420页。
② 王国维著，黄爱梅点校：《释史》，《王国维手定观堂集林》，杭州：浙江教育出版社，2014年，第143页。
③ 周予同著，朱维铮编校：《"经"、"经学"、经学史》，《周予同经学史论》，上海：上海人民出版社，2010年，第451页。

有博士 70 人，"殆诸子、诗赋、术数、方伎皆立博士，非徒六艺而已"。汉初因秦制，"孝文帝始置一经博士"，"武帝始罢黜百家，专立五经，而博士之员大减"①。此后中国 2000 年，儒家经典思想占正统地位，是中国传统文化主脉，科举进士儒家经学为重，至清末终止科举，儒家经典走下神坛，其后官方进学考试，经学不再，史学仍然，经学分为文史哲。

早在南宋，陈傅良便以历史眼光看待经史，既追本溯源，又明辨当下，更预见未来。他在晚年止斋撰既经既史的《春秋后传》说：

> 然则《春秋》固不可以无史欤？岂惟《春秋》，孔氏之述《六经》也，则以万世之史笔削之焉尔。于《书》录《康诰》不录《唐诰》，于《诗》录《鹊巢》《驺虞》不录《狸首》，其甚彰彰者也。史行于天下，《六经》修于圣人，万世之后，史与经并衡焉。有以考吾之所去取者矣，是孔子之意也。②

陈傅良认为不止《春秋》，连《尚书》《诗经》等六经，孔子皆以史笔修之，从此益显其"经从史出""六经皆史"观念。他又说自己《春秋后传》所去取，正是孔子之意，并预见万世以后，史与经并衡。

（二）道器观："器便有道"

陈傅良的道器观，渊源于其师薛季宣，薛季宣在《答陈亮书》中说：

> 上形下形曰道曰器，道无形坿，舍器将安适哉！且道非器可名，然不远物，则常存乎形器之内。昧者离器于道，以为非道遗之，非但不能知器，亦不知道矣。③

薛季宣的道器观是"道器合一"。那陈傅良呢？其门生曹叔远与朱熹的对话有录：

---

① 王国维著，黄爱梅点校：《汉魏博士考》，《王国维手定观堂集林》，杭州：浙江教育出版社，2014 年，第 87—89 页。
② [宋] 陈傅良撰：《春秋后传》卷十，《文渊阁四库全书》第 151 册（影印），上海：上海古籍出版社，1987 年，第 697 页。
③ [宋] 薛季宣撰，张良权点校：《薛季宣集》，上海：上海社会科学院出版社，2003 年，第 298 页。

问器远所学来历。曰："自年二十从陈先生。其教人读书，但令事事理会，如读《周礼》，便理会三百六十官如何安顿；读《书》，便理会二帝三王所以区处天下之事；读《春秋》，便理会所以待伯者予夺之义。至论身己上工夫，说道：'"形而上者谓之道，形而下者谓之器。"器便有道，不是两样，须是识礼乐法度皆是道理。'"①

可见陈傅良的道器观是"器便有道，不是两样""（六经皆器），礼乐法度皆是道理"同是"道器合一"。另陈傅良诗句可佐证：

秦人弊申韩，亡梁以崇佛。
六经独何罪，莽亦窃大物。
堪嗟二百年，吾道功第一。
熙丰余论在，河洛诸贤没。②

六经大物，可说即"六经皆器"。
下观章学诚论述"六经皆史"的文献之理是："六艺非孔氏之书，乃《周官》之旧典也。"③哲学原理是："《易》曰：'形而上者谓之道，形而下者谓之器。'道不离器，犹影不离形。后世服夫子之教者自六经，以谓六经载道之书，而不知六经皆器也。""故夫子述而不作，而表章六艺，以存周公旧典也，不敢舍器而言道也。"④

结合陈傅良为徐得之撰《左氏国纪》序文，比较陈傅良与章学诚的六经道器之说：一言"《周官》之六典"，一说"《周官》之旧典"；一言"六经大物"，一说"六经皆器"；一言"器便有道，不是两样"，一说"道不离器，犹影不离形"何其同然。

再观陈傅良、章学诚与王阳明，他们六经道器之说，则是有似有异，

---

① [宋] 黎靖德编，王星贤点校：《朱子语类》卷一二〇，北京：中华书局，2020 年，第 3121 页。
② [宋] 陈傅良著，郁震宏校注：《陈傅良诗集校注》，杭州：浙江古籍出版社，2010 年，第 33 页。
③ [清] 章学诚著，王重民通解：《校雠通义通解》，上海：上海古籍出版社，2009 年，第 2 页。
④ [清] 章学诚著，钱茂伟、童杰、陈鑫注译：《文史通义》，郑州：中州古籍出版社，2012 年，第 83、86 页。

似的是"器便有道,不是两样""道不离器,犹影不离形"与"事即道,道即事",异的是王阳明本体是心,事是心上之事,道(理)是心上之道(理)。"心即理也,天下又有心外之事、心外之理乎?"①

（三）价值观:经史并衡

陈傅良所处时代,经学变古,道学兴盛,道德性命,解经义理;经学扩展,《孟子》升格,十三经形成。

乾道、淳熙年间（1165—1189）,朱熹的理学派,张栻的湖湘学派,吕祖谦、陈亮的金华学派,陆九渊的心学派,薛季宣、陈傅良、叶适的永嘉学派等,游学会讲,学术交汇,大家蔚起。

其中朱熹年纪最大,进士最早,教学最长,声望尤高。他推崇《论语》《孟子》《大学》《中庸》"四书",讲究格物致知,正身诚意,喜论己身上工夫,也好明辨人家之异,经史价值明表无遗。

《朱子语类》卷一百二十二《吕伯恭》:

问东莱之学。曰:"伯恭于史分外子细,于经却不甚理会。……"(义刚)
浙间学者推尊《史记》,以为先黄老,后《六经》,此自是太史谈之学。……(必大)②

《朱子语类》卷十一《学五》:

看经书与看史书不同:史是皮外物事,没紧要,可以札记问人。……(僩)
先看《语》《孟》《中庸》,更看一经,却看史,方易看。……(节)
今人只为不曾读书,只是读得粗书。……若未读彻《语》《孟》《中庸》《大学》便去看史,胸中无一个权衡,多为所惑。又有一般人都不曾读书,便言我已悟得道理,如此便是恻隐之心,如此便是羞恶之心,如此便是非之心,浑是一个私意,如近时祧庙可见。(杞)③

---

① [明]王阳明:《传习录》,《王阳明全集》,长春:吉林文史出版社,2017年,第4页。
② [宋]黎靖德编,王星贤点校:《朱子语类》卷一二二,北京:中华书局,2020年,第3182、3188页。
③ [宋]黎靖德编,王星贤点校:《朱子语类》卷一一,中华书局,2020年,第203页、第209页。

上引朱熹所言，清楚表明他的经史观：为本末、先后、体用、精粗关系，尤重四书兼经。

考上引杞录尾言："如近时祧庙可见。"应是针对陈傅良而言。因为《朱子语录姓氏》中"杞"字只有"李杞字良仲，平江人。甲寅所闻"。甲寅是绍熙五年（1194），其年八月，朱熹除焕章阁待制兼侍讲，闰十月上祧庙议。而陈傅良当时是中书舍人兼侍讲，也有上《僖祖太祖庙议》。祧庙起因光宗时，孝宗将祔庙，"祧祖之议，始于礼官许及之、曾三复，永嘉诸公合为一辞，先生独建不可祧之议，陈君举力以为不可。赵揆颇右之"。不久，"陈傅良等人的意见被采纳，赵汝愚祧去僖祖、宣祖，在太庙旁另建了四祖庙"①。

从朱熹批评来看，似乎陈傅良等浙间学者，先史后经，重史轻经。实则不是，薛季宣《答君举书一》开言便是："《通鉴》《礼图》皆二册，纳上。史书制度自当详考，不宜造次读过。《中庸》《大学》《系传》《论语》，却须反复成诵，勿以心凑焉。"②陈傅良《与沈叔晦》也曾言：

六经之教与天地并，区区特从管窥见得就业一节，足了一生受用。③

陈傅良夫人临终时，"夫抚之曰：'得无记畴昔所得于《论语》《孟子》乎？'颔之再三而瞑"④。足证上面陈傅良《与沈叔晦》之言。当然他反对空言心性，《题张之望文卷后》说：

温公尝言，洛中士大夫渊薮，谈空说性多矣，惟史事无所启口，盖有讥云。⑤

---

① 陈安金、王宇著：《永嘉学派与温州区域文化崛起研究》，北京：人民出版社，2008年，第211页。
② [宋]薛季宣撰，张良权点校：《薛季宣集》，上海：上海社会科学院出版社，2003年，第313页。
③ [宋]陈傅良著，周梦江点校：《陈傅良先生文集》卷三八，杭州：浙江大学出版社，1999年，第478页。
④ [宋]叶适著；刘公纯、王孝鱼、李哲夫点校：《水心文集》卷十四，《叶适集》，中华书局，2010年，第264页。
⑤ [宋]陈傅良著，周梦江点校：《陈傅良先生文集》卷四一，杭州：浙江大学出版社，1999年，第522页。

陈傅良在《答贾端老五》第四书中又说：

> 《春秋》固是圣人经世之用，要其讬史见义，以五霸为据案。而《左氏》合诸国之史，发明经所不书，以表见其所书。①

陈傅良作为南宋浙东学派重要代表，"以经为史，以史治经"②，经史并衡，经世致用，此经史观也应是对朱熹批评之回应。在理学的大背景下，陈傅良与浙东学派的经史观有特殊价值和意义。

三、实践性：重视修史　名著青史　经史互治
（一）史官：奏议制度　重视修史

绍熙三年（1192）至绍熙五年（1194）间，陈傅良历任兼实录院检讨官、起居舍人、起居郎、秘阁修撰、兼实录院同修撰等史官、史职，同时他还历任吏部郎中、秘书省少监、兼皇子嘉王府赞读、兼权中书舍人、中书舍人、兼直学士院等官职。

由于升迁频繁、兼职多官，陈傅良与其时史官一样，难有史事成效。他认为："史事至重，不宜以他官兼领。"于是三次上札子，奏议改置史院专职史官制度。

《论史官札子》中，他说：

> 今史院检讨，皆是兼局，更出迭入，有同传舍。至修撰亦以从臣兼之，往往多近上眷渥之人，率不淹久，去掌机政。……则一朝巨典，无由就绪，事大体重，岂容空过岁月。

他又举例："李焘、洪迈以待制相继修史，不领他事，而后《四朝国史》方及成书。"他又担心："两制臣僚，位望已贵，若委以史事，见谓冷局，

---

① [宋]陈傅良著，周梦江点校：《陈傅良先生文集》卷三五，杭州：浙江大学出版社，1999年，第456页。
② 许道勋、徐洪兴：《中国经学史》，上海：上海人民出版社，2006年，第218页。

不过一二年间，朝廷须更迁除，虽曰专官，未必久任。"他建议改兼职、贴职为专职史官：

今职名中有秘阁修撰、右文殿修撰，并旧有史馆校勘等，正是三馆修书官名目，自郎察卿监补外之人，皆得除授。若将此二三职名，置为史官，以二年为任，自史馆校勘之类供职，稍迁秘阁修撰，又稍迁右文殿修撰，在院少亦已五七年，俟有劳绩，虽就迁次对，如李焘、洪迈兼领可也。①

《辞免实录院同修撰第二状》中，陈傅良认为"当今良史之才，莫如朱熹、叶适"，他建议："复用此二人者，使之专领，将天下皆以为得人。"②

（二）史家：著作等身 名著青史

陈傅良青年塾师，名闻遐迩，中年及第，历官三朝，三起三落，落职期间，授徒讲学，一生兢业，笔耕不辍，早先时文，其后经史，计著作 20 多部。其中经学、史学著作分列如下。

经学：《毛氏诗解诂》20 卷（已佚）、《周礼说》3 卷（已佚，序文入《止斋文集》，另真德秀《西山读书记》录正文 12 篇中《格君心》4 篇）、《周礼讲义》（已佚，王与之《周礼订义》录有 130 多条）、《春秋后传》15 卷（《四库全书》有录，十二卷本）、《左氏章指》30 卷（已佚）、《六经论》（6 篇，《全宋文》称《五经论》，录自《四库全书》《十先生奥论》后集卷四，又见《古文集成》卷六）等。

史学：《读书谱》2 卷（已佚）、《西汉史钞》（已佚，《宋史·艺文志》载目）、《建隆编》1 卷（《嘉邸进读艺祖通鉴节略》，北京师范大学、日本东京大学有藏）、《历代兵制》8 卷（《四库全书》史部政书类二）、《皇朝大事记》（已佚）、《皇朝百官公卿拜罢谱》（已佚）、《皇朝财赋兵防秩官志稿》（已佚）、《三山财计本末》（已佚）、《淳熙三山志》（参编，《四库全书》录），另有《七圣论》（从尧舜至周公）、《秦论》、《除挟书

---

① [宋] 陈傅良著，周梦江点校：《陈傅良先生文集》卷二二 ，杭州：浙江大学出版社，1999年，第 308—309 页。
② [宋] 陈傅良著，周梦江点校：《陈傅良先生文集》卷二七，杭州：浙江大学出版社，1999年，第 364 页。

律论》和楚汉人物史论短文、专题政论之文等(《全宋文》第二六八册录）。①

史学著作中《历代兵制》"独秀兵坛"。"我国古代的军事著作数以千计，门类赅备，而关于通代史论性的军制存世之作却只有南宋学者陈傅良的《历代兵制》，除此之外，别无与之相匹的私人专著。"②它是我国古代唯一的一部通史性兵制著作，在我国史学史、兵学史上占有专席。

（三）史学：经史互治　讲学相长

陈傅良经史之学，经史互治，经史经制，经世致用。这是永嘉学派，也是浙东学派特色。

《二十四史》中《兵志》由《新唐书》始创。陈傅良《历代兵制》先秦部分，只能以经为史，经史结合，从《周礼》《诗经》《春秋》《左传》《易经》等经书、《司马法》《吴子兵法》等兵法、《史记》《国语》《吴越春秋》《史记索隐》《地理志》等史文考索而来。③

此为以经治史，又为以史治经。陈傅良解《周礼》，时从古今官制沿革，揭示《周礼》设官精义，指出现世官制弊病，以通经致用，如陈傅良论解《周礼》司会一职，指出："郑玄以司会若汉之尚书，其实不然。……不知汉诸官府各自有会计，非若周之司会以中大夫为之，其职甚隆，凡内外府应干财用，皆计于司会。"

又继述汉之变化："汉高帝时，独萧相国知此，领天下之财，以柱下史张苍为计相，此近周之司会。其后，诸府各自置府官，以管会计，乃其局分之人与周之司会不同，如大尉之金曹，自主货币盐铁，仓曹自主仓库之类是也。"

最后联系宋代："本朝奉宸库乃周之玉府，内藏库乃周之内府，左藏库乃周之外府，渡江以来，又置激赏库，今之南库是也。周之三府分为四府，凡天下金玉之物皆归于奉宸，山泽盐铁之赋皆归于内藏，其它额外所入一归于南库，谓之宰相兼制国用，至于天下户口租入归之户部，所以今版曹

---

① [宋]陈傅良著，周梦江点校：《陈傅良先生文集》附录二、附录三，杭州：浙江大学出版社，1999年，第697页，第705页。
俞雄：《陈傅良传论》，杭州：浙江人民出版社，2013年，第195—198页。
曾枣庄、刘琳主编：《全宋文》第二六八册，上海：上海辞书出版社，2006年，第30—112页。
② 王晓卫、刘昭祥：《历代兵制浅说》序，北京：解放军出版社，1986年，第1页。
③ [宋]陈傅良撰，史丽君译注：《历代兵制》，北京：中华书局，2017年，第2—30页。

不可为者，正以分散四出，权不归一。"①

陈傅良虽历三朝，因制度、个人原因，多次起落，仕宦不长，讲学相长，随宦随游，随问随答，切磋琢磨，高徒辈出，选举如下。

蔡幼学，字行之，瑞安人，列《宋史·儒林传》，撰《国史编年政要》40卷、《国朝实录列传举要》12卷、《皇朝宰辅拜罢录》1卷、《续百官公卿表》20卷、《质疑》10卷、《年历》《大事记》《春秋解》等经史之作，子蔡范撰《宋通志》500卷，子蔡节撰《论语集说》10卷（国家图书馆藏有宋刻本）。②

曹叔远，字器远，瑞安人，列《宋史·儒林传》，撰《诸经要解》、《周礼讲义》、《春秋书法起例》、《宣和御寇纪事》、《永嘉谱》［24卷，分年谱、地谱、名谱、人谱四目，在古地志中为首创（《永乐大典》曾引此书）］，又撰《江阳谱》8册（入《永乐大典》）、《李渠志》等经史之作。③

朱黻，字文昭，平阳人，"不事举业，躬耕于南（雁）荡山，抱其学以终。尝著《纪年备遗》百卷"，《纪年统纪论》1卷，布衣成学，青史著录（书商魏仲举摘录成《三国六朝五代纪年总辨》28卷，入《四库存目丛书》）。④

周勉，字明叔，平阳人，从游陈傅良既早又久。庆元二年（1196），周勉、周励、周劼仁兄弟与从父周茂良同科进士，名噪一时。⑤周勉深于《春秋》，著作未详，仅见其为陈傅良《春秋后传序》文，言：

勉从先生于桂阳，于衡，于潭，日受经焉。及后传且就，先生每语友朋，将面授勉，使尽质所疑而后出。已而暌隔函丈，不果质。今订正犹先生之志云。⑥

① [宋]王与之撰《周礼订义》卷一一，《钦定四库全书》经部八七礼类第九三册，台北：商务印书馆，《（景印）文渊阁四库全书》，第171—172页。
② [明]王瓒、蔡芳编纂，胡珠生校注：《弘治温州府志》卷一八，上海：上海社会科学院出版社，2006年，第484页。
③ 温州市志编委会编：《温州市志》，北京：中华书局，1998年，第594—595页。
洪焕椿编著：《浙江方志考》，杭州：浙江人民出版社，1984年，第405页。
张国淦：《永乐大典方志辑本》上，《张国淦文集四编》，北京：燕山出版社，2009年，第476页。
[清]程国观纂：《李渠志》凡例，清道光六年（1826）年刻本（影印）。
④ 俞雄：《陈傅良传论》，杭州：浙江人民出版社，2013年，第280—281页。
⑤ [清]金以埈修，吕弘诰等纂，平阳县图书馆整理，赵丹点校：《康熙平阳县志》，合肥：黄山书社，2022年，第136页。
⑥ [宋]陈傅良撰：《春秋后传》卷十，《文渊阁四库全书》第151册（影印），上海：上海古籍出版社，1987年，第697页。

徐筠，字孟坚，清江人，淳熙十一年（1184）与其父徐得之同登进士第。有《汉官考》《周礼微言》《姓氏源流》诸书和《修水志》10卷（《宋史·艺文志》有录）。其父徐得之、其伯父徐梦莘、其弟徐天麟均为史家。①《文献通考》载："徐筠学于陈傅良，记所口授，而为书曰（《周礼》)《微言》。"②

钱文子，字文季，乐清人，笃学明经（史），为儒林巨擘。撰《诗训诂》《论语传赞》《中庸集注》《孟子传赞》《汉唐事要》《汉唐制度》《补汉兵志》等书（均入《四库全书总目》）。③梁启超说："表志为史之筋干，而诸史多缺，或虽有而其目不备。……宋陈子文（钱文子）有《补汉兵志》一卷；熊方有《补后汉书年表》若干卷，实为补表志之祖。"④

陈傅良作为史官，奏议制度，重视修史；作为史家，著作等身，名著青史；经学史学，经史并重，以经为史，以史治经，讲学相长，高徒辈出，专席迭现。

四、结语

综观上述"六经皆史"源流考，如仅以胡适之语，"其实先生的本意只是说'一切著作，都是史料'"⑤为尺度，那《庄子》道家自然是肇始。然而，"鸡蛋从外打破是食物，从内打破是生命"。从内在角度，陈傅良作为儒家首先表述"六经皆史"思想，尤为宝贵。

同时，陈傅良"六经皆史"思想，非但有从内打破，全面表述，始终一贯的先进性；又有"器便有道，不是两样"，经从史出，经史并衡的历史观、道器观、价值观的哲学性；还有奏议制度、重视修史，著作等身、名著青史，经史互治、讲学相长的实践性。如此钱玄同言"'《六经》皆史'之说，始于宋之陈傅良"，现已予以考证、申证、印证。

---

① [清] 德馨等修，朱孙诒等纂：《临江府志》卷二五，台北：成文出版社据清同治十年刊本影印，1970年，第258页。
② [宋] 马端临著，上海师范大学古籍研究所、华东师范大学古籍研究所点校：《文献通考》第九册，卷一八一，经籍考八，北京：中华书局，2011年，第5353页。
③ 沈克成编撰：《温州历史年表》，北京电子出版物出版中心，2005年，第90页。
④ 梁启超著，夏晓虹、陆胤校：《中国近三百年学术史》（新校本），北京：商务印书馆，2016年，第342页。
⑤ 胡适：《章实斋先生年谱 戴东原的哲学》，北京：北京师范大学出版社，2014年，第272页。

如此可以与周予同商榷:"王通以后,提到'经''史'关系的,还有南宋陈傅良,明宋濂、王守仁和李贽,但他们说得都较简单,有的只是偶尔涉及,并未构成一种系统学说。"①又可与岛田虔次商榷:"'六经皆史'的思想根源,从隋代的王通(文中子)以来究竟能找到多少,特别是明代的王阳明的学说又给予章学诚怎样的影响,这一切仅仅从章氏自己的语言来看是颇有盖然性的。但是,无论何种情况终究都是偶发的,而章氏则将其贯穿于自己的全部思想。"②

日本学者研究南宋事功学派的先驱庄司庄一把陈傅良为徐得之作《左氏国纪序》中"古者事言各有史。……今《仪礼》若《周官》六典是已"这一节的意义概括为:"据他(陈傅良)所言,必须作为史书而得到确认的,不仅仅是《左传》。他强调所有经书者是史。"山口久和继庄司庄一之言,说:"虽说像这样提倡《周礼》,又重视'史',陈傅良的学说与章学诚'六经皆史'说有很多相似之处,我想效仿孔子的'阙疑'做法,把两个人的'影响'关系仅仅停留在暗示之上。"③

胡适在为章学诚著的《章实斋先生年谱》中认为:"《原道·中》说'道不离器,犹影不离形',自是一种卓识。"④如果胡适全面了解陈傅良"六经皆史"思想,特别是陈傅良还远见"万世之后,经史并衡","卓识"二字定当不吝。

①周予同著,朱维铮编校:《章学诚"六经皆史说"初探》,《周予同经学史论》,上海:上海人民出版社,2010年,第497页。
②[日]岛田虔次著,刘俊文主编,许洋主等译:《六经皆史说》,《日本学者研究中国论著选译》(第七卷思想宗教),北京:中华书局,1993年,第183页。
③[日]山口久和著,王标译:《章学诚的知识论:以考证学批判为中心》,上海:上海古籍出版社,2006年,第110—111页。
④胡适:《章实斋先生年谱 戴东原的哲学》,北京:北京师范大学出版社,2014年,第220页。

再造永嘉学派

潘德宝*

很多地方学派，往往是要经过后人选择、总结、提炼而梳理成一个学派。比如，桐城派的谱系在姚鼐《刘海峰先生八十寿序》中形成雏形："昔有方侍郎，今有刘先生，天下文章，其出于桐城乎？"至曾国藩《欧阳生文集序》再加上姚鼐："桐城姚姬传先生鼐，善为古文辞，慕效其乡先辈方望溪侍郎之所为，而受法于刘君大櫆及其世父编修君范。三子既通儒硕望，姚先生治其术益精。"姚、曾这两篇文章就把"桐城"的谱系写定。[1]永嘉学派也同样是通过各种"叙述"而为人所认可的。

本文所谓"再造"永嘉学派，自然是因为早已有人建构过永嘉学派的谱系。永嘉学谱的第一次自觉建构，当数南宋叶适（1150—1223）《温州新修学记》一文，文中排定了从周行己、郑伯熊、薛季宣到陈傅良的谱系，并总结了永嘉学术的大纲："永嘉之学，必兢省以御物欲者，周作于前而郑承于后也"，"必弥纶以通世变者，薛经其始而陈纬其终也"[2]。永嘉学术的四大重镇以及学术主旨已经勾勒出来了。至宋元之际，刘壎（1240—1319）在其《隐居通议》卷二"永嘉之学"条下，又增补数人，仍以周行己为开山之祖，再传三人为郑伯熊、郑伯英、薛季宣，三传为吕祖谦、陈傅良、蔡幼学、叶适，并画了谱系图附于文后。[3]其实这是打破了叶适的永嘉学术谱系论，形成了永嘉学术的三代谱系论，可见这一论述并不审慎。当然，叶、刘的这两种谱系论述，大概在清代以前都流传不广，所以梁章钜（1775—1849）《浪迹续谈》卷二《东瓯学派》评述刘壎的谱系论说："此说隐括源流，叙述赅备，而独为温州府、县志所不采，今之士大夫盖鲜有

*现任浙江工业大学人文学院副教授。
[1]陈平原：《从文人之文到学者之文》，北京：生活·读书·新知三联书店，2004年，第202页。
[2]叶适：《水心集》，北京：中华书局，2010年，第178页。
[3]刘壎：《隐居通议》，上海：商务印书馆，1937年，第17页。

知之者……今府县所列人物，尚不能如此之有端绪也，故急表而出之。"①

本文的"再造"是指以晚清瑞安学者孙衣言的《永嘉学案》《瓯海轶闻》为开端的对永嘉学术谱系的重构，通过学术史叙述来建构"永嘉学派"这一概念。关于永嘉学派建构的研究，目前可以以陆敏珍《宋代永嘉学派的建构》为代表，书中指出"真正给永嘉学者以学派意识与学派概念的是叶适"，②但没有涉及晚清以来的温州学者孙衣言等人对"永嘉学派"这一概念的再造。王宇《永嘉学派研究》（商务印书馆 2021 年版）的绪论中梳理了永嘉学派研究史，突出了孙衣言父子对永嘉学派文献整理之功，同样也没有从"建构者"的视角来讨论他们的学术追求。另据王锟《永嘉学派研究平议》（《温州大学学报》2020 年第 2 期）梳理，目前似尚无从后设角度讨论永嘉学派概念建构的研究。有鉴于此，本文梳理了孙衣言父子以来的"永嘉学派"再造。

孙衣言，字劭闻，号琴西，晚号逊学老人、遁叟，浙江瑞安人。与其子孙诒让一起收集、校订乡邦文献，为研究永嘉学派提供了文献基础。民国时期，又有一批温州学人，继续孙氏父子未尽的事业。"再造"永嘉学派，大约可分为三个阶段，最初是孙衣言撰《永嘉学案》，以补《宋元学案》对永嘉学派叙述之未备，学案体的体例下，学术对话意图甚为明确。其次是史料汇编《瓯海轶闻》甲集，辑录历代永嘉学人的相关史料，可视为永嘉学派史的史料长编。最后要指出的是，永嘉学派的再造工程怕是永无止息，至民国时期，人们又将晚清的永嘉学人纳入永嘉学派，试图拓展永嘉学术精神并做现代转型。

一、学案：《永嘉学案》补《宋元学案》之叙述未备

孙衣言再造永嘉学谱，应该是基于《宋元学案》"于永嘉诸儒尚未赅备"。孙衣言在《薛浪语集序》中说："姚江黄氏、甬上全氏修订宋元两朝学案，始表章吾乡学术，列为五派，而以先生（薛季宣）及止斋为永嘉诸儒之宗。然先生遗书存于世者，自《书古文训》外，更无梓本，故辍学之士犹不能研索综贯，以探经制之精。"③引文中指出薛季宣的书当时只有《书古文训》刊行，言下之意是仅仅凭此而对薛做出的定位和评价就不严谨甚至值得怀

---

① 梁章钜：《浪迹丛谈、续谈、三谈》，北京：中华书局，1981 年，第 282 页。
② 陆敏珍：《宋代永嘉学派的建构》，杭州：浙江大学出版社，2013 年，第 14 页。
③ 孙衣言：《孙衣言集》，杭州：浙江古籍出版社，2017 年，第 842 页。

疑了。不止于此，《宋元学案》对永嘉学派的整体定位，孙衣言认为都需要修正，于是撰为《永嘉学案》，以补《宋元学案》对永嘉学派叙述之未备。在此，我必须提醒读者注意，孙衣言特意以"学案"为题，采用与黄、全相同的著述体例，隔代对话的学术意图表露无遗。

《宋元学案》何以值得孙衣言对话、补充、修订？主要是"学案"这种体例带来的学术史隐喻。据陈祖武的考察，"学案"当为"学术公案"的压缩简化，"公案"本佛门禅宗语，前人解释成"档案、资料"，学案体就是以学者传略、论学资料的辑录为主体的著述体例。明代刘元卿《诸儒学案》和刘宗周《论语学案》都是入案者语录的汇编。①至黄宗羲撰《明儒学案》，又吸收了宋代朱熹《伊洛渊源录》、明代周汝登《圣学宗传》、清初孙奇逢《理学宗传》等强调学术源流、学派历史的做法。可以说，在黄宗羲手中，"学案"作为一种学术史著体例进入了成熟的境地。王梓材又进一步在《宋元学案》每学案前加上图式化的学案流派表，就更凸显了学术源流和师承传播之关系。②因此，从宽泛的意义上讲，一个学案相当于以案主为中心，上溯师门、下及传承的一个学派了。为什么说《宋元学案》"于永嘉诸儒叙述未备"呢？最主要的一点就是全祖望删去"永嘉学案"的名称。《宋元学案》由黄宗羲发凡起例，后经全祖望等人补修，最后由王梓材、冯云濠整理，于道光十八年（1838）初版，不过刻版旋毁于战火，至道光二十六年（1846）重版，成为后世通行各版的祖本。《宋元学案》中涉及永嘉学人的内容，黄宗羲和全祖望有不同的取向，透露出清代学人对"永嘉学派"的一般看法及其变化。

据王梓材按语，我们可以倒推出黄宗羲的原稿之中，《宋元学案》为宋代永嘉学人立了两个永嘉学案。一是现在通行本第三十二卷《周许诸儒学案》，王梓材注曰："周、许诸先生，原列入《永嘉学案》之一，谢山《序录》始定为《周许诸儒学案》。"该学案包括周行己、许景衡、沈躬行、刘安节、刘安上、戴述、赵霄、张辉、蒋元中等，其主体正是所谓的元丰九先生。二是现在通行本《艮斋学案》《止斋学案》和《水心学案》等，黄宗羲原

---

① 陈祖武：《中国学案史》，上海：东方出版中心，2008年，第259页。
② 连凡：《学术谱系与宋元儒学史的构建——论〈宋元学案〉视域下的学案表与师承关系》，《历史文献研究》2018年第1期。

稿中定为"《永嘉学案》之二"，王梓材在《艮斋学案》序录下注曰："梨洲原本合下《止斋》为《永嘉学案》之二，自谢山始别是卷为《艮斋学案》，下卷为《止斋学案》"①；在《水心学案》序录下注曰："是卷原本并入《永嘉学案》，自谢山别为《水心学案》。"②王梓材两处所言略有含混不清之嫌，据《艮斋学案》序录下的注文，《永嘉学案》之二，似乎仅包括薛季宣和陈傅良，《水心学案》则另立《永嘉学案》之三，而据《水心学案》序录下的注文，水心似乎没有列为《永嘉学案》之三，则《永嘉学案》之二似乎又是兼收叶适。总之，黄宗羲《宋元学案》原稿中有"永嘉学案"之名，由此可知，黄宗羲认为宋代永嘉学人群体形成了一个学术流派，即由"元丰九先生"等人为前导，薛季宣、陈傅良、叶适为后继，形成了前后演进的学术谱系。

清代前期学者视永嘉学人为"永嘉学派"的看法，我们还可以找到一个旁证。历来一直有"永嘉学术""永嘉之学"的说法，而未检得清代以前有"永嘉学派"的名词，较早出现"永嘉学派"一词的正是在清代，如殿本《四库全书总目》卷六一史部一七《鹿城书院集》提要中罗列了永嘉学人的名字，并总结说："永嘉学派，多兼求实用，颇异新安。"③不但有"永嘉学派"之名，还特地指出与新安朱学相异，其特点在于"求实用"。这时正式提出了"永嘉学派"之名，是值得我们深加注意的，这与黄宗羲的"永嘉学案"之设立，有铜山西崩而洛钟东应之效。

但是到了全祖望补修《宋元学案》时，他将两个"永嘉学案"改为《周许诸儒学案》《艮斋学案》《止斋学案》《水心学案》四个学案，而删去"永嘉学案"之名称④。可能有以下几点原因。第一，永嘉诸学人之间的师承关系比较复杂，全祖望虽然承认"永嘉诸子，皆在艮斋师友之间，其

①黄宗羲、全祖望：《宋元学案》，北京：中华书局，1986年，第1689页。
②黄宗羲、全祖望：《宋元学案》，北京：中华书局，1986年，第1738页。
③魏小虎编撰：《四库全书总目汇订》，上海：上海古籍出版社，2012年，第1999页。
④徐晓军、李圣华主编：《浙学未刊稿丛编》，北京：国家图书馆出版社，2018年，第63－67册。影印收录《宋元学案不分卷》一种，底本第6册为《永嘉程门学案》，收大刘先生安节、小刘先生安上、忠简许横塘先生景衡、浮沚周先生行己、草堂张先生辉、戴先生述、赵先生霄、石经沈先生躬行、蒋先生元中、敬亭鲍先生若雨、潘先生旻、谢先生天申、陈先生经正、刘安礼等人。底本第17册为《永嘉学案二》，"永嘉"二字旁添"艮斋"。而止斋、水心二学案则无"永嘉学案"之名。可见此稿中《永嘉程门学案》相当于黄宗羲原题《永嘉学案之一》，即通行本《周许诸儒学案》范围，大概全祖望删改"永嘉学案"之名也有一个犹豫的过程，至少一度曾保留了"永嘉"之名。

学从之出",但又认为各有不同①,尤其是叶适:"水心较止斋又稍晚出,其学始同而终异。永嘉功利之说,至水心始一洗之。……乾、淳诸老既殁,学术之会,总为朱、陆二派,而水心断断其间,遂称鼎足。"②第二,永嘉学术的源头不一,《周许诸儒学案序录》曰:

> 世知永嘉诸子之传洛学,不知其兼传关学。考所谓"九先生"者,其六人及程门,其三则私淑也。而周浮沚、沈彬老,又尝从蓝田吕氏游,非横渠之再传乎?鲍敬亭辈七人,其五人及程门。晦翁作《伊洛渊源录》,累书与止斋求事迹,当无遗矣。而许横塘之忠茂,竟不列其人,何也?予故谓为晦翁未成之书,今合为一卷,以志吾浙学之盛,实始于此。而林竹轩者,横塘之高弟也,其学亦颇启象山一派。述《周许诸儒学案》。③
>
> 永嘉之学统远矣,其以程门袁氏之传为别派者,自退斋薛文宪公始。艮斋之父学于武夷,而艮斋又自成一家,亦人门之盛也。其学主礼乐制度,以求见之事功。④

首先,道光间,王、冯两人刊刻《宋元学案》自然就接受了全祖望的改动。这一删改,其实表明到了嘉道之际,学者对于"永嘉之学"的判断发生了重大变化,"永嘉学案"之名不再出现,暗示他们认为宋代永嘉学人并没有形成一个师弟相承的独立学派,只能依附于其他学案之下。

孙衣言著《永嘉学案》最大的贡献就是重新提出"永嘉学案"之名,以补《宋元学案》中删去"永嘉学案"名称。孙衣言所著《永嘉学案》是部未完成稿,现藏于温州图书馆,稿本共27页,半页十行,封面题"永嘉学案"。从卷首题为"永嘉学案卷第一"来看,作者原计划可能并非仅此一卷。"永嘉学案"之名的重新提出,从清代学术史看,它与《宋元学案》对话的意图非常明显,从温州学术史看,可以说"永嘉学派"的再造之功,于兹为始。

---

① 黄宗羲、全祖望:《宋元学案》,北京:中华书局,1986年,第1710页。
② 黄宗羲、全祖望:《宋元学案》,北京:中华书局,1986年,第1738页。
③ 黄宗羲、全祖望:《宋元学案》,北京:中华书局,1986年,第1131页。
④ 黄宗羲、全祖望:《宋元学案》,北京:中华书局,1986年,第1690页。

其次，孙衣言勾勒的永嘉学派，与黄宗羲的也不相同，完全是再造一个全新的永嘉学派谱系。孙衣言《永嘉学案》收集了儒志先生王开祖、唐奥林先生石、经行丁先生昌期三人的资料，王开祖后附戴士先，林石后附唐奥家学林松孙，丁昌期后附经行家学丁宽夫、丁廉夫、丁志夫、丁康臣。卷前有一小序：

宋时永嘉之学，以乾淳间为极盛，郑文肃公、陈文节公后先讲学，吾乡之士翕然和之几数十百人，遂与东阳、建安鼎足而立，后之论者莫能为轩轾也。然叶文定公尝言之矣："永嘉之学，必兢省以御物欲者，周作于前，郑承于后也"，"必弥纶以通世变者，薛经其始，陈纬其终也"。景望私淑浮沚，止斋亲受业常州之门，推厥师承，皆自程氏。独儒志王先生当皇祐、庆历之际，其时大臣硕儒仅以文章复古为事，未及言道。塘岙林先生、经行丁先生隐居求志，伊洛之说亦未至于海滨也。而能愤发自立，著书立行，壹以孔孟为依归，群非众讪不为屈挠，斯可谓豪杰之士也矣。夫乾淳之盛，吾乡之学粲若日星，而何以文修、潜室以后，渐趋简陋，元明再嬗，寂无嗣音，而三先生当道术闭塞之时，顾能遐思远绍，蔚为名世宗师，得无立志各视其人乎？君子观于其际，盖感慨系之矣，述《永嘉儒先》。

从这篇小序可以看出，孙衣言《永嘉学案》提出"永嘉儒先"的概念，视永嘉"皇祐三先生"为永嘉学派之始，也即重立永嘉学派的源头。一般讨论永嘉学谱，如上文所引叶适和刘壎以周行己为开山之祖，后来论者以此将永嘉学派上接程门。或如全祖望在《艮斋学案序录》中推薛季宣为始："永嘉之学统远矣，其以程门袁氏之传为别派者，自艮斋薛文宪公始。"又推薛季宣为始。同时，《宋元学案》卷六《士刘诸儒学案》补了"安定同调：进士王儒志先生开祖"，认为"王开祖，字景山，永嘉人也。学者称为儒志先生。……是时伊洛未出，安定、泰山、徂徕、古灵诸公甫起，而先生之言实遥与相应。永嘉后来问学之盛，盖始基之"[1]，但全祖望又未将王开祖列入永嘉学派之中。所以孙衣言将王开祖等三先生列为永嘉儒

---

[1] 黄宗羲、全祖望：《宋元学案》，北京：中华书局，1986年，第253页。

先，一方面是有编年史的逻辑基础，另一方面也意在建构永嘉学术的完整谱系，永嘉学术不能只有元丰九先生、艮斋薛季宣、止斋陈傅良、水心叶适诸儒。

再次，更重要的是儒志王开祖等三先生，是与宋初胡瑗、孙复同时代，是伊洛未出之时的学术萌芽，也即不以程朱一系为依归者，那么永嘉学派是一种独立于程朱学之先的学术流派，也因此在学理上就可以救程朱学之流弊。戴望曾致信孙衣言云：

> 南宋儒者，实推永嘉为最，上不渍于心性之空言，下不杂以永康之功利，非建安、金溪所得而盖之也。项先生傅霖云："永嘉之学，超于宋而不为空谈，方之汉而少其附会。"①

孙衣言读后极为兴奋，他转告俞樾说："子高（戴望）极推重永嘉学人，大可感。某欲略考永嘉学派，苦于俭陋，幸属子高为一搜讨，晚宋、元、明以来，有非永嘉人而私淑郑、陈、蔡、薛者，尤可贵也。"②

孙衣言《薛浪语集序》中也说"衣言曩在京师，与方闻之士论当时门户之弊，常以为欲综汉宋之长而通其区畛，莫如以永嘉之学"③。永嘉之学之所以能救汉宋门户之弊，在孙衣言的学理逻辑中，正是因为永嘉学派出自宋初。

最后，"皇祐三先生"的生平、学术有很大的精神力量。"其时大臣硕儒仅以文章复古为事，未及言道"的背景下，林石、丁昌期"隐居求志，愤发自立，著书立行，壹以孔孟为依归，群非众诎不为屈挠"，的确有豪杰气象。在《永嘉学案》"唐奥林先生石"部分中，孙衣言还引陈傅良《新归墓表》云："是时，《三经新义》行，学者非王氏不道，《春秋》且废弗讲。先生（林石）少从管师常学，师常与孙觉莘老为经社者也。先生故不为新学，以其说窃教授乡诸生。"都呈现出一种"虽千万人吾往矣"的为学气象。

当然，《永嘉学案》最大的问题是仅此一卷，是一部未完成的手稿，

---

① 孙延钊：《孙衣言孙诒让父子年谱》，上海：上海社会科学院出版社，2003年，第64页。
② 孙延钊：《孙衣言孙诒让父子年谱》，上海：上海社会科学院出版社，2003年，第64页。
③ 孙衣言：《孙衣言集》，杭州：浙江古籍出版社，2017年，第842页。

不能呈现整个永嘉学术的谱系。完成永嘉学术谱系的，在于孙衣言所著的《瓯海轶闻》一书。

二、史料：《瓯海轶闻》甲集辑录、史料呈现永嘉学术史

孙衣言《瓯海轶闻》分甲、乙、丙、丁四集，计五十八卷，甲集《永嘉学术》，梳理了永嘉学术源流，上溯皇祐，下逮于清，尤详于宋代永嘉学者，乙集有名臣、宦业、封爵、科第、文苑、氏族诸目，丙集有忠义、孝友、义行、介节、隐逸、官师遗爱、艺术、流寓、列女、方外诸目，丁集有古今图志、山川、风土、物产、建置、寺观、古迹、祠祀、冢墓、杂志诸目。关于《瓯海轶闻》甲集《永嘉学术》的体例需要做三点说明：一是孙衣言虽然依时代前后列出永嘉学人，但没有像《宋元学案》那样直接标示师承渊源关系；二是孙衣言从墓志、行状、正史和方志的列传、笔记等文献中，辑录永嘉学人的生平资料和历代相关评价，但没有像《宋元学案》中"论学主旨"板块那样辑录入案者自己的论学文字；三是只辑录文献，注明出处，偶有文献的校订，但孙衣言没有直接对永嘉学人或相关观点做出评述。总之，以今天的学术标准看，《瓯海轶闻》只是一部史料汇编，而不得称为学案或学术史著。

那么，第一个问题就是《瓯海轶闻》这部史料辑录，何以能再造永嘉学派？

孙氏父子将《瓯海轶闻》定位为永嘉学派史之作。孙诒让《先考太仆公行状》（1900）一文中说其父"喜考辑乡先辈遗文轶事，尝以黄梨洲、全谢山《宋元学案》于永嘉诸儒尚未赅备，补辑为《永嘉学案》，以冠所著《瓯海轶闻》之首。"[1]从现存的文献看，《瓯海轶闻》之首的是"甲集《永嘉学术》"，而不是"《永嘉学案》"，一字之差，两书体例、性质完全不同。"学案"当然也以辑录文献为主，可学术史著意味更为突出。同时，《永嘉学案》之题，补《宋元学案》之未备的学术意图也更为显豁。孙诒让的"张冠李戴"，显然不是笔误，而是有意的自我定位：孙氏父子看重"学案"之题，意在突出《瓯海轶闻》的学术史著性质。

---

[1] 孙诒让：《籀庼遗文》，北京：中华书局，2013年，第401页。

这里必须稍加说明关于《永嘉学案》与《瓯海轶闻》甲集的撰写先后问题。稿本《永嘉学案》的撰写时代未能明确考知。假定孙衣言完成《瓯海轶闻》之后进一步提炼成《永嘉学案》，那么，这是从文献整理向历史叙述发展的永嘉学派再造过程，更符合学术发展逻辑。不过，实际情况更可能是先《永嘉学案》而后《瓯海轶闻》，或者两者同时进行。《瓯海轶闻》的成书时间，张如元在点校本《瓯海轶闻》（上海社会科学出版社2005年版）的前言中有详细的说明：甲集《永嘉学术》共21卷，始编于同治七年（1868），至光绪十二年（1886）写定，其他三集至光绪三十四年（1908）孙诒让病危之际尚未完成，"卷数未分"，经过后人整理，至1926年才将全书刻印完毕。也即孙诒让生前，其父所撰《瓯海轶闻》并未定稿。可见，孙诒让"《永嘉学案》以冠所著《瓯海轶闻》之首"的说法，并不是事实，却表露了孙诒让父子的真正学术意图。

而且这个意图早已公诸学界。光绪三年（1877），刘寿曾《温州经籍志序》中说：

> 寿曾则谓温州学派莫盛于宋。庆历间，儒志、经行开之，元丰九先生继之；绍兴以后，艮斋、止斋、水心诸公，绪益昌大，天下尊为永嘉之学。其宗旨在躬行实践，由明体以达于用，文章风节，皆卓然有所表见，渊源于伊川、考亭，而立于金华、永康之上者也。元以后之学稍微矣，然芬泽濡染，犹能矢音不衰。吾师尝编《永嘉学案》以见派别之正。又曰："欲救今汉学、宋学之弊者，其永嘉乎？"①

这里的"吾师"即孙衣言，显然《瓯海轶闻》甲集定稿之前（1886），刘寿曾早就了解这一学术信息以及孙衣言的著述意图是"以见派别之正"。因此，至少《永嘉学案》之题不晚于《瓯海轶闻》甲集完稿，《永嘉学案》更不是《瓯海轶闻》完成之后的著作。不管是两者同时，还是先《永嘉学案》后《瓯海轶闻》，孙衣言、孙诒让父子的自我定位中，《瓯海轶闻》其实也是《永嘉学案》，两者都是永嘉学派的再造。

---

① 孙诒让：《温州经籍志》，北京：中华书局，2011年，第2页。

根据孙诒让的叙述，当时学者普遍认为《瓯海轶闻》甲集就是《永嘉学案》，所以姚永朴《孙太仆家传》："公论学宗宋儒，为古文辞守桐城方氏、姚氏绪论，出入马班韩欧间，诗嗜山谷，词嗜苏辛，尤喜考其乡先辈轶事，尝以黄太冲、全谢山《宋元学案》于永嘉诸儒犹未备，更搜补为《永嘉学案》。"[①]章太炎《孙太仆年谱序》也说："括囊大义，辨秩源流，则拾南雷、谢山之遗，以成《永嘉学案》二十卷。"[②]张舜徽说："尝以黄宗羲、全祖望《宋元学案》，于永嘉诸儒叙述未备，更搜补为《永嘉学案》。"[③]显然，这些引文的表述大概都是承自孙诒让，不可能真正读到《永嘉学案》手稿。

　　我还要进一步指出，孙诒让的"张冠李戴"同样是"再造永嘉学派"工程的组成部分。孙衣言、孙诒让父子共同推动了这项工程，前引《薛浪语集序》其实是孙诒让的代笔，可见父子之间共同的学术旨趣。当然，《瓯海轶闻》甲集依时代先后辑录永嘉学人，看起来还是相当整饬可观的，相较《永嘉学案》而言，更是一部完整的著作。

　　根据上述对《瓯海轶闻》性质的论述，我们的第二个问题是《瓯海轶闻》是如何编纂而成的。这就涉及永嘉学派谱系建构的基础问题。永嘉学术谱系虽然已经有叶适、刘壎等的论述，但要形成符合清代学术史论述的要求，还是需要一个史实层面的支撑，即文献上的梳理。《瓯海轶闻》即是基于这项学术使命而展开。

　　《瓯海轶闻》的编成，需要长期的准备。首先，撰成史料长编或目录，掌握永嘉学人的文献概况。同治五年（1866）编成的《温州备志长编》，是孙衣言、锵鸣兄弟鉴于乡邦文献日就湮没，就先计划私事采访遗闻，就所见书籍摘录资料，而成此书，而且书中资料，后经酌采，部分编入《瓯海轶闻》。[④]另外，温州图书馆藏书有孙衣言所著《乡先生录》稿本，未知编撰时间，著录永嘉学人名录，大概方便按图索骥。而且，我认为孙诒让的《温州经籍志》同样也是这一工程的组成部分。其次，编纂整理永嘉

① 闵尔昌编：《碑传集补》，北京：文海出版社，1966年，第452页。
② 马勇整理：《章太炎全集·太炎文录补编》，上海：上海人民出版社，2017年，第872页。
③ 张舜徽：《清人文集别录》，武汉：华中师范大学出版社，2004年，第459页。
④ 孙延钊：《孙衣言孙诒让父子年谱》，上海：上海社会科学院出版社，2003年，第70页。

学人文集。为再造永嘉学派，孙衣言一生集中精力收集、校勘、刊行永嘉学人的著述，最终形成了《永嘉丛书》①，收录 13 种永嘉学人著作。另外，同治六年（1867），孙衣言就多年来搜访所得之温州史料，采辑诗文，成《永嘉集》数十册，分为文内外编和诗内外各编，辑录永嘉学人的相关文章，间附有孙诒让识语，稿本现藏于温州图书馆，未刊行。②

在上述两项工作交互进行，而且合孙衣言、诒让父子等人之力，为编辑《瓯海轶闻》奠定了基础。关于以《瓯海轶闻》为中心的文献整理工程，章太炎《孙太仆年谱序》揭示其学术价值曰：

> 宋世永嘉诸贤，与新安、金溪、金华并峙，其后三家皆有传人，讫元明未替，而永嘉黯然不章。近世如亭林、榭亭及北方颜、李诸公，廓除高论，务以修己治人为的，盖往往与永嘉同风，顾弗能尽见其书。太仆父子生七百年后，独相继表章之，专著则有《永嘉丛书》之刻，佚篇则有《永嘉集》之纂，括囊大义，辨秩源流，则拾南雷、谢山之遗，以成《永嘉学案》二十卷。最录凡目，则《温州经籍志》为一郡艺文渊海，自是郑、薛、陈、叶与先后作者之遗绪，斩而复续，呜呼盛矣！③

章太炎说《永嘉学案》有二十卷，显然是近于《瓯海轶闻》甲集的卷数，而非藏于温州图书馆的一卷本《永嘉学案》稿本。最值得重视的是，章太炎迳直将《永嘉丛书》《永嘉集》作为《永嘉学案》相近性质的工作，"最录凡目"则将孙诒让的《温州经籍志》也附于这项工程之中。显然，当时的学界看来，《永嘉学案》才是最后的成果。永嘉学派的再造工程，文献整理与《永嘉学案》是相表里的两部分，而且文献整理上，后继者更有《永嘉诗人祠堂丛刻》《敬乡楼丛书》以及当代的《温州文献丛书》《温州文献丛刊》等，这一学术脉络这里就不多展开了。

再次，孙衣言编《瓯海轶闻》之前先成《永嘉集》，同治六年（1867）就搜访所得之温州史料，采辑诗文，成《永嘉集》数十册，分为文内外编

---

① 吴佩娟：《孙衣言及其〈永嘉丛书〉研究》，《东吴中文线上学术论文》2008 年第 1 期。
② 孙延钊：《孙衣言孙诒让父子年谱》，上海：上海社会科学出版社，2003 年，第 76 页。
③ 马勇整理：《章太炎全集·太炎文录补编》，上海：上海人民出版社，2017 年，第 872 页。

和诗内外各编，辑录永嘉学人的相关文章，且有孙诒让于《永嘉集》内外编间附识语于册中。①在这些基础上才始编《瓯海轶闻》。

第三个问题是《瓯海轶闻》甲集最终呈现了怎样的一个永嘉学派谱系呢？

《永嘉学术》，共二十一卷。其中第一卷为"学术总略"。第二卷"学术之始"，述宋初王开祖、林石、丁昌期始。第三至第四卷为"洛学之传"，述"元丰九先生"等人。第五至第十二卷为"经制之学"，述郑伯熊、郑伯英、薛季宣、陈傅良、叶适等人，其中"经制之学"下又分"止斋之传"一卷，举陈谦、陈说、陈武、蔡幼学等人，"经制之学"下还分"水心之传"一卷，举林居安、陈昂、薛仲庚等人。第十三至第十六卷，未标源流，如王十朋等人，既非经制之学又非朱子之学。第十七卷为"朱学之传"，有陈埴、叶味道、林湜等人。第十八至第二十一卷，则以朝代为序，述自元至明清的永嘉学人。

最后，《瓯海轶闻》以王开祖、林石、丁昌期为永嘉学术之始，与一卷本《永嘉学案》的"永嘉儒先"具有相同的意义，即表彰永嘉学术不尽出于程朱理学，而自有宋初的独立源头。以薛季宣、陈傅良、叶适三人为永嘉学术的重镇，不惟师弟人数上占多，而且篇幅上也有相应的呈现，还进一步细致地梳了三人的后继者。永嘉学术历来多指两宋的永嘉之学，而且孙衣言将元明清三代的学术也纳入永嘉之学的范围，扩大了永嘉学术的源和流。张文虎《孙琴西廉访六十寿序》曰："推溯永嘉之学，究极其义理文章，将上追古人，下启来者，而自成一家著述，仕途之利钝非所计也。"②另外，孙衣言还注意到不能纳入经制之学的学人群体，相较对永嘉学术通史的纵向扩张，这里可谓是横向扩张永嘉学术的谱系。据钟孙婷的研究，孙衣言《瓯海轶闻》看似客观的文献辑录，其实也有一定程度的取舍与过滤，甚至曲解原文、断章取义，如将朱熹对郑伯熊的负面评价，以"景望文平和纯正"为小标题节录等，尽量遮蔽朱熹对永嘉学人的异议。③

---

① 孙延钊：《孙衣言孙诒让父子年谱》，上海：上海社会科学院出版社，2003年，第76页。

② 孙衣言：《孙衣言集》，杭州：浙江古籍出版社，2017年，第923页。

③ 钟孙婷：《晚清时代思潮与地方史料辑录——以孙衣言〈瓯海轶闻〉为例》，吴兆路、甲斐胜二、林俊相主编：《中国学研究》第十五辑，济南：济南出版社，2012年，第129—132页。

总之，孙衣言以《永嘉学案》开启了再造永嘉学派这一巨大学术工程，但未能毕其功于一役，大概是因为文献不足征，孙衣言于是着手编写《瓯海轶闻》，孙诒让宣称《瓯海轶闻》的甲集即《永嘉学案》，试图说明再造永嘉学派的完成。但是以后人的眼光看，《瓯海轶闻》只是为再造永嘉学派奠定了文献基础，所以瑞安张棡1909年在日记中写道："小竹示予孙太仆所纂《瓯海轶闻》，刊仅十余册，尚无卷数。此书为永嘉学案之大宗，将来修县志者之渊海，而惜乎仲容先生不能踵成先志即归道山。"①"大宗""渊海"二词如实地定位了《瓯海轶闻》的价值。而且，因为《瓯海轶闻》当时并未刊行，只能小范围传播，天下学人尚未能欣然景从，如邓实《永嘉学派述》（1905）认为"永嘉学派，实以九先生开其始"②，仍然还是秉持着《宋元学案》中的看法。可见，孙衣言开启了一个学术话题，同时又留下了一定的学术空间，以待后人补苴。

三、补苴：民国时期的永嘉学派再造

孙氏父子之后的再造永嘉学派工程，主要有三方面的尝试。首先，永嘉学派文献整理的继续深入，可以以黄群主持整理的《敬乡楼丛书》（1928－1935）为代表，并延续至当代的温州地方文献整理，不过，这一类工作，随着整理范围的扩大，最后都自成学术脉络，其学术的旨趣和指归都不同于学术史的建构，再造永嘉学派的色彩大为减弱。其次，永嘉后学尝试完成《永嘉学案》，苏渊雷《宋平子评传》中提到宋恕曾著有《永嘉先辈学案》，惜未刊行。③这两个层面工作，可以说并没有推进永嘉学派的再造，事实上也未能超越孙衣言、孙诒让父子的成绩。最后，也容易被忽视的，正是永嘉学派的近现代拓展，即将晚清民国以来温州学人纳入永嘉学派，永嘉学派有了现代回响，永嘉学术精神甚至能与西方传来的"实用主义"互相发明。这一层面的永嘉学派再造，为永嘉学派打开了新的局面，下文分以下四方面详加说明。

第一，永嘉学派近现代拓展的方法渊源与学理困境。将晚清温州学人

---

① 张棡：《张棡日记》，上海：上海社会科学出版社，2003年，第145页。
② 邓实：《永嘉学派述》，《国粹学报》，1905年第12号，第3页。
③ 苏渊雷：《宋平子评传》，南京：正中书局，1941年，第103页。

纳入永嘉学派的做法，其渊源可以上溯至《瓯海轶闻》。孙衣言《瓯海轶闻》甲集《永嘉学术》收集了自宋迄清的永嘉学人，其实已经拓展了历史上的"永嘉学人"的概念。如果说宋代的"永嘉学人"是狭义上的概念，而在孙衣言这里已经拓展成了广义上的概念了。另外，孙衣言辞世时，俞樾挽联中有"刻横塘竹轩水心诸家遗集，自任永嘉嫡派"一语，视其为永嘉学派的传人，也即再造永嘉学派的孙衣言本人也进入了永嘉学派，这尤其具有象征意义。当然，《瓯海轶闻》表面上仍是文献汇编，而俞樾挽联限于文体，都没有也无法对此拓展进行学理上的论述。

因为一般印象中"永嘉之学"是《朱子语类》中的所指、《宋元学案》中的所指、时间上限定为宋代的学派。所以马叙伦《陈先生墓表》中说：

> 永嘉之学，清道咸间县人孙衣言、锵鸣昆弟，号能继承其风，然衣言昆弟仕宦京师，又多接乾嘉遗献，稍稍倾侧于故训名物之业，衣言子诒让遂以朴学为晚清大师。[1]

这显然认为孙衣言、孙诒让等因为仕宦关系，接续了清代主流的乾嘉之学，两代人的积累，至孙诒让遂能为朴学大师，"号能"继承然而实不能称其继承"宋代"永嘉之学。另外，梁启超《中国近三百学术史》中论及孙诒让的《墨子间诂》也说："仲容则诸法并用，识胆两皆绝伦，故能成此不朽之作。然非承卢、毕、孙、王、苏、俞之后，恐亦未易得此也。"[2]总之，从马叙伦和梁启超对孙氏父子的评述中，我们完全可以看出，当时主流学者思想中的"永嘉之学"一般专指宋代的永嘉之学，而孙氏父子不得预其数，主要是因为他们接续了乾嘉之学，即为学宗旨并不相同。

第二，永嘉学派近现代拓展的学理探索。首先是重新论定孙诒让的学术取向近于经世，其次是重新定义"永嘉学术"的标准，以打破狭义"永嘉学术"与晚清温州学人的兼容问题，前者可以钱基博《后东塾读书杂志》为典型，后者可以宋慈抱《瓯海轶闻续编自序》为代表。

钱基博认为孙诒让的学术意趣在于经世，而不是表面的考证，他在《后

---

[1] 马叙伦：《陈先生墓表》，《国学丛编》，1931年第4期。
[2] 梁启超：《中国近三百年学术史》，北京：商务印书馆，2017年，第280页。

东塾读书杂志》一文中说："梁氏叙孙诒让得统于高邮王氏父子，以为清代考证家之后劲。不知孙诒让之父衣言，初衍永嘉经制之学；而以诒让志在穷经，乃授以《周官经》。诒让正义《周官》，间诂《墨子》，虽用汉学疏证之法，而意趣所寄，乃在经世。读《周礼正义》《墨子间诂》两序，可证。其学实渊源家学，而远承宋学之永嘉经制一派，与章学诚、邵晋涵为同门异户；而梁氏遽以考证家目之，亦不免皮相之见。"① 这是从孙氏的学术宗旨角度论，主要反对梁启超视孙诒让为考证家，认为孙诒让之学得之其父，而孙氏父子的学术在于经世，这就证明了孙氏父子学术精神上继承了宋代的永嘉之学。

宋慈抱的再造永嘉学派，则是改造"永嘉之学"这一概念的内涵，如上文所说，孙衣言《瓯海轶闻》中将宋以后永嘉学人都列入甲集，已开此思路之门。宋慈抱《瓯海轶闻续编自序》则明确指出永嘉之学的历史演变："南宋时经制学说，足与程朱相抗衡；有清时考据学说，足与段王相对垒，焕乎盛哉。"② 显然，永嘉之学的判断标准由"学"转向了"地"，从学术宗旨变而为学人的籍贯，永嘉学者之学即可视为永嘉之学，因此永嘉之学也有了与时俱变的不同面向。相较钱基博的论证，宋慈抱转换了视角，将"永嘉之学"从狭义扩大为广义，这就突破了永嘉学派旧有的范围，因此，孙衣言、孙诒让父子自然是不言而喻的永嘉学派嫡传。

第三，永嘉学派近现代拓展的地域转向。永嘉学派概念中地域范畴的凸显，为永嘉学派的近现代拓展打通了学理逻辑，因此近现代温州学人自然也都可视为永嘉学派之后劲。如林损《史学纪闻目》径称"永嘉之学衰八百年而复兴，而陈先生独集其成"，是从史学的角度，将陈黻宸视为永嘉学派传人。③ 刘绍宽《亡友陈君别传》也提道："吾乡自太仆孙氏以永嘉经制之学倡，同时有求志社相与应和，而能成其学派者，惟介石先生。"④ 至于刘绍宽《瓯风社记》更是扩大了永嘉学派的当代传人，几乎将当时瓯风社成员都纳入进来：

---

① 钱基博：《后东塾读书杂志》，《青鹤》，1933 年第 1 卷第 5 期。
② 宋慈抱：《瓯海轶闻续编自序》，《瓯风杂志》，1934 年第 6 期。
③ 林损：《林损集》，合肥：黄山书社，2010 年，第 466 页。
④《瓯风杂志》1934 年第 8 期。

清季孙琴西太仆、止庵学士暨籀顾师，始力表章之，承学之士，稍稍诵习其书。会值世变，国家多故，有志经世者，起而讲求掌故，务为实学，于是陈介石蛰庐世丈，与一时同志，踵起相应和，世所称求志社是也。洎乎欧学东渐，趋新之士，往往骛知识而轻道德，世道人心日以隳坏，际其会者，益思永嘉之学，体用兼该，本末具备，实为救时良剂，固学人所当急讲也。岁癸酉冬，介石丈从孙穆庵、余友孟冲之哲嗣，亦余及门士也，目击世弊，然与其妹夫林君志甄，创设杂志，号曰瓯风。盖以昌明永嘉故有永嘉学术，欲为之倡，于是求志老辈池卧庐先生、籀顾师之长君孟晋，与余及黄君胥庵、高君储顾、王君志澂、林君公铎、李君雁晴、宋君墨庵、梅君冷生、陈君仲陶、夏君瞿禅、李君孟楚、陈君绳甫、张君宋顾，皆赞成斯举，相与讲论道艺，而风气庶为一变。[①]

这份名单中，不止有孙氏父子，也有孙氏同时代的陈黻宸，更有民国时期温州学者，他们为学兴趣不一、宗主不一，而皆为刘绍宽归于"经世""实学"，而这些温州学人自然地成了永嘉之学的后劲、延续。当然，刘绍宽的表述颇为审慎而有分寸，只说他们"益思永嘉之学……""昌明永嘉故有永嘉学术"，但说他们延续永嘉之学或永嘉之学的现代转向之意是明确的。

第四，永嘉学派近现代拓展的概念重释与中西互释。永嘉学派的地域转向，在扩大永嘉学派的同时，也在一定程度上削减了永嘉学术的内涵与特色，大约民国时期永嘉学人也意识到这一点，所以学者必须讨论永嘉学术精神、阐发其学术价值。

《瓯风杂志》创刊号（1934）第一篇就是林损的《永嘉学派通论》（此文 1919 年曾刊于《唯是学报》），集中批驳"以永嘉诸子为经制之学"之专指"事功而言"之谬，提出事功与心性二者不可有所偏，"永嘉诸子之言事功者（亦）必不能离心性，事功与心性合，而后经制之真乃出"；唯"永嘉诸子……所谓心性者，经制之心性耳"。林损还有讲稿《永嘉学

---

① 《瓯风杂志》1935 年第 17、18 期合刊。

派述》（约1925），明确反对邓实的事功心性之分，"夫邓氏犁事功心性为二途，非也"，为永嘉学术正名。因为，一般观念中贬事功而尚心性，现在林损指出二者不可分，指出永嘉事功之学不能离心性。而时为高中生的夏鼐《论永嘉学派》（1930）一文，同样也指出永嘉学派所主张的功利，是"与义相和融"的功利。① 这些论述，其实是回应孙衣言甚至是《宋元学案》关于永嘉学术的认识，回答了前一代所提出的问题，却无法回答新时代的挑战。

有鉴于此，姜琦在《永嘉学术史略》（1920）中提出了"新永嘉之学"的概念。姜琦（1885—1951），字伯韩，温州人，1919年8月永嘉新学会成立，姜琦任干事长，次年出版《新学报》，姜琦执笔发表《发刊辞》，即《永嘉学术史略》。② 文章先绍述了永嘉学派的谱系，关于永嘉之学渊源的论述，和孙孟晋《浙江永嘉学派之源流》等文相去不远：

> 北宋时有王景山先生出而提倡理学，著有《儒志》一编，学者翕然从之。是为永嘉有学术之始。当时伊洛诸儒未作，先生首先发明经蕴，不特可谓永嘉学术之创祖，亦且要谓中国理学之导源矣。元丰间，乃有周行己、许景衡、蒋元中、沈躬行、刘安节、安上、戴述、赵霄、张辉诸先生起于其乡，一宗伊洛程氏之学，或亲炙焉，或私淑焉，故其教授乡里，学风为之丕振，世称之为元丰九先生。然溯其师法，虽皆出于伊洛，实则王景山先生之支流余裔也。绍兴末，伊洛之学稍息，郑伯熊、薛季宣、陈傅良、叶适诸先生复起而振之，益发挥先哲学术之精华，蔚成一家之说，世称之为"永嘉学派"。③

值得我们注意的是，姜琦认为永嘉学派影响深远，王守仁、顾炎武、颜元等都以永嘉学派为师法，甚至日本的维新事业，也利用了永嘉学术。因为姜琦认为永嘉之学"通经学古，施于实用"，有"经学学派"之称，但前人"往往诋'永嘉学派'为一种功利之说而轻视之，此固未悉'永嘉

---

① 夏鼐：《夏鼐文集》第5册，北京：社会科学文献出版社，2017年，第4页。
② 姜琦：《发刊辞》，《新学报》1920年第1号。
③ 姜琦：《发刊辞》，《新学报》1920年第1号。

学派'之精义也"，而姜琦将永嘉学派精义与美国的实用主义联系起来：

夫"永嘉学派"之精义，在于即体即用，坐言可以起行，与近今美国之"实用主义"（Pragmatism）若合符节。

大概这一时期作者正着手编撰《西洋教育史大纲》，顺手就将杜威的思想和永嘉学派做比较。从再造永嘉学派的角度看，这其实是尝试贯通永嘉学术与现代学术，使得历史上的永嘉学术也有了现代价值。不过，他随即分析了两者的相异之处：

惟美国"实用主义"与永嘉"经制学派"，究而按之，微有不同之点。盖彼则注重组织新经验，以为书籍乃一种过去社会之陈物，不适用于今日者也。杜威（Dewey）曰："经验不是一本老账簿，乃是一个有孕的妇人，乃是现在的里面怀着将来的活动。"又曰："教育即是社会功课即是生活。"观杜氏之言，实以现代社会为出发点，组织种种新经验，以谋适用于实际生活者也。此则虽不喜空谈玄妙，而重究心实用，然皆以通经学古为前提，采用古昔之礼乐制度，而见之事功，所谓经制之学者，要不外乎周公所谓"三事""三物"之遗训而已。似仍不免陷于墨守成法之弊而无创造革新之举也。本会同人有鉴于此，以为今日世界思潮日进不已，墨守成法绝不能适应于新时代之要求，因采取美国"实用主义"以药我"永嘉学派"之病。特发斯刊，名曰《新学报》。收世界种种新知识，为集思广益之助；其于我永嘉诸先哲有用之学说，益发挥而表彰之，使新旧学术熔化于一炉，铸成一种新学说，以谋适用于今日实际生活也。凡我同人，认定宗旨，取一致论调，共同进行，异日不难有所谓"新永嘉学派"之出现。

姜琦认为"通经学古"会造成墨守成法之弊，"永嘉学派"需要发展成"新永嘉学派"。姜琦的态度和立场是显而易见的，因此他对于永嘉学派的现代阐释也就点到为止，事实上1919年11月2日在《新时代》上发表《教育史上杜威氏的地位》一文时，根本就不提及与永嘉学派的异同。

经过晚清以来的再造工作，"永嘉学派"一名得到了广泛传播。重新回顾这一再造工作，我们可以发现它最初完全建立在地方文献整理的基础之上，并带动了温州文献的收集与整理，从地方文献整理的角度看，具有深远的影响。

同时，再造永嘉学派也促使学者，尤其是温州学者，对于永嘉学术、永嘉学术精神的一再审视。我们可以看到，再造永嘉学派工程中，对于永嘉学术精神并没有太多的全面论著，甚至可以说，永嘉学术精神的深入和永嘉学派再造之间具有一定的张力。但是进入20世纪以后，时代挑战之下，学者不得不进一步再造永嘉学派，进一步扩大两者的张力。

我认为支撑这些工作的，是地方意识的兴起。孙诒让《答温处道宗湘文书》（1896）中说："先严前在江鄂，有《永嘉丛书》之刻，又尝摭梨洲、谢山之遗，为《永嘉诸儒学案》，家叔亦尝以水心《习学记言》校刊于珂里，皆欲播先哲之传书，导后进以循轨。" 其实已经明确说出了这几项工作背后的地方情结，或者说再造永嘉学派，是地方意识在学术层面的一种表现。

陈傅良经制之学探析

马　寄[*]

陈傅良（1137—1203），浙江瑞安人，字君举，号止斋，其时学人称其为止斋先生，是永嘉学派代表性人物之一。时下学界对陈傅良之学的定位多为功利学派。这一为学的定位多基于永康学派陈亮的定位，而朱熹将陈亮之学定位为功利主义，而在朱熹看来，陈亮与永嘉学派诸人，包括陈傅良，同属于浙东，为学应差别不大，既然陈亮之学是功利主义，永嘉学派诸人亦不外乎事功主义。时下学界多沿袭朱熹这一对陈傅良之学的误读。若回到陈氏思想本身的视域，将陈氏之学定位为事功主义是尚待商榷的。《宋史》陈氏本传这样言说陈氏之学："是时，永嘉郑伯熊、薛季宣皆以学行闻，而伯熊于古人经制治法，讨论尤精，傅良皆师之，而得季宣之学为多。"[①]陈氏业师为同乡薛季宣、郑伯熊。陈氏从薛季宣那里继承了义理之学，从郑伯熊那里承袭了经制之学。其实薛季宣之学亦包含着经制之学。乾道二年（1166）薛季宣待阙故里，陈氏从其学，其所学内容就包括"经制之学"，乾道五年（1169）陈氏追随薛季宣寄寓常州，"茅茨一间，聚书千余卷，日考古咨今其中"[②]。永嘉学派渊源于二程理学，然在其后的发展中一方面继承了二程义理之学，另一方面基于针砭时弊发展出经制之学。鉴于北宋靖康之耻及南宋偏于一隅、时刻面临着北方异族的威胁，永嘉学子意识到单纯义理之学无法应对时局之危难，于是发展出经制之学。"经制"事从制度层面治国理政之义，西汉初年贾谊云："岂如今定经制，令君君臣臣，上下有差，父子六亲，各得其宜，奸人亡所几幸，而群臣众信，上不疑惑！"（贾谊：《治安策》）《新唐书》修撰者如是评价裴度："惮

---

*现任温州医科大学马克思主义学院教授。
① 脱脱等撰：《陈傅良传》，《宋史》卷四三四，北京：中华书局，第12886页。
② 陈傅良：《薛公行状》，《陈傅良先生文集》，杭州：浙江大学出版社，第645页。

度复当国，因经制军事，数居中持梗，不使有功。"①永嘉诸子在坚持"义理"的前提下，发展出经制之学。相对于义理之学偏于内在"心""性"，经制之学则侧重于外在制度，试图在外在制度的经营中达成经世致用的目的。经世致用最终旨趣归于功利，故经制之学与功利之学在宗旨方面有着相似之处，职是之故，朱熹将二者打包为一。然而不可就此将经制之学等同于功利之学。经制之学涵摄着义理，义理支撑着经制之学；而功利之学则以功利为义理，义理在其思想体系中找不到位置。在消除时下学界对陈傅良之学的误解时，理应将陈氏之学定位为经制之学。本文从早期为学经历、对理想制度的勾画、对历代政制的检讨、对现代政治制度的反思四个向度解析陈氏经制之学。

一、归于经制之学：早期为学经历

南宋以来温州盛行科举之学。早年陈傅良就善于科举之学，并以科举之学授人。陈傅良如是回忆那段岁月："傅良丙戌［乾道二年（1166）］丁亥［乾道三年（1167）］岁，受徒城南。"②这一教授生涯因一人的到来戛然而止。"公间来过教督之。"③公是指同乡薛季宣。隆兴二年（1164）薛氏致仕居乡。乾道三年薛氏偶然路过城南茶园，于是二人便发生这样一段对话。薛氏叩问陈傅良"所安"何处。陈傅良以"毋不敬"应答。薛氏继续叩问："必参倚如何？"④陈傅良若有所悟，从而"归心薛氏"⑤。陈傅良在祭薛氏之文中这样描述初次遭遇薛氏的心境："我昔自喜，壁立倚天。见兄梅潭，如若坠渊。"⑥在晤面薛氏之前，陈傅良极为自信，而晤面薛氏之后，陈傅良则顿失孤傲之心，谦心于薛氏。由是陈傅良拜于薛氏门下，并从科举之学转向义理之学。同年陈傅良解散了城南茶院之会，从众人簇

①《新唐书·裴度传》。
②陈傅良：《薛公行状》，《陈傅良先生文集》，杭州：浙江大学出版社，1999年，第645页。
③陈傅良：《薛公行状》，《陈傅良先生文集》，杭州：浙江大学出版社，1999年，第645页。
④"子张问行，子曰：'言忠信，行笃敬，虽蛮貊之邦，行矣。言不忠信，行不笃敬，虽州里，行乎哉？立则见其参于前也，在舆则见其倚于衡也，夫然后行。'"（《论语·卫灵公》）
⑤楼钥：《宋故宝谟阁待制赠通议大夫陈公神道碑》，《陈傅良先生文集》，杭州：浙江大学出版社，1999年，第682页。
⑥陈傅良：《祭薛常州先生》，《陈傅良先生文集》，杭州：浙江大学出版社，1999年，第567页。

拥中抽身而出，"与其徒一二十辈，聚课仙岩"①。

乾道六年（1170）薛氏为宦常州。该年春季陈傅良追随至常州。陈傅良这样总结其追随薛氏从学常州经历："约我以博，有源有涉。譬彼草木，自根徂叶。匪我无师，亦既多友。系兄不逢，岁月空久。我无所愿，没生为役。"②从陈傅良的追述来看，在常州期间，薛氏从两方面教诲陈傅良。一是博览群书。经制之学的特点就是博洽多闻。二是指点根源。这便是义理之学所指向的"心""性"。在表述完薛氏如是教诲之后，陈傅良还感喟若无薛氏之教诲，其仍在虚度岁月。在薛氏的教诲下，陈傅良一方面已洞悉义理之学的奥义，优入圣域；另一方面，接受博洽多闻之学。这说明陈傅良亦追随薛氏，踏上经制之学的路途。基于薛氏教诲之功，陈傅良表示愿终生从学于薛氏。在薛氏看来，陈傅良乃其得意弟子，其在给郑伯熊的信函中，薛氏曾这样评述陈傅良："尝与之言，似乎成己工夫全未着力，勉之甚相领略，此亦乐事。"③可见，薛氏对于陈傅良甚为满意。约言之，在薛氏的引导下，陈傅良已归于经制之学。

乾道六年（1170）秋，陈傅良从常州出发赶赴临安参加太学补试。陈傅良幸运地通过了此次太学补试，由是有机会就学于太学。在就学太学期间，陈傅良幸运地结识了其时硕儒张栻、吕祖谦。张栻、吕祖谦极为器重陈傅良："张钦夫、吕伯恭相视遇兄弟也。……公之从郑、薛也，以克己兢业为主。敬德集义，于张公尽心焉……而吕公以为言本朝相承所以垂世立国者。然而学之内外本末备矣。"④张栻以义理之学"克己兢业"教之，陈傅良亦倾心于张栻之教诲，以"敬德集义"的方式加强自我的修养。吕祖谦则以"本朝相承所以垂世立国者"教之。"本朝相承所以垂世立国者"即内外兼重之学。内，义理之学；外，经制之学。相对于义理之学，吕氏之学与永嘉经制之学皆强调内外兼重。"学之内外本末备矣"，说明在吕祖谦的教诲下，陈傅良已意识到为学既当修之以内，发明"心""性"，亦当展之以外，以挽艰危之时局。

---

① 陈傅良：《薛公行状》，《陈傅良先生文集》，杭州：浙江大学出版社，1999年，第645页。
② 陈傅良：《祭薛常州先生》，《陈傅良先生文集》，杭州：浙江大学出版社，1999年，第568页。
③ 薛季宣：《与郑景望（一）》，《薛季宣集》，上海：上海社会科学院出版社，2003年，第204页。
④ 叶适：《宋故通议大夫宝谟阁待制陈公墓志铭》，《陈傅良先生文集》，杭州：浙江大学出版社，1999年，第698—699页。

在以后的岁月中，陈傅良时时回到儒家"六艺""六经"，将"六艺""六经"理解为道德修养的经典："年来笃信六艺之学，兢业为本。"[1]"六经之义，兢业为本，《诗》可以言，《礼》可以立，玩味服行，自觉粗厉，此某近所窥见，且以勉同志者。"[2]"六经之教与天地并，区区特从管窥见得兢业一节，足了一生受用。"[3]陈傅良道德修养的成效，还得到吕祖谦的认可，吕祖谦曾这样评论陈傅良："陈君举相聚甚款，最长处是一切放下，儒初学人，正未易量。"[4]

二、《周礼说》：对理想制度的勾画

儒家仁、礼并重，《周礼》是儒家"三礼"之一。《周礼》以"天官冢宰""地官司徒""春官宗伯""夏官司马""秋官司寇""冬官考工记"架构起周代国家制度。这一周代国家制度当然不是现实周代制度的描绘，而是先秦儒生对周代制度理想化的构想，因此染有理想色彩。后世学人欲构思制度，必然要回到《周礼》，在《周礼》的引导下构思自身制度设想。"经制之学"是永嘉学派外王思想的展现，欲建构起新的制度，以挽艰危之时局。陈傅良对《周礼》更是重视有加。陈傅良曾撰写《周礼说》。绍熙元年（1190）陈傅良与光宗在廷对时，光宗问陈傅良有何著作，陈傅良以《周礼说》应之，并许诺随后进呈之。[5]陈傅良为进呈《周礼说》的作序——《进周礼说序》，可见陈傅良确曾向光宗进呈《周礼说》。[6]后来叶适曾记载过《周礼说》的进呈："同时永嘉陈君举亦著《周礼说》十二篇，盖尝献于绍熙天子，为科举家宗尚。"[7]《周礼说》后失传，幸运的是王与之《周礼订义》保留了片段。

"王道至周礼备。"[8]与理学家一样，陈傅良认为夏商周三代是最美

①陈傅良：《答刘公度二》，《陈傅良先生文集》，杭州：浙江大学出版社，1999年，第479页。
②陈傅良：《与吕子约二》，《陈傅良先生文集》，杭州：浙江大学出版社，1999年，第470页。
③陈傅良：《与沈叔晦》，《陈傅良先生文集》，杭州：浙江大学出版社，1999年，第476页。
④吕祖谦：《答潘叔度》，《吕东莱集》第122页。
⑤参见《吏部员外郎初对第三札子》，《陈傅良先生文集》，第285页。
⑥参见《陈傅良先生文集》第504页。
⑦叶适：《水心文集》卷一二《黄文叔周礼序》，《叶适集》上册，北京：中华书局，1961年，第220页。
⑧陈傅良：《进周礼说序》，《陈傅良先生文集》，杭州：浙江大学出版社，1999年，第504页。

好的时代，欲回到夏商周三代。不过与理学家回到三代的理由并不一致："然后知过其历，秦不及期，非但仁义之泽不同，亦制度之异也。"①理学家回到三代的理由是三代仁义行之于世，而秦之后仁义不能行之于世；陈傅良回到三代的理由则是秦之后的历代制度不及三代。

秦之后制度在何层面不及三代？这从陈傅良对《春秋》的理解可以窥见一斑。《春秋》之大义在于"尊王"。陈傅良对这一传统《春秋》大义并不认同，指出："孔子作《春秋》，王人虽微，必序乎诸侯之上，始不以爵为差，凡以尊王，非周之旧典。"②在陈傅良看来，孔子所以作《春秋》，虽也"尊王"，然其只是"序乎诸侯之上"的形式上之尊。进而陈傅良得出"离经叛道"的结论：凡倡导"尊王"者，皆非周的原本典籍。这其实否定了《春秋》"尊王"之大义。这对于《春秋》主流诠释，以及以王权专制为代表的社会秩序造成了重大冲击。陈傅良曾对"君王"提出这样的疑问："王者以天下为家，岂容一家自为分异。"③在这句话中，陈傅良表达了理想王者的向往，对现实王者的批评。正是在"尊王"层面上秦之后制度不及三代。秦之后在制度层面过于"尊王"，这就可能导致君尊臣卑；在三代，则并不存在过于"尊王"问题，这就为君臣平等，共同治理的"共治"提供了可能。

问题还在于在何理论体系下论述不无"离经叛道"的"共治"制度体系。陈傅龙回到《周礼》，在《周礼》的六官制度体系下进行论述："《周礼》一经，尚多三代经理遗迹，世无覃思之学，顾以说者为缪，尝试者大缪，乃欲一切驳尽为慊。苟得如《井田谱》与近时所传林勋《本政书》者，数十家各致其说，取其通如此者，去其泥不通者如彼者，则周制可得而考矣。周制可得而考，则天下亦几于理矣。"④在陈傅良看来，世人并未深思熟虑，就以言说《周礼》为谬，试图以之行世者为大谬，然而若通便而不拘泥，以《周礼》治理天下，天下便"几于理"。

约言之，陈傅良主张以《周礼》治理天下。陈傅良所设想的《周礼》

---

① 王与之：《周礼订义》卷二一，《文渊阁四库全书》第93册，第347页。
② 王与之：《周礼订义》卷一八，《文渊阁四库全书》第94册，第294页。
③ 王与之：《周礼订义》卷六，《文渊阁四库全书》第93册，第97页。
④ 陈傅良：《夏休井田谱序》，《陈傅良先生文集》，杭州：浙江大学出版社，1999年，第508页。

治理天下具体方式有如下三种方式。

一是六官相互监督。"道揆在上，权纲归一而无专遂之私，法守在下，众职交修而无诡随之患，所谓周道如砥者，以此。"①"道揆在上"之"道揆"是指"天官冢宰"。在《周礼》六官制度体系中，周王隐而不见，"天官冢宰"居于六官之首，这就是说"冢宰"在周王朝制度体系中居于主导性地位。这与后世王权专制的制度体系形成鲜明对比。"天官冢宰"处于制度体系主动性地位，这可能导致专权。陈傅良意识到这一点，于是设想"众职交修"，即六官相互监督的方式来加以克服："陈君举曰：如太史、内史掌六典、八法、八则、八柄之贰，宜属天官，乃属春官。大小行人、司仪、掌客，宜属春官，乃属秋官……先王设官如此，当时不见文移回复职事，侵紊之患，何也？六官之设，虽各有司存，然错综亘见，事必相关。"②一方面，陈傅良认为六官各有专职，分别承担自己所应尽的职分，另一方面六官又"错综亘见"，相互监督。

这一别具一格的制度设计，显然并非《周礼》原意所具有，而是陈傅良自己创造性的制度构想。这一创造性的制度构想，突破了君主专制所代表社会秩序。其时学人并不能理解，如朱熹就是其中之一。朱熹说："主客、行人之官合属春官宗伯，而乃掌于司寇。土地疆域之事，合属于司徒，乃属于司马，盖周家设六官互相检制之意。此大不然！何圣人不以君子长者之道待其臣，既任之复疑之耶？"③朱熹从"天道"观出发，认为君主以"道"待"臣"，不应任命六官，又不应予以信任。朱熹之所以不能认可陈傅良六官相互监督的制度构想，其根源恐并不仅仅在于"天道"，更在于"天道"背后的皇权背后的"君"。像其时许多士人般，朱熹无法摆脱有"君"方有秩序的窠臼。

二是分级统治。西周国家治理实行分封的封建制。陈傅良这样理解封建制："古者，子男小国只得听命于侯伯，侯伯以其朝聘贡赋之教归于天子。自周制，子男之国不能尽归于京师，而后世乃自判、司、簿、尉尽归于吏部，

---

① 王与之：《周礼订义》卷四五，《文渊阁四库全书》第93册，第734页。
② 王与之：《周礼订义·牟言》，第14页。
③ 朱熹：《朱子语类》卷八六，第2204页。

宜其多事业。宣王中兴，亦只理会牧伯而已。"①分封的封建制分为天子、侯、伯、子、男五级。一方面子、男听命于侯、伯，侯、伯在朝聘、贡赋方面亦受制于周天子；另一方面后世所谓司法、财簿、军事则归于侯、伯自我管理，周天子并不干涉。这一统治方式可谓分级统治。

三是中央官员直接统治地方。"周制，三公统六卿，各治其一，以倡九牧，故周公、毕公以太师保厘东郊，而召公以太保率西方诸侯，盖二伯兼乡老者。方叔莅中乡之师，则卿为乡大夫者，与《春秋传》，宋右师令乡而司徒令隧，管仲率齐士乡十五，公与高国各率其五，虽损益非古，而列国孤卿，亦董乡事，所以中外相维，而治出于一。"②在陈傅良看来，周代政治制度，乃太师、太保、太傅三公统辖冢宰（总管军政）、司马（负责军务）、司寇（分管刑罚）、司空（负责工程）、司徒（负责民政）、宗伯（负责礼仪）六卿。与此同时，三公六卿亦兼地方官员。陈傅良之所以推重这种统治方式，其原委在于"中外相维"，中央可以直接把捉到地方的脉动，从而达成"治出于一"的目的。

三、考证历史：对历代政制的检讨

朱熹弟子魏了翁为袁燮写行状时，曾这样评价陈傅良："永嘉陈公傅良，明旧章，达世变，公与从容考订，细大靡遗，其志以扶世道为己责。然自始学，于义利取舍之辨甚严。"③说明陈傅良为学以考证历史见长。当然陈傅良考证历史并非出于对历史本身的兴趣，而是借鉴历史的经验审视对现实政治的启迪。

乾道八年（1172）甫一中第的陈傅良就有廷对机会。针对孝宗圣策"若孝文之德，则罪不孥，宫不女，惜露台之费，除租税之征，可谓仁矣。然而恬芒刃之施，释斧斤之用，惟尚宽厚，足以富民，其威不伸。朕以孝文之文也，而能厉之以武，不亦善哉"，陈傅良因势利导从四方面进行了劝导：

---

① 王与之：《周礼订义》卷二一，《文渊阁四库全书》第93册，第251页。
② 王与之：《周礼订义》卷一八，《文渊阁四库全书》第93册，第299页。
③ 魏了翁：《西山文集》卷四七《显学阁学士赠龙图阁学士开府袁公形状》，《文渊阁四库全书》第1174册，第760页。

臣固知陛下慕文帝之宽仁，足以富民，而所缺者武功也。且陛下自度所以富民者，何如文帝耶？臣观文帝以钱谷问丞相，而陈平不对，谓是有司事耳，非所以烦庙堂。由是汉之计臣，得以自尽，仓廪之吏，至氏其子孙。臣不识今之所谓冢宰制国用，于左藏之外别为南库者何也？且其辞曰："经费一领于大农，而增美币余之入，南库受之。"其名顾不甚美乎？然而操制国之权与司农孰为轻重？增美者遄有迁擢，经赋辨否则莫能黜陟也。厥今槽臣、守陈，类多自营，观此二途，意将安向？是以比赋日耗，而南库之积日滋，大农告匮，时捐数十万缗以相补足。比及奏闻，屡有德色。且均之为国用耳，虚彼盈此，竟何谓耶？夫兵廪如昨，岁百如昨，吏禄如昨，而大农甚匮，将安取此？陛下信以为版曹诸臣自卖以取辨乎？抑甘受缺额拥虚数坐俟乏绝备诛谴？不能为此，必且为他谬巧，以苟逭岁月之责。是以上不加赋，而民生嗷嗷。夫暴征横敛出于朝廷，则群臣得以论列，细民得以赴愬。……夫文帝以司农理财，至于寡取；陛下以宰相理财，至于多取。臣故曰："陛下慕文帝之富民，而不由其道，所以评文帝者诚善矣，而无益于治也。"

夫断自宸衷，恩顾归下，赂入私室，怨在公家，凡有爱君之心，谁能闻此。况又将帅素轻，士不素附，而欲望其立功靖边，不亦难乎？且武帝以私选将，犹不废公，陛下以公用人，奈何不稽于众，顾得以容私耶？臣顾曰："陛下慕孝武之强兵，诚得其所长矣，而择将之理未尽，臣未见其能强兵也。"

臣请言今之所以异于唐者，顾陛下审择而更张焉。则岂惟如唐，将有隆于唐者，惟陛下所欲耳。太宗谏官入阁之制，非以求谏耶？而陛下不乐忤意之臣，此臣之所未论者一也。太宗幕府学士之选，非以崇儒耶？而陛下有轻视儒生之名，此臣所未论者二也。太宗感魏徵之言，使群臣不存形迹，陛下以近名责臣下，此臣之所未论者三也。太宗屈意雠臣，而不以秦府自卫，陛下乃以合党疑外廷，此臣之所未论者四也。臣非但以太宗望陛下者，安敢怀所未论而不试陈于前。囊者议除发运，议遣泛使，论思之臣，一语不合，往往罢斥，甚或流窜。事亦少异矣，虽然是尚有可诿者，曰是非官守言责也。盖职分常事耳。……太宗独不怒谏臣乎？宫中无发之语尚能忍之，深知言路闭塞，乃人主切身利害，彼纷纷以口舌争者，果谁为也？臣以为慕太宗，当自求谏始。

腐儒空谈，祗乱人听，惟人主厌此，虽稍知务书生，固自厌此，陛下不与共事，其谁念之哉！然而腐儒端不可用，而不可有轻视儒生之名。何也？非所以招徕其类也，非所以令众庶见也。脱有真儒，亦其俦辈，或以取轻为愧，而一动归去来之心，陛下安能有之。夫燕昭子之礼郭隗，其虚声犹足以致士焉。有圣人抚御，天涵地育，而一旦有弃士之名哉。且自陛下临御以来，凡所谓陋儒，其被戮辱蒙顿挫者谁乎？盖未之见，而远方之士风传料想，往往过当。或曰经莛特虚器耳，科诏特故事耳，赐出身特未混流品耳，无乃缺盛美矣乎？十八学士，岂尽全才，间亦无过，区区章句，文墨浅事，而太宗兼取并蓄，厥意不独为缘饰也。臣以为诚慕太宗，当自崇儒始。①

首先，陈傅良劝谏孝宗不要过于敛财。陈傅良客套表示自己知悉孝宗虽仰慕汉文帝勤政爱民，然仍以为汉文帝于武力方面还是有所欠缺。陈傅良借着孝宗话语，言及汉文帝与陈平之间的一段对话。汉文帝叩问丞相陈平府库中钱谷有多少，陈平不予回答，说这是有司所管之事，超越了丞相所管。从汉文帝与陈平的这一对话陈傅良阅读出其时大臣各负其责，丞相不必过多干涉。对比之下，对于其时左藏之外另设南库，陈傅良表示了不解。对于支出归大农管理、收入归南库管理的理由，陈傅良并不认同，并指出了这存在两方面的流弊。一是丞相与司农的权责孰轻孰重并不清晰。二是收入与支出之间存在着不平衡。由于朝廷支出日益增多，这就导致大农所征钱财频频"告匮"，与此同时君王将南库所掌握钱财视为一己所有，由是南府所藏钱财日益增多。为了达成收支之间的平衡，朝廷只能巧夺豪取，千方百计地增加税赋。这就造成了普通民众的税负日益加重。如何解决这一收支之间不平衡？陈傅良回到汉文帝，指出汉文帝与孝宗处理财富之间的差异：汉文帝以司农理财，所以寡于征敛税赋；而孝宗则以宰相理财，则趋于横征暴敛。由是陈傅良毫不留情地指出孝宗仰慕汉文帝富民，却不遵循"道"，因此孝宗对汉文帝的评价很恰当，然而却无益于其时国家之治理。

---

① 陈傅良：《壬辰廷封》，《陈傅良先生文集》，杭州：浙江大学出版社，1999年，第381—384页。

其次，陈傅良劝谏孝宗重新思考公私。陈傅良从两个层面阐述公私。就第一个经济层面而言，将恩惠归于臣下，财富归于私人之家，怨恨归于朝廷，这在忠君爱国者看来，谁能忍心闻此话语。就第二个军事层面而言，有宋一代实行重文轻武政策。这一政策导致将不认兵、兵不认将的局面。这一局面固然克服解除了将兵私人间的依附关系，与此同时这亦造成了军队失去凝聚力。陈傅良就此指出失去了凝聚力的军队怎么可能保家卫国。为了阐明军队当合理地保留私人情感，陈傅良回到汉武帝。汉武帝在选任将领时并不因公废私，还是选任自己认可的将领。基于此，陈傅良这样劝诫孝宗：陛下您仰慕汉武帝的丰功伟绩，诚然得汉武帝之所长，然而并未领会到汉武帝丰功伟绩背后的并不因公废私之"理"，因此有宋一朝未能如有汉一朝富国强兵。

再次，陈傅良劝谏孝宗广纳谏言。陈傅良指出有宋不如唐代强盛，话语一转，陈傅良指出孝宗若能做到四点，不仅能如唐般强盛，甚至隆盛于唐。通过比较唐太宗与孝宗的方式，陈傅良用心良苦地劝说孝宗当效法唐太宗。一是唐太宗以谏官入阁，由此可见唐太宗求谏之心。而孝宗则不喜欢忤逆自己的朝臣。二是唐太宗重视官方府学学士的选拔，由此可见唐太宗重视儒生。孝宗则鄙视儒生。三是唐太宗一再宽容魏徵，以使群臣感受不到君臣之间的间隔。孝宗则以外在声名要求群臣。四是唐太宗委屈自己屈从于与自己话不投机的大臣，孝宗则狐疑廷臣结党营私。在这四者之间，陈傅良最为重视的还是纳谏。在陈傅良看来，唐太宗之所以能善纳谏言，在于其知悉接纳谏言与否关切着国家的安危。由是陈傅良建议孝宗学习唐太宗从纳谏开始。

最后，陈傅良劝谏孝宗任用真儒。陈傅良将儒者分为真儒、腐儒。腐儒滞于空谈，乱人听闻，不仅陛下厌恶腐儒，即便经世之儒亦厌恶。然而陛下不可因厌恶腐儒而轻视儒生。在陈傅良看来，儒有真儒、腐儒之分。真儒以被轻视为辱，稍有被轻辱便有致仕之心。陈傅良劝说孝宗当效法春秋燕昭子礼贤下士郭隗，以虚怀若谷之胸怀招揽天下贤士。陈傅良还毫不客气地指出自孝宗登基后，轻薄寡陋之儒并未被驱逐，真儒自然选择归隐。由是陈傅良劝说孝宗仰慕唐太宗，当从崇儒开始。

在此后仕宦生涯中生民疾苦在怀的陈傅良不失时机地在进策、廷对中利用历史典故、名帝对其时皇帝进行劝谏。

"皇天无亲，惟德是辅。民心无常，惟惠是常。"（《尚书·蔡仲之命》）周成王已意识到获取天下的方式在于获得百姓的支持；获得百姓的支持，在于赢得民心。这一获取天下的方式被后来儒家所接受，成为儒家政治合法性的前提。陈傅良以此劝谏光宗：

> 汉文致仁，不在复租，而见于复租。《周官》之仁，不在荒政，而见于荒政。武王之仁，不在散财发粟，而见于散财发粟。圣人之仁，其积之有源，其发之有机，其所以厚天下无穷，而见于临天下者殊其有限者也。天下之人，不以其有限之施而致不足之望，而常以是信其无所不爱之心怀不尽之感者，盖于其所发占所积，圣人之心始形见乎此。夫媒人而盛誉之，人不以为喜。役人而强饭之，人不以为德。何也？媒人而誉之，吾固有所之私也。役之而饭之，吾固有所利也。故夫一誉之及必谢者，必其无所私之初。一饭之施必谢者，必其无所利之素。圣人之仁，形见之日，则天下吾戴者，非其形见之日也。其心无所事于形见之末，而所召速则形见之机也。
>
> 昔尝怪宣王咎己之急辞，罪岁之觖望。夫咎己之急辞，生于自治之不足。罪岁之觖望，则又穷焉而尤天也。而中兴之雅，实先是《诗》。序《诗》者顾以为中兴之根本何也？彼其心未有系天下之心也。宣王之机，所藏者甚微，而泽之及人者尚自浅者也。藏乎中甚微，非力久则未易其著，而泽之所及犹浅，则亦难以遽乎。云汉之旱，宣王之恻怛忠爱，一旦而大彰彰焉，天下以是为文、武、成、康之心也。车攻之未作，复古之业就矣……圣人之仁，不外假以收天下，而天下之归心则尝有俟也。天地之德，非止于雨露，而物则得天地之雨露。父母之恩，非止于乳哺，而子则恩父母之乳哺。[①]

在陈傅良看来，获取民心的方式有二。一是行仁政。仁政，是儒家为政的基本理念。陈傅良这里所言仁政思想的特别之处在于仁政有表有里。仁政之表是具体仁政措施。陈傅良认为仅有仁政措施还不够，仁政之表当

---

①陈傅良：《收民心策》，《陈傅良先生文集》，杭州：浙江大学出版社，1999 年，第 658—659 页。

发于仁政之里。所谓仁政之理便是"无所不爱之心"。在"无所不爱之心"的发动下，具体仁政措施方得以展现。为了阐明相对于仁政之表，仁政之里（"无所不爱之心"）更为根本，陈傅良以汉文帝复租、《周官》救荒之政为例。观察汉文帝复租、《周官》救荒之政，不能只见其表，更要察见其背后的"无所不爱之心"。二是要有自知之明，不因他人赞誉之，而扬扬自得。陈傅良以"媒人而盛誉之""役人而强饭之"为例。不论"媒人而盛誉之"，抑或"役人而强饭之"，均出于"吾固有所之私"。陈傅良又举了汉宣帝赢得民心从而实现中兴的例子。在陈傅良看来，汉宣帝"无所不爱之心"亦未尝充盈。然而面对云汉之灾，汉宣帝"无所不爱之心"沛然而发，由是"复古之业就矣"。

四、针砭时弊：对现实政治制度的反思

面对有宋一代国力极弱，频遭异族入侵，陈傅良将其归因于有宋一代的制度。由是陈傅良针砭时弊，对有宋一代政治制度进行了反思。鉴于唐代中后期藩镇割据导致中央驾驭不了地方的政治乱象，有宋一朝有意识地加强了中央集权，以试图克服唐中后期的政治乱象。然而这一政治制度的调整在克服唐中后期乱象后，矫枉过正，随之产生了中央过于集权所导致的地方缺乏活力、军队缺乏灵活性、政出多门诸问题。陈傅良有着地方为官经历，对于南宋政治制度上述弊端有着切身体验，其初任吏部员外郎时曾向光宗指出其时军队存在的弊端：

臣来自远方，不知朝廷之费宫掖之奉岁当几何？以所亲见，则天下之力竭于养兵，而莫甚于江上之军。故每欲省赋，朝廷以为可，版曹以为不可。版曹以为可，则总领所以为不可。总领所欲以为可矣，奈何都统司不可也。陛下亦熟念之欤？则以都统司谓之御前军马，虽朝廷不得知；总领所谓之大军钱粮，虽版曹不得与故也。于是乎中外之势分，而职掌不同，事权不一，施行不专矣。职掌不同，则彼此以相谋。事权不一，则有无不能以相济。施行不专则前后不能以相守。故虽欲宽民力，其道无由。且夫承平关陕已行之久，中兴，韩、岳未罢之前，养兵，而不见其不足，诚在今日稍仍旧贯，使都统司之病与向者在制置司时无异，总领所之财与向者在转运司无异，

则中外为一体，中外一体则宽民可得而议矣。①

鉴于其时时时面临北方异族的威胁，南宋朝廷耗费大量钱财供养军队。然而令人失望的是事与愿违，南宋军队战斗力并不强，以致北方异族的入侵是悬于南宋头顶的达摩克利斯剑。陈傅良紧紧抓住军队财政滋养问题一针见血地点出其时军队存在痼疾——政出多门。长江流域是抗金前线，朝廷每年皆竭其财力加以供养。为了这笔财政支出，朝廷、版曹、总领所、都统司之间总是相互推诿：朝廷以为可，而版曹则以为不可；版曹以为可，总领所以为不可；总领所以为可，都统司以为不可。这恰如都统司统率御前军马，朝廷亦不得过问，总领所负责军队钱粮，版曹亦不得过问。由是陈傅良指出政出多门，事权不专一，各部门各行其是，朝廷有心"宽民力"，亦不可得。具体到军队，在陈傅良看来，在韩世忠、岳飞未罢免之前，军队财政滋养问题并无争论。因此，陈傅良建议都统司恢复到此前的制置司，总领所恢复到此前的转运司。

"内重外轻之患自古然矣。"②然而因其时特殊国情，陈傅良向宋孝宗建议："窃以为今日之势，莫若稍稍重外。重外之术，必使帅、曹、总领皆可训致于从官。"③陈傅良意识到既往的朝廷皆执行"内重外轻"的政策，然而鉴于其时特殊形势，陈傅良建议从"内重外轻"调整为"稍稍重外"。"稍稍重外"，则可使指挥权、财政权得以统一。

除了军队弊政外，南宋初期还存在大量冗官问题，"祖宗"以下各朝，"浸以宽大"，于是出现了冗官现象："肆我列圣，浸以宽大。任子及于异姓，取士及于特奏，养兵及于剩员。甚者污吏有叙复，重辟有奏裁。议论之臣每不快此，而国家世守中与更定。盖周衰且千载，而《诗》《书》之意于是焉在，岂不盛哉？"④在陈傅良看来，有宋一代以宽大为怀，不仅供养本朝皇家子弟进行供应，而且供养前朝皇家子弟；科举取士，除了常规科举外，还有"特奏"等非常规科举；招揽闲杂人员参军，以至于军队人员

---

① 陈傅良：《吏部员外郎初对札子》第三札，《陈傅良先生文集》，杭州：浙江大学出版社，1999年，第285页。
② 王与之：《周礼订义》卷六二，《文渊阁四库全书》第94册，第243页。
③ 陈傅良：《陈傅良先生文集》，第355页。
④ 陈傅良：《〈周礼说〉序》，《陈傅良先生文集》，杭州：浙江大学出版社，1999年，第505页。

烦冗。官吏过多，导致相互推诿，贪污成风，政事却议而不决。忠诚之士每每于此愤懑不已，欲朝廷对此加以更改。

约言之，陈傅良之学乃经制之学。朱熹弟子黄干曾如是表彰陈傅良："君举陈丈，于大经大本固难责以尽合，然闻其于制度考证亦颇有过人处，善取人者，亦资自长以益己而已。"[1] 在黄榦看来，虽然陈傅良未能契于"大经大本"——本然"心体"，然而这无碍于陈氏在制度考证方面的过人之处。不过黄干对陈傅良经制之学还是有所误解。首先，经制之学不仅是考据学，其内涵除了历代制度的考证外，还包括通过《周礼》对理想制度的勾画、对其时制度的检讨。另外，陈傅良不是考据学家，其不会满足于历史的考据。在陈氏考证历朝制度的背后是陈氏的微言大义——针砭时弊。陈傅良深刻地洞察到其时政制的症结在于君权过于集中。欲解决这一政制症结，除限制君权、实现君臣权力之间的平衡外别无他法。[2] 陈傅良这一独特经制之学在其时可谓石破天惊，振聋发聩，染有近世性格，发黄宗羲批评君权专制之先声。

（原文刊载于《温州学刊》2023 年第 3 期）

---

[1] 黄干：《勉斋先生黄文肃公文集》卷六《与胡伯履西园书》，《北京图书馆古籍珍本丛刊》90 册，第 373 页。

[2] 绍熙二年（1191）陈傅良弟子曹叔远向朱熹如是表述陈氏思想："陈丈大意说，格君且令事上移他，心下归于正，如萧何事汉，令散财于外，可以去其侈心，成其爱民之心说。"（朱熹：《朱子语类》卷一二〇，第 2964 页。）"事上移他"，就是用制度约束君主，从而达到"心下归正"的目的。

永嘉学派对《诗经》学研究的贡献
——以叶适为中心

宋雪玲*

《诗经》学自汉至唐，基本上由《毛诗序》《毛传》《郑笺》以及《孔疏》所构建的汉学典范支配。进入两宋，在疑古惑经思潮的推动下，学者对待《诗经》，不再盲从汉唐训诂之学，质疑订误成绩十分显著，不再迷信《诗序》，进一步承认了《诗经》文本自身的独立性，围绕着传统《诗经》学命题如《诗序》、删诗说、正变、淫诗、"六义"等进行了多元阐释，促进了《诗经》学的宋代革新。宋代《诗经》学呈现了与汉唐义疏风格迥异的研究风貌，一般认为是可以和汉唐《诗经》学和清代《诗经》学并提的一个重要研究高峰。

以叶适为代表的南宋永嘉学派，在《诗经》学领域亦有涉及，虽然他们很少有《诗经》学研究的专门著作，在璀璨夺目的宋代《诗经》学史上很难被注意，但是对宋代《诗经》学的重要论题如尊序与废序之争、对"孔子删诗说"的讨论等，永嘉学者都有参与；在经说理念、具体的解经方法和具体的问题上，永嘉学者不盲从权威、不随时反复，皆有自己鲜明的观点，以下分别论之。

一、永嘉学者对《诗序》的态度

南宋之初，延续北宋欧阳修与二程的争论，《诗经》学领域存在着宗《诗序》和废《诗序》之争，对《诗序》的接受度是观察宋代《诗经》学者解释立场的一个重要指标。南宋前期以范处义《诗补传》和郑樵《诗辩妄》为代表；继之而起的是吕祖谦和朱熹的争论，朱熹由信《诗序》、疑《诗序》转变为废《诗序》，其思想经历了一个动态变化的过程；吕祖谦尊

---

*现任浙江省社会科学院文化研究所副研究员。

重《诗序》，重视前人的传注训诂。南宋初期的这些论争都对永嘉学派产生了较大的影响。

叶适（1150—1223），字正则，自号水心居士，浙江永嘉人。叶适是南宋永嘉学派的代表人物，在思想史和文学史上都有颇高的建树，《习学记言序目》是叶适的读书札记，他通过评论儒家经典和历史典籍，一般有总论，也有具体篇章评点，体例自由，篇章短小，蕴含了叶适对政治、经济、历史、文学诸多方面的观点。《习学记言序目》卷六记载了叶适对《诗序》的看法，他说：

> 作诗者必有所指，指故集诗者必有所系；无所系，无以诗为也。其余随文发明，或记本事，或释诗意，皆在秦汉之前，虽浅深不能尽当，读诗者以其时考之，以其义断之，惟是之从可也。专溺旧文，因而推衍，固不能得诗意；欲尽去本序，自为之说，失诗意愈多矣。①

叶适认为，无论是作诗者还是集诗者，意谓无论是作者还是选家，都应"有所指""有所系"，即一个标准，是大旨意。在这个问题上，叶适大体上可以归为宗《诗序》派，但是叶适对《诗序》又不是一概的肯定或否定，而是认为《诗序》中具体的诗意发明、字词解释，在秦汉之前，固然有不"尽当"之处，后世学者可以择善而从；但对《诗序》一概遵从，可能无法获知诗意，但是如果抛弃《诗序》，那就会谬以千里。

永嘉学派的另一位代表人物陈傅良，大致也可以归于宗《诗序》一派。陈傅良（1137—1203），字君举，号止斋，南宋瑞安人。他著有《毛氏诗解诂》，今已不传。蔡幼学《宝谟阁待制致仕赠通议大夫陈公行状》记载"公有《毛氏诗解诂》二十卷"。他的论诗观点与朱熹有较大的分歧，叶绍翁《四朝见闻录》载：

> 考亭先生晚注《毛诗》，尽去《序》文，以彤管为淫奔之具，以城阙为偷期之所。止斋陈氏得其说而病之，谓以千七百年女史之彤管与三代之

---

① 叶适：《习学记言序目》，北京：中华书局，1977 年，第 61 页。

学校，以为淫奔之具、偷期之所，窃有所未安。独藏其说，不与考亭先生辩。考亭微知其然，尝移书求其《诗说》。①

这段记载指出，陈傅良对朱熹弃《诗序》解《诗经》、揭举"淫诗"说，提出了不同意见。朱熹《诗集传》认为国风大多为"里巷歌谣之作，所谓男女相与咏歌，各言其情者也"，他解释《邶风·静女》曰："此淫奔期会之诗也，彤管，未详何物，盖相赠以结殷勤之意耳。"《郑风·子衿》曰："此亦淫奔之诗。"朱熹指称《诗经》中为"淫诗"的数量前无古人，其中数量最多的要数《郑风》和《卫风》，认为"郑卫之乐，皆为淫声"。但是朱熹想要与之论辩，陈傅良却"独藏其说"，以相关论述只是"与门人为举子讲义"为由，回避了与朱熹的争论。朱熹很重视不同的诗学意见，曾致信陈傅良，欲切磋《诗经》相关问题，期待能够听取陈傅良详陈己见，陈傅良《与朱元晦》的书信中委婉地批评了朱熹这些年屡屡与人争辩的做法："念长者前有长乐之争，后有临川之辩，他如永康往还，动数千言。更相切磋，未见其益。"②陈傅良认为朱熹此前与林栗、陆九渊等人的论战动辄千言，却毫无增益之处，比较委婉地表达了"不与争论"的意思；另外一则回信则更为直接，见《与朱元晦》二：

……来征《诗说》，甚何□包，所见何稿？岂乡时聚徒所为讲义之类，则削稿久矣。年来时时讽诵，偶有兴发，或与士友言之，未尝落笔，诚有之，当与长者有隐耶？区区愚见，但以雅颂之音，箫勺群慝，训故章句，付之诸生。③

这里陈傅良几乎是以"自贬"的姿态，回避了与朱熹的争论。清人夏炘因此认为陈傅良"傲然自大"，有"不可一世之概"："其不欲与朱熹辩，乃不屑辩也。"④

---

① 叶绍翁：《四朝闻见录》，清乾隆文渊阁四库全书钞江苏巡抚采进本卷一，第63页。
② 陈傅良：《陈傅良先生文集》，周梦江点校，杭州：浙江大学出版社，1999年，第482页。
③ 陈傅良：《陈傅良先生文集》，周梦江点校，杭州：浙江大学出版社，1999年，第483页。
④ 洪湛侯：《诗经学史》，北京：中华书局，2002年，第361页。

另，陈傅良《答张端士弟第三书》云：

《毛氏诗传》洪汩有年，久欲为发明之，因附己见其下，且以补《吕塾》之缺。自今夏落笔，近缘过客，废矣，未期其成就也。有暇见过，略观纲目为佳。①

又《第四书》曰：

《诗说》尽《豳风》，《雅》《颂》亦未落笔，此书又看天命如何耳。②

可见，陈傅良大致是恪守《诗序》的，而且确实著有专门的《诗经》学著作，《第四书》似乎作于其卒年，可见陈氏心心念念，他本人也很重视自己的《诗经》学研究，惜乎这些著作今均已不存。在思想上他与朱熹多有不合，在学术上的彼此误解也比较深，这是另外一个问题。但是朱熹在《诗经》学上的诸多观点，对永嘉学者产生了影响，永嘉学者也实际上参与了论争，今天我们未见陈傅良关于《诗经》的专门论述，但是陈、朱二人此次沟通，有文字确载，证明了陈傅良确曾对朱熹的"淫诗说"提出过不同意见，并且在当时有专门的《诗经》学著作，且引起了朱熹的注意。

戴溪（1144—1216），字肖望，或作"少望"，号岷隐，学者称岷隐先生，浙江永嘉人。戴溪的学术成绩很少被关注，目前除台湾学者黄忠慎《戴溪〈续吕氏家塾读诗记〉的解经特质及其在〈诗经〉学史上的地位》一文有专论以外，目前比较重要的经学著作如皮锡瑞《经学历史》、章权才《宋明经学史》均未论及戴溪。淳熙五年（1178）戴溪夺得省试第一，之后屡任各部官职，升迁颇快。比较特殊的职位是开禧年间（1205—1207）担任太子詹事兼秘书监，曾为太子讲学。戴氏《续吕氏家塾读诗记》（以下简称《续读诗记》），是专门的《诗经》学著作。全书3卷，不列诗文，不录《诗序》，直接论述各诗，有学者认为此书的原始体式可能是讲章体。因《宋史·儒林传》云："景献太子命溪讲《中庸》《大学》，溪辞以讲读，非

---

① 陈傅良：《陈傅良先生文集》，周梦江点校，杭州：浙江大学出版社，1999年，第488页。
② 陈傅良：《陈傅良先生文集》，周梦江点校，杭州：浙江大学出版社，1999年，第488页。

詹事职，惧侵官。太子曰：'讲退便服说书，非公礼，毋嫌也。'复命类《易》《诗》《书》《春秋》《论语》《孟子》《资治通鉴》，各为说以进。"①这里也提到了《诗》，其讲稿或是《续读诗记》的雏形。《宋元学案》将其列入《止斋学案》，引《谢山札记》还录其《诗说续》3卷②，根据书名推测可能也是《诗经》学著作，学者一般认为此书和《续读诗记》为同一著作，或认为《诗说》是《续读诗记》的前身。③关于诗《序》，陈振孙《直斋书录解题》评价戴溪"自述己意，亦多不用小序"④，戴溪承认《诗序》的某些解释的确"有效"，但是并不盲从，《诗序》在戴溪心目中并不具神圣性与权威性，《诗序》最多只算是"一家之言"，《诗序》说可以被接受，也可以被修正甚至被推翻。因此他对《诗序》采取的是择善而从，是一种具体问题具体分析的态度，并不全盘否定，更不立意攻讦。有学者指出，戴氏面对《诗序》的解释，比较能够接受的是作《诗序》者追寻诗意的用心，但是他不太认同作《诗序》者标明的历史时代、人物等固定时代背景，而是淡化历史背景，用一种更为宽广的视野来解释诗文。⑤戴氏《续读诗记》乃是续吕祖谦的《吕氏家塾读诗记》，吕氏是宗《诗序》派的代表，但是戴氏续作的内容与吕氏却缺少明显的连续性，可以作为一部独立的学术著作来对待。孙诒让评价戴溪："其书虽云'赓续《吕记》'，然体例与彼迥异，逐篇各自为说，不复胪列旧训，持论醇正，于枝言曲说芟除殆尽，而反复阐明，多得诗旨。"⑥"反复阐明"，从文本出发，不泥守旧说，这是戴氏解诗的方式。从宗《诗序》的程度上说，戴溪甚至不及叶适，其共同点在于都能够跳出《诗序》的束缚和拘泥，将《诗经》的研究、阐释

① 脱脱等：《宋史》，北京：中华书局，1977年，第12895页。
② 黄宗羲等：《宋元学案》，全祖望补修，北京：中华书局，1986年，第1723页。
③ 岷隐《诗说》，嘉定初应景献太子命所作，见《宋史》本传。《万历温州府志·艺文门》载其卷数与《续读诗记》同，则疑《诗记》乃就《诗说》稿本重为刊定者，惜《诗记》原序今已不存，无可考核也。（《经义考》不载《诗说》，盖朱氏意，亦以《诗记》《诗说》为一书）（《温州经籍志》，第一册，卷二，第133页。）黄忠慎认为："戴溪嗜读《吕氏家塾读诗记》，有感于《读诗记》在某些方面的犹有不足，于是他推出了《续读诗记》。而这本《续读诗记》有可能正是当年戴溪为太子讲授《诗经》的讲本之改订本。"（黄忠慎《戴溪〈续吕氏家塾读诗记〉的解经特质及其在〈诗〉学史上的地位》，《东华汉学》2009年第9期）
④ 陈振孙：《直斋书录解题》，上海：上海古籍出版社，1987年，第101页。
⑤ 黄忠慎：《戴溪〈续吕氏家塾读诗记〉的解经特质及其在《诗经》学史上的地位》，东华汉学2009年第6期。
⑥ 孙诒让：《温州经籍志》，潘猛补校，上海：上海社会科学院出版社，2005年，第75页。

方向朝着更广阔的方向推进了一步。

二、永嘉学者对"孔子删诗说"的反驳

关于《诗经》的编订成书，历史上有广泛影响的是"献诗""采诗"和孔子"删诗"之说。汉代司马迁提出孔子"删诗"说，《史记·孔子世家》："古者《诗》三千余篇，及至孔子，去其重，趋可施于礼义，上采契，后稷，中述殷、周之盛，至幽、厉之缺。始于衽席，故曰：'《关雎》之乱以为风始，《鹿鸣》为小雅始，《文王》为大雅始，《清庙》为颂始。'三百五篇孔子皆弦歌之，以求合《韶》《武》雅颂之音。"[①] 至唐孔颖达始明确提出疑问，其后学者或赞成或反对，至今仍争论不休。汉初儒生继承先秦儒家对《诗经》的看法，更明确指出所谓"圣人之道"就是"孔子之道"，于是说《诗经》是由孔子选诗定篇的。宋代欧阳修《诗本义》遵从"孔子删诗说"："司马迁谓古诗三千余篇，孔子删之，存者三百。郑学之徒皆以迁说为谬言，古诗虽多，不容十分去九。以予考之，迁说然也。何以知之？今书传所载逸诗何可数焉，以图推之，有更十君而取其一篇者，又有二十余君而取其一篇者。由是言之，何啻乎三千诗？"欧阳修作为宋代《诗经》学研究的重要人物，在"孔子删诗说"的问题上，旗帜鲜明地认可"孔子删诗说"，但是其理由实在是牵强。

叶适《习学记言序目》中也直接涉及了这个问题，他说：

> 《史记》"古诗三千余篇，孔子取三百篇"，孔安国亦言"删诗为三百篇"。按诗，周及诸侯用为乐章，今载于左氏者，皆史官先所采定，就有逸诗，殊少矣，疑不待孔子而后删十取一也。又《论语》称"诗三百"，本谓古人已具之诗，不应指其自删者言之也。余于《尚书》，既辨百篇非出于孔氏，复疑诗不因孔氏而后删，非故异于诸儒也，盖将推孔氏之学于古圣贤者求之，视后世之学自孔氏而始者则为有间，亦次第之义当然尔。[②]

一般来说，学者根据《史记》记载"古诗三千余篇，孔子取三百篇"，

---

① 司马迁：《史记》，北京：中华书局，1959年，第1936页。
② 叶适：《习学记言序目》，北京：中华书局，1977年，第61页。

基本认为《诗经》是孔子删定的。叶适认为诗是"周及诸侯用为乐章,今载于左氏者,皆史官先所采定",没有入选的诗又得以流传的情况很少。因此似乎不能说是孔子删定的,而且《论语》中已经记载了孔子自己提到"诗三百"了——这应该是孔子在提及古人的《诗经》,而不是自己删定的《诗经》。由此可见《诗经》不是孔子删定的。接着叶适又举出《尚书》的例子加以佐证,既然《尚书》也有百篇不出于孔子,那么也可以合理地怀疑《诗经》也是这样。所以不认同"孔子删诗说"。叶适申明自己不是故意要与其他诸儒"唱反调",不是故意标榜不同,而是因为把孔子之学和古圣贤的学说放在一起考量,这和那些将孔子视为古圣贤学说之起点的人,还是有区别的。叶适有理有据地表明了自己的观点,他反对"孔子删诗说",但是与欧阳修所谓"今书传所载逸诗何可数焉,以图推之,有更十君而取其一篇者,又有二十余君而取其一篇者"这样敷衍的理由相比较,确实更为稳妥一些。当然,欧阳修认同"孔子删诗说",是其《诗经》学的逻辑起点,这是另外一个问题。

三、永嘉学者对《诗经》的多元阐释

宋代《诗经》学还有一个明显的特色,就是呈现了浓厚的理学化倾向。《国风》中的男女表露心迹、私约期会的作品,被汉唐学者打上"淫奔"的烙印,到了宋代,这些诗篇被直接视为"淫诗",显示了理学化的色彩。二程、张载、欧阳修、朱熹等重要学者论诗,都反映出了不同的理学化的倾向,王柏提出"删淫诗"之说,更是将《诗经》阐释推向了理学的极端。永嘉学者在这样的学术氛围里,体现了讲求实证、具体分析的治学态度,以下选取薛季宣和叶适的部分《诗经》学论点加以说明。

（一）薛季宣的"反古诗说""诗性情说"

薛季宣（1134—1173）,字士龙,号艮斋,学者称艮斋先生,南宋永嘉人。他是永嘉学派的代表人物之一和永嘉学派制度新学的开创者,对永嘉学派的形成有很大的贡献。叶适评价薛季宣曰:"永嘉之学,必弥纶以通世变者,薛经其始而陈纬其终也。"[①]四库馆臣称其"学问淹雅,持论明晰,考古详核,

---

① 叶适:《水心集》,四部丛刊景明刻黑口本,第153页。

立说精确，卓然自成一家"①，对薛季宣在永嘉学派的形成及其学术贡献上都给予了很高的评价。薛季宣《浪语集》载其《序〈反古诗说〉》《书〈诗性情说〉后》两篇，集中表现了薛季宣的《诗经》学思想。朱彝尊《经义考》亦存薛季宣《反古诗说》条目，并录《序〈反古诗说〉》，却未录其《书〈诗性情说〉后》，清人孙诒让认为可能是因为朱氏所见并非《浪语集》全本。②由于原作已佚，难见其《诗经》学思想全貌，但是我们从这两则序文里，亦可知薛季宣的主要观点。

一般认为薛季宣在文学上为"复古派"，但又不是单纯的复古，而重视"今"，指出古今在"性情"上的相通之处。其《序〈反古诗说〉》专宗《小序》：

> 人之性情古犹今也，可以今不如古乎，求之于心，本之于序，是犹古之道也。先儒于此何加焉？弃序而概之先儒，宜今之不如古也。反古之说于是以戾然，则反古之道又何疑为？庄姜之诗不云乎："我思古人，实获我心。"言志同也。志同而事一，则古今一道尔。天命之谓性，庸有二理哉？是则反古诗说未为戾已。《记》有之曰："人莫不知苗之硕，莫知子之恶。"言蔽物也。有已而蔽于物，则古之性情与今、先儒之说，未知其孰通？信能复性之初，得心之正，豁蔽以明物，因《诗》以求《序》则反古之说，其殆庶几乎？③

其《书〈诗性情说〉后》云：

> 夫人者中和之萃，性情之所钟也，遂古方来，其道一而已矣。修其性，见其情，振古如斯，何反古之云说。项规吾过，不亦宜乎！更以性情名篇，而书其后曰：情生乎性，性本于天。凡人之情，乐得其欲，六情之发，是皆原于天性者也。先王有礼乐仁义养之于内，庆赏刑威笃之于外，君子各得其性，小人各得其欲。……雅颂之作，不过写心戒劝，告厥成功而已。后王灭德，而后怨慕兴焉。……于《诗》，豳颂雅南皆是物也。言之不足，

① 纪昀：《四库全书总目提要》，石家庄：河北人民出版社，2000年，第4127页。
② 孙诒让：《温州经籍志》，潘猛补校，上海：上海社会科学院出版社，2005年，第65页。
③ 薛季宣：《薛季宣集》，张良权点校，上海：上海社会科学院出版社，2003年，第431页。

至于形容歌咏，有不可以单浅求者，此《二南》之风为先王之高旨。上失其道，监谤既设，道路以目，雅风世变，触物见志，往往托之鸟兽草木虫鱼，有为为之也。其发乎情止乎礼义，吟咏以讽，怨慕之道存焉。……周士赋诗见意，骚人远取诸物，汉之乐府托闺情以语君臣之际，流风余俗犹有存者。诗家之说，变风变雅，一诸雅正。……用情正性，古犹今也，然则反古之说，未若性情之近也。曰性情说，古人其舍诸！①

　　这则材料指出了《诗反古说》"更以性情名篇"的过程，可见其与《诗性情说》乃同一著作，只是更名而已。作者的思想观点与前亦略有出入，《序〈反古诗说〉》应作于《书〈诗性情说〉后》之前，作者的思想倾向也有所改变，后者几乎可以认为是对前者的"自我否定"。前者重在"崇古""返古"，以复古为重；后者重在"性情"，认为古今相通，认为《诗经》之"幽颂雅南"皆是抒发性情的"怨慕"之作，以《诗经》之"用情正性，古犹今也"，"用情正性"可为后世文学继承，古诗托物寓意来抒发性情的手法古今相通，体现了比较通达的诗学观点。可见薛季宣对《诗经》的理解，正如四库馆臣所说，"不必依傍儒仙余绪，而立说精确"，考训经典，皆有自己的见解。他对文学的态度，对《诗经》的态度，显示了与当时一般理学家不同的通达和包容的态度。

　　（二）叶适对若干传统《诗经》学问题的检讨

　　1. 淫诗说

　　关于"淫诗说"，叶适在其《习学记言序目》中有一段关于《雄雉》《匏有苦叶》二首的解释比较值得关注。

　　《诗序》："雄雉，卫宣公淫乱不恤国事，大夫久役，男女怨旷，国人患之。""匏有苦叶，公与夫人并为淫乱。"按卫宣公及夫人淫乱，史家具之矣。然历考诸诗，凡刺怨旷，刺淫乱，必直指事实，未有泛为微词以示其意者也。今系之以刺而已，而继之者必曰淫乱，是徒以宣公之事实之尔，非是诗之本然也。二篇风寄深远，指意正平，惜乎以淫乱没之也，

---

① 薛季宣：《薛季宣集》，张良权点校，上海：上海社会科学院出版社，2003年，第360页。

故别为解：

初章言雊飞扬自适，而我怀抱不舒，曾是雊之不若也；言自诒者，诗人自叹其不遇而不以怨其君也。次不特自叹，又为众君子之不遇者惜之也。又次思见是君子而不可得也。卒章厉之以自安于靖退而无所恔，自甘于穷约而无所求，则何为而不可也。可谓能知义且知命矣。孔子美"山梁雌雊，时哉时哉"，而以是诗为男女怨旷欤？（《雄雊》）

"匏有苦叶"，不可食也；"济有深涉"，不可不渡也；深则当厉，浅则当揭，各惟其宜也。济虽盈，不可使濡轨；雊之鸣，自求其牡也；雁之鸣，日始旦也；士归妻，及冰未泮也；舟之招招，岂以人涉而我亦涉乎？我之不涉，盖有故也。物情之不齐，事会之有由，不可以一律求，不可以一端尽。泛而观之，反而推之，是诗也，可谓明理而达变矣。立乎乱世而事昏主，应物不伦，揆事失当，上为国患，下为民病，徒可刺而不可谏也。（《匏有苦叶》）①

《诗序》认为二诗都是"刺淫乱"，又以"丈夫久役、男女怨旷"点明此是妇人思念远戍丈夫的诗。朱熹《诗集传》："妇人以其君子从役于外，故言：雄雊于飞，舒缓自得如此，而我之所思者，乃从役于外，而自遗阻隔也。"② 叶适认为此诗久被置于"刺淫乱"的解说怪圈，而淹没了其诗旨，认为"风寄深远"，是时人作诗感慨不遇，最后"自甘于穷约而无所求……可谓能知义且知命矣。"以此诗为人生不遇的感慨之词，并进一步指出，孔子和子路在山间行走，看到自由飞翔的母鸡，他感到山谷里的野鸡能够自由飞翔，自由落下，这是"得其时"，暗指自己却不得其时，东奔西走，却没有获得普遍响应。孔子当时的感慨，也正是自己不得其时，不遇明君，所以所咏之物业有一定的关联，这就跳出了"淫诗说"的束缚，可备一说。《匏有苦叶》一诗，叶适的解释也跳出了历来解诗者关于"女子等候情人"之说，而是从诗中描写进一步引申出事物的普遍规律——"物情之不齐，事会之有由，不可以一律求，不可以一端尽。"亦可备一说。这也进一步表明，叶适虽然整体上承认《诗序》的价值，但在具体问题上对《诗序》的接受度，

---

① 叶适：《习学记言序目》，北京：中华书局，1977 年，第 62 页。
② 朱熹：《诗经集传》，上海：上海古籍出版社，1987 年，第 14 页。

是有限的，是具体的。

同样是关于"淫诗说"，永嘉学者戴溪《读邶风·燕燕》曰"睹物兴怀，人情然也。相勉以正，非贤者不能也"，《读鄘风·桑中》曰"惟郑与卫多淫风，《桑中》《溱洧》是也，古人所以恶郑卫之声，有以也夫……今之乐府，道闺阃之情，未必有是事也，《桑中》之诗亦然"①，则体现了秉承着"古今之情一也"的原则，以人情来衡量和重新释义，这种解诗方法有一定的道理，但是也有弊端。

2.正变说

再，"正变说"是《诗经》学的重要命题，《毛诗序》最先提出了"变风""变雅"的概念，并将区分正、变的标准锁定为时代政治盛衰。朱熹虽有废《诗序》的主张，却未对"正变说"提出根本性的疑问，反而发展了相关说法。叶适也论及"变风"问题：

言诗者自邶鄘而下皆为变风，其正者二南而已。二南，王者所以正天下，教则当然，未必其风之然也。《行露》之不从，《野有死麕》之恶，虽正于此而变于彼矣。若是，则诗无非变，将何以存？季札听诗论其得失，未尝及变，孔子教小子以可群可怨，亦未尝及变。夫为言之旨，其发也殊，要以归于正尔。美而非谄，刺而非讦，怨而非愤，哀而非私，何不正之有！后之学诗者，不顺其义之所出而于情性轻别之，不极其志之所至而于正变强分之，守虚会而迷实得，以薄意而疑雅言，则有蔽而无获矣。二南以家道为风，自后妃、王女、夫人、大夫妻、士庶妾媵，皆备着之，以明其若是者，风之正也。其妻能若是，则其夫子可知也已。②

叶适反对机械地以时代王朝治乱作为正变分类依据，反对固化地把时代与诗风相联系。认为应从诗意、文本出发，认为"美而非谄，刺而非讦，怨而非愤，哀而非私"的作品，也可以视为"正"。后世学诗者，以正变说强分作品，"有蔽而无获"，是得不偿失的。叶适对单纯强调时代外因的传统"正变说"有了一定的改良与突破，体现了对传统"正变说"的继承和超越。

①戴溪：《续吕氏家塾读诗记》，丛书集成初编本，第12页。
②叶适：《习学记言序目》，北京：中华书局，1977年，第64页。

3. 具体篇章的诗意

叶适通过具体篇章的考察，指出："雅为朝廷礼乐政事而作，今考《南陔》《白华》《何人斯》《蓼莪》《无将大车》《都人士》《采绿》《绵蛮》，往往其人自言一身及一家之事，不必关朝廷。盖雅者，周人所为诗亦下兼风土，如豳人之风固上兼朝廷也。"①

他通过诗意的考察，认为《南陔》《白华》《何人斯》《蓼莪》《无将大车》《都人士》《采绿》《绵蛮》，多是写个人一己悲欢，而不是事关朝廷国家大事，作者的地位可能并不太高。叶适认为，周人作诗亦下"兼风土"，"豳人之风固上兼朝廷"，并不是完全的非黑即白的关系。

再比如，《召南·行露》一诗，诗意历来聚讼纷纭，《毛诗序》联系《甘棠》而理解为召伯之时，强暴之男不能欺凌贞女；宋人王柏《诗疑》卷一断言是别诗断章错入。叶适评此诗曰："行露，狱词也。"②断语直截了当，叶适在纷纭的说法中，能够不被左右，提出自己鲜明的论断。

四、永嘉学者对《诗经》学研究的贡献

宋代理学的形成与盛行，推动着《诗经》学的发展，开始推动经学与文学双向互动的发展轨迹。种村和史说："每个时代的《诗经》学固然是围绕着对前代学术的批判而形成的，但它们彼此间并非完全割裂，而是各自从其所批判和反驳的前代学术那里充分吸取了营养，融入了自己的学术之中。"③永嘉学者在众星璀璨、大家林立的宋代《诗经》学研究语境下，整体上呈现出不宗一派、从文本出发、以己意说诗的求真理念。后世学者往往依据宋人论争的主要命题，将《诗经》学者分为宗《诗序》派和废《诗序》派、革新和守旧派；比如，前此朱熹和吕祖谦的论争就是比较激烈的，他们立场明确，观点针锋相对。而永嘉学者在这样的学术氛围中却显得特立独行，我们很难简单地将叶适、陈傅良和戴溪等人归入某个阵营，陈傅良回避了与朱熹的争论，他们对《诗序》的态度，不盲从权威也不盲从《诗

① 叶适：《习学记言序目》，北京：中华书局，1977 年，第 62 页。
② 叶适：《习学记言序目》，北京：中华书局，1977 年，第 63 页。
③ ［日］种村和史：《宋代〈诗经〉学的继承与演变》，李栋，译，上海：上海古籍出版社，2017 年，第 28 页。

序》，将他们视为革新或者守旧似乎都不甚恰当，如戴溪《续读诗记》就可视为宋代《诗经》学新旧两派争辩风潮下的融合作品。因此，永嘉学派的学者，在《诗经》学研究上，体现了论学论文追求独立思考、不随时反复、不盲从权威、超越所谓宗派，实事求是的学术精神。

《四库全书总目》说"宋人学不逮古，而欲以识胜之，遂各以新意说《诗》"，大抵概括了宋《诗经》学的基本特征，且举出最流行的解《诗》方法："盖文士之说《诗》，多求其意；讲学者之说《诗》，则务绳以理。"只论诗旨大意，不加训诂。当然，永嘉学派学者在研治《诗经》的过程中，也存在不少瑕疵。比如，他们不重训诂，而且不宗前人，在重大的训诂问题上出现了不少纰漏，有些甚至曲解伤害了诗意，带有很强的主观臆断的随意性；由于知识的局限，有时缺少严谨性，这也是需要承认的。

第三篇

重振与复兴：
晚清变革图强的瑞安新学

　　清代末年，"三孙五黄""东瓯三杰"等学者面对内忧外患，重振永嘉学派，倡导维新儒学，冀以"振世救弊"。他们内具传统士大夫之品格，外建现代企业家之功业，通过倡议维新强国、推进教育兴国、力行实业救国，创造了近百项全国各行业细分领域的单项冠军，带头掀起了近代中国第一次现代化浪潮，使瑞安成为晚清浙江乃至全国的维新重镇，无愧是近代中国思想解放的先驱、经世致用的楷模。

复旦学脉与温瑞学者

杨玉良*

在这个地方，各位才是专家，我是外行。我虽然是中国科学院院士，曾主管和统筹过全国高校的学科发展，认为大学的文科地位很重要，自己也很喜欢文化学，但专业是搞化学的。召开这次会议，我觉得非常重要，同时也是很有兴趣，所以就排除了各种杂事，前来参加你们的聚会。昨天我们的参观，让我这样一个搞科学的人都感到你们的这些研究非常重要。更不寻常的是，瑞安的历史人物，居然有这么多和复旦大学有着渊源，让我觉得这是一次很好的校史教育，对学校很有意义。这里的历史人物和上海近代史、中国近代史上的高等教育大有关系。然而，我发现瑞安先贤们的身上，还有更加重要的意义，远远不是瑞安、温州、上海和复旦所能局限的。所以呢，我想就此问题的重要意义谈一点感受。

昨天的参观，令我想起了德国经济学家和社会学家马克斯·韦伯，我在德国马普研究所时了解了这位学者，因为他对中国文化也做了深入研究。韦伯有个疑问，说为什么中国在宋代的时候，已经具有了资本主义的萌芽，但资本主义就是没有发展起来？资本主义是一个代表先进的制度，20 世纪初的韦伯在论证它之所以出现在欧洲的原因。中国在宋代，人口迁徙是自由的，佣工也是自由的，土地也是私有可以交换的，发达的城市体系也已经建立了。按理讲，发展资本主义所需要的很多要素都已经具备，但是完整的资本主义制度却没有在中国发展出来。跟它相关的还有一个问题，就是所谓的"李约瑟难题"，就是问为什么近代科学没有在中国诞生，而是在欧洲诞生。我觉得在瑞安这块土地上诞生的永嘉学派的思想当中，实际上就含有非常重要的资本主义思想要素。虽然我对历史不熟悉，但可以相

---

*现任中国科学院院士、复旦大学中华古籍保护研究院院长。曾任复旦大学校长、化学系教授、国务院学位办主任等。

信永嘉学派在中国思想历史上的地位很重要，它提出了一种既重视社会实践，又主张理论概括的"功利主义"思想。这种"功利主义"的思想，是可以像韦伯讲的"新教伦理"一样，去推动中国的"资本主义精神"发展。宋代的温州工商业经济已经有所发展，最近一波的温州模式经济发展也很强劲。然而，中国的历史历来是走着走着，拐个弯又回去了；然后再拐个弯，又往前走。资本主义代表当时人类的先进制度，虽然已经具备了所有有利条件，却没有能够在中国发生，这是非常遗憾的。所以也可以说，这是永嘉学派的遗憾。在中国历史的发展过程当中，永嘉学派是少有的表达"功利主义"思想的，它有利于资本主义发展，但在很长一段时间被淹没了，这也是我们今天还要研究它的一个非常重要的原因。

韦伯还说，正是因为这个原因，在欧洲近代国家很少出现的情况，却在中国出现——公务员的地位远远超过商人，这在欧洲和西方那些率先现代化的国家很少有。你看中国人对商人总归是看低的，而公务员的地位是远远高于商人的，士大夫的地位也高于商人，即使到今天我们仍然可以看到这个痕迹。另外，美国经济学家弗兰克在他的《白银资本》中估计说：1800年的时候，中国的国民生产总值曾经占到了世界的32%以上，大家知道现在美国占全世界的比例也只不过百分之二十几，中国当时占到32%以上。即使如此，你看工业革命和科学革命都没有在中国诞生，其中一定有更加深刻的原因。想到这一点，我觉得瑞安孙诒让和项崧所办的学计馆正好可以帮助我们回答这个问题。根据我对中国古代科学的了解和思考，我认为在中国历史上并没有近代意义上的数学。这里我先要定义一下什么叫数学，什么叫算学，两个词的英文也是不一样，算学叫"algorithm"，数学的话叫"mathematics"。如果说中国有算学的话，那中国没有数学。举个例子，中国的勾股学定理的发现，要比古希腊早四五百年，但是古希腊发现勾股学定理，马上就给出了一个数学证明，但中国历来没有证明，因为中国人认为严密的证明并不重要，可以用就行。事实上，有严格证明的，恰恰才是数学，只是拿来用的话，就只能算是算术。由此可以看到，瑞安的学计馆教授近代数学有重要意义，意义就在于实际上在中国开启了真正的数学，这才会有后面一系列的现代数学家的诞生。

我们还有一个模糊认识，即总是把数学放进了自然科学里头，认为数学只是自然科学的一部分。实际上,在整体的西方文化中,数学和自然科学是分开的,一直到现在也是这样。西方学者,甚至于美国总统的讲话,都是将科学与数学并列,通常称为"数理化",还把数学放在前面——数学和科学。为什么要把它们两者分开?这是因为数学是抽象的形而上之学,物理、化学则是"physics",是关于物质具体形态的有形之学。数学帮助物理、化学从有形物体中抽象出具有规律性的定律、定理,但是简单地把数学称为科学的工具是不够的。数学更本质、更重要的方面,是它代表了人类独有的思维方式,是只有现代人类才能达到的思维高度。数学的思维方式,在古代东西方的各种文明中间,有的民族比较强,有的民族则很弱。强还是弱,就和这些民族的文化结构有关系,所以我们也说,数学思维的发生,它的生存,它的发展,是一种文化。中国古代文化虽然历史悠久,形式丰富,但和古希腊相比,却不太擅长数学这个领域。中国文化传统中情感、伦理、美学意味比较强,数学、逻辑的思维比较弱。有数学的思维传统,才会把事情搞得非常精确、严密。我觉得瑞安在近代以后建立学计馆,它的重要性就在于此。中国人引进数学的严谨的思维方式,实际上是从那个时候开始的,学计馆对改变中国人的思维方式,重塑中国文化的思维结构,是极其重要的。

我很高兴地看到,复旦大学老校长苏步青、谷超豪都是从温州出来的,在学术渊源上正是瑞安孙诒让、项崧所办的学计馆的二传、三传弟子。上海是中国最早传入现代数学的城市,《几何原本》就是由上海人徐光启和利玛窦一起翻译的。刚刚我在大会论文中发现,你们提到我的中学母校格致中学,是徐寿、王韬和传教士傅兰雅、伟烈亚力等人在 1874 年创办的格致书院,"格致"就是"自然科学"(natural science)的古代译法,就是数理化,格致书院是近代中国最早系统传授自然科学的学校。当时的洋务大臣曾国藩、李鸿章提倡引进"西学",改造民族精神。但是,遗憾的是在学校教育培养了中国第一代科学人才之外,数学的思维方式并没有在社会上的各行各业中广泛地普及开来,传统的思维方式也没有改变到位,也就是说我们的科学启蒙工作仍然没有完成。大家可以在网络上看到,中国人对很多问题的争论,一般来讲,不管是"左"的思想,还是右的思想,双方都不是用一个严密的证明去论证它,而就是简单地说:我说好那就是好，我说坏就是坏。这样的一种思维方式在一般人中间一直延续到现在，甚至在官方文件中，都是这样表述的。即使在一流高校中，也有很多人仍然是用传统思维方式处理学术问题。因此我觉得瑞安先贤们所开启的近代事业，包括永嘉学派所开启的古代事业，都是非常重要的，需要认真地研究。

上海和瑞安先贤们开创的事业，尽管有所延续，但我们看到它是断断续续的，时常会发生中断。这条线是一条虚线，它不是一条实线。它确实在发生作用，但是远远不够，它应该发挥更大的作用。所以，我期待这次会议能够开始一种扎扎实实的研究，在未来产生一些更具有说服力的研究成果，能够继承前人的精神，更好地推动我们民族思维方式的改变和发展。我觉得研究永嘉学派、瑞安精神，不仅仅是在科学、教育、经济、社会的发展上有价值，它对民族文化的进步也具有重要意义。因此，我建议在温州模式瑞安精神的讨论之上，还可以开展永嘉学派对于中国古代文化、古代思想的改造，还有对自然科学的思维方式引进、发展等领域的重要意义，如此才能符合这样一个重要的课题。

作为一个复旦人，还作为一个曾经在学校、在部委负责规划高校整体学科发展的学者，我对当前的瑞安新学研究有几个期待。首先，作为复旦大学前校长，我要利用在瑞安社科联和复旦大学中华文明国际研究中心联合举办这次会议的机会，向与复旦大学文、理学术传统有着密切关系的瑞安和温州学人表示敬意。复旦数学的苏步青、谷超豪先生，复旦历史学的周予同先生，复旦文学的李笠先生，都是瑞安学风的传人，他们最后都汇入了复旦大学的浩浩学脉之中，这真是一件令复旦人感叹而深感荣幸的事情。另外，我非常支持学者们结合复旦大学的建立，尤其是早期发展的历史来进行瑞安新学的研究。在这个背景下，我们复旦人来研究瑞安的文化是稍微带点私心的，我们还想搞清楚复旦精神、复旦学风、复旦学科的一些重要的渊源。我们知道，1905年由马相伯等人创建的复旦公学，汇入了江苏、浙江各地的学脉，有松江，有苏州，有常州，有杭州，有湖州，当然也有温州。复旦是江南地区新文化运动的结晶。昨天的参观让我知道，瑞安人士项骧等人在震旦、复旦创建时期就有贡献，还是重要贡献，这是非常值得大家来探讨的事情。其次，我觉得要结合近200年来，中国的社会文化发展的大背景来研究瑞安学派。瑞安新学在戊戌变法以前就兴起了，这个时间刻度，在思想启蒙的先进地区江苏、浙江，也是超前的。瑞安在中国近代社会、文化和思想的转型过程中处于什么样的地位，起了什么样的作用，这些都值得我们去研究。再次，我觉得我们应该结合中国近代200多年的教育发展史，来研究瑞安的文化和学派。而且，不仅仅是现当代，我觉得至少也是要结合200年来中国的社会、经济，甚至金融的发展这个大背景，来看瑞安的文化，包括永嘉学派在这里头起了什么样关键的作用。这次会议的通知和论坛的简介上有几句话，我觉得概括得是非常精确的，只是我们今后的研究需要有更多的内容来填充。最后，我觉得既然瑞安在中国的县级层面上最早开设了传授现代数学的学校，还成功地培养出一批杰出数学家，我就以理科教授和院士的个人兴趣，还请求你们结合中国的自然科学史来研究瑞安新学。过去讲，数学是一切科学、技术学科之母，就像哲学是现代文科的学科之母一样。现代学术，包括哲学、社会科学，没有数学思想的话，基本是发展不起来的。你最多只能引进一些应用技术，或者说做一些工匠的活，要想有一个全民族的思维方式进步更是不可能的。

李约瑟问题是问：为什么中国古代有"四大发明"等技术发明，但是现代科学却并没在中国诞生？对此，我的一个看法就是，因为中国没有跟科学相关的严密的逻辑思维，还有就是没有一种探索性的自然观。古希腊的科学的自然观认为自然是有序的，甚至是数学的，是可以认识的，是需要探索的。古希腊和文艺复兴以后的欧洲，用这种自然观激励人们对大自然秩序的探索。探索自然的主要工具就是科学的思维方法，也就是逻辑学。有人说，中国人怎么可能没有逻辑？不然怎么安身立命，待人接物呢？我说中国人当然做事情大部分还是有逻辑的，但是没有逻辑学。因为逻辑学是把逻辑当一门学问来研究，而且逻辑学的话语应该是形式化了的。我经常举这个例子，比如说，我们说一件事情，如果说 A 包含了 B，B 又包含了 C，那么 A 就一定包含 C。至于 A、B、C 具体是什么并不重要，这个就是用形式化做了高度的概括，这样的逻辑学在中国是没有的。所以正因为这个没有，中国这块土地上很难诞生现代的科学，即一种作为普遍真理的知识体系的科学。而当科学上升成为普遍真理以后，中国人是被迫接受的。因为大家发现它作为知识是有用的、有效的，但用来探索新的普遍真理，就又不习惯了。所以，我觉得我们也应该结合中国近代的科学发展史，从数学引发出来的科学的发展史，来看永嘉学派的思想，来设问包括瑞安很多先贤思想在内的近代学术对中国现在到底有怎么样一些影响。

最后的话，我们当然要结合中国的未来的发展，来研究永嘉学派、瑞安新学。中国未来的发展，最主要的就是我们国家的精神和思想的发展。如果这一点上没有根本突破的话，那么中国未来的前景仍然是会撞了南墙以后，再转回去。我们今天在这里重新审视中国的近代史，我觉得这部历史里头，可歌的东西不多，可泣的东西很多。我觉得非常遗憾，历史总归是到关键时候，"咣"地一下，又复辟了。到了今天，我们还在非常艰难地寻求一条发展道路，实际上先人们在很多地方都已经指出来了。有些路已经走过，不通就退回来了。我希望历史学家在这个问题上能够做出贡献，尤其我希望复旦的学者能够做出贡献，让我们把历史的步伐记录下来，让我们结合未来来从事研究，看到未来道路到底在哪里，为我们国家民族的发展提供真正的智慧。

从项氏看近代文明在瑞安的推进

洪振宁*

本文以瑞安南堤项氏家族兴办实业、致力于民生改善实例为个案，展示温州人，以改善民生为本，以兴办企业为基，联手合作推进地方实业和公共事务的发展，自近代至现代，这种文化血脉、精神面貌、社会风气与族人代传技术在不断延续。20世纪80年代的温州模式和温州人精神，正是对近代温州新文明的延续，是近代史上温州人推进现代化建设实践的现代对近代的接力。作者提出要重视近代文明留下的遗产，进一步加强对项骧故居等名人故居的保护力度，强化民众的保护意识，建立"近代文明史馆"或"近代先贤纪念馆"等建议。

近代历史上，在东南沿海的瑞安县城，人才辈出，先贤们兴办学校，经营实业，便利民生，积极推进近代史上的早期现代化建设实践，体现了那个年代延续至今的温州人精神。

一、晚清瑞安，在温州地区的各县中，走在近代史上推进现代化的前列

近代中国历史的主线是迈向早期现代化。百年中国近代史，从1840年至1949年。近代文化史，也可说是从1826年至1956年①。近代新文明，不同于中国古代文明，传统走向现代，封闭走向开放，专制转向民主，农渔转向工商，新型文化兴起。20世纪历史发展的主线，我将它归纳为：传统向现代的转化互动，本土向全球的转化互动，而21世纪这些年，又开始了线下向线上的转化互动。

在古代中国，内陆往往是文化中心，沿海则是边缘。但近代以来，晚清、

*现任温州大学温州学研究所所长，温州市文化研究馆馆员。曾任温州市社会科学界联合会副主席。
① 张昭军、孙燕京：《中国近代文化史》，北京：中华书局，2012年，导言、第4、6页。该书论述中国近代文化史的起点以经世思潮的兴起1826年《皇朝经世文编》的问世为标志，以中国1956年确立社会主义制度作为下限。

民国时期,中西文化交流互动,沿海成为促进内陆变革的重要因素①。上海,逐渐由中国传统文化的边缘转换成为近代新型文明的中心,它是民国文化最为发达的地区。

而中国东南沿海的一座港口城市——温州,在这个时期,同样呈现出前所未有的变革的态势。新航路开通,始于 1877 年,温州来往上海的轮船日益增多,与外界的交流空前加强。温州留学生外出始于 1898 年,他们成为日后促进社会发展的重要推进力量。温州知识群体大都有留学日、美、法等国的经历,视野开阔,颇具世界眼光;又受上海影响,往往能开风气之先。他们中的许多人也投身于兴实业,办学校,或从事新式医疗,尝试着近代史上的推进现代化建设的实践,他们思想与行动相联合,理论与实践相结合。他们创办新式报刊,使用新型机器。于是,航运、印刷(石印、铅印)、报业、商业、工业(榨油、制茶、罐头)、医药卫生、电力电信等,逐渐得以在瑞安落地、发展。

晚清时期,面对内忧外患,要救亡图存,维新图强,知识分子首先觉醒。孙衣言先生晚年刊刻《永嘉丛书》(约 1870—1882 年),复活永嘉学派;创办诒善祠塾(1875、1880 年起),培育经世人才;1888 年建筑玉海楼,传播文明风尚。1882 年,陈虬等人结成求志社,1885 年,在瑞安创办利济医院、利济医学堂。1896 年,《利济学堂报》创办,发行全国,并于 1897 年在杭州印行。陈虬著《治平通议》,宋恕著《六斋卑议》,梁启超 1896 年在《西学书目表》加以推介。也是在 1896 年,瑞安学计馆、瑞安方言馆作为新式学校,相继得以创办。

晚清七八十年中,正当社会变革、知识转型的时期,温州知识人对近代中国文化的最大贡献是"晚清瑞安学派"。这一学派,或可称为后永嘉学派、近世温州学派。在近代温州生成与发展经历了四个阶段,即由孙衣言奠基,孙诒让、黄绍箕创立,"东瓯三先生"陈虬、宋恕、陈黻宸的扩增,许璇、项骧等一大批留学归来的学子加以发展,开放与变革带来学术的开新、理念的更新,这一学派,为支持与推进维新变法与早期现代化建设实践的贡献良多。近代温州知识人从小受经世致用思想的影响,他们积极参

---

① 柯文著,雷颐、罗检秋译:《在传统与现代性之间》,南京:江苏人民出版社,1994 年,第 215—219 页。

与维新变法，大批的青年学生通过国外留学，比较容易从经世之学转向近代科学。

晚清温州留日学生的总数约为 285 人 [1]。其中，原永嘉籍 58 人，乐清籍 50 人，瑞安籍 72 人，平阳（包括今苍南、龙港）籍 103 人，泰顺籍 1 人，不明县籍 1 人。晚清瑞安办新式学堂的积极性高，瑞安留学生比原永嘉、乐清县的要多。1904 年，刘绍宽赴日考察，到东京时，温州留学生来访，十余位都是瑞安人，"询悉吾瓯留学者，现有三十余人，而瑞安实居三分之二，学风之盛，非特为吾郡之冠而已。"

留学生回乡后，起到举旗引领的作用。比如，瑞安普通学堂学生李墨西（原名李祖林，1880—1915），瑞安人，偕弟李慕林留日，入弘文学院，攻读食品制造专业，回国后在瑞安创办太久保罐头厂，开温州近代食品工业先河。刘绍宽的日记（1906 年正月十三日）和张櫆的日记均记有参观罐头厂的记录。其产品获得南洋劝业会、巴拿马贸易赛会金牌奖。同时，他们还创办印刷所，以从日本带回的石印手架试制彩色招牌纸，印刷所更名为务本石印公司，是浙南地区最早的石印企业。1908 年，李墨西应邀到永嘉城区的浙江省第十中学任教，石印公司迁至温州府前街，改称务本印刷局，有二号石印机 2 台，对开石印大机 1 台。印制表格、简易商标，承印《瓯海民报》和《浙瓯潮报》。1913 年，务本率先增设铅印 [2]。

近 200 年来，瑞安走在近代史上推进早期现代化建设实践的前头，成为温州地区接受新文明的动力引擎。从文明布局看，温州城区成为不怎么强的中心，而四周，北有名胜雁荡山，西有耕读楠溪江，东有人文永嘉场，南有晚清玉海楼，近代温州文明的中轴线，一头在永嘉城区，另一头则在瑞安县城。

在瑞安城，如果说，年迈的孙衣言 1888 年建筑的玉海楼，可视为古代文明在此地的一个总结，可能体现的用心是复活经典、借以开新的努力，那么，仅仅"后生"二十多年的瑞安南堤先贤项骧的故居，明显带有西式风格，则让今天的我们见证了近代文明在沿海一角的开端。1879 年，在外

① 温州市政协文化文史和学习委员会编：《温州文化印记》，北京：中国文史出版社，2021 年，第 159—163 页
② 余振棠：《瑞安历史人物传略》，杭州：浙江古籍出版社，2006 年，第 213—205 页。

任官的孙衣言回到了瑞安城，而项骧也就在这一年出生。项先生为求新学，从瑞安到上海，24岁起又自亚洲至美洲，历经11个国家的国土，回国后，30岁入京都，成为"洋状元"，投身清末的宪政改革，发表《中国责任内阁假定之组织法》，民国建立后，又发表《比较行政法》，负责开征中国第一笔所得税，卸任回乡后，项骧在自己的出生地，建筑了有别于传统的西式楼，将西洋风带入了这瑞安城①。

二、瑞安南堤项氏在近代史上推进现代化，是一支普通而非凡的力量

从温州近代史看，温州人往往是靠家族联手的合力（其中较为突出的是以合股的形式）来推进早期现代化的，如瑞安南堤项氏，又如鳌江王理孚父子，等等。

瑞安南堤项氏"世为城中望族"（孙锵鸣语）。自南宋项公泽以来，据传有18人进士登第，奉敕在南堤桥巷口建会文坊，"会文里"之名由此而来，一直沿用至今。清代中后期，南堤项氏再度兴盛，项霁、项傅霖、项傅梅三先生，均好学，以诗文名世，著作刊入瑞安南堤项氏丛书。他们最早合力着手校勘孙希旦书稿《礼记集解》，后人项琪，协助孙锵鸣集众人之力完成孙希旦先生著作《礼记集解》刊刻，表彰乡贤。瑞安有藏书，自项氏兄弟始，他们以其水仙亭和珠树楼藏书惠及族人和乡亲，促进和带动了地方文明新风尚向上向善的提升。项氏原以诗文名世，到近代转向兴办新式学校和发展实业。近代以来，面对内忧外患，南堤项氏家族的先贤们，率先投身于教育强国和实业救国的实践，在温州的南部地区艰苦创业，率先经营实业，兴办教育，以文化与经济互动，全力推进现代化建设实践，其业绩，在四方面尤为突出。

第一，兴办新式学校，培育经世人才。南堤项氏精英1896年参与创办瑞安学计馆，项湘藻、项崧兄弟又出巨资创办瑞安方言馆。据项崧日记记载，方言馆开学时间是在1896年12月②，它是近代浙江创办最早的外语学校。1902年项氏创办东南蒙学堂。1903年，在上海的项骧协助马相伯，参与创办震旦学院，并主持刚起步的学院的校政。1909年，项家毅然坚持瑞安普通学

---

① 洪振宁、项淞主编：《项骧集》，北京：中国文史出版社，2020年，前言、第1—7页。
② 温州市图书馆藏稿本：《项崧日记》下册，第5页。

堂的办学，为后来的瑞安中学打下坚实的基础。1917年又创办了私立南堤小学。

第二，开通轮船航线，便利百姓生活。1904年下半年，项湘藻、项崧等租用"湖广号"客货轮，行驶于瑞安与宁波之间，半年后，改为自购小轮航行于温瑞内河。1915年购汽船以航行，公司改名通济，公司增加股份，项荫轩（项湘藻堂弟）任经理。进而创办瑞平内河汽轮运输公司及经营飞云江轮渡。1926年起，又经营平阳至瑞安、至鳌江的往返客运航线，至1954年。

第三，创办电灯厂等，经营实业。最早分别在瑞安、平阳两县发电。项沇同先生为实现父亲项湘藻先生的遗愿，于1919年建南堤电灯厂，1920年竣工，1921年送电。在温州地区，领先于其他各县。项沇同还支持同窗好友李毓蒙创办絮棉机器厂并绘制商标图案，到北京通过项骧申请注册。1922年，瑞安南堤项荫轩先生在平阳龙河创办横阳电灯厂①，开业发电。瑞安、平阳两地电业，项氏亏本，但继续发电。1925年，项氏还创办了南堤淀粉厂等。项家女婿沈公哲先后负责经营晶华冰厂与永华铁工厂。

第四，捐资助学，倡导推进地方公益事业。南堤项氏先贤还屡屡兴办地方公益，岁饥，办荒政救饥；发起创立籀庼学会，拟整理籀庼遗著；牵头纂修县志。项骧的女婿王超六，任瑞安中学校长时，曾将岳父在美国留学时购置的整套《哈佛丛书》连同书柜捐赠瑞己巳图书馆；1949年1月，项锦裳为纪念先人项骧七十诞辰，以2000元金圆券在瑞安中学设立奖学金。

近代史上，南堤项氏的项湘藻、项荫轩等人，与温州地区的实业家李墨西、郑恻尘、杨雨农、陈承绂、李毓蒙、王理孚、汪晨笙、黄起文、吴百亨、许漱玉等实业家一样，与在外的温州实业家徐寄庼、黄群、周守良等相似，接受维新自强、实业救国的近代思想，以新锐的眼光、新型的技术，集资合股的形式联手合作经营，致力于兴办工商实业和推进新式学校、新型交通等地方事业的发展，开风气之先。他们往往又是对乡里公共事务颇有贡献的社会贤达。

据项氏后人口述，家族中往往可见多代人传承文脉和技术的，在外读书的然后从事教育、医学等，而以手中的技术从事修理柴油机或办实业的，也跨代相传了几十年。

---

① 郑立于主编：《平阳县志》，上海：汉语大词典出版社，1993年，第305、306页。

由此而想到，70年前到台湾经商的何朝育先生。抗战胜利，台湾光复。大批温州人拥向台湾。那时是"要想翻，去台湾"。何先生是船上的海员，他先带着温州的袜子到台湾卖，再利用自己做船员的收入买了5个手摇的袜机，织出袜子自己推销，开始在台湾创业。1949年，何先生的夫人何黄美英怀着未出生的何纪豪，坐着温州到台湾的最后一班交通船赴台，与何先生一起创业。1951年他在基隆创办正大针织厂，1953年厂房搬到台北，1963年成立正大纤维工业股份有限公司北投厂，与1949年赴台湾的同乡吴正镛在1967年成立正大尼龙公司新店厂，创办海事专科学校。1991年秋天回到家乡温州，相继捐款建造原温州大学育英图书馆、原温州师范学院育英大礼堂、原温州医学院育英儿童医院、瓯海啸秋小学、啸秋中学等。何朝育先生和何黄美英女士接受的文化习俗和社会风尚，正是这种以兴办实业来致富来改善民生又致力于地方公共事务发展的近代文明，这与项氏先贤与温州近代实业家的文明传承，是一脉相承的。

区域文化的传承与发展是一个演进的过程。战乱或许会打断演化的进程，但文化血脉经过修复又会顽强地延续。两年前，我曾经提出，对永嘉学派的研究和对温州模式的探索，对前者，要探讨它中断600年后如何在近代被复活重兴？对后者，要探究温州模式之前几十年的文化血脉、传统习俗如何在这一地区在近代被传承与发展下来？我将其称为"后移与前推"。

瑞安南堤项氏家族兴办实业、致力于民生改善等在近代史上推进现代化建设的实践，可以说是这一地区众多实例其中的一个个案，是众多近代温州人中普通的一例，从中我们似乎看到这一地区的文化血脉与社会风尚的传承与发展。20世纪80年代的温州模式和温州人精神，正是对近代温州新文明的延续，是近代史上温州人推进现代化建设实践的接力。温州人，以改善民生为本，以兴办企业为基，联手合作推进地方实业和公共事务的发展，自近代至现代，这种文化血脉、精神面貌、社会风气与族人代传技术依旧在不断延续。

三、先贤们推进现代化建设，那业绩应当表彰，那精神值得弘扬

近代史上，战乱不断，人民百姓坚定地推进早期现代化的各项建设，百折不饶，以至于有人形容说是"九死一生"①。中华民国建立以后，南京政府坚持践行民生主义，提倡合作事业，推动工业化，致力于改善民生。至20世纪30年代，进入近代中国经济发展的黄金时期，学界开始探讨现代化理论。后来的战争和动乱，延缓了现代化的推进。

1978年改革开放以来，现代中国由以阶级斗争为纲转到以推进现代化建设为中心。改革发展与现代化建设的推进，造福了广大人民群众。按照邓小平理论的观点，革命是为了解放生产力。发展，也就是推进现代化建设，改善民生，造福人民，是最为根本的历史进程。

纪念近代先贤，更应当表彰推进现代化的建设者。那些在近代历史上依靠智慧和勤劳、先得以相对富裕，并带动社会的其他人改善生活，那些曾经被错误地打倒在地的先贤们，他们创办实业，推动工商业发展；他们兴办新式学校，推进新型教育；他们谋划和致力于人民生活水平的提高，为地方公共事务做出业绩和贡献。这些普通而非凡的近代温州人，他们的那种艰苦创业的精神，值得今天继续推进现代化建设的人们大力弘扬；他们的那些改善民生的业绩，值得今天继续推进现代化建设的人们深深缅怀。

但是，由于历史的缘由，那些在近代史上为推进早期现代化建设做出重大业绩的人们，长期以来，极少得到应有的表彰。先辈们做的事很多，而今天知道的人太少。在瑞安，多年来，社会上，已经开始纪念孙家和黄家，发掘史料，开会研讨②。我个人以为，近代文明在瑞安的推进，黄家在外不断将新思潮的信息、朝廷的新动向传达回乡，在内的孙家举起旗帜，号召众人，而落实到实践，尤其是经营实业，其中较为得力的一支力量是项家。现在，对近代史上瑞安的孙、黄、洪、项等各家的研究和纪念，应当提上议事日程，搜集仅存的史料，加以专题探讨，并不断公布于社会，让更多的人知晓瑞安人在推进现代化建设过程中普通而非凡的业绩。

鉴于近200年来，瑞安是走在近代史上推进中国现代化建设的排头兵，近代文明的史迹，尤其是西式风格的建筑尚有不少保留。城南的草堂巷与

---

① 张琢：《九死一生：中国现代化的坎坷历程和中长期预测》，北京：中国社会科学出版社，1992年。

② 纪念孙家和黄家，指的是：在多次举办纪念孙诒让先生学术研讨会的基础上，2015年10月，瑞安举办的纪念孙衣言先生诞辰200周年研讨会；2012年9月在瑞安举办的纪念黄体芳、黄绍箕、黄绍第学术研讨会。

南堤街相通，南堤街上有项傅霖珠树楼，草堂巷则有项骧故居。珠树楼是清代的传统建筑，项骧故居则建于民国初年，与同样也有西式风格的陈黻宸故居、李笠横经室一样，它们都是近代中国文明发展的见证，具有较高的文物价值和纪念意义。瑞安县城玉海街道有众多名人故居，与项骧故居隔不多步路，有宋恕故居、许松年故居、洪炳文故居、林尹故居、陈步云故居和李逸伶故居；西北方向不远处，有德象女校、孙诒棫故居、沈靖宅院、小沙巷的黄绍箕和黄绍第故居、郑德馨宅、周予同故居、何浩然故居、洪光斗宅、黄公硕故居、林去病故居，还有孙衣言创办诒善祠塾的邵岙寓庐、著名的孙衣言建筑的藏书楼玉海楼、陈虬等人经营的利济医学堂，以及李维樾故居、林庆云宅和陈葆善故居，以及丰湖街。瑞安老城区作为浙江省历史文化名城之一，其故居保存得非常完整。建议进一步加强对项骧故居等名人故居的保护力度，至少绘制瑞安城区名人故居地图等，强化民众的保护意识，力争建立"瑞安近代文明史馆"或"近代瑞安先贤纪念馆"，以表彰（布展介绍）布展介绍近代史上推进现代化的先贤为布展主题。

（原载 2016 年第 6 期《温州论坛》，收入本书时作者略有修改）

晚清民国永嘉学派的承传谱系
——兼论"温州学派"命名的问题

陈云昊[*]

晚清民国时期的"永嘉学派"不为人所知[①]，主要原因在于从孙氏家族的孙衣言（1815—1894）、孙锵鸣（1817—1901）、孙诒让（1848—1908）传至陈虬（1851—1904）、陈黻宸（1859—1917）、宋恕（1862—1910）、林损（1890—1940）等后进传人的学派谱系缺乏梳理。胡适（1891—1962）在晚年回忆存在于北京大学的该学派传人时使用了"温州学派"的说法，这是后来研究者主要参考的学术史论述。然而，胡适命名的温州学派在学术史意义上是一个误解，他割裂了这个学派与在温州地区渊源已久的永嘉学派的关联，给人以永嘉学派传至晚清即断绝了的印象。

南宋的永嘉学派是二程之学的别脉，学统绍自北宋的"永嘉九先生"，与吕祖谦的婺学、陈亮的永康学派共同构成了浙东学派，其代表性人物即"郑（伯熊）、薛（季宣）、陈（傅良）、叶（适）"。这个学派在南宋盛极一时，而在异族入主、朝廷鼎革之后渐趋消沉，不过从南宋灭亡到晚清帝制将尽的700年间，其学统在永嘉（温州）地域并未中断，至晚清民国时期仍有绍继者。[②]孙衣言所编《永嘉学派》将清代学人朱鸿瞻、张超英、徐炯文、孙希旦、曾镛、方成珪、鲍作雨、冯文蔚八人列为殿军，为晚清重振永嘉学派建构出一个简要的谱系，不过这个松散的勾勒也是学派衰微

---

*现任河南师范大学文学院副教授、硕士生导师，日本早稻田大学访问学者。
①目前学术界对晚清时段永嘉学派传人关注较多，对民国时期的永嘉学派传人讨论较少。近年较有代表性的研究，参见：赵诗情：《合作与分歧："五四新文化运动"与地方的互动——以永嘉新学会及〈新学报〉为中心（1919—1920）》，《汉语言文学研究》2019年第10期；方长山：《芥子纳须弥："海派"背景里的"永嘉画派"》，《南京艺术学院学报》（美术与设计）2019年第3期；刘春强：《承续永嘉精神：夏鼐早年治学的心路历程及其学术风格》，《史学月刊》2020年第2期。专著方面，参见方新毅：《北大"温州学派"的沉浮》，《民国文化隐者录》，北京：金城出版社，2010年；徐佳贵：《乡国之际：晚清温州府士人与地方知识转型》，上海：复旦大学出版社，2018年。
②陈云昊：《"帘卷海棠红"——新旧文坛中的永嘉画派》，《中国美术研究》2022年第3期。

的表现。具有学派复兴意义的，是从孙氏家族到"东瓯三杰"及其弟子们以永嘉学派自名的文章事业。这两批人及其弟子们构成的晚清民国的永嘉学派，他们远承南宋永嘉之学的学统并在时代中推动学术的更新和义理的扩大。为晚清民国时期做学派谱系总结工作，是1934年创刊的《瓯风杂志》所完成的。此后，学派传人林尹在台湾撰写《中国学术思想史大纲》，将晚清民国的永嘉学派纳入了近300年来征实学的谱系中，同时呼应南宋永嘉之学的学统源流，完成了学术史的定位和论定。

一、胡适对温州学派与永嘉学派的割裂

遗憾的是，作为宋代永嘉学之传的晚清民国永嘉学派尚未得到正名。人们关注到陈黻宸、马叙伦、林损等人具有学派特征，多是源自胡适晚年谈话。浙江乐清人胡颂平记录的《胡适之先生晚年谈话录》中出现了多则关于永嘉学派、温州学派的材料，其中涉及大的温州学派的材料是：

一九六〇年三月二十七日（星期日）："你不要以为北大全是新的，那时还有温州学派，你知道吗？陈介石、林损都是。他们舅甥两人没有什么东西，值不得一击的。后来还有马叙伦。马叙伦大概是陈介石的学生。"[1]

胡适并未将陈黻宸、马叙伦（1885—1970）、林损等在北京大学形成的温州学派视为永嘉学派的一脉，他所认可的永嘉学派仅仅是截止到孙衣言、孙诒让编《永嘉丛书》，黄群（1883—1945）编《敬乡楼丛书》。在《中国古代哲学史·再版自序》（1919年5月3日）中，胡适还将孙诒让列为"过去的学者"中最感谢的四个人之一。[2]胡适到北京大学就任的时候，陈黻宸已在瑞安逝世一个多月了。

胡适对旧派讲哲学史的印象是："中国哲学是要从伏羲、神农、黄帝、尧、舜讲起的。据顾颉刚先生的记载，我第一天讲中国哲学史从老子、孔子讲起，几乎引起了班上学生的抗议风潮！"[3]在北京大学哲学门，不仅陈汉

---

① 胡颂平：《胡适之先生晚年谈话录》，北京：中国友谊出版社，1993年，第61页。
② 欧阳哲生编：《胡适文集》第6册，北京：北京大学出版社，1998年，第157页。
③ 欧阳哲生编：《胡适文集》第6册，北京：北京大学出版社，1998年，第160—161页。

章是追溯三代的，陈黻宸的中国哲学史也是这样讲的。而冯友兰（1895—1990）则与胡适的态度相反，对陈黻宸在1915年开设的中国哲学史课程颇为钦佩，因为陈黻宸批判八股、策论、试帖之学。①其中"中国哲学史"课程是陈黻宸讲的，而"宋学"也就是"宋明哲学史"，由其弟子马叙伦教了一学期。冯友兰自称"在北京，在中国文学方面，深受章太炎弟子的影响；在中国哲学方面，深受陈介石的影响"②。作为年青一代学人的冯友兰对老师陈黻宸"从三皇五帝讲起，讲了半年，才讲到周公"的评价是"当时的教授先生们所有的哲学这个概念，是很模糊的"③。胡适甚至对冯友兰将老子移到战国后期去也颇有微词。④

在胡适眼中，陈黻宸一类的"哲学史"是不自觉的、不科学的，而宋恕、孙诒让则可以视为现代学科的先驱。因此，胡适并没有将陈黻宸与宋恕、孙诒让等人放在同一个地域性学派里加以认识。胡适对于其讲述的温州学派多有批评，甚至以直接否定态度说"没有什么东西，值不得一击的"，但对于温州学派以外的宋恕⑤，胡适又不吝赞美之词，称他读过永嘉学派的书⑥，谈及晚清传人黄体芳、黄绍箕、孙诒让时用的词也都是"了不起"。由此可以看到，胡适贬损陈黻宸、马叙伦、林损构成的北大温州学派的同时，对以叶适为代表的南宋永嘉学派以及其晚清时的学派传人黄体芳、黄绍箕⑦、孙诒让⑧时用的词也都是"了不起"。

由此可以看到，胡适贬损陈黻宸、马叙伦、林损构成的北大温州学派的同时，对以叶适为代表的南宋永嘉学派以及其晚清时的学派传人黄体芳、黄绍箕、孙诒让（孙诒让与其父孙衣言编《永嘉丛书》）、黄群（编印《敬乡楼丛书》）表示了赞许。他在中国公学教"中国最近三百年来的几个思想家"课程时还提及宋恕，说起伦明的时候也夸赞其"藏书很富"，没有意识到宋恕和陈虬、陈黻宸并称"东瓯三杰"，伦明又是陈黻宸的学生——他们同属

① 冯友兰：《三松堂全集》第1卷，郑州：河南人民出版社，2000年，第170页。
② 蔡仲德编撰：《冯友兰先生年谱长编》上册，北京：中华书局，2014年，第26页。
③ 冯友兰：《三松堂全集》第1卷，郑州：河南人民出版社，2000年，第171页。
④ 欧阳哲生编：《胡适文集》第6册，北京：北京大学出版社，1998年，第162页。
⑤ 胡颂平：《胡适之先生晚年谈话录》，北京：中国友谊出版社，1993年，第8页。
⑥ 胡颂平：《胡适之先生晚年谈话录》，北京：中国友谊出版社，1993年，第124页。
⑦ 胡颂平：《胡适之先生晚年谈话录》，北京：中国友谊出版社，1993年，第117页。
⑧ 胡颂平：《胡适之先生晚年谈话录》，北京：中国友谊出版社，1993年，第34页。

晚清以来被瑞安孙衣言、孙诒让重振的永嘉学派一脉。通览陈黻宸、陈虬、宋恕、林损的集子，并没有看到他们以温州学派自称，相反，他们都自觉地以永嘉之学承继者自任。胡适的讲述，其实是对 1917 年前后北大内部本有的学术派别的一种认定，而不可视温州学派为固有的命名。被胡适认定为褒贬两截的永嘉学派和温州学派，理应视为同一学统。当代研究者倚赖胡适的说法，将北大温州学派之名视为天然之物，在立名上并不可靠。毋宁说，胡适对温州学派的讲述，证明了温州地域性学派在北京大学具有较大影响，形成了与新文化派的对峙之势。这个地域性学派即永嘉学派。

二、学派的复苏：从诒善祠塾到求志社

胡适在孙诒让、陈黻宸之间切断的学术史关联，置于永嘉之学的地方学派脉络中，恰恰是先导和后进的关系。正是陈黻宸将孙氏父子整理《永嘉丛书》所注目的永嘉之学，传播到了岭南、京都，才发展成民国时期永嘉学派从地方向全国传播的关键一脉（另一脉以刘景晨、刘绍宽、陈谧、梅冷生等为代表，主要活动在温州地域）。孙衣言写定的《瓯海轶闻》分四集，其中甲集为"永嘉学术"，因为"以黄梨洲、全谢山《宋元学案》，于永嘉诸儒尚未赅备，而永嘉之学实于安定胡氏为一家言，乃补辑之，以明其源流，存其遗说，表其遗行"①。孙氏家族补辑学派的学术史、整理校勘前贤遗书，正是重振学派的基础性工作。后来，陈黻宸、陈怀、林损、林尹也都撰写过永嘉学派学术史。

1875 年，孙衣言在瑞安城建立支祠诒善祠，同时办诒善祠塾。黄绍箕（仲弢）与孙诒让（仲容）并称"二仲"，曾联手于 1896 年创办瑞安学计馆。永嘉之学嵌入温州士绅重建社会的事功之中。特别是孙衣言、孙锵鸣兄弟在乡里振兴永嘉之学，形成了上绍乾淳诸儒之学，下启乡里后进之风的教化事业。在经历过戊戌维新的学生辈的记叙中，此事之于端学术、厚风俗、正人心关系甚大。孙锵鸣的学生王岳崧为同乡洪炳文《花信楼文集》作序，认为"永嘉学术之遗绪，或能赖以不坠"②，正在于后辈能继承前人的

---

① 孙延钊撰，徐和雍、周立人整理：《孙衣言孙诒让父子年谱》，上海：上海社会科学院出版社，2003 年，第 222 页。
② 洪炳文著，沈不沉编：《洪炳文集》，上海：上海社会科学院出版社，2004 年，第 567 页。

志向①。

　　诒善祠塾培养了一批年轻的学人，其代表是以"东瓯三杰"为核心的一批求志社同人。被胡适放在"中国最近三百年来的几个思想家"中讲的宋恕，便称许过求志社的救世之志与弘毅学行。宋恕在其《陈介石五十寿诗序》（1909年8月25日）中勾勒了两代人的传递。②从孙衣言创办诒善祠塾，到许启畴、金晦、陈国桢、陈虬兄弟与陈黻宸共同结为求志社（平阳宋恕与瑞安求志社关系紧密，而非社中人），正是永嘉之学承传的表征："孙太仆归田，提倡乡哲薛、郑、陈、叶之学，设诒善祠塾以馆英少。其后瑞人才所处，苟非诒善祠塾，则必求志社，求志社闻天下。"③这段求志社的经历，也被陈黻宸弟子高谊记载在《陈介石先生五十寿序》中，该文将宋恕视为求志社同道。④而后，更年轻的林损在二舅父陈黻宸去世后代表兄撰写《陈先生行述》，化用宋恕之文，勾勒了求志社社员当时的声名："瑞安谈文学、数人才者，必推诒善祠塾。而求志社一旦遽出掩其上，名闻于天下。"⑤

　　宋恕并非求志社社员，求志社是以"东瓯三杰"的另外两位陈虬、陈黻宸为核心的。据陈虬的《求志社记》（1892）记载，社员还包括许拙学、林香史、王小云、金韬甫、池次榜、何志石、陈仲舫、陈叔和。⑥在同为社员的池志澂的记载中，名单稍有出入。⑦清代永嘉学派在礼学研究上成果卓著，孙希旦有《礼记集解》，孙诒让有《周礼正义》。在乡贤前辈的基础上，求志社同人试图将处在没落中的礼法秩序在个人生活秩序中重构出来。他们仿造古代礼法，以25家为一社，推举社长一人，"便约束，为定冠、婚、丧、葬四礼"，然而后来"中更世故，事未果行"，社事遂散。⑧

　　求志社的核心人物陈虬的《治平通议》有恢复永嘉经制之学以治世之

①陈云昊：《青年夏承焘的文学观——以佚稿〈史学外之章实斋〉为中心》，《中国文化研究》2022年第2期。
②胡珠生编：《宋恕集》，北京：中华书局，1993年，第453页。
③胡珠生编：《宋恕集》，北京：中华书局，1993年，第453—454页。
④高谊著，高益登编注：《高谊集》，北京：线装书局，2013年，第150页。
⑤林损著，陈镇波、陈肖粟编校：《林损集》下册，合肥：黄山书社，2010年，第1278页。
⑥陈虬著，胡珠生编：《陈虬集》，北京：中华书局，2015年，第287页。
⑦陈虬著，胡珠生编：《陈虬集》，北京：中华书局，2015年，第481页。
⑧陈虬著，胡珠生编：《陈虬集》，北京：中华书局，2015年，第287页。

志，其《序》（1983）致意了700年前的"永嘉先生"。①陈虬推崇的"经制之学"是注重事功的。治"经制之学"首先要破除的是名障和文障："名障不去，则成败毁誉之见太重，必不足以肩巨任；文障不去，则义例藻饰之功过深，必不足以明至计。"②1880年其《过耶稣堂》有诗句"西学原征实，缘何异教雅"③，认为东西方政教学术在"征实"（实事求是）的目标上是一致的。那么，如何从永嘉学派重新开出新命，如何在"征实"的西学风气中重新激活周孔之道，在知识性基础上恢复伦理性，便成为永嘉传人所思考的问题。而永嘉学派所具有的破除门户之见的学理气质，使其具有开阔的门径取向。陈虬在1880年的诗《行路难》第七首中，道出了永嘉学派（诗中的"东瓯学派"）所面对的调和汉宋之争的学术使命：

> 汉宋之学何断断，共明圣道伤何主。
> 思量梁木已千年，何不随人坐两庑。
> 一俟书成得传人，东瓯学派斯焉取。④

陈虬诗中的"东瓯学派"，有时也说成"吾乡经制之学"，表明了其绍继学派的自觉担当。陈虬因为私人恩怨，对孙诒让家族有些微词；不过，他所认识到的"东瓯学派"可以对治"汉宋之学何断断"，正是遵循了孙衣言所设计的思想史框架："欲救今汉学、宋学之弊者，其永嘉乎！"⑤因此，在勾勒晚清永嘉学派时，核心是孙氏兄弟父子（孙衣言、孙锵鸣、孙诒让）与"东瓯三杰"—求志社两代之间的接替。

三、谱系的建构：从《新世界学报》到《瓯风杂志》

晚清民国永嘉学派形成了两份具有学派特征的刊物：晚清有1902年9月陈黻宸在上海四马路惠福里新世界学报馆主编的《新世界学报》（停刊于1903年5月，半月刊，共发行15期），民国有20世纪30年代陈

---

① 陈虬著，胡珠生编：《陈虬集》，北京：中华书局，2015年，第299页。
② 陈虬著，胡珠生编：《陈虬集》，北京：中华书局，2015年，第375页。
③ 陈虬著，胡珠生编：《陈虬集》，北京：中华书局，2015年，第456页。
④ 陈虬著，胡珠生编：《陈虬集》，北京：中华书局，2015年，第462页。
⑤ 孙诒让著，潘猛补点校：《温州经籍志》，北京：中华书局，2011年，"序"第2页。

谧（陈怀之子，即陈黻宸的侄孙）在瑞安主编的《瓯风杂志》（1934—1935）。其中前者更多体现了学派引领风气、经世致用的一面，后者更具有学派总结、文献整理的意义。[1]这两份杂志可以勾勒出晚清民国永嘉学派的核心人员构成的嬗变，而《〈瓯风杂志〉发刊词》尤可视为人员谱系的总结。

在《新世界学报》（1902—1903）上出现的作者：第 1 期为核心作者群，有瑞安陈黻宸（介石）、仁和马叙伦（夷初）、上虞杜士珍（杰峰）、永嘉黄群（旭初）、钱塘汤调鼎（尔和）；第 3 期有瑞安陈侠（醉石）、瑞安孙任（季芾）、瑞安陈怀（孟聪）、永嘉王毓英（俊卿）；第 4 期有乐清黄式苏（仲荃）、瑞安陈葆善（栗庵）；第 8 期有乐清吴熙周、周因；第 10 期有乐清高步云；第 11 期有吴县徐景清（叔廉）、东瓯黄钺（柄斧）；第 12 期有巨君、仁和马世杰（轶群）；第 14 期有逸名、乐清朱鹏。该报作者主要是以主编陈黻宸为核心的同道（如陈葆善与其同办过利济医学堂、心兰书社，孙季芾即孙诒棫，是孙诒让从弟、宋恕妻弟）、亲族（如陈侠是其弟，陈怀是其侄子）、学生（如马叙伦、杜士珍、黄群、汤尔和、黄式苏）、同乡（乐清、永嘉、瑞安、东瓯皆属温州，仁和属杭州）。他们之间有着密切的往来和相近的学术取向，大多可以视为永嘉学派中人。

创刊同年，这份杂志即引起梁启超的注意，他在《新民丛报》（1902年第 18 期）的"绍介新著"栏目称许《新世界学报》："实可为我报界进步之征，且可为我思想界文界变迁之征，其中类多能文之人，其文皆纵横排奡，锐利透达，条理整然。其间虽非无一二词胜于理者，且间有影响之言，不合论理者，然大端完善，不可诬也。"[2]梁启超看到了这份报纸可以作为"变迁"之征，不过并未看到这种"变迁"背后所依赖的地方性思想学统。新民丛报社记者论及《新世界学报》"似多得力于浏阳谭先生之学"，则属于误解。陈黻宸之学承自地域性的永嘉之学，其学自南宋之时便致力于破除朱陆门户，主张经世实用，自不可以附于某人某党以自限，否则容易陷入学术专制之弊。况且，如附于谭嗣同之学，又"反似古人皆无学，今人独有学；他人皆无学，我辈独有学"，所以，陈黻宸笔锋一转

---

①学派传人林损在1913年所办《林损杂志》仅刊其一人著述，不具有学派性质，故不纳入讨论。
②梁启超：《新世界学报第一、二、三号》，《新民丛报》1902 年第 18 期。

论道: "或亦论理家之一病欤!" ①其实, 并不是陈黻宸得力于谭嗣同之学, 而是谭嗣同得力于南宋永嘉之学。谭嗣同将南宋永嘉之学视为其仁学建构的一环, 他在其《仁学》一书中认为唯有墨学能调燮联融于孔与耶之间, 而汉代党锢、宋代永嘉可以视为墨家中的"任侠"之"仁", 秦之《吕览》、汉之《淮南》可以视为墨家中的"格致"之"学"。②谭嗣同在《致唐才常》(1897年4月15日)一信中更是直接称道:

> 来书盛称永嘉, 以为可资经世, 善哉言乎。往者嗣同请业蔚庐, 勉以尽性知天之学, 而于永嘉则讥其浅中弱植, 用是遂束阁焉。后以遭逢世患, 深知揖让不可以退崔苻, 空言不可以弭祸乱, 则于师训窃有疑焉。夫浙东诸儒, 伤社稷阽危, 烝民涂炭, 乃蹶然而起, 不顾瞀儒曲士之訾短, 极言空谈道德性命无补于事, 而以崇功利为天下倡。揆其意, 盖欲外御胡虏, 内除秕政耳。使其道行, 则偏安之宋, 庶有豸乎。今之时势, 不变法则必步宋之后尘, 故嗣同于来书之盛称永嘉, 深为叹服, 亦见足下与我同心也。③

在此后30多年创刊的《瓯风杂志》完成了学派谱系的建构, 它是民国时期永嘉学派承先启后的枢纽性学术刊物。它创办于1934年1月, 停刊于1935年12月, 作为月刊每月20日出版, 共发行24期, 由设在瑞安杨衙街5号的上海仿古印书局瑞安分局铅字排印, 每期70页。《瓯风杂志》在"凡例"中标明其宗旨所主: "本志欲以阐扬先贤遗著, 昌明固有永嘉学术, 正俗解蔽而止于至善为职志。"④《瓯风杂志》总编辑瑞安陈谧(字穆庵, 又字木厂, 谱名守谦)是陈怀长子, 而陈怀(字孟聪, 或作"孟冲", 号辛白)早年丧父, 由叔父陈黻宸(字介石)教育长大, 陈怀之于林损是亦师亦兄(从伯兄)。《瓯风杂志》社名"瓯风社", 载"本社特约撰述"有平阳刘厚庄(绍宽)、乐清黄胥庵(迁)、乐清高储颐(谊)、瑞安池卧庐(志澂)、瑞安林公铎(损)、平阳王志澄(理孚); 编辑有瑞安宋慈

---

① 陈黻宸:《答新民丛报社员书》,《新世界学报》1902年第8期。
②《谭嗣同集》整理组:《谭嗣同集》下册, 杭州: 浙江古籍出版社, 2018年, 第307页。
③《谭嗣同集》整理组:《谭嗣同集》下册, 杭州: 浙江古籍出版社, 2018年, 第529页。
④ "凡例",《瓯风杂志》1934年第1期。

抱（墨庵）、瑞安孙延钊（孟晋）、瑞安李翘（孟楚）、永嘉梅雨清（冷生）、永嘉夏承焘（瞿禅）、永嘉陈闳慧（仲陶）；总理事瑞安林庆云（志甄）是陈怀女婿，承担了杂志一切费用；副理事有瑞安陈准（绳甫）、瑞安张扬（宋廞）。刊出时，长辈如特约撰述者，以字称，下属名；而编辑多为平辈，以名称，下属字号。

如果说《瓯风杂志》"凡例"标举了其地方学术渊源，即"阐扬先贤遗著，昌明固有永嘉学术"，那么《瓯风杂志》发刊词更是一份晚清民国永嘉学派的总结性宣言，节录如下："瓯海固东南文物旧邦也，户诵程吕之书，人挟叶陈之策，出则弥纶以通世变，处则兢省以御物欲。代有英杰，偻指难穷。最近百年以来，逊学以文章名世（引按：孙衣言有《逊学斋诗文钞》），籀廎以经术成家（引按：孙诒让有《周礼正义》），蛰庐有冯校邠遗风（引按：冯桂芬有《校邠庐抗议》，陈虬有《治平通议》），介石与章实斋媲美（引按：陈黻宸曾掌京师大学堂史学总教习），燕生卑议深念兵刑（引按：宋恕有《六斋卑议》），鲜庵清声尤精金石（引按：黄绍箕为'瀚林四谏'之一，清流领袖）。并珪璋之重器，为轩辕所宜陈；虽长篇之著述已彰，而短什之沉埋不尠。斯编体例，意在表征文献既详。复分六目……右列六目，名曰'瓯风杂志'。驽骀负重，时有真蹶之虞；蠡管陈诚，冀动高明之听。大雅宏达，盍兴乎来！"[1]

观其辞气，这篇发刊词大约出自总编辑陈谧之手。陈谧在《籀公楼记》（1934）中再次简略地勾勒了晚清民国永嘉学派的学术谱系。[2]他所谓"白衣宗"的说法借用了章太炎《瑞安孙先生哀辞》（1908）对孙诒让的敬辞。[3]无论是发刊词还是《籀公楼记》，两文都将永嘉经制之学的重振溯源自孙衣言、孙诒让父子，他们整理《永嘉丛书》有启牖来学之功；而闻风而起的学派后进代表则指向"东瓯三杰"陈虬、陈黻宸、宋恕。

四、论定的框架："黎明运动"或"再生时代"

从孙衣言、孙锵鸣、孙诒让、黄绍箕到"东瓯三杰"陈虬、陈黻宸、

---

[1]《瓯风杂志发刊词》，《瓯风杂志》1934年第1期。
[2]陈谧：《籀公楼记》，《瓯风杂志》1934年第3期。
[3]太炎：《瑞安孙先生哀辞》，《民报》1908年第22期。

宋恕，正是帝制中国转向共和中国的梁启超所谓"过渡时期"的两代学人。两代学人都处在钱玄同所谓"黎明运动"视野之内，两代学人的关联与差异都可以在这个背景下考察。而胡适、梁启超等人的"再生时代"框架则会遮蔽永嘉学派参与"黎明运动"的学术史意义。

1937年3月31日，钱玄同为《刘申叔先生遗书》作序，提出了"黎明运动"的概念。他将1884年以来的50余年分为"国故研究之新运动"的两期，第一期（1884—1917）即所谓的"黎明运动"，第二期（1917—1937）的学术思想之革新深受新学术、新方法、新文化的影响，溢出了前期的框架。黎明运动涉及了30余年的学术思想之革新运动，其中，在钱氏看来最为卓特的有康有为、宋衡、谭嗣同、梁启超、严复、夏曾佑、章炳麟、孙诒让、蔡元培、刘光汉、王国维、崔适："虽趋向有殊，持论多异，有一志于学术之研究者，亦有怀抱经世之志愿而兼从事于政治之活动者，然皆能发抒心得，故创获极多。此黎明运动在当时之学术界，如雷雨作而百果皆甲坼，方面广博，波澜壮阔，沾溉来学，实无穷极。"①

12人中有宋衡（宋恕）与孙诒让两人是永嘉学派传人。其他如章太炎、谭嗣同、蔡元培、刘师培等人，都与晚清永嘉学派有着密切的学术交谊。不过，钱玄同所做的是时代先驱的群像概要，还不算学术谱系的认定。对此做出学术谱系认定的是胡适、梁启超，而他们的误认已被钱基博纠正。

胡适以欧洲文艺复兴为参照，认为中国不能辜负这个既有"古学昌明"，又有"西洋学术思想输入"的时代。②在东西学术会同大势的判断下，胡适将"孙诒让、章炳麟诸君，竟都用全副精力发明诸子学"的"最近世"，视为清代学术"古学再生"之势的延续。③在胡适之后写作《清代学术概论》和《中国近三百年学术史》的梁启超，将乾嘉汉学视为现代科学精神的先驱。研究者已经看到，梁启超《清代学术概论》和胡适理解清代学术所谓的"再生时代"如出一辙，连参照系都是一样的。④

这样的学术史思路何尝不是一种重造现代前史的发明，因为，宋学或理

---

① 钱玄同：《钱玄同文集》第4卷，北京：中国人民大学出版社，1999年，第319—320页。
② 欧阳哲生编：《胡适文集》第6册，北京：北京大学出版社，1998年，第168页。
③ 欧阳哲生编：《胡适文集》第6册，北京：北京大学出版社，1998年，第168页。
④ 刘巍：《钱穆与胡适梁启超关于清代学术史整理的思想交涉——以戴震研究为例》，《中国社会科学院近代史研究所青年学术论坛》1999年卷（1999年6月30日）。

学的方面在此被否定掉了。刘巍看到，"由于胡适认为科玄论战是历史上'理学与反理学'思想斗争的现代版，所以在他看来戴震等人正是科学派的先驱者；他所续列的自有渊源自成系统的'反理学'的谱系恰恰是理学家们所津津乐道的'道统'的反模拟，而且直接延伸运用到现代思想界的论战"①。处在理学影响下的清代学术"征实"思想，被梁启超、胡适建构成了"反理学"的谱系。那么，处在洙泗濂洛的理学道统中，而又在朱陆二家以外别立的永嘉学派，又怎么能在后设的"反理学"谱系中获得认同？

黎明运动中的永嘉学派，只有其延续乾嘉汉学的部分得到了新文化派认可，这部分也可以纳入胡适的"再生时代"的学术史框架之中。但是，永嘉学派传人的学派全貌以及核心的宋学指向（知识性论述中的伦理性指向）却被遮蔽了。孙诒让的《周礼正义》被梁启超《中国近三百年学术史》评述为"清代经学家最后的一部书，也是最好的一部书"，《墨子间诂》被胡适推崇；然而，孙诒让救世的《周礼政要》以及更年青一代学人的著述，如陈虬《治平通议》、宋恕《六斋卑议》、陈黻宸《中国哲学史》、陈怀《中国文学概论》、马叙伦《庄子天下篇校释》、林损《政理古微》、徐英《诗法通微》等本身所具有的学派一贯性就被人们忽视了。从学派整体的嬗变来看，进入民国时期的永嘉学派更加侧重史学、义理、诗文的方面，而且代有转益，更多视朴学为理解义理的手段。在孙诒让和陈黻宸之间，不过是同一个地方学派"每转益进"的关联，而不是断裂的关系。

1933 年，钱基博在《后东塾读书杂志》中直接批评了梁启超《清代学术概论》中对孙诒让的学术谱系的误断："不知孙诒让之父衣言，初衍永嘉经制之学；而以诒让志在穷经，乃授以《周官经》。诒让正义《周官》，间诂《墨子》，虽用汉学疏证之法，而意趣所寄，乃在经世。读《周礼正义》《墨子间诂》两序，可证。其学实渊源家学，而远承宋学之永嘉经制一脉，与章学诚、邵晋涵为同门异户；而梁氏遂以考证家目之，亦不免皮相之见也。"②钱基博的纠正可谓准确，不过其吉光片羽散见于报刊，不太受人

---

① 刘巍：《钱穆与胡适梁启超关于清代学术史整理的思想交涉——以戴震研究为例》，《中国社会科学院近代史研究所青年学术论坛》1999 年卷（1999 年 6 月 30 日）。
② 钱基博：《梁启超〈清代学术概论〉一册》，《后东塾读书杂志》，武汉：华中师范大学出版社，2014 年，第 278 页。

重视。同年，章太炎在《孙太仆年谱序》中，准确地将孙衣言、孙诒让家族视为永嘉经制之学的晚清传人。[1]

其后，以清代学术史的视角在孙、陈两代学人之间做出整合的，是永嘉学派传人林尹。在其《中国学术思想大纲》中，无论是从皖系经学一系下来的孙诒让，还是从浙东史学一系下来的陈黻宸、林损，都处于"清代之征实学"的正脉之中。而"清代之征实学"的根基如林尹所言，已经在顾炎武、颜元、王夫之、黄宗羲等清初学者那里奠定。[2]征实之学，才能推导出致用。

在这种"或征于实事，或征于古籍"的"征实"精神统摄中，历来注重事功、经制，反对空言心性的永嘉学派成为会聚晚清时期永嘉士人的一面旗帜。晚清国粹派的邓实，特别区分"君学"与"国学"，并将永嘉经制之学视为有用之"国学"。在他看来，学术不依赖君主而能影响于社会正是泰西国势强盛的一大关键，而本国古学并不是没有真学术："而观我国，则历代虽有一二巨儒，精研覃思，自成宗派，其学术非无统系之可言，而空山讲学，所与倡和者，惟其门徒及二三知己耳，而全社会不知尊仰，后人不闻表彰。"[3]此前，邓实撰写的《永嘉学派述》正是昌明古学，使其有用的努力："黄梨洲所谓永嘉之学，言之必可行，足以开物而成务者。岂不然哉！"[4]晚清国粹派重视永嘉之学，正是以粹化国学的方式应对世变的反映。于是，永嘉之学和"明末三先生"顾炎武、黄宗羲、王夫之的学说共同成了反驳专制的"君学"的思想资源。这是无法被纳入胡适"再生时代"框架的内容——永嘉之学深刻地参与了钱玄同描述的黎明运动，其致用的伦理性被后来的学术史框架遮蔽了。

五、结论

胡适其实是将温州学派视为一时一地之学，将它排除出科学进化的学术史谱系。早年，梁启超也将陈黻宸等人误认为是谭嗣同之传的影响，为陈黻宸撰文所纠正；后来，梁启超顺着胡适的"再生时代"的框架将孙诒

---

[1] 章太炎：《孙太仆年谱序》，《章太炎全集：太炎文录补编》，上海：上海人民出版社，2017年，第873页。
[2] 林尹：《中国学术思想大纲》，上海：华东师范大学出版社，2006年，第143页。
[3] 邓实：《国学无用辨》，《广益丛报》1907年第147期。
[4] 邓实：《永嘉学派述》，《国粹学报》1905年第12期。

计视为汉学一脉，同样为钱基博纠正。孙诒让所属的地域性永嘉学派并不能仅仅视为汉学考据。这种广为流传的学术史框架使人们长期不能以他们及其继起者本属的名称"永嘉学派"来进行整体认知。经过前面的梳理，我们可以将孙衣言、孙锵鸣、孙诒让、黄绍箕、陈虬、陈黻宸、宋恕、马叙伦、陈怀、黄群、高谊、林损、徐英、林尹、陈谧等一大批人物置于其本有的地方性学派脉络里加以考察。

宋代永嘉经制之学，在邓实眼中是言之必可行于当世的国粹资源，侧重对古学之昌明；而在晚清民国永嘉学派看来，它已经过清代征实学的灌注，成为"兼宗汉宋之长而通其区畛"①、应对世变之亟的不二选择——这意味着，在心性与事功两端，永嘉学派后进有责任将先辈的学术见诸行事。林损在《永嘉学派述》开篇就表明了此用世之旨："本师陈先生（介石）尝言：学不可不讲，而学不可措之于事，施之于世者，不必讲。"②这种精神在晚清重振之初便嵌入了其内在生命，两江总督李雨亭制府为孙衣言作《寿序》认可钱泰吉之言："吾浙之学，犹有永嘉，真脉乃在瑞安。"③从瑞安孙氏家族到陈黻宸及其弟子们都将永嘉学派视为在国学陵夷之世中更新传统的统合性力量。④由此，学术界理应恢复原本贯通的学派脉络，恢复该学派本来的命名。那么，永嘉学派不只是国故家眼中的史料，还是活跃于晚清民国，并深度介入晚清改良运动、诸子学复兴、国粹派崛起、北京大学"新旧之争"⑤等历史现场的一支地方学术力量。晚清民国时期作为地域性学术流派的永嘉学派一旦点亮，将会为该时期学术史、思想史、文学史诸多领域带来更深入的理解。

（原文刊载于《人文杂志》2023 年第 5 期）

---

① 林损著，陈镇波、陈肖粟编校：《林损集》上册，合肥：黄山书社，2010 年，第 353 页。
② 林损著，陈镇波、陈肖粟编校：《林损集》上册，合肥：黄山书社，2010 年，第 346 页。
③ 孙延钊撰，徐和雍、周立人整理：《孙衣言孙诒让父子年谱》，上海：上海社会科学院出版社，2003 年，第 121 页。
④ 侯俊丹：《民情反思与士人的社会改造行动：晚清温州永嘉学派保守主义的实践及其困境》，《社会》2015 年第 2 期。
⑤ [美] 周策纵：《"五四"运动史》，陈永明等译，北京：世界图书出版公司北京公司，2014 年，第 63 页。

清代瑞安学派成因探析

刘思文*

春秋以往，有学有派。九流十家之中，或称学，或称派，如汉之有古文、今文，有郑、有王。以专书论，《诗》有齐、鲁、韩，《书》有欧阳、大、小夏侯，《礼》有大、小戴，《易》有梁丘、孟、施、京房，《春秋》则有"公羊"严、颜；见于朝廷，有成帝石渠阁疏讲，有章帝白虎观论议，有董仲舒、田千秋、萧望之因学派而擢、废。"学派"一语，始见南宋陈造《江湖长翁集》卷二《再用前韵赠盐城四士》："章侯金百炼，学派传正宗。"①继有黄仲元《四如讲稿》卷一《开堂讲义》："又集经学之大成，于时有湖学，有浙学，有江西学派。"②元吴澄《吴文正集》卷四十九《五峰庵记》："兴之为僧也，续吉州三学派。"③元王旭《兰轩集》卷十《赵君宝鸠金疏》："事业见止轩之亲序，学派出贻溪之正传。"④明温纯《温恭毅集》卷十六《祭大司空淮海孙文恭先师文》："近世学派，先生要矣。"⑤清张廷玉等《明史·儒林传》提出"阳明学派"，永瑢、纪昀《四库提要》及李清馥《闽中理学渊源考》多以学派论之。

一、瑞安学派的提出与评价

有清以来，讲议学派之风大盛。先有浙东、浙西之分，后有吴、皖之别。1917 年 7 月，史学家陈黻宸逝世。其好友崔学彭、孔昭鑫共献一副挽联："痛国会解散两次而以身相殉，灵爽实式凭，从兹宪法精神蹈厉发扬勿忘先哲；越孔诞纪念二日而在粤追悼，心传应默绍，此后瑞安学派提携辅翼

---

*现任贵州师范大学文学院副教授、硕士生导师，中国训诂学研究会理事。
① (宋) 陈造：《江湖长翁集》卷二《再用前韵赠盐城四士》，明万历刻本。
② (宋) 黄仲元：《四如讲稿》卷一《开堂讲义》，《四库全书》本。
③ (元) 吴澄：《吴文正集》卷四十九《五峰庵记》，《四库全书》本。
④ (元) 王旭：《兰轩集》卷十《赵君宝鸠金疏》，《四库全书》本。
⑤ (明) 温纯：《温恭毅集》卷十六《祭大司空淮海孙文恭先师文》，《四库全书》本。

端属我曹。"①1937 年 10 月，近代学者马君武《浴日楼诗文稿·序》曰：
"瑞安自乾嘉以来，文学派别亦与中原脉络息息相通。孙敬轩以经学名家，
孙琴西仲容父子继之，大昌治礼之学。黄仲弢、宋平子、陈介石长于史事，
皆卓然自成一家。清之有瑞安，一如宋之有永嘉为异军特起者也。微尘（项
骧，字微尘）于瑞安学派中为长于史事者，故其所为文条达渊茂，所为诗
瑰异博丽，回肠荡气，令人有一唱三叹之思。"②1995 年，戴念祖《怀念
洪震寰先生》曰："利用其家乡人文地理和图书的方便，他还大力发掘清
末瑞安派的人物（如孙诒让）、学术团体的历史及其科学成就，等等。"③
王晓清近著《中国地域学派叙论》："作为学术后进的陈介石，以自己的
学行、识解建立了一个与瑞安孙氏相左的学派，陈介石侄子陈孟聪、外甥
林损、杭州求是书院弟子马叙伦、汤尔和、两广方言学堂弟子伦明各有专攻，
皆为北京大学知名教授，在阐扬瑞安学派时自然就传播了孙氏之学。"④99
作者在该书第三章"籀膏学派"中，将宋恕、陈黻宸、陈怀等专注史学的
清代学者从瑞安学派中剥离出来，主要探讨"以孙诒让为学术核心人物、
以瑞安地缘学风为特性"的"籀膏学派"，忽视了孙诒让与宋恕、陈黻宸、
陈怀等学者的学术共通性。近人宋慈抱指出："清代乾嘉以后，人文蔚起，
若孙希旦之治《礼记》，方成珪之治《集韵》，孙氏之治《周官》《墨子》
及籀文，陈黻宸之治子史，皆卓然成家，与宋代陈文节、蔡文懿诸公后先
比美，诠而次之。"⑤《〈瓯海轶闻续编〉自叙》："考据学说也，孙
希旦于'三礼'专治小戴，为《集解》五十卷，疏通郑孔之窒，补苴宋、
元所无，名物制度考索详矣。校《玉海》及《契丹国志》，又纂修三通、
国史，卒以积劳而卒。方成珪为《集韵考正》《韩文笺正》，未刻如《困
学纪闻校》及《东莱读诗记校》，则校雠尤精。孙诒让少读《汉学师承记》，
慨然有经治小学之志，与德清戴望、宝应刘恭冕、海宁唐仁寿、仪征刘寿

①陈虬、宋恕、陈黻宸：《东瓯三先生集补编》，胡珠生编，上海：上海社会科学院出版社，2005 年，第 461 页。
②政协瑞安市文史资料委员会：《瑞安文史资料：8 辑》，瑞安：政协瑞安市文史资料委员会，1990 年，第 77—78 页。
③戴念祖：《怀念洪震寰先生》，《中国科技史料》，1995 年第 1 期。
④王晓清：《中国地域学派叙论》，武汉：湖北人民出版社，2013 年。
⑤宋慈抱：《瑞安县志各门小叙》，《浙江省通志馆馆刊》，1945 年第 3 期。

曾为友……风行东瀛，学者称籀顾先生。"①

综上可知，前人虽提出了"瑞安学派"，对学派做了评价，但未剖析学派成因，略显不足。这里从学派外部环境和内部联系入手，对瑞安学派成因试做分析。

二、瑞安学派形成的外因

（一）明中叶至清初的学术发展

明绍南宋，推崇程朱理学。明太祖朱元璋诏示，"一宗朱子之书，令学者非五经孔孟之书不读，非濂洛关闽之学不讲"②，规定以朱熹《四书章句集注》为科举出题标准，提高程朱理学的地位与影响。明中叶，王阳明心学代理学而成主流。后期则日益走向极端，形成清淡空疏之风。士子群籍不读，经世不讲，唯谈心性，造成了严重的学术危机。但一些学者开始重视考据，涌现如杨慎、梅鷟、陈耀文、胡应麟、焦竑、陈第、周婴、方以智等考据大家，他们一反宋元时期的空疏之风，提倡实学，为清代考据学的勃兴奠定了基础。入清，社会逐步走向安定，为清学发展提供了一个良好的社会环境。从顺治、康熙、雍正到乾隆中期，文化政策上多承袭明制。如顺治一朝，"以子、卯、午、酉年乡试，丑、辰、未、戌年会试，奉特旨开科，则随时定期"③。康熙"以朱子之学倡天下，命大学士李光地参订性理诸书"④，将朱熹列为儒家圣哲，供奉于大成殿，要求臣子熟悉"四书""五经"和《性理》。雍正时，继续尊崇宋学。乾隆推崇用"四书""五经""揭大义而示正理"，认为"悖于义理者，自当从删"⑤。乾隆中后期是清代学术的转折点，此期，以考证为主的汉学逐渐取代程朱理学。科举考试内容转向对儒学经典的阐释。"多士以起自田间，未谙政务为辞耳。夫政事与学问非二途，稽古与通今乃一致。""而事词章而略经术，急进取而竞声华。论文体则尚浮辞而乖实义，于圣贤道德之实，未有能体之于心、

---

① 宋慈抱：《〈瓯海轶闻续编〉自叙》，《欧风杂志》，1934 年第 6 期。
②（清）陈鼎：《东林列传》卷二《高攀龙传》，《四库全书》本。
③（清）官修：《大清会典则例》卷六十六《礼部》，《四库全书》本。
④ 赵尔巽：《清史稿》卷七十七《列传》，民国十七年清史馆本。
⑤（清）王先谦：《东华续录》乾隆八十四、八十五，光绪十年长沙王氏刻本。

修之于行事者。将教化之未明欤，抑积习之难返欤。"①皮锡瑞《经学历史》："国初汉学方萌芽，皆以宋学为根底，不分门户，各取所长，是为汉宋兼采之学。乾隆以后，许（慎）郑（康成）之学大明，治宋学者已鲜，说经皆主实证，不空谈义理，是为专门汉学。"②

（二）乾嘉考据学的盛行

乾嘉时期，汉学大兴，考据学成为学界主流。魏源《古微堂集》外集卷四《武进李申耆先生传》："自乾隆中叶后，海内士大夫兴汉学，而大江南北尤盛。苏州惠氏、江氏，常州臧氏、孙氏，嘉定钱氏，金坛段氏，高邮王氏，徽州戴氏、程氏，争治训诂音声，瓜剖析。"③乾嘉学者以"实事求是"为原则，重视名物训诂和典章制度考据，于经学、史学、文学和金石、地理等方面，做出了很大的成绩，对清代学界影响很大。其中，又以惠栋为首的"吴派"和以戴震为首的"皖派"影响最大。梁启超《中国近三百年学术史》："因为乾隆、嘉庆两朝，汉学思想正达于高潮，学术界全部几乎都被他占领。但汉学派中也可以分出两个支派：一曰吴派，二曰皖派。……乾、嘉间之考证学，几乎独占学界势力，虽以素崇宋学之清室帝王，尚且从风而靡，其他更不必说了。"④瑞安学派的学问与思想，受到吴派"纯汉学"与皖派"考证学"的影响。孙希旦"于名物制度，考索精详，可以补汉儒所未及"，方成珪"参互钩稽，实事求是"⑤，孙诒让"精究声音训诂之学""博考精校"⑥等，涌现出如孙希旦《礼记集解》和《尚书顾命解》，方成珪《集韵考正》《字鉴校注》和《韩集笺正》，孙诒让《周礼正义》《墨子间诂》和《契文举例》及黄绍箕《汉书艺文志辑略》《楚辞补注》等一批考据学成果。

（三）文字狱与《四库全书》等典籍纂修

雍乾两朝，文字狱大兴。查嗣庭案，查家上百人被杀，牵连数百人，学者噤若寒蝉，不敢过问政治。在大兴文字狱的同时，为统治思想，清统

①（清）官修：《大清高宗纯皇帝实录》卷三百一十三、二百三十九，中华书局影印本。
②皮锡瑞：《经学历史》，北京：中华书局，1959年，第341页。
③魏源全集编辑委员会：《魏源全集》第20册，长沙：岳麓书社，2011年，第246页。
④梁启超：《中国近三百年学术史》，天津：天津古籍出版社，2003年，第25页。
⑤（清）方成珪：《韩集笺正》卷首《序言》，民国瑞安氏陈氏潄瀼斋校刊本。
⑥张宪文：《孙诒让遗文辑存》，杭州：浙江人民出版社，1989年，第158—159页。

治者还推动编纂《四库全书》。张舜徽说：“在清代统治者禁止讲学结社，大兴文字狱的迫害下，那些思想被抑止了。统治者为要杜绝后患，转移人们的视线，利用大规模修辑‘类书’和开‘博学鸿词’科等方法来牢笼知识分子，因而出现了乾隆年间的考据学派。”①瑞安学派代表孙希旦曾担任缮书处分校官和《四库全书荟要》校对官。孙诒让阅《契丹国志》时说：“乾隆时开四库全书馆，吾乡家敬轩先生实预分校。时馆中以宋叶隆礼《契丹国志》进呈，高宗以其体例乖舛，诏馆臣重行刊正，总裁以畀先生，《四库提要》所著录者即先生所校修本也。”②孙衣言、孙锵鸣等也参与了典籍编纂。如咸丰七年（1857），孙衣言“充文渊阁直阁事，登阁观览《四库全书》，而于四库所著录之温州先哲遗著，特注意检阅”③。他据《四库》著录本判断曹廷栋《宋百家诗存》中所存《瓜庐》《云泉》“当亦几于全矣”，指出“郡志经籍有《瓜庐集》，不言卷数，《仲止集》则并未著录，而《文苑传》亦无其名，甚矣志之疏也”④。受其影响，孙诒让于同治十年（1871）完成邵懿辰遗著《四库全书简明目录校注》20卷。光绪四年（1878），孙诒让购得日本刊本《施氏七书讲义》，在《四库全书简明目录校注·孙子下》补充“金武学上舍《施氏七书讲义》42卷，日本刊本，卷端有贞佑壬午汪伯虎序，称施子美撰，不著其名，《四库》及各家目并未著录，光绪戊寅于吴淞收得”⑤。当然，清代学术的勃兴，虽与文字狱相关，但绝非唯一因素，甚至也不是最重要因素。这是应该说明的。

（四）科举考试的推动

清代对科举的重视，一定程度上促进了瑞安学派的形成。《温州历史年表》载，清顺治至宣统267年间，瑞安有进士26人（含武科进士5名）⑥、

① 张舜徽：《清代扬州学记》，上海：上海人民出版社，1962年，第17页。
② 孙延钊：《孙衣言孙诒让父子年谱》，徐和雍整理.上海：上海社会科学院出版社，2003年，第59页。
③ 孙延钊：《孙衣言孙诒让父子年谱》，徐和雍整理.上海：上海社会科学院出版社，2003年，第33页。
④ 孙延钊：《孙衣言孙诒让父子年谱》，徐和雍整理.上海：上海社会科学院出版社，2003年，第73页。
⑤ 孙延钊：《孙衣言孙诒让父子年谱》，徐和雍整理.上海：上海社会科学院出版社，2003年，第168页。
⑥ 陈诒昆、陈成业、朱应松：《瑞安文史资料：10辑》，瑞安：政协瑞安市文史资料委员会，1993年，第99—111页。

举人75人，占温州地区进士总数的40%。乾隆中后期出现孙希旦、孙锵鸣、孙衣言、黄体芳、黄绍箕、黄绍第和陈黻宸等23位进士，后成为瑞安学术代表，由此我们也可以得知，科举对瑞安学术发展的影响。

孙希旦的学术生涯，与科举有密切联系。乾隆四十三年（1778），已43岁的孙希旦高中探花，授翰林院编修，入《四库全书》馆编修。主考官于敏中阅其殿试对策后认为，"使他人检书为之，不能有此"。"及榜发，同年生大集，燕主司，文襄见先生退然居人后，即手招使前，以语诸进士曰：'诸君一皆师事可也。'"①受于敏中赏识，孙希旦48岁重修《契丹国志》和《大金国志》。他重视科举考试公平，为避免有人上门请托，"辄杜门谢客，虽朝夕往来者不能一见"②。后人为纪念他，将其在县城西门陶尖的少年读书处——陶峰书屋命名为"探花楼"。

因结伴参加科举，促进了彼此间学术交流者，在瑞安学派中也不乏其人。如黄绍箕与孙诒让从弟孙诒燕和金鸣昌同中秀才，成为好友，三人广读经史，讨论天算、地舆、兵谋、武备、律例，被当地称为"三君之目"③。另如陈虬，光绪二十一年（1895）与陈黻宸一同赴京参加会试，遇甲午战败签《马关条约》，加入"公车上书"的队伍，成为好友。光绪二十四年（1898），又与陈黻宸再次赴京会试，结识康有为、梁启超等，参加保国会。与陈虬、陈黻宸同为保国会成员的黄绍箕还劝康有为"勿言国事，宜以金石陶遣"④，并为其《广艺舟双楫》撰写《广艺舟双楫评语》。

还有因科举入仕共事成为好友者，如孙希旦与四库馆纂修吴舒帷、邵晋涵等成为好友。吴舒帷弟子辛炳乔《孙太史稿序》曰："独与古余吴侍读友善。"⑤此话虽有夸大，但足以说明二人交好。孙希旦曾与邵晋涵旅途同舱，畅谈经史百家，邵叹服其"才固不择地而生也"⑥，遂结为学友。孙希旦还盛赞与其共事的沈初和齐召南之学术。方成珪《守孔约斋杂记》曰："……在史馆，但心折沈云椒（初）、齐次风（召南），以为己所不

① 徐世昌：《清儒学案》，台北：世界书局，1962年，第5页。
② 孙延钊：《孙延钊集》，上海：上海社会科学院出版社，2006年，第190页。
③ 宋恕：《宋恕卷》，北京：中国人民大学出版社，2014年，第342页。
④ 中国史学会：《中国近代史资料丛刊（戊戌变法四）》，上海：上海人民出版社，1957年，第121页。
⑤ （清）孙希旦：《孙太史稿——丛书集成续编（第131册）》，上海：上海书店，1994年，第1页。
⑥ 曾军：《义理与考据：清中期〈礼记〉诠释的两种策略》，长沙：岳麓书社，2009年，第138页。

及。"① 如黄体芳与张之洞同榜进士，同被选为庶吉士，又都在翰林院修典，二人交往甚密。然科举之路并非坦途，许多瑞安学者都有屡试不中的经历。如黄体芳经历两次乡试，三次会试，19 岁中举，31 岁才中会元，其间隔了 12 年。还有孙诒让自同治六年（1867）起，也"先后七赴礼闱，竟不第"②。又如宋恕和陈虬一起到杭州参加己丑恩科乡试均落第。长期专注于科举考试和多次应试受挫，一定程度上影响了他们的求学路，"有识之士，幡然于科举之不足为学，相与讲求经世"③，促使他们潜心钻研学术。

参加科举不仅能帮助学者步入仕途，还能促进彼此间的学术交流，扩大交友面，推动学派的形成与发展。

（五）书院、私塾、学堂的兴起

清初，政府为防止士人结社，禁止兴建书院。直至雍正十一年（1733）昭令各地重建书院，书院、私塾等才得以发展，瑞安也不例外。据《嘉靖温州府志》《瑞安市教育志》《温州历史年表》和《中国书院史》，清代瑞安地区主要的书院、私塾和学堂有缘芸书院、环川书院、玉尺书院、万松书院、萃英书院、聚星书院、花竹学院、学渊书院、峃山书院、经诂书院、凌霄书院、心兰书院、算学书院和诒善祠塾、蒙学堂、女学蒙塾、翼圣蒙学堂、群益蒙学堂、颍川书塾等。瑞安学派主要成员担任书院、学堂讲习或主讲的经历对其学术成长有很重要的影响。乾隆四十四年（1779），在家丁忧的孙希旦主持中山书院，他"益取宋、元以来诸家之书"④，校正《礼记》郑注、孔疏之误，著成《礼记集解》61 卷。孙锵鸣主讲平阳龙湖书院期间，主编《平阳县志》四卷，撰有《〈平阳县志·舆地书〉叙》《〈平阳县志·皇言纪〉叙》和《宝善堂记》等 12 篇，后由吴庆坻编为《逊斋文集》。

三、瑞安学派形成的内因

家学、姻亲、师友交流是学派形成的重要推力。

王晓清《中国地域学派叙论》曰："地缘乡土、里闬门第、同乡同谊

---

① 陈瑞赞：《东瓯逸事汇录》，上海：上海社会科学院出版社，2006 年，第 369 页。
② 钱南阳：《孙诒让传》，《浙江学报》，1947 年第 1 期。
③ 刘绍宽：《刘绍宽专辑：苍南文史资料 16 辑》，苍南：苍南县政协文史资料委员会，2001 年，第 48—49 页。
④ 孙延钊：《孙延钊集》，上海：上海社会科学院出版社，2006 年，第 216 页。

同门，成为学者群体之间互为联结的纽带，这对地域学派的成形，作用不可小觑。"①

（一）家学渊源与瑞安学派

学派形成往往与家学传代有关。陈寅恪认为："（东汉之乱）学术文化尚能保持不坠者，固有地方大族之力，而汉族之学术变化变为地方化及家门化矣。故论学术，只有家学之可言，而学术文化与大族盛门常不可分离也。"②瑞安学派的形成亦与家学传代有关，其中最有名的是孙、黄、陈，他们构成了瑞安学派的中坚。

1. 孙氏家学

清代瑞安孙氏家族有名者有孙衣言、孙锵鸣、孙诒让等。孙氏家学长于礼学和小学。孙衣言推崇礼学经典，曾授孙诒让《周官经》。孙氏家学治经多从文字训诂入手。孙锵鸣《〈惜阴书院课艺〉序》曰："盖圣人之立言垂教，其道莫著于经。……由文字训诂以求微言大义之所在，而既能为沈博绝丽之文，又当返诸身心，求其所以为文之本。则华实兼赅，体用咸备。"③孙诒让是孙氏家学集大成者，他广采汉唐至乾嘉时期先儒对《周礼》的旧诂，详考古今文献，成《周礼正义》，另著有《周礼三家佚注》《周书斠补》《大戴礼记斠补》《墨子间诂》和《名原》等。

2. 黄氏家学

清代瑞安黄氏出了五位进士，是名副其实的浙东士族。黄体芳注重经籍的考据，"礼致训诂词章兼通之儒以为之师"④。其子黄绍箕专于考据、辞章，认为"凡学贵博，考尤贵精思，二者缺一不可"⑤，校读吴大澄《说文古籀补》、孙诒让《墨子间诂》、康有为《广艺舟双楫》等，指出疏失者数条；辑佚薛季宣《地理丛考》，撰《跋薛季宣〈地理丛考〉残佚》⑥，著有《汉书艺文志辑略》和《尚书今古文篇目考》等。侄子黄绍第"工骈

---

① 王晓清：《中国地域学派叙论》，武汉：湖北人民出版社，2013年，第10页。
② 陈寅恪：《金明馆丛稿初编》，上海：上海古籍出版社，1980年，第131页。
③ 孙锵鸣：《孙锵鸣集》，胡珠生编，上海：上海社会科学院出版社，2003年，第32页。
④ 黄体芳：《黄体芳集》，俞天舒编，上海：上海社会科学院出版社，2004年，第144页。
⑤ 黄绍箕：《黄绍箕集》，宋维远、陈维真编，瑞安：政协瑞安市文史资料委员会，1998年，第97页。
⑥ 黄绍箕：《黄绍箕集》，宋维远、陈维真编，瑞安：政协瑞安市文史资料委员会，1998年，第83—92页。

体文，兼精于金石、书画、目录之学"①，著有《五代史补注》《瑞安百咏》《缦庵遗稿》等。

3. 陈氏家学

陈黻宸少从陈怀父亲陈燃石学习《左传》《尚书》，后专于史学，著有《独史》《地史原理》《中国通史》等，被誉为"晚清浙东史学巨子"②。陈怀因其父英年早逝，后从叔父陈黻宸受业，"天资超旷、能尽传其学，而密察过于仲父……长文史，于名理尤有超悟"③。陈怀继承家业，兴教促学，将陈氏史学发扬光大。陈黻宸外甥林损曾从陈怀学习。近代学者胡适将陈怀、陈黻宸及外甥林损和弟子马叙伦等统称为"温州学派"④。刘绍宽说："吾乡自太仆孙氏以永嘉经济之学倡……而能成其学派者，唯介石先生。"⑤故陈氏家学对陈黻宸、陈怀等有深远影响。

（二）姻亲关系与瑞安学派

姻亲关系是指独立的个体或家族群体以婚姻关系为中介联结起来，形成一个亲属关系共同体。这是瑞安学派能在清代异军突起并产生广泛影响的又一重要因素。这里以孙希旦、孙诒让、黄绍箕、陈黻宸为中心，对瑞安学派代表人物间姻亲关系做简要梳理。

1. 以孙希旦为中心的姻亲关系

孙希旦妻子林氏，是山东郓城知县林露胞妹。孙延钊《孙敬轩先生年谱》曰："林露，号杞岩，为诸生，萤声庠序，尝与妹婿孙希旦读书于邑之西郊陶峰下，博览经史及百家传注。"⑥孙希旦与林露同年中举，两人交情甚好。孙希旦将次女许配给林露次子林观平，两家亲上加亲。

2. 以孙诒让为中心的姻亲关系

孙诒让祖父孙希曾娶项灯女，项、孙两家联姻。孙衣言、孙锵鸣为项灯外孙。孙延钊《孙衣言孙诒让父子年谱》："项氏二舅茗垞，以晚年自定诗集命为序。衣言受读之，辄叹前辈曹秋槎、方雪斋及季舅几山之不可

①陈治昆、陈成业、朱应松：《瑞安文史资料：17辑》，瑞安：政协瑞安市文史资料委员会，1998年，第349页。
②陈德溥：《陈黻宸集：上》，北京：中华书局，1995年，第1页。
③陈怀：《清史两种》，胡珠生编，上海：上海社会科学院出版社，2006年，第335页。
④肖伊绯：《民国温度：1912—1949书影流年》，北京：清华大学出版社，2013年，第170页。
⑤宋维远：《瑞安市志：下》，北京：中华书局，2003年，第1642页。
⑥孙延钊：《孙延钊集》，上海：上海社会科学院出版社，2006年，第196页。

复见，尤以终未获见伯舅雁湖先生为恨。"①孙诒让从妹孙思训嫁宋恕，两家联姻。其另一位从妹夫是周珑，孙诒让常与其"恣意游览，穷搜古刻"②。

3. 以黄绍箕为中心的姻亲关系

光绪十年（1884），41 岁的黄绍箕因前妻亡故，续娶张之洞侄女为妻，张、黄两家的联系更为密切。黄绍箕弟黄绍第，光绪二十年（1894）任甲午科副主考官，因看重考生冒广生的诗文，遂在发榜时将长女黄曾葵许给冒广生，世称"文字姻缘"③。

4. 以陈黻宸为中心的姻亲关系

陈黻宸学生林仁杲娶陈黻宸四妹陈氏为妻，陈氏生林损时难产去世。九年后，林仁杲病逝，林损由祖母薛氏抚养。陈黻宸次子陈晳娶宋恕之女，陈、宋结为儿女亲家。陈黻宸之女嫁给乐清县最后一位进士余朝绅之子余宗达。

从上述可知，家族联姻常与学术有关。黄、冒两家联姻即是如此。光绪二十年（1894），冒广生乡试中举，副主考官黄绍第欣赏其文采，托房官王庆挺做媒将女儿相许。冒广生之子舒諲回忆说：

"房官王庆挺见我父文章出色，推荐给主考官，冯（文蔚）认为'诗冠通场'，其他各场文笔也都优秀。事情传到黄叔颂耳里，他正为女选婿，当晚王庆挺做媒说合。"④

瑞安学派学人相互间的姻亲关系又促进彼此学术的发展。如宋恕为学，始于与孙氏家族联姻。宋恕与孙思训定亲后，孙衣言、孙锵鸣对其古文进行了指导。他在《六字课斋津谈》中说："（孙衣言）尝谓余曰：'周文殆无一语不工，学古文者，但须熟读周文。'"⑤后点评宋恕《听兰室记》时说："能全读欧阳、曾、王三先生集，及姚选《古文类纂》、曾文正公《经史百家杂钞》，玩其评论、圈点之处，豁然贯通，数年之后，必更津津乎

① 孙延钊：《孙衣言孙诒让父子年谱》，徐和雍整理．上海：上海社会科学院出版社，2003 年，第 43 页。
② 陈治昆、陈成业、朱应松：《瑞安文史资料：17 辑》，瑞安：政协瑞安市文史资料委员会，1998 年，第 258 页。
③ 宋维远：《瑞安市志：下》，北京：中华书局，2003 年，第 1639 页。
④ 舒諲：《微生断梦：舒諲和冒氏家族》，北京：中央编译出版社，2000 年，第 9 页。
⑤ 陈治昆、陈成业、朱应松：《瑞安文史资料：17 辑》，瑞安：政协瑞安市文史资料委员会，1998 年，第 262 页。

有味其言之矣。"①宋恕19岁时，孙锵鸣授《颜氏学记》，助宋恕领悟颜氏之学。其《外舅孙止庵先生挽诗》说："一编《学记》传颜氏，《孤愤》何人吊浙中？尚忆清晨承手授，行年十九气如虹。"②这些指导，为宋恕治学打下了坚实的基础。

可见，除家学外，因姻亲接受的外家之学，对瑞安学派学者学术发展有重要影响，它加深了学者间的联系，促进了瑞安学派形成的客观进程。

（三）师友交流与瑞安学派

师友交流是学派形成的重要纽带。瑞安学派形成初期、中期和后期，孙衣言、孙锵鸣、孙诒让、黄绍箕、黄绍第、陈黻宸、陈虬等学者间的交流较多。

1. 相互问学

学者问学是一种优良传统。孙诒让曾将《墨子间诂》清样送黄绍箕阅读，"此卷内有涉水地数事，文字舛讹，不可理董，强以管见说之，终不敢自信，望赐教为幸"③。黄绍箕读后举正十余条，撰《校〈墨子间诂〉跋》，称其书"援声类以订误读，审文例以移错简，推篆籀隶楷之迁变以刊正讹文，发故书雅记之淹昧以疏证轶事"④。孙诒让还向从妹夫宋恕请益学术。宋恕赞《周礼政要》"开宗明义，已得骊珠，本末秩然，密切情理。视某大吏等杂聚败叶之论，不可同年语矣"，并指出书中"所据时籍，颇有传讹"⑤等误例，以助其修改、完善。

2. 兴办学社

同治十一年（1872），陈虬、陈黻宸与许启畴等人有感于乡邦藏书有限，在瑞安西河桥心兰巷成立心兰书社。后为交流学术、商讨社会问题，他们又倡议成立了求志社。求志社成立的23年中，蝉联五科的举人有6人，其中2人为进士。光绪元年（1875），孙衣言于县城忠义街孙氏宅院创办诒善祠塾，并亲自制定了10则课约，受业学生除孙诒让、孙诒燕、孙诒

---

①陈镇波：《宋恕评传》，杭州：浙江人民出版社，2010年，第35页。

②胡珠生：《宋恕集：下》，北京：中华书局，1993年，第862页。

③张宪文：《孙诒让遗文辑存》，杭州：浙江人民出版社，1989年，第79页。

④黄绍箕：《黄绍箕集》，宋维远、陈维真编，瑞安：政协瑞安市文史资料委员会，1998年，第91页。

⑤胡珠生：《宋恕集：下》，北京：中华书局，1993年，第607页

泽等孙氏子弟外，还有陈虬、黄绍箕、黄绍第、何庆辅、项芳兰和胡调元等，他们在科举中相继中举人、进士。光绪二十一年（1895），孙诒让与黄绍箕、黄绍第兄弟等九人创建了算学书院，翌年改为瑞安学计馆，以培养中西会通之才。两年后，陈虬、陈黻宸在温州创办了利济学堂，以推动地方医学事业发展。

学者间相互问学和兴办学社，营造出好学、乐学的学术氛围，进一步加强了瑞安学派内部的学术联系，推动了瑞安学派的形成与发展。

四、结语

清代是学术研究集大成的时代，特别是乾嘉考据学，从研究广度到深度，都达到了新的水平。在这个时期内，学派纷呈，大师迭出，成果丰硕，成为中国古代学术发展的一座高峰。在众多学术流派中，以孙希旦、方成珪、孙衣言、孙锵鸣、黄体芳、孙诒让、陈黻宸、黄绍箕、陈怀等为代表的瑞安学派是清中叶一个重要的地域学派。

明中叶至清初的学术发展、乾嘉考据学的盛行、文字狱及《四库全书》等典籍纂修和科举、书院的驱动是推动学派形成的关键因素，家学渊源、姻亲关系、师友交流是学派形成与发展的重要内因。在家学传代、婚姻门族、师徒传承的社会认同里，瑞安学派的形成、发展、高峰和消失过程，再现了清代浙东学术发展概况。因此，探讨瑞安学派的形成，对学术史上的学派研究意义重大。如何客观评价瑞安学派，还需继续深入研究，这里仅起到一个抛砖引玉的作用。

（原文刊载于《西华大学学报（哲学社会科学版）》2017年第4期）

黄体芳的学术思想与南菁学风的形成

任慧峰*

光绪二十五年（1899），67 岁的黄体芳卒于瑞安里第，时任南菁书院山长丁立钧致送挽联："老成典型，当为中朝言事之臣，独标劲节；残生涕泪，敢帅南菁从学诸子，一哭斯文。"①上联指的是黄氏在中朝作为言官，直陈时弊，不避权贵，与宝廷、张佩纶、张之洞并称为"翰林四谏"②；下联表彰他在江苏学政任上建立南菁书院，作育人才甚众，所谓"南方豪杰之士，于兹为群"③。揆诸黄氏一生行事，丁氏此联总结得可谓精当，绝非夸语。

南菁书院能在同光以降的学界后来居上并形成自己的鲜明特色，其中原因除了经学大师黄以周职掌讲席长达 15 年之外，黄体芳作为创立者，其思想也深刻地塑造了南菁的体制与学术倾向。赵统先生将黄氏筹建书院的原因归纳为五点：一是欲挽江苏衰替学风，重现昔日暨阳书院辉煌；二是浙东学派"重事功"的影响；三是认为书院乃造就人才之所；四是有感于前任的忠于职守；五是回报圣恩。④其说自有根据，但仍有未尽之意，其中最重要的是，由于对黄体芳本人学术思想的特质与发展探讨不足，进而在前三点上还留有不少有待深入阐释之处。

基于此，本文将以黄体芳学术思想特征与培育人才的关系为中心，先探究他对永嘉经世之学与朱子学的接受与调和，次论其通儒之学与实学理念在书院建设上的体现，最后辨析他对于制艺之学的阐发及在培育人才过程中的应用。

---

*现任武汉大学哲学学院、国学院副教授，湖北省国学研究会副会长兼秘书长。
① 俞天舒编，潘德宝增订：《黄体芳集》，北京：中华书局，2018 年，第 747 页。
② 《清史稿》云："体芳、宝廷、佩纶与张之洞，时称翰林四谏，有大政事，必具疏论是非，与同时好言事者，又号'清流党'，然体芳、宝廷议水大统，悀悀忠爱，非佩纶等所能及也。"《清史稿》卷 444《黄体芳传》，北京：中华书局，1977 年，第 12460 页。
③ 此语乃黄体芳为南菁书院藏书楼所题楹联的下联，上联为"东林讲学以来，必有名世"，见赵统：《南菁书院志》，上海：上海书店出版社，2015 年，第 26 页。
④ 赵统：《南菁书院志》，上海：上海书店出版社，2015 年，第 10—14 页。

一、在永嘉与紫阳之间：黄体芳学术倾向探微

黄体芳在学术上并无专门著作，学者从相关材料及前人评价中推测其受永嘉学派及晚清汉宋合流的影响最大，并认为"其人生历程所呈现出来的传统性远多于近代性"[1]，揆诸黄氏论文行事，不为无据。不过，黄氏对永嘉之学的传统是如何继承的，在继承中是否有他自己的思考，这些思考中有无近代意义，这些问题还有待进一步解答。

除了正史及时人的评价，现有史料中最能体现黄体芳学术倾向的，是他在光绪十九年（1893）为其师孙衣言（1815—1894）所作的《孙逊学先生七十有九寿序》一文（以下简称《寿序》）。此文包含了他对自己学思历程的回顾、永嘉学术的思考及同光学风的认识，内容十分丰富，以下分别加以申论。

首先，黄体芳对永嘉之学有很强的认同。在他六十寿辰时，李慈铭赠联："大历人才多蕴藉，永嘉学派最风流。"[2]前一句称赞黄氏的文学造诣，后一句则指其学术特色，揆诸黄体芳的生平与自述，此联可谓精当。在《寿序》中，他回忆年轻时求学情形云："体芳自弱冠从吾师游，每侍坐，辄闻吾师称南宋乡先生之学以教学者，有所论著，必三致焉。"[3]孙衣言是晚清时期着意赓续永嘉之学的代表人物[4]，对叶适最为推崇。他在文集中借叶氏《温州新修学记》之语，概括永嘉学的特征为"兢省以御物欲"和"弥纶以通世变"。在他看来，前者的代表为周行己和郑伯熊，后者为薛季宣和陈傅良。[5]

孙氏对乡邦之学的宗仰影响着黄体芳。光绪六年（1880），黄体芳督江苏学政，一到江阴，就向光绪帝奏言："臣惟有饬廉隅以端士习，严

---

① 尤育号：《从黄体芳论同光清流》，《历史教学问题》2007年第4期，第70—71页。
② 俞天舒编，潘德宝增订：《黄体芳集》，北京：中华书局，2018年，第737页。
③ 俞天舒编，潘德宝增订：《黄体芳集》，北京：中华书局，2018年，第322页。
④ 孙氏弟子宋恕曾说："宋室南流，瓯学始盛。陈、叶诸子，心期王佐，纯乎永康，实于新安。……国朝右文，鸿儒稍出。瓯僻人荒，吾师孙太仆、学士兄弟，始表章乡哲遗书，勉英绍绪，瓯学复振。"见宋恕：《书陈蜇庐治平通议后》，胡珠生编：《宋恕集》（上），北京：中华书局，1993年，第238—239页。
⑤ 孙衣言：《逊学斋文钞》卷六《敬轩先生行状》。《清代诗文集汇编》第662册，上海：上海古籍出版社，2010年，第440、441页。

鉴别以核人文。学贯古今，愧莫绍永嘉之派；教兼本末，愿远遵言氏之箴。"①"永嘉之学讲经世致用，言氏（子游）之箴重本末兼顾。"②由此两语，可见黄氏在教育思想上强调经世致用、本末兼顾的特色。

光绪十一年（1885），他在离任江苏学政前，特别将叶适的《习学记言》校订刊刻，推荐给江苏学子：

> 吾师孙太仆先生最服膺于乡先正水心叶公。体芳昔在左右，或语及经济文章，必为言水心。……朱子曰："永嘉之学偏重事功。"独疑水心、止斋数人者偏于斯耳。若务以事功为不足重，则国家安赖此臣子？且所谓民胞物与者果何为者乎？体芳愿与读是书者论之矣。③

可见，他特别重视南宋永嘉诸子的事功之学，希望学子能够对此经世传统加以体会继承，所以才在离别前谆谆教诲。

其次，黄体芳有意调和永嘉学与朱子学间的矛盾。针对朱子关于永嘉学者偏重事功之弊的讥评，黄氏在《寿序》中给予了辩护：

> 体芳窃谓朱子特究其流弊言之耳。后世学术之不能必出于一，势也。自非圣人，孰能无弊？要在知本而已。间尝读三先生遗集，其所规切南宋用人、治兵、理财诸弊政，与朱子之论未始径庭。吾甚叹宋之多贤而不能用，卒无救于危亡，为可痛惜也。然文定尝谓获见于君举四十余年，术殊而论鲜同，又谓建安之裁量与永嘉弗同，独无疑于薛氏。然三先生者，亦不能无异也。……此数先生者，岂诡异而苟同哉？事势有万殊，而性术有独至，内之因材以致用，外之因时而制宜，虽一人之持论，前与后若凿枘之相戾者比比也，若其大本，则一而已矣。④

朱子与永嘉学人间的不同，集中体现在关于事功问题的争论上。黄体

---

① 俞天舒编，潘德宝增订：《黄体芳集》，北京：中华书局，2018年，第32页。
② 《论语·子张》中，子游曾批评子夏教士有末无本："子夏之门人小子，当洒扫、应对、进退则可矣，抑末也。本之则无，如之何？"
③ 俞天舒编，潘德宝增订：《黄体芳集》，北京：中华书局，2018年，第287、288页。
④ 俞天舒编，潘德宝增订：《黄体芳集》，北京：中华书局，2018年，第322—323页。

芳尊朱子，为了弥合矛盾，他将两者间的分歧从"知本"即道体的层面进行统合。对于薛季宣、陈傅良和叶适的学术观点，黄氏也敏锐地觉察到"三先生者，亦不能无异也"，但他仍然从"大本"的角度出发，认为此三人在因材致用和因时制宜上有一致之处。饶有意味的是他的举证，文中的"三先生"从上文来看是指薛季宣、陈傅良和叶适，所谓"卓然自为永嘉之学者，实自薛文宪公始。文节陈公、文定叶公递相赓续，益廓而昌之"。叶适受教于陈傅良而所论不合，"建安之裁量"指朱子的论学宗旨，"独无疑于薛氏"之"薛氏"，叶适其实指的是薛季宣之从侄薛叔似[1]，并非薛季宣，因后者"雅慕朱熹，穷道德性命之旨"[2]，故朱子认为其在永嘉学者中"差强人意"[3]。此处可能是黄体芳误解了叶适之语，但能从另一角度，证明在他看来，虽然永嘉学者学术各有偏重，却都可以在"知本"上归于一致。

从对朱子与永嘉学者分歧的调和，可以看出黄体芳与孙衣言在对待永嘉学术态度上的不同。孙氏笃守永嘉学，所以在考镜乡邦学术源流时说："至叶文修、陈潜室师事朱子以传新安之学，元儒史伯璇实其绪余，以迄于明之黄文简淮、张吉士文选，而项参政乔、王副使叔果当姚江方炽之时，不能无杂于陆学，而永嘉先生之风微矣。"[4]他对宋元明时期永嘉地区的叶味道、陈埴、史伯璇、黄淮、张文选传朱子学，项乔、王叔果传陆学都有不满，认为这导致了"永嘉先生之风微矣"。但黄体芳本人则对程朱极为尊重[5]，希望将永嘉学与朱子学结合起来，所以才一再想方设法地调和二者。在《寿序》中，他称赞孙衣言与曾国藩、倭仁的学说相近：

咸丰中叶，吾师入直上书房，于蒙古倭文端公为同僚，退辄与一时贤

---

①叶适说："彼建安之裁量，外永嘉而弗同，幸于公而无疑，亦莫知其所从。"见叶适：《水心文集》卷28《祭薛端明文》，刘公纯、王孝鱼、李哲夫点校：《叶适集》，北京：中华书局，1961年，第586页。

②《宋史》卷397，北京：中华书局，1985年，第12093页。

③朱熹：《晦庵先生朱文公文集》卷36《答陈同甫·癸丑九月二十四日》，《朱子全书》（修订版），上海：上海古籍出版社、合肥：安徽教育出版社，2010年，第1597页。

④孙衣言：《逊学斋文钞》卷6《敬轩先生行状》《清代诗文集汇编》第662册，上海：上海古籍出版社，2010年，第441页。

⑤黄体芳在《经训乃苗畬赋》中说："原夫经之有训也，根柢当深，耘粗必奋。起八代之精微，传千秋之雅韵。贾董则字字膏腴，程朱则言言醲酞。"俞天舒编，潘德宝增订：《黄体芳集》，北京：中华书局，2018年，第497页。

士大夫上下其议论，而尤为湘乡曾文正公所器重。传公为学，笃守程朱主数穷理之说，曾公有保公，而旁涉训诂词章，尤覃心古经世之法，欲推而壹合之于礼，大旨盖于永嘉为近。①

倭仁与曾国藩皆从朱子学，但黄体芳从"经世"的角度说明曾氏与永嘉学相近，这与前文指出的黄氏从"知本"的角度调和朱子与永嘉学人的做法异曲而同工。

此外，光绪元年（1875），黄体芳任山东学政时，也曾向陈锦推荐浙东学术的相关著作，后者在《与黄漱兰先生论学书》中说："赐读二刘先生、薛常州、逊学主人各集，仰见浙东理学千载源流，琴西先生岿然嗣响，自兹以后，属在明公矣。"② "二刘先生"指朱熹的两位老师白水刘致中和屏山刘彦冲，逊学主人即孙衣言，黄氏将孙氏著作与朱子的老师和薛季宣并列，其意可见一斑。

最后，黄体芳主张以永嘉经世之学为基础，尽量吸纳异域学说。晚清时局动荡，当时有识之士都认识到对西学要有所借鉴，黄体芳也不例外。他在《寿序》中从乡邦之学的角度出发提出了建议：

吾乡学者，苟能致力于性情之原、伦纪之地，先立乎其大者，因而推求夫弥纶通变之方，则凡百家之书、异域之术，虽前哲所未详者，皆当博综而详择焉。何也？我永嘉先生之为学，固如是也。

可见，黄体芳在"弥纶通变"的概念下，将永嘉学的精神做了开拓，以容纳"百家之书"和"异域之术"。这种处理并不新奇，考虑到他和张之洞之间的密切关系，此说可以视作"中体西用"的翻版。光绪二十三年（1897），黄体芳为维新派成立的译书公会所作的《序》中说："圣人之道，治万世之人心者也。……夫过数可知者，时也；亘古不变者，道也。

① 俞天舒编，潘德宝增订：《黄体芳集》，北京：中华书局，2018 年，第 323 页。
② 俞天舒编，潘德宝增订：《黄体芳集》，北京：中华书局，2018 年，第 656 页。按：陈锦（1821—1887？），字昼卿，号补勤，浙江山阴人。道光二十九年（1849）举人。历官江苏知县、山东候补道。

若排脱蹊轸，不主故常，东西列邦，智学政艺，惟善之从，诸君其知之矣。遵而上之，益固民志，尊君权，伸国威，穷究中外之变，以蕲合乎古昔圣王大中至正之道。"①所谓亘古不变的道就是儒家伦理，在维持这个道的前提下，可以"排脱蹊轸，不主故常，东西列邦，智学政艺，惟善之从"。

当然，黄体芳对西学的接纳是有限度的，甚至不得已而为之。由于坚持"中体"为主的立场，他在晚清维新变革的大潮中仍然坚持以儒家为本位，希望从经典传统中找到解决时弊之法。在离开江苏之前，他还谆谆叮嘱南菁书院学子云：

> 今之事变，前代所未有。盖时务方兴，而儒者左矣。要其所以不振，岂为攻乎夷狄者少哉？独少吾所谓儒人者耳。诸生生长是邦，熟睹乎乱败之由，而务为反经以求其实。要知从古圣人拨乱世反正之道，不能独穷于今兹；而本朝圣人经营之天下，事事足以万年，不能不归咎于儒术焉。②

从中可以看出，他对晚清政治变革中儒者的地位及所起的作用颇有不满，希望学子们能"反经以求其实"，懂得古圣贤的拨乱之道和清代的统治经验，重新光大儒术。

综观黄体芳的一生，永嘉学的经世精神已经深深地浸入其血脉中。虽然他尊程朱，并且在晚清时局危难之时能有限度地接受西学，但都是以永嘉的事功实学为基础与媒介的，这对他在江苏学政任上筹建南菁书院、以"有用之学"训示学子有着直接的影响。③

二、"黜华崇实"与通人之学：黄体芳的实学理念与实践

"实学"这一概念，在不同的历史时期有着不同的含义。宋元明清的理学家总愿意将自己所擅称为"实学"，以批评相对的"虚学"，其"实"

---

① 俞天舒编，潘德宝增订：《黄体芳集》，北京：中华书局，2018年，第276页。
② 俞天舒编，潘德宝增订：《黄体芳集》，北京：中华书局，2018年，第275页。
③ 唐文治在光绪十一年（1885）赴江阴南菁书院应试后，"取超等，住院肄业。谒见黄漱兰师，谆谆然训以有用之学"。见唐文治：《茹经先生自订年谱》，邓国光辑释：《唐文治文集》第六册，上海：上海古籍出版社，2019年，第3627页。

或谓宇宙实体，或指心性实体，都是偏于理学的概念范畴。①晚清时期特别是同光以降，随着国势日感，清廷也在有意地提倡"实学"以拯救时弊，其所谓"实学"，虽然不废性理学，但已开始逐渐强调经世实用。当时的士人群体也在积极提倡各种"实学"，并付诸实践。就黄体芳来说，强调事功本就是浙东学术的一大特征，所以对于朝廷的提倡，黄体芳表现得很积极。在他看来，"实学"与朴学、通人之学相近，其反面是"华"、狭隘的门户之争与不解时事。他的"实学"思想，受当时学界风气影响极大，是其建立南菁书院的直接动机。

黄体芳在京任职期间，正是清廷提倡实学之时。就在他应礼部试中癸亥科会元的前一年（1862），清廷鉴于之前多年的内忧外患，对人才的需求极为紧迫，于是颁布上谕，明确指出要以"实"作为取士标准：

近来国子监专以文艺课士，该祭酒等既以是为去取，而士子亦复以是为工拙，于造就人才之道何裨焉！着嗣后于应课诗文外，兼课论策，以经史、性理诸书命题，用觇实学。并着该祭酒等督饬各堂助教、学正、学录，分日讲说，奖励精勤，惩戒游惰，融华崇实，以端趋向。

从该上谕来看，所谓"实学"主要指以经史、性理为题的策论，这主要针对的是国子监中以八股文、诗赋为主的"文艺"。就在当年，清廷又颁谕重申前旨：

翰林院为储才之地，膺斯选者必须经术淹通，于古圣贤性理精义讲明而切究之，确有心得……至诗赋一事亦系古雅颂之流。庶吉士从事于此，原以备鼓吹休明之用，非谓此外遵无实学也。乃近来积习相沿，专以此为揣摩进身之阶，弊精劳神，无裨实用，将经史、性理等书束之高阁，殊非我国家芸馆培英、造就人才之意。自应将庶常馆课程及散馆旧章量为变通，以求实济。着自明年癸亥科起，新进士引见分别录用后，教习庶吉士，务当课以实学，治经、治史、治事及濂洛关闽诸儒等书，随时赴馆，与庶吉

①葛荣晋主编：《中国实学思想史·导论》，北京：首都师范大学出版社，1994年，第1—4页。

士次第讲求，辨别义利，期于精研力践，总归为己之学，其有余力及于诗古文词者听之。①

此谕中反复出现"实学""实用""实济"字样，可见当时最高统治者之忧虑，甚至直接指出庶吉士的诗赋技艺"弊精劳神，无裨实用"，进而要在制度上强化对新进士的"实学"引导。与之前的上谕类似，此谕中"实学"的内容包含了经史、治事和宋代的理学著作，而且经史在性理之前，可见当时风气所趋。值得注意的是，谕中说对庶吉士课以实学是从癸亥（1863）科开始，而黄体芳正是此科的会元。"同治二年进士，选庶吉士，授编修。日探讨掌故，慨然有经世志。累迁侍读学士，频上书言时政得失"②，因此，他之所以重视"实学"，既有永嘉学风的浸染，又是清廷有意培育的结果。

黄体芳对于当时清廷有意引导的"黜华崇实"的学术风向，也有深刻的体会并竭力实行。光绪六年（1880），他一到江苏学政任上，就遵从光绪帝（实际上是两宫太后）"江苏文风虽盛，士习未纯，尔其尽心训迪毋忽"的指示③，颁布了《黜华崇实以敦品学谕》：

本院赋性迂拙，生爱读书论人，偶及浮伪邪刻卑劣之徒，深恶痛绝不能姑容：一遇孝友廉正之士，则私心钦慕惟恐不及。……总之，大江南北，高才必多，不患无华，但患不实，此乃自来文人通弊。近今世风浇薄，时事艰难，虽欲救正维持，不免乏才为虑。推原本始，职此之由：国朝善制行者宗宋学，善读书者宗汉学，宋学要领曰躬行实践，汉学要领曰实事求是。理本相通，道本一贯，不务实而能成才，必无之事也。④

在此谕中，黄体芳用语严厉，直陈自己对"浮伪邪刻卑劣之徒，深恶痛绝"，认为"不患无华，但患不实"。他把清代盛行的汉、宋学都视作

---

①《穆宗毅皇帝实录》，《清实录》第 45 册，北京：中华书局，1986 年，第 1422—1423 页。
②《清史稿》卷 444《黄体芳传》，北京：中华书局，1977 年，第 12449 页。
③ 俞天舒编，潘德宝增订：《黄体芳集》，北京：中华书局，2018 年，第 33 页。
④ 俞天舒编，潘德宝增订：《黄体芳集》，北京：中华书局，2018 年，第 69—70 页。

实学，汉学重在"实事求是"，而宋学要领为"躬行实践"。因此，在"务实"的旗帜下，乾嘉时期的汉宋之争在黄氏这里得到了统一。

同治元年上谕所说的"实学"既然包括经学、史学、理学及各种治事的具体学问，自然要求士大夫不能再局限于之前的诗文辞赋，而必须有学问求"通"的意识。这种意识当然不是同治时期才有的，早在乾嘉汉学鼎盛之时，学者就不断地呼吁"通"及"通儒之学"。钱大昕在《卢氏〈群书拾补〉序》中说："读是书，窃愿与同志细绎，互相砥砺，俾知通儒之学，必自实事求是始，毋执村书数箧自矜奥博也。"① 他所说的"通儒之学"主要指考据学，针对当时的科举用书即"村书数箧"而言。乾隆四十六年（1781），章学诚在给沈在廷的书信中，论及入清以来的学术变迁，其中说到乾隆时期的学术情形云：

> 国初崇尚实学，特举词科，史馆需人，待以不次，通儒硕彦，磊落相望，可谓一时盛矣。其后史事告成，馆阁无事，自雍正初年至乾隆十许年，学士又以四书文义相为矜尚。仆年十五六时，犹闻老生宿儒自尊所业，至目通经服古谓之杂学，诗古文辞谓之杂作。士不工四书文不得为通，又成不可药之蛊矣。②

由此可知，在18世纪中叶之前，"老生宿儒"受科举考试的影响，主要精力都放在"四书"文上，以工"四书"文为"通"，其他的经学、诗赋则被讥讽为"杂"，反映了当时科举考试中重头场特别是"四书"文，而轻视第二、第三场的不良风气。这种情况正与钱大昕所讥相对应，所以才引起考据学者及专力史学者的不满。

但乾嘉考据学发展到极盛后，也引起严重的弊端，学者思变，"通学"的内涵又开始转向修身经世。身处嘉道时期的沈垚（1798—1840）精于汉学，敏锐地观察到了其中的问题："乾隆中叶以后，士人习气，考证于不必考

---

① 钱大昕：《潜研堂文集》卷25，载陈文和主编：《嘉定钱大昕全集》（增订本），南京：凤凰出版社，2016年，第389页。
② 章学诚：《答沈枫墀论学》，载仓修良新编：《文史通义新编·外编三》，上海：上海古籍出版社，1993年，第583页。

之地，上下相蒙，学术衰而人才坏。"①因此，他主张不论汉学还是宋学，都必须起到身修民安的实效才行：

> 汉宋诸儒以经术治身则身修，以经术饰吏治则民安，立朝则侃侃岳岳，宰一邑则俗阜人和。今世通经之士，有施之一县而窒者矣，有居家而家不理者矣。甚至恃博雅而傲物，借经术以营利。故垚尝愤激，言今人之通，远不及前明人之不通。其故由古人治经，原求有益于身心，今人治经，但求名高于天下，故术愈精而人愈无用也。②

沈垚对承乾嘉考据以博雅为傲的风气极为不满，认为会导致"但求名高于天下，故术愈精而人愈无用"的局面，甚至说"今人之通，远不及前明人之不通"。因而，他心中理想的汉宋学应该是"以经术治身则身修，以经术饰吏治则民安，立朝则侃侃岳岳，宰一邑则俗阜人和"，这与同治帝所颁上谕是基本一致的。

因此，不论是学术风气的转化还是清代最高统治者的提倡，都对士人的素养提出了"通"的要求，而使其不能仅仅局限在"四书"文、诗赋与烦琐考据之中。处于此种氛围中心的黄体芳，早年即对"通儒"有所了解。咸丰元年（1851），黄体芳中举人，受知于当时浙江学政吴钟骏（字崧甫，1798—1853）③。吴氏在任时，就常常以"通儒"的理想勉励浙江学子："（吴钟骏）以为学之方六条刊示诸生，曰：经学，史学，小学，文学，诗学，字学。谆谆勉为通儒，力求根柢考据……其所甄拔之士，悉登科第，一时文风称极盛焉。"④从后来黄氏的为官办学来看，培育"通儒"可以说是一直萦绕在其心中的理想。

落实到现实层面，黄体芳找到了最有代表性的通儒典范——李兆洛

---

① 沈垚：《落帆楼集》卷8《与孙愈愚》，《清代诗文集汇编》第598册，上海：上海古籍出版社，2010年，第114页。
② 沈垚：《落帆楼集》卷9《与许海樵》，《清代诗文集汇编》第598册，上海：上海古籍出版社，2010年，第129页。
③ 黄体芳在《〈补勤诗存〉序》中说："予与补勤（陈锦）同受知于吴崧甫、赵蓉舫两先生，肄业西湖诂经精舍，久以文字相期许。"见俞天舒编，潘德宝增订：《黄体芳集》，北京：中华书局，2018年，第281页。
④ 《民国杭州府志》卷121，上海：上海书店出版社，2011年，第64、65页。

（1769—1841）。与李氏同时的包世臣（1775—1855），就曾将李兆洛和沈钦韩并称为通儒。①《清儒学案》评价李兆洛云："异于守一家之言、立帜以为名高者，表章先哲，裁成后进，当世推为通儒。"②作为嘉道时期的名儒，李兆洛以兼综百家、为学尚通闻名于世③，加之是江苏人，又曾为江阴暨阳书院山长18年之久（1823—1840），在本地影响深远④，自然成了黄体芳表彰通儒之学最好的模仿对象。

光绪八年（1882），黄体芳编刊了李兆洛《养一斋诗集》4卷，并作《序》云："余尝论李申耆先生可谓通儒矣。……其兼资博采，不名一家，负兼人之才，有具体之实，治为循吏，教为名师，殆非先生莫与属也。……盖其为学博而知要，源流变迁之故辨之最悉，而本末条贯之理又体之最真，非夫专己自炫之徒，争门户、骛声誉者所得喻也。"⑤他称赞李兆洛为通儒，其特征为博而知要，熟悉制度源流，而非争门户的专己自炫之徒。因此黄氏在担任学政时的一些著名举措，如征求江苏遗书与建立南菁书院，都有思慕李兆洛之学的因素："比方录先生及江苏诸先哲遗文佚事，上之史馆，复于江阴别建经古书院，思得如先生其人者，指授术艺，陶冶士林，徐进之本原之学，以备他日国家之用。语曰：'经师易遇，人师难遭。'此尤余叙先生诗而低徊不能置者也。"⑥在给孙锵鸣的信中，黄体芳更直接说

---

① 包世臣在《述学一首示十九弟季怀》中说："读书破万卷，通儒沈与李。益我以见闻，安我之罔殆。"（自注：吴沈钦韩字文起，阳湖李兆洛字申耆。）包世臣：《艺舟双楫》，《包世臣全集》，合肥：黄山书社，1994年，第302页。
② 徐世昌编：《清儒学案》卷127，北京：中华书局，2008年，第5015页。
③ 魏源《武进李申耆先生传》云："自乾隆中叶后，海内士大夫兴汉学，而大江南北尤盛。苏州惠氏、江氏，常州臧氏、孙氏，嘉定钱氏，金坛段氏，高邮王氏，徽州戴氏、程氏，争治训诂音声，爪剖析。视国初昆山、常熟二顾及四明黄南雷、万季野、全谢山诸公，即皆摈为史学，非经学：或谓宋学，非汉学。锢天下聪明知慧，使尽出于无用之一途。武进李申耆先生生于其乡，独治《通鉴》《通典》《通考》之学，疏通知远，不囿小近，不趋声气。"（《魏源集》，北京：中华书局，1976年，第358—359页）另参考蔡长林：《论清中叶常州学者对考据学的不同态度及其意义：以臧庸与李兆洛为讨论中心》，《中国文哲研究集刊》2003年第23期，第263—303页。
④ 参见徐雁平：《一时之学术与一地之风教：李兆洛与暨阳书院》，《汉学研究》2006年第2期，第289—318页。
⑤ 俞天舒编，潘德宝增订：《黄体芳集》，北京：中华书局，2018年，第283页。本页注引《瑞安五黄先生系年合谱》云："先生即膺李氏训诂、辞章、天算、舆地之学，而时方创立经古书院，因特表章之以为多士劝焉。"
⑥ 俞天舒编，潘德宝增订：《黄体芳集》，北京：中华书局，2018年，第284页。

在江阴建书院是要"藉振李申耆先生之遗风"①。光绪十一年，他在离任前撰写《南菁书院记》，自述"南菁"一词是取自朱子《子游祠堂记》"南方之学得其菁华"之语，而其建院宗旨为："使来学者不忘其初，而袷祀汉儒郑公及朱子于后堂，使各学其所近，而不限以一先生之言。礼致训诂词章兼通之儒以为之师。"②论者皆谓南菁并祀郑玄、朱熹乃兼采汉宋之意，自是事实，但从引导士子的角度来说，可能更重要的是"不限以一先生之言"与"礼致训诂词章兼通之儒以为之师"，因为这两点都是黄体芳崇尚"通儒"之学的体现。缘此之故，他才会选择当时已是75岁高龄的张文虎（1808—1875）为书院山长，除了后者是孙衣言的好友外，更主要的恐怕还是鉴于其学"于名物、训诂、六书、音韵、乐律、中西算术靡不洞澈源流"③，与李兆洛的通儒气象最为接近。

综上，在担任江苏学政的五年（1880—1885）间，黄体芳在"黜华崇实"与提倡通儒之学方面做了最大的努力，也确实收获了效果，史称其"在江左五年，崇经术，擢幽隐，博搜先哲佚书至数百种，牒送史官人《儒林》《文苑》二传。士趋实学，风尚一变"④，可谓确评。

三、时文与造士：黄体芳的科举理念

清朝在雍正年间公开支持建设书院并纳入官学体系，但仍然延续了顺治时禁止讲学的做法，书院教学以课艺为主。虽有一些书院由于山长个人的学术倾向，于教授时文外倡导以经史辞章为内容的"古学"，如沈起元在钟山、娄东，全祖望在蕺山、端溪，钱大昕在紫阳，但范围不广，未成风气。⑤随着乾嘉时考据学的崛起，重视经史之学的书院逐渐增多，特别是作为汉学护法的阮元在嘉庆五年（1800）和道光四年（1824）建立话经精舍和学海堂，专课经古学，形成了新的书院教学范式，对之后各省尤其

---

① 俞天舒编，潘德宝增订：《黄体芳集》，北京：中华书局，2018年，第231页。
② 俞天舒编，潘德宝增订：《黄体芳集》，北京：中华书局，2018年，第274页。
③ 诸可宝：《畴人传三编》卷6，载王先谦等编：《南菁书院丛书》，扬州：广陵书社，2018年，第417页。
④ 叶尔恺：《浙江通志·黄体芳传》，转引自俞天舒编，潘德宝增订；《黄体芳集》，北京：中华书局，2018年，第635页。
⑤ 陈曙雯：《经古学与19世纪书院骈文的发展》，《中山大学学报》（社会科学版）2017年第3期，第27—28页。

是京师和江浙地区的士人影响极大。

学界的风气转变通过官僚士大夫的接引，受到最高统治者的注意。同治六年（1867），游百川上《崇尚经术以端趋向》折，建议科举考试要重视考察经解①，得到了清廷的支持，要求各省学政遵照办理。于是各学政都奉旨在科举考试中加强了经古场的比重。特别是同治八年（1869）张之洞在湖北建经心书院，又于光绪元年（1875）春，建尊经书院于四川，尤其具有示范效应。胡钧《张文襄公年谱》载："是年春，尊经书院成。选高材生百人肄业其中，延聘名儒，分科讲授，手订条教，略如诂经精舍、学海堂例。院中为飨堂，祀蜀中先贤经师。复以边省购书不易，捐俸置四部书数千卷，起尊经阁庋之。"②经心与尊古都是以诂经精舍和学海堂为榜样而建立的，不课时文，专课经解及古文辞赋，以实学为抡材鹄的。当然，作为一省的学政，张之洞也不废时文，不过他所理解的时文要求"清真雅正"，已经与清代中前期发生了很大的不同，开始强调"包罗古今""取材经史"了。③

身处此上下思变的环境中，又与张之洞有着最为密切的联系④，黄体芳在选士与建立书院的标准上也有着类似的观念。不过，由于个人成长环境与交游的缘故，他对科举考试的态度有一个变化的过程。黄氏早中科名，又历任福建、山东、江苏三省学政，对制艺的利弊有着深切的体会。⑤在山东督学时，面对有人认为以八股取士"亦轻量山左之士"的疑问，他的回答是："夫一代功令鼓舞一代士子，罄其数十年之精神，以专力于是，为之不已，必有触类旁通、源流华贯、不负国家立法之意者。唐宋重诗赋，

---

①姚吉成、左登华：《游百川奏折整理与研究》，天津：天津古籍出版社，2018年，第15、16页。
② 胡钧：《张文襄公年谱》，载《北京图书馆藏珍本年谱丛刊》第174册，北京：北京图书馆出版社，1999年，第209—210页。
③安东强：《张之洞与晚清科举考试风气》，《暨南学报》（哲学社会科学版）2014年第7期，第89页。
④黄体芳与张之洞同为同治二年（1863）癸亥进士，并称为"翰林四谏"；同治十一年（1872）黄体芳命其子黄绍箕拜张之洞为师；黄绍箕妻子病故后，又于光绪十年（1884）续娶张之洞之兄张之渊的女儿为妻，两家关系非比寻常。
⑤他曾批评八股文的流弊云："制举之文，原出经论，其义法不逾乎古文，其神理骨格皆资于古文也。……自房行杂出，巧窦日开，承学之徒，逃难务易，舍其正业，揣逐时趋，以涂附涂，寝成迷寒。……今则变而益其。"俞天舒编，潘德宝增订：《黄体芳集》，北京：中华书局，2018年，第285页。按：房行指房稿和行卷，是明清时期八股文的选本，前者乃进士之作、后者为举人所作。

而人才踵兴不绝，矧我朝所尚，原本经术，发明义理尤为独见其大，其收效有不倍蓰什伯者乎！"在他看来，科举只是一种取士形式，不论是考诗赋还是经义，只要士子专力其中，就必有触类旁通之效。所以他的希望是："惟愿应试诸生，进其所长，去其所短，枕菲经籍以养其才，勃窣理窟以扩其识。毋凿险而缒幽，毋别驱而横骛，以蕲合乎先民绳尺。而蔚为国家有用之材，是予重有望于山左之士也，而顾谓予轻量之哉！"①在黄氏看来，诸生只要能在应试过程中，着重经术理学根柢的培养，就算是写时文，也能成为国家的有用之才。

黄体芳这种重视时文，以为制艺可以育才的想法在晚清变革时期并不多见②，从思想源流来看，可能仍与其师孙衣言有关。孙氏曾对当时永嘉地区士子不擅时文的情形十分痛心："近日吾乡之士因陋就简，既不能精于场屋之文，以取世之所谓科第。仕宦习于闻见之隘，以成其志趣之卑，语以南宋诸儒，几不知为何人。进以止斋、水心之文意，则以为如天之不可阶而升也。呜呼，岂非自弃也哉！"因此，他提出学子必须加强时文的训练："士既托身场屋，即不能不求工场屋之文，以蕲有合理固当尔。而下州僻县数十年不出一人者，必其时文先无足观。然则时文乌可忽耶。"进而说明时文可以造就人才的理由：

昔吕成公教人，常欲因时文以导之于学，而南宋永嘉学者，吾乡之大师也。予于乡党后进尝欲因文节、文定之文以进之于文节、文定之所以为学，又欲因文节、文定之时文以进之于文节、文定之所以为文，使吾乡之士知有永嘉文体。虽在风流歇绝之时，未尝无笃志复古之士，而苟能有古人之志，即未尝不可为古人之学，则乾、淳坠绪固可以复振也。③

---

① 俞天舒编，潘德宝增订：《黄体芳集》，北京：中华书局，2018年，第280页。
② 安东强指出："道光、咸丰以降，士大夫多不欲以制义得名'，以致善作制义的大家与名家难以再现，引领科举文体风气的要角主要是科场考官。影响深远者如翁同龢、潘祖荫，是晚清科场盛行金石之学、公羊学的主要推动者。追随翁、潘二人之后，同样在晚清科场上享有盛名，却旨趣取向迥异的乡试考官与学政，其代表者则非张之洞莫属。"安东强：《张之洞与晚清科举考试风气》，《暨南学报》（哲学社会科学版）2014年第7期，第83页。
③ 孙衣言：《逊学斋文集》卷8《永嘉先生时文序》，载《清代诗文集汇编》第662册，上海：上海古籍出版社，2010年，第485页。

他认同吕祖谦以时文导学的做法，希望永嘉地区的士子可以通过学习陈傅良和叶适的范文，培养古人之志，为古人之学，重振南宋乾、淳时期的永嘉之风。

在筹建南菁书院前，黄体芳曾召集江阴士绅商议效仿对象。他的建议是以专课经古学的诂经精舍为榜样："士为四民首，教民以士始，教士以读书始，夫有士而不能教，官其地者之责也。上海亦一邑耳，而龙门书院独放浙江'诂经精舍'制，士得在院肄业经史、古学，天文、算学惟所习，盍亦谋之？"①此议当是受到张之洞建经心与尊经两书院的启示。但他在将此想法咨询孙衣言时，却得到了这样的回答：

> 暨阳创立经学书院，其见盛意，惟时文却不可轻。宋时大信往往以时文引人于道，今日风气若如龙门书院之专门讲学，恐后生望而生畏，不如用吕成公法，不废时文，渐渐引之于古。近来言经学者专于文字训诂用心，恐非经之本意，且于立身济世皆无致用之实，而异同攻击，徒长轻薄，百年以来，功名气节不及前代，未必不由于此。大贤有志当世，似当观风气所趋，挽其既敝，不可更扬其波。鄙意以谓仍当以胡安定经义、治事两大端，而兼治史学、时务，使学者通今知古，了然于得失成败、邪正奸贤之辨，则人才必当稍异于前矣。②

孙衣言着眼于汉宋之争的弊端，认为书院专课经古学"于立身济世皆无致用之实"，而建议保留时文，效仿北宋胡瑗的分经义、治事两端，兼治史学与时务。对此，黄体芳的态度是部分采用：就南菁书院的制度来说，仍然以诂经精舍为模板；但是孙衣言所举胡安定的例子也给了他启示。光绪八年十月，也就是南菁书院建成后一个月，黄体芳撰写《司铎箴言》，对江苏各地的教官提出了要求："教官之术业，将惟是辨难解惑，诱掖士类已乎？其必返而为自课之修。抑惟是矩步绳趋，墨守古训已乎？其必扩

---

① 张文虎：《南菁书院记》，转引自赵统：《南菁书院志》，上海：上海书店出版社，2015年，第33页。

② 俞天舒编，潘德宝增订：《黄体芳集》，北京：中华书局，2018年，第771页。按：孙衣言此信写于光绪八年（1882），从信中所说"时文却不可轻"与"今日风气若如龙门书院之专门讲学"来看，黄体芳肯定将他想模仿诂经精舍的想法全盘告诉了其师。

而为经世之用。"他希望教官们能通过自己的深造有得，取得与胡瑗、杨时类似的成就：

> 若夫穷年笃学，神明不衰，最书于朝，弗就征辟，则与学校之事相始终，陶成所及，景从响应，士之有声于时者，皆曰某学师之教也，虽以视胡安定之教授苏、湖，杨文靖之讲学东林，何多让焉！①

胡瑗主持苏、湖两州州学，杨时建东林书院，讲学造士，均沾被其广。而黄体芳后来聘请黄以周为南菁山长，所造之士济济，已超安定、文靖二公。其后竟如其所言，京师大学堂成立时，"太学诸经师多南菁书院弟子，讲经皆宗是书（指《礼书通故》），称曰'黄教谕说'而不名"②。《司铎箴言》撰于光绪八年，黄以周于光绪十年至南菁，造就了"江南诸高材皆出其门"的盛况。③可以说，正是由于先有了黄体芳的选材及教育理念，黄以周才能被选为南菁山长，此先河后海之义，不可忽焉。

作为江苏学政，黄氏所掌管的乃是一省的文衡，所以对于时文，他还是尽量发掘其中的合理性，而他所效法的其实是阮元。他赞同阮氏将明代和清初时文中的优秀者编为《魁墨》"又以策篇条对优劣异同，等差高下，循其命脉，箴厥膏育，振聩发蒙，实为要药"，并且总结出了撰写时文之道：

> 夫文之为道，表里相需，语以指归，目凡有四，词居其一，义处其三。理究天人之微，典通古今之故，事周万物之情，三者备，斯言可立。然则不究心经史子集之学，何以为文？不精研汉宋之说，贯百家之言，又何以为学哉？……余承乏山左，即师文达之例，用策论解说为程，冀收朴学。④

他认为八股文有四个构成要素，分别是词、理、典、事，其中词为形式，

---

① 俞天舒编，潘德宝增订：《黄体芳集》，北京：中华书局，2018年，第79—80页。
② 陈汉章：《礼书通故识语序》，载《陈汉章全集》第2册，杭州：浙江古籍出版社，2014年，第41页。
③ 章太炎：《太炎文录初编》卷二《黄先生传》，载《章太炎全集》，上海：上海人民出版社，2014年，第221页。
④ 俞天舒编，潘德宝增订：《黄体芳集》，北京：中华书局，2018年，第285—286页。

为表，理、典、事为内容，为里。因此，只有在经史子集上下功夫，才能支撑起文；若要精于四部之学，又必须"精研汉宋之说，贯百家之言"。所谓"师文达之例，用策论解说为程"，也是模仿阮元，通过撰写策论（科举考试第三场的方法）的范文，教导一省的学子。这样，他将平时提倡的经古学，通过"依程行试，进退群伦"的手段，在经古学与科举考试之间找到一条平衡之法。

可是对专课经古学，不习时文的南菁书院来说，上述方法的不便之处也很明显：因为没有科举三场考试文体的训练，学子们就算再覃精经史，也很难在竞争激烈的应试中取得佳绩。王先谦在黄体芳之后接任江苏学政，或许是虑及于此，才会聘用缪荃孙（1844—1919）为南菁山长（1888）。关于缪氏主讲南菁与黄以周并为山长之故，学界尚无定论。当时有意南菁讲席者为朱一新，谁料阴错阳差，缪荃孙因王先谦的力邀去了南菁，而朱一新却去了广雅。①其中缘故，学者虽有猜测②，但无论如何，黄以周不擅时文与辞章是一项原因③。因此，王先谦在给缪荃孙的信中说："元同（按：黄以周）品学实好，经术甚深，特不解词章。诸生尚佩服，兄亦敬之。明年则后任主持，非兄所能预知耳。"④当然，黄体芳对缪荃孙任南菁山长一职也当是知情的，至少并不反对。光绪十三年（1887）四月，黄体芳赴崇效寺雅集，六月又在什刹海酒楼宴请，其中都有缪荃孙⑤，两人相知匪浅，

---

①朱一新为浙江人，与当时江苏学政王先谦有师生之谊，又与黄以周交好。光绪十三年（1887），他曾想去南菁书院，但未能如愿。而在次年，缪荃孙因继母去世，其师张之洞时为两广总督，本想邀他去广东广雅书院。在得知缪荃孙要奉讳出京时，张之洞立即写信询问："闻奉讳，曷胜震悼，目前拟回里否？尊体何如？系念之甚。如能出京，来粤为盼。"钱伯城、郭群一整理，顾廷龙校阅：《艺风堂友朋书札》，上海：上海人民出版社，2018年，第4页。
②同与王先谦有师生之谊，王氏最后选择缪荃孙而不是朱一新，恐怕不是因为缪氏本为江阴人。於梅舫经过考证认为，王氏因李莲英帮助而得学政。而朱一新当时刚弹劾李莲英，所以从情理上说，他不会选择朱一新。因此於梅舫说："南菁书院未能接纳朱一新，并非江浙学人意愿。事后，缪荃孙向江苏后任学政杨蓉浦推荐朱一新，便是遵循黄以周等人的意思，可见江浙学人对朱一新相当认同。"於梅舫：《浙粤学人与汉宋兼采——朱一新〈无邪堂答问〉论学旨趣解析》；《近代史研究》2010年第4期，第8页。
③黄以周因拙于制艺，所以中举颇晚，章太炎说他"平生不为流俗文辞，诸华士皆谓先生不文，先生亦自退然"，可见当时学人圈的意见。见章太炎：《太炎文录初编》卷二《黄先生传》，《章太炎全集》，上海：上海人民出版社，2014年，第221页。
④钱伯城、郭群一整理，顾廷龙校阅：《艺风堂友朋书札》，上海：上海人民出版社，2018年，第27页。
⑤俞天舒编，潘德宝增订：《黄体芳集》，北京：中华书局，2018年，第726页。

其间黄氏是否曾向缪氏推荐就任南菁山长，已难以知晓了。

总之，黄体芳不论是在山东还是江苏，都不忘采取制艺的形式提倡经古学。所谓"时诸生狃习举业，不务实学，体芳创建南菁书院于江阴……一时士风丕变，皆务为有用之学，实沐体芳之教也"①，虽有根据，但对于黄氏本人之思想，实未达一间，因为不论是从其身份还是师友影响来看，他一直都在寻求以时文造士之法。

四、余论

黄体芳主要活动的年代在同光时期，正值大乱之后，人心思定，洋务兴盛，士大夫皆思有所作为。而对于此时的学风，论者常引朱德裳之说：

> 自翁叔平、潘伯寅以朝贵为公羊学，兼治诗古文辞、金石，提挈宗风，倡导后进，京师上自尚、侍，下至编检以及部曹内阁才俊之士，靡然从风，而以张孝达为上首。宗室盛伯羲、满人宝竹坡、端午桥，丰润张佩纶，吴人吴清卿、洪文卿，浙人沈子丰、子培、李悉伯、黄漱兰，赣人文道希，粤人梁鼎芬，湘人王益吾等均相尚以学问，然不及时政也。②

此说错误颇多，翁、潘提倡公羊学而致才俊之士"靡然从风"，不发生在同光之际；张之洞对公羊学也颇不以为然；最重要的是，他说黄体芳、张佩纶、盛昱、梁鼎芬等人"相尚以学问，然不及时政也"，更是绝大的误解。就黄体芳来说，作为当时朝野知名的清流党与"翰林四谏"之一，他对于时政是十分关心的，其中又以选举人才为最要之事。光绪六年（1880）九月初六，黄氏上《变法储才实求自强疏》，建议召左宗棠入觐，主持大计，疏中痛陈当时清廷积弊，主张当务之急乃"变今日已弊之法，以储异日有用之才"，指出六七年来（同光之际），"名臣文武欲尽矣，后生新进能敦气节、矫时尚者亦寡矣"，以致"奉使无才""典属无才""捍边无才""理财无才""旗员无才""六部九卿、翰詹科道无才"，情形无比紧迫，进而建议"皇太后、

---

① 沈维奔：《吴县志·名宦传》，转引自俞天舒编，潘德宝增订：《黄体芳集》，北京：中华书局，2018年，第637页。
② 朱德裳：《三十年闻见录》"同光之际学风"条，长沙：岳麓书社，1985年，第55页。

皇上决去狐疑之心，开通贤俊之路，务变法以立自强之基"①。

面对朝野无才的局面，黄体芳提出了系统变革考试的具体建议，包括"请变京官考试之法""请变宗学、官学之法""请变武科之法"。其中"请变京官考试之法"一项，与后来他任江苏学政时之种种举措颇有相似之处：

> 伏愿自今伊始，除庶常散官及部院各员考差外，虽大考勿用卷折诗赋。恐其荒废，则开馆修书以劳之可也。经义治事，设为专门，俾各讲求备试可也。至科道职在建言，考生之日，宜发时务策问之，以觇其器识，抑或参取、行取旧制以振之。军机章京宜取熟于历代史学、本朝掌故者充选。今专用应对便给、书法敏捷者，与古之翰林承旨、中书舍人亦稍异矣。考试之法即更加审定，以重清要，如是则人才不为试例束缚，而有志者得及时自奋矣。②

他看到了科举考试的弊端，因此要求多数官员不必在卷折诗赋上用力，但对科道之职，在以时务策考案外，还要再参考目制。总之，是要在旧有的制度基础上，结合时事所需而灵活变更考试之法，为的就是能够求取人才。

综观黄体芳的一生，念念不忘的始终是为国抡材，但他一些较为激进的意见，如"总言储才，必曰恐开侥幸；臣言变法，必曰恐涉更张。惟时势殊前，治理亦异。才不振作则不兴，法不变通则不利"③，并未得到清廷的积极回应。反而是他抱永嘉经世之意，效李兆洛通儒之学，仿阮元诂经精舍之制建立的南菁书院，培育了大批人才，可谓失之东隅、收之桑榆了。

（原文刊载于《人文论丛》2022 年第 2 辑）

---

① 俞天舒编，潘德宝增订：《黄体芳集》，北京：中华书局，2018 年，第 26—27 页。
② 俞天舒编，潘德宝增订：《黄体芳集》，北京：中华书局，2018 年，第 30 页。
③ 俞天舒编，潘德宝增订：《黄体芳集》，北京：中华书局，2018 年，第 31 页。

孙诒让礼学研究的"通经致用"特征与永嘉学派

戴　益*

孙诒让（1848—1908）以朴学殿军和教育家而享誉晚清学界。在孙诒让的学术评价中，一般以"通经致用"作为其学术的重要特征："诒让之学，淹贯中西，博综今古，而尤以通经致用为急。"[1]学术界普遍认为，孙诒让的"通经致用"学术理念与永嘉地方学派有着密切关联。永嘉学派是南宋时期在温州地方经济文化崛起的背景下出现的地方性学术团体，以通经致用的治经理念和事功的学术特色独树一帜。"故其学类皆通经学古，可施于世用。"[2]

一般认为，孙诒让的学术研究可分前后两阶段。三十七岁以前为前阶段，四十七岁以后为后阶段，三十七至四十七为转折点[3]。前期以校勘训诂学为主，后期参与实业及地方事务，并完成了《周礼》《墨子》等学术著作。本文选取孙诒让研究中用力最深的礼学研究，来探索其学术特征和与永嘉学派的继承关系。

一、关于孙诒让礼学研究"致用"的理解

事实上，虽然孙诒让的学术特征表达为"通经致用"，但其礼学成果并没有直接真正地运用于实践。孙诒让在晚年曾自承"少溺于章句之学，于世事无所解"[4]，反思"某深愧所学与现时不相应"[5]。

---

*现为东南大学在读博士生。

[1]孙诒让：《吴士鉴奏请将孙诒让事迹宣付史馆立传折》，载《孙诒让遗文辑存》，杭州：浙江人民出版社，1990年，第487—488页。

[2]孙诒让：《艮斋浪语集叙》，载《孙诒让遗文辑存》，杭州：浙江人民出版社，1990年，第334页。

[3]姜亮夫：《孙诒让学术检论》，载《浙江学刊》1999年第1期，第201页。

[4]孙诒让：《答梁卓如启超论墨子书》，载《孙诒让遗文辑存》，杭州：浙江人民出版社，1990年，第87页。

[5]孙诒让：《答日人馆森鸿书》，载《孙诒让遗文辑存》，杭州：浙江人民出版社，1990年，第159页。

《周礼》研究贯穿孙诒让学术生涯的始终，在孙诒让的礼学著作中，《周礼正义》和《周礼政要》是风格最为鲜明的两部。《周礼正义》可谓经学大成，《周礼政要》则是融通中西制度的施政纲领。有学者认为，从《周礼正义》到《周礼政要》，孙诒让将自己的经学研究真正付诸政治改革实践，两书相辅相成，不仅成就了清代经典注疏中的压卷之作，也是孙诒让从学术考证向维新现实政治成功转型的一个标志。①《周礼政要》的写作背景较殊。光绪二十七年（1901），孙诒让受盛宣怀邀请，撰写变法纲领，以《周礼》为主要依据，历时半月，完成《变法条议》20条。后由于与盛宣怀原意相悖没有上呈，改名《周礼政要》刊行②。从为现实所用这点来看，《周礼政要》是满足这一点的。

　　然而，作为孙诒让学术大成的《周礼正义》似乎并不具备真正的"致用"特征。自同治十二年（1873）开始，历时27年最后于光绪二十五年（1899）写定《周礼正义》。对这一鸿篇巨制，有学人提出疑问："吴廷燮给《续修四库提要》写的《周礼正义》提要说'历来诸儒重在治经，而是书欲通之于治国'。吴氏说'是书欲通之于治国'，只据《序》立论，没有举出书中内容作为证据，《周礼正义》的读者恐怕都不会觉得'是书欲通之于治国'，难道可以说《序》自是《序》，与内容未必相干？"③

　　那我们应当如何理解孙诒让的学术特征"通经致用"呢？事实上，孙诒让的致用是隐藏于"通经"的过程甚至之前的，简单来说，孙诒让选治《周礼》的原因就是"致用"，而其学术指向和方法也是为了"致用"。

二、时代背景下的"致用"选择

　　孙诒让和永嘉学派诸贤都是在严酷时代背景下进行的功利化学术选择。无论是南宋还是清末，都面临着内忧外患的问题。对这些具体问题的解决，催生了在学术方面的致用需求。

　　永嘉学派诞生的时代背景是宋南渡后，与金划江而治、偏安一隅的状

---

① 周予同：《周予同经学史论著选集》，上海：上海人民出版社，1983年，第240页。
② 孙诒让：《周礼政要叙》，载《籀庼述林》，北京：中华书局，2010年，第166页。
③ 乔秀岩：《周礼正义的非经学性质》，载《孙诒让研究文集》，南昌：百花洲文艺出版社，2007年，第76页。

态，外敌侵扰，内政不修。在军事压力下，领土恢复成为国家的核心追求，这必然要求在政治上进行改革。然在思想上，性理之学占据主导，"士大夫好为高论，而不务实，却耻言之"①。"今之异端，言道不及物。"②因此永嘉学派反其道而行，为学"必弥纶以通世变"③，强调学以致用，反对空谈义理，重视制度与史学研究。"值得注意的是永嘉诸儒发韧于伊洛理学，致力于《周礼》制度，由虚返实，通经致用，而非一无傍依的事功之学。"④永嘉学派主张根据客观条件采取合理化的应对措施，加入功利性考量，反对完全根据道德做出的选择。当时的性理之学以"义"作为导向，以恢复中原为直接目标，却完全不考虑军事的薄弱和经济民生基础。对待金国的威胁，薛季宣认为"中原机会，未有间隟可乘，为邦之道，自治为急，敌之强弱，非所当问……如此前此数事，以为南北之势已成，中原不可复得，是乃不知义命之论；侥幸轻举，又为非计"⑤。永嘉学派作为学术团体，在国家事务上采取的是情理和功利双重分析。在情理上，恢复中原确实是必行之事——"义"，但能否恢复——"命"，如何恢复，就牵涉到一系列的具体问题，应该从自我发展——"自治"的角度来具体解决。

从孙诒让的年谱来看，催生其事功转变的正是时局的变化。光绪十年（1884）甲申"七月，中法宣战，沿海戒严，诒让与里人筹办团防"⑥。孙诒让在这一变局下，从务虚的研究中出来，既感到"敝乡近海，杞忧未已，此后恐无复仰屋著书之日"⑦，在此之后，孙诒让对《周礼》的研究开始有意识地与社会困局相联系。

孙诒让认为当时最大的问题在于内，而非外。"私念今之大患，在于政教未修，而上下之情睽阙不能相通。"⑧《周礼正义》旨在对周制政教二科进行阐发，为当时或后世人提供政治改革参考。"倘取此经而宣究其说，

---

① 留正：《皇宋中兴两朝圣政》卷五五，台北：文海出版社，1967年。
② 薛季宣：《抵沈叔晦》，载《薛季宣集》卷二〇，上海：上海社会科学院出版社，2002年，第330页。
③ 孙延钊：《孙衣言孙诒让父子年谱》，上海：上海社会科学院出版社，2003年，第97页。
④ 杨太辛：《浙东学派的涵义及浙东学术精神》，《浙江社会科学》1996年第1期，第103页。
⑤ 薛季宣：《再上汤相》，载《薛季宣集》，上海：上海社会科学院出版社，2002年，第264页。
⑥ 孙延钊：《孙衣言孙诒让父子年谱》，上海：上海社会科学院出版社，2003年，第210页。
⑦ 孙诒让：《报俞曲园书》，载《孙诒让遗文辑存》，杭州：浙江人民出版社，1990年，第81页。
⑧ 孙诒让：《周礼正义叙》，载《籀庼述林》，北京：中华书局，2010年，第159页。

由古义古制以通政教之阂意眇指""然则处今日而论治，宜莫若求其道于此经。①无论是永嘉诸贤或是孙诒让，其学术虽在书内，但指向的都是书外现实世界的问题。

三、"通经"之中的"致用"

孙诒让礼学研究的"致用"，并不能仅以是否施用于世来看待。因孙诒让对学术内容的选择、对学术方法的运用，都与永嘉学派有着相似之处，体现其致用选择。

对永嘉学派这一地方性学术派别的认同，不仅决定了孙诒让的研究方向，即以经史并重，经推《周礼》，史重方志的研究内容，更确立了通经致用的治经理念，"淹贯古今中外，以通经为体，以识时务为用"②。正如其自己所称"吾欲以经术措诸世用，亦本其先人之训"③。这里的先人之训，指向的重要对象之一正是永嘉学派。

（一）以通经为体

1. 通经义

孙诒让的《周礼》考据以校勘学、训诂学为基础，目的是让《周礼》可读、可理解。这一命题看起来虽然简单也合理，在当时却是一个颠覆。乾嘉学派的经学注疏一直秉承着疏不破注的原则，一些经典注疏如郑注贾疏为学者所宗，地位崇高不能质疑。但这一注疏原则也存在着很大的问题，如各家的注有不调之处，作为疏的作者又无法发其新意，便只好勉强调和，但是对读者而言，就会造成无法理解的问题。为此孙诒让在《略例十二凡》中说："郑学精贯群经固不容轻破，然三君之义，后郑所赞辨者，本互有是非。……今疏亦唯以寻绎经文，博稽众家为主。注有牾违，辄为匡纠。凡所发正数十百事。"④他认为郑玄的注正是在质疑前人注疏的基础上阐发新意，只要有事实依据，经典的注疏不是不可挑战。

俞樾评价孙诒让的礼学研究"精熟训诂，通达假借，援据古籍，补正

---

① 孙诒让：《周礼正义叙》，载《籀庼述林》，北京：中华书局，2010 年，第 159 页。
② 董朴垞：《孙诒让学记（选）》，香港：天马图书有限公司，2000 年，第 201 页。
③ 孙延钊：《孙衣言孙诒让父子年谱》，上海：上海社会科学院出版社，2003 年，第 1 页。
④ 孙诒让：《略例十二凡》，载《籀庼述林》，北京：中华书局，2010 年，第 326 页。

讹夺，根柢经义，以诠释古语。每下一说，辄使前后文皆怡然理顺"①。孙诒让的《周礼正义》体例比之同时期浙东学人金鹗的《求古录礼说》、黄以周的《礼书通故》都更为繁博复杂。按姜亮夫先生的说法，孙诒让运用八种治经方法②，笔者总结出三大特征。第一是博通古今，实事求是。从前秦诸子到清儒精英，与《周礼》相关者皆有收录，"用资符验"③。对各家注疏一视同仁，亦不斥宋明义理之说。第二是有所依据，有所判断。在验证事实之上进行判断。在对字词进行校勘的基础上对《周礼》的内容进行合理化解读和说明。第三是结构完整，八法贯穿始终。尤其是有所依据、有所判断的学术理念，在翔实的求证下，很多历来的聚讼难题得到了较为合理的解决，尽量形成一致性的结论，如关于三等授田，"制禄"之数、禄食等。④

　　孙诒让以通经为体的学术理念是致用之学的前提，简单来说，永嘉学派与孙诒让都认为理解判断是运用的基础。永嘉学派陈傅良在对《周礼》进行解读时也强调："去其泥而不通如彼者，则周制可得而考。周制可得而考，则天下亦几于理矣。"⑤

　　2. 通门户

　　"通"除了疏通经义的意思，亦为"通"门户之见的意思。清末学术界占主导地位的汉学与宋学的门派之争，是造成疏不破注的重要原因。两者均拯世无力，陷入学术困境，却又各持门户之见互相攻讦，造成学术资源的无谓消耗，全无益于时局。汉宋之别或可理解为古今之别，古文经学以训诂为本，今文经学以性理为主。以训诂为主体的乾嘉学派，谨守家法，大抵疏不破注，更不破经，只是为前人贾、马、两郑的注疏进行梳理，并不进行辨析。至于对先秦百家的引证也不过用至孟、荀两家之说，征引非常有限。

　　孙诒让虽受乾嘉学派的影响颇深，但由于永嘉学派致用学说的影响，

---

① 董朴垞：《孙诒让学记（选）》，香港：天马图书有限公司，2000 年，第 141 页。
② 姜亮夫：《孙诒让学术检论》，载《浙江学刊》1999 年第 1 期，第 96 页。
③ 孙诒让：《略例十二凡》，载《籀庼述林》，北京：中华书局，2010 年，第 327 页。
④ 张立鑫：《孙诒让的学术研讨》，苏州：苏州大学，2010 年，第 30 页。
⑤ 陈傅良：《夏休井田谱序》，载《陈傅良先生文集》卷四〇，杭州：浙江大学出版社，1999 年，第 509 页。

他并不囿于门户之见。在刊印《永嘉丛书》时就说道："乾嘉以来，巨儒辈出，而性理经术，各守其家法，不相假借，汉宋之间，益斫斫如也。某向在京师，与方闻之士论当时门户之弊，常以为欲综汉宋之长而通其区畛者，莫如以永嘉之学。"①

永嘉学派这种"综汉宋之长""通其区畛""无宗派之见"②的治学理念，正是对当时学界的救弊之法。到了孙诒让疏解《周礼》时，其校勘方面综合三晋、南楚、齐鲁诸说，为《周礼》做证验，对先儒各说进行义理疏通。他一方面收集贾逵、马融、干宝"三君之义"③的注疏材料，辨析他们对郑玄学说的传承以及郑玄对以前诸家注疏的取舍情况。另一方面他又认为"乾嘉经儒，考释此经，间与郑异，而于古训古制宣究详确，或胜注义"④，大量加以吸收。据学者统计，《周礼正义》中引用的诸家学说有148家⑤，而引用的诸家条数达1704条⑥。而且在追索本经体系的同时，也有自己的见解发明。"然私心所自信者，平心以求古今之是而已。"⑦孙诒让对于自己学术的自信点在于求古今之是，孙诒让认为只要能体现事实和真理"是"，则无不可用。"古今之是"正是孙诒让所求之真理，这真理并不仅在经典，也不仅在中国。这种观点也影响了孙诒让看待西方文化的态度，他不同意狭隘的西学中源说，他认为中西方都发展出了辉煌的文明，有差异也有共通之处。现在西方的文明强于中国，就应抱着谦逊的态度去学习。⑧在西方文明冲击中华文化的大潮中，孙诒让带着理性而开放的"学无新旧，惟其致用"⑨的观点，"热心推广教化，不分中西畛域"⑩，

① 孙诒让：《艮斋浪语集叙》，载《孙诒让遗文辑存》，杭州：浙江人民出版社，1990年，第335页。
② 洪诚：《读周礼正义》，载《孙诒让研究》，杭州：杭州大学语言文字研究室，1963年。
③ 孙诒让：《周礼正义叙》，载《籀庼述林》，北京：中华书局，2010年，第325页。
④ 孙诒让：《周礼正义叙》，载《籀庼述林》，北京：中华书局，2010年，第326页。
⑤ 方向东：《孙诒让训诂研究》，北京：中华书局，2007年，第160页。
⑥ 胡珠生：《周礼正义稿本探略》，载《温州师范学院学报》，1988年增刊，第45页。
⑦ 孙诒让：《答日人馆森鸿书》，载《孙诒让遗文辑存》，杭州：浙江人民出版社，1990年，第159页。
⑧ 孙诒让：《温州艺文学校开学典礼演说辞》，载《孙诒让遗文辑存》，杭州：浙江人民出版社，1990年，第435页。
⑨ 孙诒让：《学务本议》，载《孙诒让遗文辑存》，杭州：浙江人民出版社，1990年，第31页。
⑩ 孙诒让：《温州艺文学校开学典礼演说辞》，载《孙诒让遗文辑存》，杭州：浙江人民出版社，1990年，第435页。

确实非常难得。

（二）以制度为用

《周礼》的制度是永嘉学派"致用之学"的核心解释对象。"以永嘉先儒治《周官经》特为精详，大抵阐明制度，穷极治本，不徒以释明辨物为事，亦非空谈经世者可比。"[①]孙诒让和永嘉学派都注重制度之学，他们认为《周礼》中包含了一套经过检验的完美社会政治制度，可施于世用。

1. 道在物中

永嘉诸贤提出道在物中，认为作为终极追求的"道"应该是通过具体的事物承载的。这里的物就包含了制度——"法"。"道而不施于法，亦不见其为道。"[②]孙诒让与永嘉学派诸贤认为制度是"道"的体现，依托于真实合理的制度和史实研究才有可能得出治理国家的真正合理方法。陈傅良认为："治国平天下，物有先后也，致知格物云也，笃恭而天下平也。无实可议，无证可考，夫作王制议大事，儗幽冥而不知，汉儒且深病之，是其所论尚未周欤？"[③]

因此，孙诒让的制度研究，从某种程度上也可解释为史实研究。孙诒让的《周礼》研究，是以"真实"为前提的。他认为，虽然前代有很多托古改制之人，"刘歆、苏绰托之以左王氏、宇文氏之篡，而卒以踣其祚；李林甫托之以修六典而唐乱，王安石托之以行新法而宋亦乱"[④]，但都未能真正探寻到《周礼》的本意和真相，"不探其本，而饰其末"[⑤]，所以才会失败。对制度的继承重要的是其设计法则，而不是细节。政治文化的细节包括指导思想（政道）、典章制度（政制）和器物设施等不同层面，可能改变，但其主导思想与制度设计的方法是可以继承的。[⑥]因此他反驳"古之政教不可施于今"的理由，"所异者，其治之迹与礼俗之习已耳"，而

---

① 孙延钊：《孙衣言孙诒让父子年谱》，上海：上海社会科学院出版社，2003年，第26页。
② 陈傅良：《夏休井田谱序》，载《陈傅良先生文集》卷四〇，杭州：浙江大学出版社，1999年，第509页。
③ 陈傅良：《夏休井田谱序》，载《陈傅良先生文集》卷四三，杭州：浙江大学出版社，1999年，第553页。
④ 孙诒让：《周礼正义叙》，载《籀庼述林》，北京：中华书局，2010年，第157页。
⑤ 孙诒让：《周礼正义叙》，载《籀庼述林》，北京：中华书局，2010年，第157页。
⑥ 陈安金、孙邦金：《论孙诒让的礼学研究与中西政治文化》，《哲学研究》2012年第9期，第53页。

其中"政教之闳意眇指，固将贯百王而不敝，而岂有古今之异哉"①。

为此孙诒让不惜设置了一个可能错误的前提，就是他坚持《周礼》是"周公致太平之迹"②所作，并且创造了三代之隆的兴盛。他认为："盖自黄帝颛顼以来，记与民事之命官，更历八代，斟酌损益，因袭积累，以集于文武。其经世古法，咸粹于是。"③因此不仅为周世大法，而且是三代典制的总汇。因此，孙诒让广征群籍，甄其合者，用资符验，是为了在历史上找证据，在群书中为周礼早已行使找证据。只要周公制礼、三代之隆的前提是存在的，那么《周礼》制度的可行性就会得到肯定，作为施政纲领对统治者的吸引力就会加强。因此孙诒让后期草创的《周礼政要》与康有为的《大同书》一样，都是以古人的制度作为载体，寄托的是现代人托古改制的政治目的。

2. 道法之辨

孙诒让与永嘉学派的事功理念，对传统儒学的叛逆都集中在"道""法"之辨上。在南宋以朱熹为代表的理学主流里，认为体认"道"（道德）是"礼"（或称"法"，制度）的前提，反映在社会管理上，理学更注重以人、以道德治国，不主要依仗法律法规的约束。而永嘉学派认为"法"（也可称为"礼"，即社会制度）是相对独立存在的，对依赖于道德的人治有一定的补充作用。

永嘉学派陈傅良研究《周礼》制度时，讲到了职权垄断是如何通过相互监督的制度进行解决的。"陈君举曰：如太史、内史掌六典、八法、八则、八柄之贰，宜属天官，乃属春官。大小行人、司仪、掌客，宜属春官，乃属秋官……先王设官如此，当时不见文移回复职事、侵紊之患，何也？六官之设，虽各有司存，然错综互见，事必相关。……后世礼官专治礼，刑官专刑，兵官治兵，财官专治财，并不相关，虽有遗失，他官不得搏节，而旷废多矣。"④陈傅良认为，《周礼》中六官职能的相互交叉互现，是为了在现实施行中由不同的职能部门互相监督，避免职权垄断带来的腐败

---

① 孙诒让：《周礼正义》，北京：中华书局，1987年，第3—4页。
② 孙诒让：《周礼正义叙》，载《籀庼述林》，北京：中华书局，2010年，第154页。
③ 孙诒让：《周礼正义叙》，载《籀庼述林》，北京：中华书局，2010年，第154页。
④ 王与之：《周礼订义》，载《文渊阁四库全书》，93册。

行为。这一观点被朱熹视为异端："到得中间有官属相错综处，皆谓圣人有使之相防察之意，这便不是。"①朱熹认为，人的监督只能靠自我的道德约束进行，而不是外界的制约力量，所以这种解释与圣人做礼的出发点是相违背的。从这里可看出，朱熹强调的是道德出发点，陈傅良强调的是制度的可实施性和效果，这正是永嘉刑名制度学说的特点之一。

《周礼》是官制之书，里面有职位300多种，不同的事务分类有1000多种，职务之间存在关联，工作之间需要协调配合。因此对于这样一部浩繁的著作，孙诒让不泥于经义疏通，更重要的是提供一个整体把握的方法和纲领。

孙诒让对《周礼》制度的研究，最终是为了给国家管理者提供可行的管理方法。多数学者认为，孙诒让的《周礼》研究最重要的一点是确认了一个纲领，就是"揭示大宰八法为全书纲领以贯串众职"②，洪诚《读〈周礼正义〉》一文也认为《周礼正义》"博稽约取，义例精纯"，也提到太宰八法为全书纲领③。"古经五篇，文系事富，而要以大宰八法为纲领，众职分陈，区畛靡越。其官属一科，《叙官》备矣。"⑰326 其八法为：官属、官职、官联、官常、官成、官法、官刑、官计。㉜

"大宰之职，掌建邦之六典，以佐王治邦国。"㉖卷1, 26 大宰的工作，不仅是百官之首，而且对下面的政刑事五官进行管理，所以"大宰八法"正是大宰对官员的管理方法，所谓"八法治官府"是治理众官之"法"。对这八法进行合理运用，就能对国家官员进行系统有效的管理，从而达到提纲挈领、统率全局的目的。这一纲领的提炼，直接促成了后期《周礼政要》的写作，是孙诒让对《周礼》制度之学用于实践的重要尝试。

"通经为体""无宗派之见"的学术理念事实上就包含了致用的目的，同时在制度之学的重视和运用上，与永嘉学派亦遥相符契。孙诒让作为清末朴学代表人物，自然有其局限性，但他勇于走出自己的拘囿，以致用的眼光审视世界的变局，从而从一个学人走向更广大的革新世界，这是值得我们敬服的。

（原文刊载于《鲁东大学学报（哲学社会科学版）》2018年第4期）

---

① 朱熹：《朱子语类》卷八六，上海：上海古籍出版社，2002年，第2203页。
② 沈文倬：《孙诒让周礼学管窥》，载《孙诒让研究》，杭州：杭州大学语言文字研究室，1963年。
③ 洪诚：《读周礼正义》，载《孙诒让研究》，杭州：杭州大学语言文字研究室，1963年。

陈虬的维新报业

徐佳贵*

光绪乙未至戊戌年间（1895—1898）的维新时期，中土读书人自办报刊开始成为普遍现象。但目前对此现象的关注常见两个问题：一是聚焦中心城市的情况，而其他各地也有报刊蔚起，却多仅被当作对于上海等中心城市的"响应"，由此形成一种"众星拱月"的叙述套路；二是着重讲述在后人看来代表着媒介近代转型方向的"成功者"的故事，在此同样首推上海《时务报》，其余《知新报》《湘学报》等亦常为人所道及。显然，据此构建的时代面貌并不完整，在"转型"中并非只有高歌猛进，且有各地、各方多元的互动与博弈。因此我们还应关注寥寥几个中心点以外，那些在今天看来不那么"成功"的"预流"者的故事。身处温瑞地区的陈虬的办报经历，便是从另外的角度窥视这一转型初始期之风貌的一扇窗口。

陈虬，原名陈国珍，字志三，号蛰庐，原籍浙江省温州府乐清县，但其家族已久居同府之瑞安县。19世纪60年代父叔辈因军功起家，至陈虬一辈已有偃武修文之势。1893年12月，陈虬结集刊行《治平通议》，收入19世纪80年代以来所作《治平三议》《经世博议》《救时要议》《东游条议》《蛰庐文略》等谋求"经世"的著作。基于这部著作（其他有《报国录》等），他在现今的思想史表述中，往往被视为近代"早期维新思想"的代表之一。

除却著书立说，陈虬也有过一些关乎"经世"诉求的地方实践。19世纪70年代，他与瑞安人许启畴等筹办心兰书社，1893年又拟改为心兰书院，在瑞城西北择址储藏图书以做众用。1882年，又与友人筹办求志社，表达过一些桃花源式的社会规划。而因遭逢大病，陈虬开始习医，1885年，他与陈黻宸、池志澂等人在瑞安县城设立了利济医院。"医院"之名当时尚

*现任上海市社会科学院历史研究所副研究员，复旦大学历史系博士。

称新颖，但院中主授者仍为传统医学。可以说，这所"医院"是陈虬在地方上的事业心的集中体现，维新时期的温州《利济学堂报》馆，便是自此延伸而来。

1895年，陈虬与同人在温州府城设立利济分院，并另设医学堂。丙申年十一月十一日（1896年12月15日）出版的第14册《时务报》所登派报处所中，即出现了"温州道署西辕门外利济医院"这一派报点①，另《农学报》《实学报》《新学报》《集成报》等也列明利济医院为派报点。而在购阅报刊之外，陈氏复有"办报"之举。《利济学堂报》创刊于1897年年初，似是维新时期浙江省内最早一份由地方士人主办的刊物。创办原因，与身为主事者的陈虬的认识是分不开的，如在其编撰的《利济教经》中曾称："兴亚洲，入手方：设报馆，开学堂。"②而《利济学堂报》与利济医学堂的联系甚为紧密，这也多少造成了该报异于当时其他士人所办报刊的某些特征。

《利济学堂报例》中称："本报原出利济医院学堂，故医学独详……（利济医院）医籍之外兼课以古今中西一切学术，实欲借学堂为造就人材之地……本报即从积岁会讲语录编辑成帙，因取古人报最、报政之义，列为《学堂报》。"③表明该报自撰文字主要并非新作，而是学堂历年教材讲义。又称："本报遵医历二十四节气日出报，每月两册，每册约五十页。报始今岁大寒日，以明年十二月小寒日为一纪。盖五运六气皆始于大寒也。年共二十四册。"《学堂报》属半月刊，但又明示之所以半月出一期，是为遵从传统"医历"。报例还称："本医院学堂朔望二课，医论外兼及时务、术数等学，届节气日，主讲率诸生候气祝圣，录取前列文课，传示同院，本年即行选刻入报以作报论。"④学堂及其主事者的医学背景对报刊影响之深，于此可觇。

由此，便形成了《利济学堂报》以中医为基底，收纳其他中西知识信

---

① 《近代中国史料丛刊三编·时务报》，台北：文海出版社，1987年，第960页。
② 陈虬：《利济教经》，载《温州文史资料第8辑·陈虬集》，杭州：浙江人民出版社，1992年，第131页。
③ 陈虬：《利济学堂报例》，载胡珠生编：《陈虬集》，北京：中华书局，第234—236页；原刊《利济学堂报》第1册，1897年1月20日（光绪丙申大寒）；收入《中国近代中医药期刊汇编》第1辑第1册，上海：上海辞书出版社，2011年，第5页。
④ 参见陈虬（周观代作）：《祷医圣文》，载《利济学堂报》第2册，1897年2月3日（光绪丁酉立春）；收入《中国近代中医药期刊汇编》第1辑第1册，第111—112页。

息的体例。《利济学堂报例》中即明言："本报院课外，兼采各报。凡学派、农学、工政、商务以及体操、堪舆、壬遁、星平、风鉴、中西算术、语言文字暨师范、蒙学等类，区为十二门：一、利济讲义；二、近政备考；三、时事鉴要；四、洋务掇闻；五、学蔀新录；六、农学琐言；七、艺事稗乘；八、商务丛谈；九、格致卮言；十、见闻近录；十一、利济外乘；十二、经世文传。"又称，"本报所列医籍、算术、数学、音韵、体操各书，以及一切文课，均出在院诸生商订分撰。意在开示后学，多设问答，故文理概从质实，其姓氏即行附报刊列。"报后所列办事人员姓氏，即按春、夏、秋、冬四季分列，分院董、院长、监院、总理、协理、教习、襄订、纂修、撰述、总校、分校等"工种"，规模甚大，似囊括了医院、学堂、报馆的来自温属各县的全体员工。

《利济学堂报》定价为"全年每分大银圆四元"，又表示"此次创办院报，本郡报资照售码永减二成，以答诸公襄助盛惠"。为提高销量，《利济学堂报例》中还规定："无论本郡外省，如蒙交好，代售本报至十分以上者，按照二成另送本报若干分；二十分以上，并将姓氏、爵里列报。"此外，"凡阖郡文武、大小衙署例应送报一分……其有大力官绅共开风气、鼎力佽助者，除将姓氏、爵里随时登报外，院中重行勒石，续出各书另议酬谢"。报中特地列出瑞安利济医院开办十年来的助资诸君姓氏，其中包括永嘉吕渭英、瑞安黄绍第（以上各十元）、瑞安王岳崧（六元）等地方大绅名士，只是又提及乙未、丙申年郡城分院所得捐资，较知名者仅领衔的温处道宗源瀚（捐银二百元），而不再有地方大绅。① 据瑞安名儒，其时已与同邑黄家一道与陈虬交恶的孙诒让称，《利济学堂报》馆还曾"颇引贱名以募资"，使得乡里舆论大哗，孙不得已在《申报》刊登告白，谓："温州利济医院新开报馆，本宅毫不与闻，刻外间忽传本宅捐有洋五百元，实属不敢受此虚誉，理合声明，以免招摇。"力图澄清此事。②

丁酉年（1897）七月，《经世报》创刊于浙江省会杭州，陈虬、宋恕、

---

① 后孙诒让在致汪康年的信中称，宗源瀚在温为陈虬"所绐，后大悔之，然无及矣"，可能即指或包括捐款之事，见孙诒让致汪康年书第五通，上海图书馆编：《汪康年师友书札》第2册，上海：上海古籍出版社，1986年，第1476页。
② 孙诒让致汪康年书第一通，上海图书馆编：《汪康年师友书札》第2册，第1471页；《申报》，1897年1月30日，第6版。

章太炎受聘为撰述（其中宋恕称"摄著论"）。借此便利，陈氏在《经世报》馆（杭州上扇子巷）外又设立杭州《利济学堂报》分馆（下城贡院西桥）①，由是杭州成为陈的又一个重要据点，在浙南浙北形成遥相呼应之局。在集体拟定的《〈经世报〉叙例》中，"上海之《时务》，澳门之《知新》，湖南之《湘学》，温州之《利济》"四报并列②，这既是一种恭维，也是一种宣传策略③。此外，陈虬也不忘在其他一些重要报刊上做广告，如丁酉年五月十九日，他就给汪康年写信，提道："敝报（指《利济学堂报》——引者注）改刻已出四册，敬奉寄三十分。宗旨虽出于医，而推广义类，针起聋瞽之意，猥与贵报变法、论学相与经纬。敢援《湘报》之例，附骥贵报，希借畅销，亦群义之一端也。"④六月十一日（1897 年 7 月 10 日）出版的第 32 册《时务报》中即登出告白："温州利济学堂新出一报，首言医学，次设问答，次录近事，末附文编，皆极详备。半月一报，年价四元。"⑤价格与《时务报》相等，但之后在代售价目中列出的数字则为"四元六角"（在其他刊物如《农学报》《实学报》上也一样），似是把邮资或改刻费用也一并算上了。总的来看，《利济学堂报》所设与计划设置的派报处遍及温郡各县、浙中各府，以及京、津、沪、苏、鄂、赣、闽、粤、皖等地，还部分利用了《时务报》等大报的销售网络，在自己的刊物里代售《时务报》《知新报》《农学报》《集成报》等报刊，并在以上各报中代售《利济学堂报》，其志向在将自身的影响呈涟漪状扩大到全国范围，应无疑义。

唯须指出，相对康、梁阵营，《利济学堂报》与《经世报》有着更明确的遏新潮之"横流"的企愿。尤其是《经世报》，陈虬于首册"本馆论说"栏的《论报馆足翊政教》一文中，曾明示中土士人办报势必胜于西报的信念："然则以西报之不文而可以行远，苟吾报之与为驰骤，宜无善教善政之不周，环球万国以升平！"⑥另文强调，在阐扬中土士人的主体性之余，

---

①参见池志澂：《武林杂记》，转引自胡珠生编：《陈虬集》，第 475 页。《经世报》后又在杭增设崇文书院、联桥陆宅、上兴忠巷宝裕成纸栈、满城贵公馆德公馆等派报处所。
②《〈经世报〉叙例》，《经世报》第 1 册，1897 年 8 月（光绪丁酉七月上）。
③另宋恕在《记应〈经世报〉馆摄著论之聘缘始》一文中，复将四报并举，见《经世报》第 1 册。
④陈虬致汪康年书第四通，上海图书馆编：《汪康年师友书札》第 2 册，第 2001 页。就内容来看，此信不应排在所有陈、汪通信的最末。
⑤《近代中国史料丛刊三编·时务报》，第 2202 页。
⑥陈虬：《论报馆足翊政教》，《经世报》第 1 册。

"若乃鱼兔未得，筌蹄先忘，狂泉一饮，本性迷惑，但见末利，不顾本害，且加厉焉，于是伊川之祭被发，楚宫之好细腰，弃夏可惧，阳秋其谁"①。若趋新流于以夷变夏，士林中的有识者便当适时制造舆论，以遏横流。再如陈虬独作的报叙中所言："夫立国之道，曰政、曰教，然其原皆出于学。"孔子之学坏于汉宋儒者，"盖孔教之亡，已二千余年矣……昌明中学，在此时乎？今之言变法者，动欲步武泰西，一若中法举无可采"，其实列强的"植民之政"，未能出乎《尚书》及"三礼"之外，机器制造"溯其源流，亦皆仅得吾周秦诸子之绪余"。"是则亚洲之不振也，岂真中学之不逮泰西耶？抑亦吾学不修，久久而失其传耳。"总之，"今中国不求自修其古大学格致之学，反役役于形下之西氏，如取火于燧，昧火之原，辄谓火热于日，其去扣盘扪钥之见亦仅矣"。今作报文，为的正是"存四千年神圣旧学"②。

这里应存在策略性的考虑。如在陈虬《治平通议》、宋恕《六字课斋卑议》等著作中，对西学已多有认知与引介，此处陈、宋等所论反更凸显向"古"一面，或是其有所针对（或针对"西报"，或针对"康学"）所致。办报的缘由在他们看来，并非外报本身值得称道，而是可以将报文置入本土的学术脉络，使之"渊源有自"。

问题在于，同样是在空间的意义上，温州《利济学堂报》、杭州《经世报》在其时全国士人纷纷办报的形势下，应当如何自我定位。宋恕所撰《〈经世报〉叙》中曾声言，创办《经世报》，"以表四科一学，以表儒嫡在浙，以表斯馆乃基学会，斯报非逐市利；以告我浙人及非浙人，以告我赤县人及非赤县人：继自今其勿复敢轻浙人！其勿复敢轻赤县人"③。由地域推及全国，同时含有为"浙学"争"正统"的意味。但因浙江省与上海相邻，不少浙籍士人都前往上海办报，如《时务报》经理汪康年即浙人，浙人章太炎从《时务报》馆出走后，参与创办《实学报》《经世报》《译书公会报》，而《实学报》《译书公会报》均办在上海，至于办在杭州的《经世报》，他仅在前四册刊发过文章，此后该报主笔便只剩下陈、宋两名温州人。除却办报者，在读者一面，上海报刊的辐射范围亦包括至少大半个浙

---

① 陈虬：《〈经世报〉叙》，《经世报》第1册。
② 陈虬：《〈经世报〉叙》，《经世报》第1册。
③ 陈虬：《〈经世报〉叙》，《经世报》第1册。

江省，那么在杭、在温办报，又如何划定自己的读者群或彰显异于上海报刊的特点，也便成了一个费思量的问题。据笔者所见，除却转载他报刊所登的知识信息，温州《利济学堂报》中的文章，多是将医学堂所教、生徒所撰课业分期呈现给地方以外的读者阅看，故而这同样是一种分享地方维新经验的尝试，且经验的介绍当较一般奏稿、条陈、章程之类的刊文更为全面、详赡。关键在于外地读者如何看待这种细致到具体教学内容的"地方经验"。早先，陈虬曾在致汪康年的信中称："敝学堂报已出四册，近郡都甚风行。"①浙江绍兴人徐维则也注意到《利济学堂报》之刊行，认为这是《时务报》引发各地响应的一种表现。②可不久后即有不利的情况出现，当年六月二十四日，湖南人谭嗣同即在致汪康年的信中称：

> 《利济学堂报》乃缘《时务报》已登告白，故买阅之，今寄到。不意中多荒谬迂陋之谈，直欲自创一教，不关于学术。彼既刊本，自可拆购。（若不许拆购，是否可全退？）现寄到四本，即请自此截然而止，四本共价若干，请于前奉之四元内划出，余以订购《算学报》，《算学报》则诚佳矣，乞常寄为叩。至于承寄下之利济医院收条，仍以缴还注销为叩，非嗣同敢为反覆，致劳清神，实虑此报为害不浅，其阴阳五行风水壬遁星命诸说，本为中学致亡之道，吾辈辞而辟之，犹恐不及，若更张其焰，则守旧党益将有词，且适以贻笑于外国，不可不察也。彼欲为教主之私意犹其小焉者也，伏望我公谨之远之，千虑一得，思补高深，惟察是幸。③

按：陈虬在利济医院与学堂施行的，是一种以院长为核心的等级制，《利济医院习医章程》中称："院中设有'道济群生，泽衍万世，津梁广启，执圣之权'十六字世次，均就本师递衍以绍医统。"④但这只是中医在规模化教学之时采取的一项组织化措施，不一定关乎"传教"。谭嗣同这里所反感的，可能还是报刊文字所制造的近于宣扬"怪力乱神"的氛围。

———————————

①陈虬致汪康年书第一通，上海图书馆编：《汪康年师友书札》第2册，第1999页。
②徐维则致汪康年书第一通，上海图书馆编：《汪康年师友书札》第2册，第1518页。
③谭嗣同致汪康年书第二十通，上海图书馆编：《汪康年师友书札》第4册，第3258页。
④陈虬：《利济医院习医章程》，《利济学堂报》第2册；收入《中国近代中医药期刊汇编》第1辑第1册，第126页。

实际上，阴阳五行、风水堪舆之类不仅与传统算学有交集，与传统医学的结合更是常见现象。问题出在陈虬和他的医院同人意图把糅合了星相堪舆之学的传统医学，作为接受新知新潮的起点。早在 1891 年，陈即在一次与平阳人刘绍宽的谈话中向刘提点糅合了泰西自然科学的"中医"之学，谓："物之坏皆由炭气，即瓜果之熟，亦炭气为之。所以生摘瓜果，置诸筐篚，亦自能熟。若置之空器中，引出炭气，便经久不坏也。又谓俗于五月五日午时合药灵验，盖时天罡星正塞鬼户故也。又谓七月七日寅初鸡未鸣时，取水可经年不坏，已经试验。又谓人之记性藏于脑，有如照相之回光镜，能映物缩之入内也。"① 维新时期，他甚至更进一步，要将传统医学作为统合一切学术以救亡图存的基点。如他曾说："惟吾医名一艺，而实无不以学探神圣之心源，融中西之政俗，广吾徒之师法……此虬自儒书经术外，举凡诸子百家、九流方技之籍，涉猎餍饫，博观约取，欲一一纬之于医也。"② 他援引时兴的种族话语，宣称："夫医也者，不独其能卫生、疗疾、延年也，人类之蕃，道昌而运隆，罔不基此！故当吾世而诚欲保吾种也，舍医无由！"③ "医人"与"医国"、"治病"与"济世"本有逻辑上的递进关系，陈虬此期的这些言论，均可被视作之前读书人使用此类传统话语之习惯的一种延伸。④ 而世变孔亟，传统儒者对"怪力乱神"的摒斥与自外传入的科学主义倾向相结合，却又使得这类言说变得更为"刺耳"，相关的知识内容，乃至径被某些读者视为"中学致亡之道"。

至于《经世报》，陈虬应只是主笔，不负责经营，所撰文字也与利济医学堂的教学基本无涉。⑤ 但该报口碑也不甚理想。创办此报的胡道南（浙

① 刘绍宽：《厚庄日记》，光绪辛卯四月初八日，温州市图书馆藏。
② 陈虬：《〈利济丛书〉总序》，《利济学堂报》第 3 册（1897 年 2 月 18 日，光绪丁酉雨水）；收入《中国近代中医药期刊汇编》第 1 辑第 1 册，第 209 页。
③ 陈虬：《保种首当习医论》，《利济学堂报》第 4 册（1897 年 3 月 5 日，光绪丁酉惊蛰）；收入《中国近代中医药期刊汇编》第 1 辑第 1 册，第 298 页。
④ 另，利济医学堂中似曾教习拳术，在戊戌年，陈虬曾以中土拳法比附西洋"体操"以至"力学"，并将之上升到借以"自强"的高度；而对"怪力乱神"中有"力"，陈则以为孔子"不语"是担心后人"强之不得其道，则亦世道忧"，见陈虬：《卫生经序》，胡珠生编：《东瓯三先生集补编》，上海：上海社会科学院出版社，2005 年，第 80—81 页。
⑤ 另与陈虬、宋恕交好的泰顺士人周素（周焕枢），在《经世报》第 13、15、16 册登有《上前温处道宗湘文观察瓯海防事务条陈》《上宗观察第二书论温郡切近利病》二文；瑞安人何炳为利济医院协理，在《经世报》第 16 册登有《论广树艺以宏地利》一文。

江山阴人）、童学琦（浙江新昌人）曾称："销数尚难约计，每期可发者不过八九百分。"这或与章太炎在该报所登的《兴浙会序》中有较露骨的反满言论有关，但宋恕的报叙与陈虬的叙，据"都友来书"反映称"阅者亦有微词"①。此外，陈也不免将其在早年著作与《学堂报》中的某些论说习惯带入论议，如其报叙中论证西国政学根本上不及中国时，便曾露骨地援用了象数星命之说。②另在《经世报》的《迁都——救时十二策之一》一文中，陈虬大谈历代国号与王朝气运的关联③；在《分镇——救时十二策之二》一文中，他复称意欲"自强"，不可光靠"人事"，而应虑及"天文、地理"，然而尤关注"水运"，表明此处所谓天文地理，仍与星相堪舆之类密切相关④。亦儒亦医的陈虬，在此也未尝不是将某些边缘性的"古学"纳入经世语境，进而与新近之西学融通；只是儒学正统对"怪力乱神"向来的摒斥，同样与外来的科学主义有所结合，使得此类融通反因报刊的宣传变得更为刺眼，成为某些读者摈斥的"新异端"。谭嗣同曾撰《报章文体说》，称报章可以"甄九流、综百家"，包罗万象⑤，但当作为读者，他仍不免流露出明确的阅读偏好。后张元济在致梁启超的信中提及，《经世报》与王仁俊等主持的《实学报》，都有"显与《时务报》为敌之意"，但《经世报》"言多粗鲁，姑勿论"，相对《实学报》，连与汪、梁一争的资格都没有。⑥作为主笔之一（且陈、宋、章三人中，陈的刊文最多），陈虬也应在张的批评对象之内。而陈的同乡孙诒让，亦曾作信向汪康年控诉陈虬"所论绝浅陋"⑦，这种看法或也不尽是此前地方矛盾衍生的成见所致。

除却言论本身，尚有经济问题。与当时多数士人报刊一样，因邮路时有不畅，以及读者自身拖欠，温州《利济学堂报》刊行后，一直难以回收报资。加上陈虬及其同人虽在地方寻求官绅支持，应者毕竟不多，孙诒让

①章炳麟：《兴浙会序》，《经世报》第2、3册，1897年8月（光绪丁酉七月中、七月下）；《童亦韩、胡钟生来书》，胡珠生编：《宋恕集》，北京：中华书局，1993年，第586—587页。
②陈虬：《〈经世报〉叙》，《经世报》第1册。
③陈虬：《迁都——救时十二策之一》，《经世报》第5册，光绪丁酉八月中（1897年9月）。
④陈虬：《分镇——救时十二策之二》，《经世报》第6册，光绪丁酉八月下（1897年9月）；第8册，光绪丁酉九月中（1897年10月）；第9册，光绪丁酉九月下（1897年10月）。
⑤谭嗣同：《报章文体说》，《时务报》第30册，光绪丁酉五月廿一日（1897年6月20日），沈云龙主编：《近代中国史料丛刊三编第33辑·时务报》，第2051页。
⑥张元济致汪康年书第廿四通，上海图书馆编：《汪康年师友书札》第2册，第1713页。
⑦孙诒让致汪康年书第五通，上海图书馆编：《汪康年师友书札》第2册，第1476页。

等趋新望族士绅乃至或明或暗地抵制；虽有"创教"嫌疑，门下却又没有像梁启超那样富于宣传才能的弟子，陈氏自身言论的受欢迎度也有限。于是高调的对外经营方式便成了一种铺张，终致局面不可收拾，血本无归。在后来给汪康年的信中陈虬承认："敝《学堂报》分售有二千分之多，实销仅减半，而收数竟不及四成，并寄售各报亦在内，利源有限，挹注太多。敝院去岁亏折竟至数千金，想贵报外无一报不折本也。"①"二千分"的规模应不算特大，除《时务报》外"无一报不折本"，恐怕也是当时实情②，只是对财力与宣传能力有限的陈虬及其同人而言，这场由办报诱发的危机，已足以将其毕生的事业赔垫进去。《时务报》第60册（光绪戊戌闰三月廿一日，1898年5月11日）中有本馆附告称，《利济学堂报》系因主事者晋京会试而停办③，而笔者未见该报在戊戌年尚有出刊的证据。杭州《经世报》，似也未办到旧历第二年。④但之后陈虬仍未放弃对外经营的雄心，戊戌年他和康门师徒走得很近，非但与瑞安士人章献猷一并加入保国会⑤，还积极参与筹建保浙会，代拟条陈，以期与保国会相呼应⑥。然而当年夏，瑞安发生文童闹考事件，陈虬随友人陈黻宸卷入其中，与孙、黄、项等地方望族的矛盾再度升级。戊戌政变爆发，陈虬虽未遭明令通缉，黄体芳等却借题发挥，欲将陈打成"康党"。所幸孙诒让无意深文周纳，

---

① 陈虬致汪康年书第三通，上海图书馆编：《汪康年师友书札》第3册，第2001页。
② 关于《时务报》的具体经营状况，参见廖梅：《汪康年：从民权论到文化保守主义》，上海：上海古籍出版社，2001年，第58—66页。
③《近代中国史料丛刊三编·时务报》，第4097页。
④ 今所见《利济学堂报》共17册，第17册出版时间为光绪丁酉秋分（1897年9月22日），但《中国近代中医药期刊汇编》第1辑第3册复有《利济学堂报》补遗，尾列"冬季办事姓氏"（第701—702页），表明该报可能办到了丁酉年冬。所见《经世报》共16册，最后一册出版时间为丁酉十二月（1898年1月）。按，蔡元培因与胡道南同乡，曾代销《经世报》，日记中称，丁酉年七月十九由胡处寄来首期百册，但至十月十五日，第7—9期已各只寄50册，十二月五日、十日，第11—13期各只寄25册。（《蔡元培日记》上册，北京：北京大学出版社，2010年，第71、78、80—81页）这或是因蔡的代销热情下降，但更可能是《经世报》本身印数不断下降。
⑤《京城保国会题名记》，中国史学会主编：《中国近代史资料丛刊·戊戌变法》第4册，上海：神州国光社，1953年，第403—405页；原载《国闻报》，1898年5月14日（光绪戊戌闰三月廿四日）。
⑥ 参见《浙江孝廉陈虬等呈请总署代奏折稿》，《知新报》第55册，1898年6月9日（光绪戊戌四月廿一日）；《知新报》（一），澳门、上海：澳门基金会、上海社会科学院出版社，1996年，第720—721页。该文曾转载于《湘报》第106号，1898年7月8日（光绪戊戌五月二十日），《中国近代期刊汇刊第2辑·湘报》下册，北京：中华书局，2006年，第984—987页。

又有陈葆善等医院同人出面调解，风波才被平息下去。①可利济医院学堂经受这一连串的打击，元气已难恢复，人称当时"云散二百徒，累败八千金"②，通盘筹算，"微特院董垫款五千余元无归，即报馆各股除已付外，尚二千余元，郡院亦无款可抵"③。利济医院学堂实际已处于破产边缘。在1898—1899年间，陈虬曾到杭州联络浙江仁和人高尔伊，欲包揽温府矿务，孙诒让作信指控其系"途穷走杭"，"意在攫数万金，饱即扬去"，提醒汪康年与高尔伊等勿为所欺。④1899年年初，陈又托人联系温州同知戈石麟，希望通过刊卖旧著《治平通议》及《利济丛书汇编》，缓解经济困难。⑤而其医院学堂同人则决定，要做一次大的收缩，"化大为小，招新辅旧"，即恢复到以瑞安利济医院为主的状态，报馆自然停办，温州分院则归陈虬独办，"启闭听便，与瑞院无涉"⑥。整顿之后，陈虬还曾在温院中设新字瓯文学堂，只是已无向温州以外地区发展经营的能力。1902年年末，经宋恕调解，陈、孙的关系也得到缓和⑦，但"利济"品牌已风光不再，居乡的陈虬也于1904年年初在志不得伸的孤愤中辞世。

如陈虬这样的一位在维新时期之前已开始探求西学新知的思想者，在维新时期的探索却遭遇到了大的挫折。事实上，就知识思想的一般物质载体——"书"而言，陈虬《治平通议》之类的著作，固然刊布在维新变法时期之前，可是此书传播至更大的地域范围，也多少受益于甲午战后变化中的大环境。如陈虬自己说，甲午战前他"首倡变法之议，挟书走京师，为时诟病，不幸多言而中，颇蒙当途莠采"⑧。1895年，他借进京会试之机，将《治平通议》印本赠予京津地区官场中人。⑨据称张之洞见到该书，即"大

---

① 参见孙诒让：《致黄漱兰书》第二通，徐和雍、周立人辑校：《孙诒让全集·籀庼遗文》，北京：中华书局，2013年，第275页；《陈黻宸年谱》，陈德溥编：《陈黻宸集》，北京：中华书局，1995年，第1172—1175页。
② 池志澂：《陈蛰庐先生五十寿序》，载胡珠生编：《陈虬集》，第392页。
③ 《瑞安利济医院股份票》，载胡珠生编：《陈虬集》，第430页。
④ 孙诒让致汪康年书第五通，上海图书馆编：《汪康年师友书札》第2册，第1476页。
⑤ 陈虬：《致杨伯畴书》第二、三通，载胡珠生编：《陈虬集》，第352页。
⑥ 《瑞安利济医院股份票》，载胡珠生编：《陈虬集》，第430页。
⑦ 宋恕：《壬寅日记》，载胡珠生编：《宋恕集》，第960页。如林骏《颇宜茨室日记》（温州市图书馆藏）癸卯年正月十五日载，瑞安演说会第三次会议主讲者为孙诒让、陈虬、陈黻宸、萧亦陶，孙与二陈同场演说，可见彼此间已无大芥蒂。
⑧ 陈虬：《〈经世报〉叙》，《经世报》第1册。
⑨ 《宋恕亲友函札·王修植》，第2通，光绪乙未三月二十日（1895年4月14日），载胡珠生编：《东瓯三先生集补编》，第158页。

悦，渴欲接谈"，表明战败激发的"国耻"意识，亦有利于其著作的广泛传播。①维新时期，陈虬《报国录·治平通议》且曾与宋恕的《六字课斋卑议》一同被收入广为流传的梁启超《西学书目表》。②而其"办报"实践却遭受重挫，究其缘由，或关系到此期知识生产与传播的方式转变问题。

概言之，这涉及传播机制的差异：19世纪以降，论议经世之学或早期改良思想的"书籍"，最初多通过"进呈"或"寄赠"等方式传布，其传播模式是渐进的点对点式，以此保证最初的读者在作者看来较亲近或较有地位、学识。而到维新时期，尽管士人办报借助官场等非市场的力量依旧普遍，但"报刊"中经营与撰作的分离已趋显豁，士人文字甫一面世，即要点对面接触地位、学识无法预期的读者。③知识观念流通变得更为高效，传播地域范围更广，可"嘤其鸣矣"却更不一定能求得"友声"，在谋求"救亡"的众声杂沓中对于各种知识观念的筛选淘汰，已相应变得更为频繁与剧烈。另有"工夫在诗外"的一面，"办报"对于读书人的考验是全方位的，除却行文，在人脉运用、经营能力等方面亦有新的具体要求。许多中土读书人投身兴办"维新"报刊的浪潮，系出于一腔报国热忱（同时当然也有提升自身地位的渴望），但对于相应的考验究竟包含哪些方面，多数人似未有充足的心理准备。所以此期（尤其是1897年）"维新"报刊虽然一度花开遍地，可真能避免昙花一现之命运者却寥寥无几，也就无足称怪了。

当然，这也绝不是说在"转型时代"初期，已经有一种对于关乎报刊之"现代性"的标准化理解。在此不新不旧、亦新亦旧的读编互动与各报之间的互动博弈中，才逐渐形成了某些关于"近代报刊应该怎样"的意见与观念。换言之，不能说陈虬这些人未走"正确"的路，而是本没有现成的路，路是在从未走过的众人开始走的时候才生成的。无论在后人看来是相对成功还是失败，他们都是在"走"，在上下求索，也就都为"路"的出现与延展贡献了一份深可宝贵的力量。

---

① 宋恕：《致陈志三书》，光绪乙未八月十五日（1895年10月3日），载胡珠生编：《宋恕集》，第537—538页。
② 梁启超：《西学书目表》，夏晓虹辑：《饮冰室合集》集外文（下册），北京：北京大学出版社，2005年，第1158页。其中《报国录·治平通议》下注"总名《蛰庐丛书》"；《六字课斋卑议》表中误作"中议"，下注"未刻"。
③ 当然书的传播也更多地利用了报刊平台，其受众亦更形"陌生"。

瑞安学计馆和中国现代数学

蒋志明[*]

一、瑞安学计馆创办渊源

瑞安学计馆，初名瑞安算学书院。清光绪二十二年（1896）三月由孙诒让等人创办于浙江瑞安城内。馆舍仿西方近代学校。当时聘请馆长、教习、助教三人，在那个时期，人才难觅，在上海也只有龙门书院、格致书院、中西书院、徐汇公学、南洋公学这样的新式学校在教数学，在地方上是很不容易的。但是人们已经懂得，数学要从小孩子学起，年龄渐长学不进去，所以招收学生要求年在 13 ~ 20 岁，中文有一定基础，并有志于算学者，经考核合格方可入学。学计馆首次招生 30 名，分甲、乙两班，轮流到校听课。

学计馆课程，除笔算数学、代数备旨、三角数理外，还包括理化及国内外时事。学校的办学目的，是"甄综术艺，以应时需"，可见钻研数学的主要目的，还是从事洋务运动，当然在基层还有开发民智、增进民生的意义。

1901 年，学计馆与瑞安方言馆合并为官立瑞安普通学堂，设算学、中文、西文三班，学额各 30 名。这样的新式学校，当时除了上海，在江南各地并不多见。上海金山，原属松江府，也是近代的数学之乡，研究和传习徐光启、利玛窦留下来的《几何原本》很早。早在道光年间，已经有顾观光、张文虎、李善兰在守山阁校勘和研究"利徐之学"。但是，举办新式学堂，传习现代数学则没有瑞安早。瑞安的数学人才，除了一些人汇入上海的洋务事业外，还有一部分人选择到东洋深造，这是比较特别的。1904 年年底，因为有不少瑞安学生在打下学业基础之后，自费赴日本留学，学计馆遂停办。

地处海隅的温州，为什么能在近代中国产生多位早期维新思想家？这

---

*现任上海顾野王文化研究院院长，剑桥大学世界文化遗产中心（上海）主任。曾任华东理工大学金山校区管委会副主任、数学系教授，上海市金山区教育局党委书记、局长，上海中侨职业技术学院院长等。

与瑞安晚清著名学者孙衣言创办诒善祠塾有关。它是一所家族内部的学校，是为培养宗族子弟设立的学校。这样的学校，还不是上海已经举办的几所面向社会招生，由各方面筹款建立的"公学"。但是，这所祠塾已经具有开放意识，他们开始意识到要教授"西学"，而不单单是"'四书'学"。所以说，诒善祠塾可以说是瑞安和温州地区近代文明的启动点。诒善祠塾虽然是旧式学校，但它为瑞安的新式教育打下基础，其作用表现在几方面：一是以诒善祠塾为基地，通过复活永嘉事功学说，培植了中国早期现代化思想；二是造就了一批致力于变法图强的经世之才；三是客观上建立了一种人才培养机制。

孙衣言是曾国藩的门生，道光三十年（1850）进士。孙衣言的胞弟孙锵鸣则是李鸿章的恩师，兄弟二人与太平天国以后的洋务活动大有关系，因此是东南沿海地区最早认识到"西学"重要性的士绅人物之一。孙衣言先在清廷任职，编书，教授惠亲王诸子读书。战乱开始后，他进入曾国藩的幕府，曾担任安徽安庆知府，主讲于杭州紫阳书院，兼任浙江官书局总办。曾国藩很看重孙衣言，上奏的推荐书中说他"敦尚节概，学识俱正"，又说他"学问淹雅，器识闳通"。后来，孙衣言还先后担任江宁布政使、江宁盐巡道、安徽按察使、湖北布政使。孙衣言从曾国藩那里接受洋务思想，是连接曾国藩、张之洞与家乡瑞安互动的轴心人物，他把偏远的温州同中国早期现代化的热点地区与关键人物联系、沟通了起来。

1875年，孙衣言辟诒善祠为塾，延请塾师，请经师、蒙师各一人，教房族子弟，兼收族外人之志愿就学者，"招郡邑高材，讲学其中"。他订立《诒善祠塾课约》8则、《塾规》12则。塾中所授科目，分经学、史学、诸子、舆地、掌故、历算、辞章、制艺、习书，共九门。诒善祠塾在1875年就设立历算科目，当时在全国范围内是领先的。虽然早在乾隆五十三年（1788）钱大昕主掌苏州紫阳书院（校址今为苏州中学）后，带出了一批如李锐、孙星衍等懂得历算的学生，但那并不是系统教授现代数学的机构。中国近代最早系统教授数学的学校，应该是1851年建立的上海徐汇公学，法国耶稣会士在学校中移入了一些"西学"课程，其中包括了西法算术，复旦大学创办人马相伯和他更有名的弟弟马建忠就是该校的早期学生。1874年，傅兰雅、伟烈亚力、唐景星、徐寿等人创办上海格致书院，院名"格致"

（自然科学），按徐寿《为上海设格致书院上李鸿章禀并条陈》的规划，就是"轮流讲论格致一切，如天文、算法、制造、舆图、化学、地质等"。和格致书院相比，诒善祠塾仅晚了一年就开始教授数学，虽然办学规模和系统性不能和上海学校相比，但算是全国最早的一批数学教育萌芽学校了。孙衣言还特地购书五六千册，置于塾中，以备师生翻阅，其中或许是有金山守山阁丛书所刻的几种数学、舆地书籍，更应该备置和守山阁相关的伟烈亚力、李善兰合译，由松江举人韩应陛出资印行的《几何原本》后九卷。孙衣言手题楹联，并刻石"务求知古如君举，尤喜能文似水心"，彰显他复兴数学传统，重振永嘉学派之心志。

　　光绪五年（1879），农历七月十八日，朝廷任命孙衣言为太仆寺卿。他却请假回了瑞安老家，不再赴任，称病致仕，一心想着正学术，育人才，以美风俗。当时瑞安县城已经成为区域文化高地，把瑞安文化和教育迁移到平阳和苍南的文化教育人是孙衣言的学生杨镜澄和金鸣昌，他们将诒善祠塾学风传到了平阳苍南一带。金鸣昌是瑞安林垟人，诒善祠塾学生，他是将诒善祠塾学风传到平阳的主要人物。

　　孙衣言对学生杨镜澄期望很高，认为他"有吏能，可纳资得为良州县"，甚至他称杨镜澄有"翰苑"之才，前途不可限量。令人惋惜的是，杨镜澄虽有才名，但几次参加省试都落选，无情的现实粉碎了他的科举之梦，杨镜澄悲愤地说："我不得志，那是命啊！就让我回去，为家乡扶持后进，这难道不比人世浮荣来得好吗？"回家后，杨镜澄与哥哥杨纯约一起在江南宜山的杨公祠内创办亲仁社学，自此杨氏兄弟绝意仕途，毕生致力于传道授业解惑之业。创办中国第一份数学杂志《算学报》的数学家黄庆澄（1863—1904）就出自孙衣言和杨镜澄门下。而一代学宗姜立夫则是受到黄庆澄的影响。《算学报》作为数学专业杂志，梁启超编的《中国名报存佚表》在"丛报"栏下列有《算学报》，杜石然编的《中国科学史稿》（下册）称之为"我国科技刊物之肇始"。

　　孙衣言培养的经世人才中包括他的儿子孙诒让。孙诒让 8 岁时，父亲孙衣言就以《周礼》教导他。1861 年，孙衣言瑞安老屋被金钱会党烧毁，第二年他的长子被太平军打死。一家老少 30 多人，浪迹福建。1863 年 2 月 5 日，经曾国藩推荐，孙衣言入幕府，办理营务，后转入秘书处。而海宁人李善兰和南汇人张文虎也入幕府，但属编书局，主要任务是刊刻名籍。前已叙及，李善兰、张文虎都是金山守山阁钱氏聘请的校书、刻书、教书先生，一直在金山县张堰镇治学、讲学。孙衣言和李善兰、张文虎不仅是同事，更是知友，因此关系金山人接续的历算之学，与瑞安人复兴的永嘉之学交汇在一起，这与十几年后在上海租界内外兴起的洋务运动"格致之学"也有着渊源。孙衣言的儿子孙诒让，也在安庆时期认识了李善兰和张文虎。张文虎除了算学之外，还擅长经学，喜欢钻研惠栋、江声、戴震、钱大昕等乾嘉大师学问，尤其擅长校勘古籍。13岁就开始研治"校雠之学"的孙诒让，在安庆曾国藩幕府内生活期间，就已开始请教张文虎。1868年，孙衣言到南京任职，又把孙诒让带在身边，让他更加密切地结交了当时的一批著名学者，如张文虎和李善兰。孙诒让随父亲走出偏于海隅的瑞安，遍结天下名士，广交海内鸿儒，走入了晚清同治、光绪时期的学术核心圈，这使他大开眼界。

尽管孙诒让按照父亲的要求，致力于编纂《温州经籍志》，也力助戴咸弼编辑《东瓯金石志》，但他并没有局限于在瑞安从事文献整理工作。1901年，受盛宣怀之托，孙诒让撰《变法条议》，提出革新吏治、裁汰冗官、设立议院、立商部、废科举、兴学堂等一系列变法建议和改革思路。孙诒让治学，有家学渊源，在经学研究方面，撰有《契文举例》《古籀拾遗》《名原》等著作，以《周礼正义》为最。但是，孙诒让也有"经世之志"，他的"经世学"就是一种"经世致用"，把数学这样的科学知识应用到洋务运动中去。在这方面，他应该是受张文虎、李善兰等前辈人物的影响。孙诒让本人没有像张、李那样在经学之外，还花很多的功夫钻研数学，可能就是一个人在瑞安研究"格致之学"太难了。但孙诒让和他父亲一样，提倡天文学、算学。他的"经学"走了一条当时学者都主张的道路，就是用"五经"中的要义，来构建"变法"理论。他的《周礼正义》《墨子间诂》，就是晚清"经世学"中的变法思想集大成之作。

1894年，中国在中日甲午战争中战败。1895年，清政府与日本签订了丧权辱国的《马关条约》。消息传开，举国哗然。从此，与全国一样，温州地区的有识之士群起寻求强国之道，改变科举制下儒家士大夫形成的旧知识体系，学习新的实用知识是先进读书人的共识。在现代科学传人和维新思潮的推动下，广大有志青年普遍渴望学习西方的先进科学技术，特别是作为科技基础的数学。在这一时代背景下，瑞安的朴学大家孙诒让，怀着"自强之愿，莫于兴学"的信念挺身而出，从"砭石乞治经生之业"的一代经师，转变成为以努力开拓"储才兴学"为己任的教育家。他多次辞绝清廷诏召，全力投入地方教育事业。

1896年正月，算学书院筹备就绪。孙诒让以瑞安的明代名臣卓敬公祠为算学书院院址，以寓纪念前哲、启迪后学之意。后因孙诒让认为，学校的设施和将开设的学习内容都与旧式书院大不相同，而与京师同文馆的天文算学馆和广州的实用学馆比较，虽规模有所差距，学科有繁简之别，但性质与法规相差无几，已经是一所新式学堂。于是，孙诒让召集瑞安绅商开会复议，决定不称"书院"，易名为"瑞安学计馆"。孙诒让托瑞安京官黄绍箕，转请张之洞题写馆名。当时张之洞"清流党"系统的官员也出来举办新式学堂，如瑞安籍的江苏学政黄体芳在江阴创办南菁书院。南菁书院聘请的山长，就是一位懂得数学的老先生、金山守山阁等丛书的主持人，也是孙诒让在曾国藩幕府前辈的张文虎。

1896年三月初一，瑞安学计馆在瑞安城卓公祠开学。聘算学家林调梅任总教习（馆长）。林氏是当地前辈算学家陈润之的得意门生。他上宗梅文鼎之学，旁通当代西方数理之义，是"精通格致"的算学家。在该馆，林氏以讲授算学课为主，"课外复讲声光电化诸学，听者讶为奇矣"。严格来讲，林调梅的算学仍然属于乾嘉之学，还不是上海等地已经开始的新式数学，但是这毕竟开创了"西学"风气，鼓励瑞安的年轻学子从事数学钻研。另外，学计馆还聘有助教习两位，首届招生30名，分甲、乙两班学习。课程除算学和理化诸门正课外，还开设有时事课等。瑞安学计馆订阅上海强学会的《时务旬刊》，编写《泰西史约》等书，并把馆中所藏书报供学生借阅，遇到疑难，由教习给予解答。

二、学计馆六年培育一批数学人才

瑞安学计馆成立一周年，孙诒让撰楹联刻木悬于会堂，盛赞总教习林调梅：

乡里有导师，亮节孤忠，历算专精祗余事。

洞渊昌邃学，通理博艺，艰难宏济仗奇才。

后林氏因积劳成疾，不克始终其事。1900年起，瑞安学计馆由陈范代理总教习。1898年，因瑞安学计馆非实业性质，续募基金时应者寥寥。馆中原有基金生息不敷应付，以致动用基金过半，经费趋于拮据。为此，孙诒让一面托黄绍箕兄弟，以私人名义致函浙江布政使恽祖翼转陈浙江巡抚。从温郡盐局增解的盐款中提拨4000两，补助学计馆开支，后允拨2000两。另外，亲自致函上海、杭州和宁波等处热心教育人士赞助或托他们代募捐款，结果共计获得约4000两，存典生息，使日常开支得以解决。学计馆总教习的待遇，每月致送银圆10元，助教习每人每月致送4元。而学生中如有应科试而入邑庠者，则对总教习及助教习各有赞敬之送。

瑞安学计馆共办了六年，先后培育了约200名学生。毕业生的精确数字现已无史料可考，就今有据可查者，认定的学生有：金选箕、岑晴溪、陈宪、项宿仙、黄端卿、刘法道、王冰素、王伯舒、许介轩、黄养素、管幼竹、方瀛仙、宋干卿、郭啸吾等。

在开办瑞安学计馆的六年中，他们培养了一批具数学基础并懂现代科学知识的学生。他们都在学计馆修业三年，已具基本的理论知识，同时也有一定的应用这些专业知识于实际工作的能力。例如，时值《瑞安县志》准备重修，全县的地图需要重新测绘。这个当务之急的重担，便落在这批对三角测量已有门径的学计馆学生的身上。经县志局的选聘，部分优秀学生在总教习的指导下，花了一年多时间，首次按新法规的标准完成了全县55个都的测绘任务。因学计馆的毕业生多精于算学，后来他们纷纷被聘为中小学教师和家庭教师，对受教者影响很大。也有部分人精于设计计算，后来在当地创办的实业中发挥不小的作用。

瑞安学计馆创办的第二年即1897年，瑞安名流项崧与其兄项湘藻出巨资仿上海等地的做法，筹办了瑞安方言馆，并于二月十六日在瑞安城范大桥项氏宗祠开学。高薪聘请专任教师，讲肄外国语文等科。分西文和东文两个班，学生各25人，兼修外国史地。1902年，按照清政府诏定学制，于正月二十日，将瑞安学计馆与瑞安方言馆合并为瑞安普通学堂，瑞安第一所官办的普通中学从此诞生。1906年，学校改名瑞安公立中学堂。1912年，改称瑞安县立中学校（现瑞安中学前身）。

三、学计馆学生洪彦远培养苏步青等数学家

洪彦远，字岷初，早期瑞安学计馆毕业，居瑞安县城林宅巷。出身于书香门第，仕宦之家，幼承庭训，资质聪颖，好学强记，清末以文童入泮补县学廪生。因受康梁变法维新思想影响，"凡百新政，教育为本"，弃科举仕途，学新学文化，走"科学救国"的道路。光绪三十年（1904），他携妻室儿子，东渡日本入东京高等师范学校数理科，苦读七年毕业回国，宣统三年（1911），洪彦远参加归国留学生廷试，授师范科举人。

辛亥革命胜利，洪彦远先在河北保定师范大学、浙江两级师范学校任教数学，与沈钧儒、许寿裳、鲁迅等同事，丰子恺、陈建功等皆出于其门下。后洪彦远调浙江省教育厅任秘书长，沈钧儒为教育厅厅长。1915年至1917年11月，洪彦远任温州府中学堂校长，为适应时需，他鼎力革新，躬亲力行，知人善任，聘请名师，培育人才，还亲自兼授数学，编写讲义，领导有方，学校管理日趋完善。他资助苏步皋、苏步青兄弟留学日本，一时传为佳话。1918年年初，洪彦远奉令调任教育部视学，再度与沈钧儒、鲁迅同事。他严于律己，工作敬业，为人正直，廉洁奉公。

洪氏家教有方，对子女从严要求，据洪瑞菜、洪瑞楂《缅怀先父彦远洪岷初校长》一文说，其父常以"忠宣绵州泽，孝友绍家风"教诲后辈，谆谆告诫，"做人要忠厚老实""持家克勤克俭，服人以德，待人忠厚"。并教育子女"要酷爱自然科学，尊重科学精神，从小要学好数理化"。他四个儿子均就读于瑞安中学。长子瑞菜毕业于日本京都帝国大学，任国际部兵工署少将科长、驻日代表委员，后对研究开发石油做出贡献，获石油部奖章。次子瑞涛国立交通大学毕业，先后任大连招商局局长、西南运输处处长、上海航政局局长，对交通运输业有贡献。三子瑞楫国立中央大学毕业，专攻机电电子工业。四子瑞楂浙江大学毕业，大学教授，研究化学工业。孙辈十几人，新人辈出。

洪彦远毕生从事教育事业，爱才育人，特别重视发现与培养数学尖子。他常说："数学是一切自然科学的基础，只有培养了大批数学人才，科学

才能发达，国家才能富强。"他培育了不少英才，桃李满天下，其中陈建功、苏步青、王国松、叶溯中、郭心崧、萧铮等都是他的高足。科学院院士苏步青作《怀念我的老师》一文，怀念昔日几位老师，特别缅怀洪岷初校长对他的培育之恩。1915 年，苏步青考入温州中学，勤奋学习，学冠全班，洪校长兼教平面几何，常给予鼓励和关注。洪彦远调到教育部工作，慨然解囊，从北京寄来银圆 200 大洋，资助他去日本留学。1919 年年秋，他又寄来临别赠言："天下兴亡，匹夫有责，要为中华富强而奋发读书。"苏步青铭记在心，正是洪彦远在数学方面引导他走上成才之路，这正是他一生事业的转折点。1982 年，时任复旦大学校长苏步青祝贺母校温中建校 80 周年大庆的贺诗云：

> 穷乡僻壤旧家贫，五柳池边勤读身。
> 岷老怜余如幼子，叔师训我作畴人。
> 学诗无计追苏白，筹算犹期继祖秦。
> 饮水思源同八十，小词遥祝鹿城春。

饮水思源，苏步青深切感谢母校对他的教育和情爱如父的洪校长对他的栽培，肺腑之言，感人至深。

洪彦远素有"国家兴亡，匹夫有责"的抱负，有关政局大事，必伸张正义。袁世凯称帝复辟，他表示极大的愤慨，独自署名向全国通电反对，显示出一片赤诚的爱国心。北洋政府垮台，军阀混战，他薪水被拖欠累积数万元，一家生活无法维持，愤然离京回乡，但仍然关心国家大事。1931 年九一八事变爆发，他热情支持学生爱国抗战。为营救一二·九运动被捕青年学生，他披沥陈辞，奔走呼号，联络温州各界名士联名保释、救援不少进步青年。当日军侵占温州时，他不畏强暴，严词拒绝日伪多次威胁利诱，和家人避居乡间。日军撤退，他不顾年老体弱，出任瑞安抗敌后援会副主任委员，不辞辛劳。家中经济虽然穷困，但是他还是带头捐款数百元，支援前线抗敌，克尽厥职。1945 年 4 月，他闻悉留日好友、著名爱国志士黄群为抗日奔波于港、桂、渝之间，操劳过度，不幸病逝重庆，撰挽联哀悼。

抗日战争胜利后，教育家洪彦远晚年息居家园，不再过问世事。1958 年，卒于家，终年80岁。

四、温州数学家群体现象及瑞安源流

瑞安是温州和浙江地区现代数学的发源地，本地士绅兴办的学计馆就是浙江数学家人才辈出的摇篮。浙江数学在20世纪50年代达到全盛。1948年，当时中央研究院评出五名数学院士，其中四名来自浙江，这是偶然，还是必然？在浙江数学界出现这个盛况的时候，我们可以追溯一下它的渊源，这对理解中国数学发展历史很有帮助，我们也会发现浙江数学与江苏数学发展存在相当密切的关系。戊戌变法前夕，孙氏、项氏在瑞安开办学计馆，教授的数学固然是19世纪新教传教士传入以后的近代数学，但是，举办学计馆的孙诒让等人，都提到"利徐之学""梅江之学"，即明末清初传入中国，由耶稣会士和天主教徒翻译的早期数学，如《几何原本》。也就是说，瑞安现代数学一方面与当代世界的先进数学相联系，另一方面它也与已经具有近300年历史的、由江南乾嘉学派继承的历算之学相联系。

厘清瑞安及温州数学与明清"西学"的渊源，对于了解清末学术的传承相当重要。我们已经粗略地知道，1795年，浙江学政阮元在杭州省城的诂经精舍教学，重视算学研究和人才培养，聘请数学家李锐参与编辑《畴人传》。1830年，李锐弟子黎应南任平阳县令，在温州布下算学思想的种子，并开始传习数学知识。1875年，孙衣言创办诒善祠塾，开设舆地、历算、制艺等科技课程，已经具有数学教学内容，这在温州是划时代的创举，其教授时间之早，仅次于上海的龙门书院等机构。1896年，孙诒让牵头举办学计馆，为培养数学人才订规打基，这是温州数学家涌现的制度创新。本文正是鉴于这样一种渊源关系的探讨，查考瑞安数学文化及学计馆制度的创设经过，来探明温州及浙江近代数学家涌出现象的源头活水。

如果我们说利玛窦、徐光启翻译《几何原本》前六卷，开创了明末"利徐之学"的话，那么近代中国数学鼻祖李善兰与伟烈亚力合作翻译《几何原本》后九卷则是接续"利徐"，开创了现代数学教学事业。李善兰先在松江府金山县张堰镇与顾观光、张文虎等人一起研习数学，后在上海租界英国伦敦会墨海书馆翻译《几何原本》后九卷，奠定了中国近代数学的基础。瑞安和温州的数学直接源头，应该是在这一脉。李善兰一生以翻译西方数学著作为己任，他翻译了西方数学经典著作《几何原本》《谈天》《代数学》《代微积拾级》《自然哲学的数学原理》等。

李善兰主持京师同文馆算学馆，张文虎主持江阴南菁书院，孙诒让创办瑞安学计馆，他们是中国近代学者独立从事数学教学的第一代。正是在这第一代的数学教学中，培养出一大批数学家。上海的数学教学传统丰厚，培养出一批代表人物，如徐汇公学的马相伯、李枞，龙门书院的张焕纶、李平书，南洋公学的胡敦复、胡刚复、胡明复、胡仁源，还有大同大学的一大批数学家。京师同文馆、江阴南菁书院的数学教学成就不是很突出，他们确实没有培养出值得称道的数学家。然而，瑞安学计馆却是非常了不起的，它在偏僻的温州地区，开风气之先。孙诒让、洪彦远等前辈，在瑞安县、温州府，乃至于浙江省范围内培养出了一大批人才，他们到上海、东京、美国和欧洲深造，造就了一大批浙江籍的数学家。

1948 年，民国中央研究院第一届数学院士，共五名，分别是姜立夫、许宝騄、陈省身、华罗庚、苏步青，这些是当时中国顶尖数学家，除了华罗庚来自江苏外，其余四位均来自浙江，这绝非偶然，其中就有学计馆的开风气之功。我们看浙江籍的三位院士，姜立夫、苏步青、陈省身均和瑞安及学计馆有关。按其学脉，有孙诒让—黄庆澄—姜立夫、孙诒让—洪彦远—苏步青、姜立夫—陈省身这三组师生关系，它们源出瑞安学计馆谱系，可谓师承渊源有自。

1955 年，中华人民共和国首次评选中国科学院学部委员，陈建功、苏步青、江泽涵、柯召、许宝騄、华罗庚、李国平、段学复、王湘浩当选数学学部委员。两年后的 1957 年，又增补张宗燧、吴文俊为数学学部委员。这 11 名数学学部委员中，陈建功、苏步青、柯召、许宝騄、张宗燧、吴文俊六名来自浙江，江泽涵来自安徽，华罗庚来自江苏，李国平来自广东，段学复来自陕西，王湘浩来自河北，所以，浙江数学家占一半以上，"浙江数学家""温州数学家"的现象，确实值得我们来研究其缘由。

中国当代数学家中，有杰出贡献的佼佼者，是熊庆来、姜立夫、苏步青、陈建功四人。这四人和华罗庚、陈省身一起，学成回国，开宗立派，是为中国现代数学的六大宗师。这六位数学大师具有共同经历：（1）海外求学获得国际声誉；（2）回国创建数学系、所；（3）教育学生，培养出院士。但是，我们追根溯源，还是会发现他们萌发数学兴趣，接受早期训练，都与当地的数学环境有关系。这六位宗师，都出生于 1900 年前后，与中国知名大学创办时间几乎同时。他们中有四人来自浙江，一人来自江苏，一人来自云南。而中国近代数学鼻祖李善兰也是浙江人，李善兰的前辈和同事顾观光、张文虎则是金山守山阁学人。如南开大学数学系创办者姜立夫。姜立夫，浙江平阳人。主要经历为 1910 年 6 月考取留美学务处备取生，次年 9 月入美国加利福尼亚大学学习数学，1915 年毕业，获理学学士学位。同年转入哈佛大学做研究生。1919 年，获博士学位。1948 年，民国政府中央研究院公布了首批 81 位院士名单，含五名数学家，姜立夫和陈省身、华罗庚在第一轮投票中便当选了。中央研究院随后出版的《国立中央研究院院士录》刊载了第一届院士的著作目录，五位数学院士中，苏步青发表论文最多，有 95 篇；华罗庚次之，68 篇；陈省身再次，发表 38 篇；许宝騄发表 24 篇；姜立夫只发表了 1 篇。根据 1995 年吴文俊主编的《世界著名数学家传记》一书记载，姜立夫 1947 年前发表的论文仅此 1 篇，就是他的哈佛大学博士论文《圆素和球素几何的矩阵理论》，但是这篇论文就奠定了他在数学界的崇高地位。

1920 年，姜立夫创办南开大学数学系；1949 年，他创办岭南大学数学系。姜立夫人生最精彩的，不是他在哈佛拿下博士学位，也不是他当上中央研究院院士，而是他在南开大学"一人系"的教学生涯，带出了陈省身这样的国际数学大师。在南开大学数学系建系之初的四年中，只有他一位教师。据他学生回忆，姜立夫的黑板讲授很独特。教室光线来自左方，除了在黑板上书写公式或作图外，他总是站在教室左前方，让开黑板，面向学生讲解，便于学生耳目并用，手脑并用。他在黑板上书写或作图时，从不中断解说，连每个数学记号都边写边念，从不出现哑场。他十分注意节约黑板空间，只写公式及少数名词、人名和绘图，板书及绘图整洁简练。擦黑板时总要保留尚需参考的公式。他作图时，一般是徒手，只有图形必须十分准确，如射影几何中的复杂图形时，才用直尺，而且总是使有关交点落在黑板范围内。他使用颜色粉笔，系统而不滥，用不同颜色代表不同对象。他讲课有时有教材，没有教材时，常常只在一张废日历纸上记下简略的提纲。但他永远是离开教材或提纲讲解，教材、提纲只起备忘作用。

姜立夫这种课堂讲授方式，需要讲者透彻驾驭讲授内容，精神高度集中，有坚实的逻辑推理能力；其优点是能带动学生也聚精会神，随着教师的思路进行同步的逻辑思维运作，取得最佳教学效果。在姜立夫言传身教中，他们能得到逻辑思维和表达能力的严格训练，尤其是解决问题的训练。姜立夫的辛勤耕耘，结出了丰硕的成果。仅在他早年的学生中就出现了刘晋年、江泽涵、申又枨、吴大任、陈省身、孙本旺等优秀数学家。此外，他对苏步青大力推荐，还促成华罗庚出访苏联、美国。

还有复旦大学数学系创立者——苏步青。苏步青，浙江温州平阳人。主要成就：（1）创办陈苏学派。1931年，苏步青在日本东北帝国大学学成归来，他和陈建功先生在浙江大学开创数学讨论班。在抗日战争期间，学校西迁贵州，其被迫在山洞里还为学生举办讨论班。带出的学生都在国际上很有影响的杂志上发表论文，为浙江大学数学系在国际几何学界赢得崇高的声誉，以苏步青为首的浙江大学微分几何学派已开始形成。（2）创办复旦大学数学系。1952年，全国高校院系调研，浙江大学数学系划归入复旦大学，苏步青任复旦大学数学系主任。1978年，任复旦大学校长、数学研究所所长。（3）带出8名数学院士。苏步青从事微分几何、计算几何的研究和教学70余载，自1931年到1952年，苏步青培养了近100名学生，在国内10多所著名高校中任正副系主任的就有25位，有5人被选为中国科学院院士，连同新中国成立后培养的3名院士，共有8名院士学生。

这六位大宗师，个个都有独门"绝活"。熊庆来培养出了华罗庚，熊庆来其他的弟子在1952年随清华集体转入北大，北大数学现在是中国高校的"老大"。姜立夫培养出了陈省身，陈省身海外一枝，带出了丘成桐，代表中国数学在国际数学界的最高水平。陈省身还回国帮助南开大学成立了数学研究所。陈建功和苏步青，创立"陈苏学派"，从浙江大学转入复旦大学，建立了复旦数学系的传统。"文化大革命"后，苏步青、谷超豪先后担任复旦大学校长、副校长，为国家培养出众多栋梁之材。这六位宗师，共同奠定了中国数学百年大格局。

黄绍箕与清末学堂教育研究

王　静*

　　黄绍箕（1854—1908），字仲弢，晚号鲜庵，浙江温州府瑞安县人。他曾担任京师大学堂总办，还曾编纂被学界称为中国人所写的第一部中国教育史著作——《中国教育史》[1]，是清末废科举、兴办新式学堂教育的重要实践者。但学界对黄绍箕兴办学堂的教育思想和实践尚需进一步研究，尤其对他自身的教育经历、仕途经历以及他的教育思想的关系分析不足。[2]本文以新近整理出版的《黄绍箕集》为核心资料[3]，并辅以其他史料，尝试从教育和仕途经历中剖析他兴办学堂教育的理念和实践，进而丰富清末学堂教育研究。

一、东瓯名士黄绍箕

　　黄绍箕出生于温州瑞安，黄家是瑞安孙、黄、洪、项四大家族之一。父亲黄体芳是晚清清流派重要成员，官至兵部侍郎，与张之洞、张佩纶、

＊现任中国社会科学院近代史研究所助理研究员，北京大学历史学博士。

①关于《中国教育史》的著作权归属黄绍箕还是柳诒徵，学界曾有争论。新近出版的《黄绍箕集》的整理点校者谢作拳通过对比分析《中国教育史》和黄绍箕的其他著述，认为"黄绍箕生前已完成周以前的草稿，余下的亦'积卷盈箧''未及排比整齐'，并非'无暇著书'。只是天不假年，英年早逝。故黄绍箕的著作权应没有问题。"（谢作拳点校：《黄绍箕集》前言，北京：中华书局，2018年，第15页。）柳诒徵是在黄绍箕草创的基础上进行辑补。此外，谢作拳还在温州博物馆发现黄绍箕为撰写《中国教育史》整理的部分资料长编——《管子》34篇62节，《荀子》9篇17节。笔者认可谢作拳的观点。

②目前关于黄绍箕的研究不多。第一，有学者梳理过黄绍箕的教育经历和交友情况，如洪震寰的《黄绍箕的生平及其教育业绩》[《温州师专学报》（社会科学版）1985年第3期]，刘思文、孙泽仙的《黄绍箕交游考略》（《中国书法》2017年第16期），谢作拳、陈伟欢的《黄绍箕与康有为的交往》（《温州文物》2017年第1期）。第二，部分学者聚焦黄绍箕编纂《中国教育史》的著作权及其教育思想，如杜成宪的《关于中国第一部〈中国教育史〉的几个问题》[《华东师范大学学报》（教育科学版）1996年第1期]；胡珠生的《〈中国教育史〉黄绍箕著辨》（《瓯歌——〈温州读书报〉文选》，上海：上海远东出版社，2011年，第192—193页）。

③2018年出版的《黄绍箕集》在1998年俞天舒编《黄绍箕集》的基础上，进一步收集整理了温州博物馆及黄绍箕同时好友的文集日记中关于他的资料，是目前所见关于黄绍箕研究最全面的资料汇编。

宝廷列名"翰林四谏"。大伯父黄体正由举人拣选知县；二伯父黄体立以进士官刑部主事，其子黄绍第亦进士出身，官武昌盐法道。①在这样的科举家族中出生、成长，黄绍箕自幼就获得了良好的读书、受教条件。根据伍铨萃《黄绍箕传》可大致了解黄绍箕受教育的经历：

> 绍箕少禀家教，又受业阳湖陆尔熙之门，说经论文以外，兼课性理，故言动皆有礼法。比长从今大学士南皮张之洞游，讲求有用之学，于古今学派之流别，中外时局之迁变，潜思精究，智识日益广，事理日益澈。②

由于父亲的人脉关系，黄绍箕得以跟随陆尔熙、张之洞研习中国传统学问。此外，温州是南宋兴盛的永嘉之学的重要阵地，时至晚清永嘉学术得以复兴，消弭汉宋之争，注重经世致用。在乡时，黄绍箕曾从学于永嘉之学振兴者孙锵鸣。另外，黄绍箕以开放包容的态度学习西学，曾积极参与康有为等人创办的强学会、保国会，提倡维新变法。张之洞③于1901年向朝廷保荐人才时，评价黄"品端学博，沈细不浮，于中西政治纲领、学校规制，实能精思博考，而趣向纯正，力辟邪诐之说，洵为今日切于世用之才"④。由此可见，多元的教育经历使黄绍箕具有融汇中西、提倡西学的进步眼光，这对其教育思想具有重要影响。

再看黄绍箕的仕途经历，根据《清代官员履历档案全编》的记载：

> （光绪）六年（1880）庚辰科二甲第六名进士。九年（1883）四月散馆，一等第一名，授职编修……十一年（1885）五月充四川乡试副考官。十一月充武英殿纂修……二十年（1894）二月京察一等，奉旨记名以道府用……二十三年（1897）六月充湖北乡试正考官。二十四年（1898）三月会典馆成书过半请奖，奉旨遇有五品坊缺，开列在前。四月补授翰林院侍讲。五

---

① 孙延钊：《瑞安五黄先生系年合谱》，载周立人、徐和雍编《孙延钊集》，上海：上海社会科学院出版社，2006年，第222—223页。
② 伍铨萃：《黄绍箕传》，载《黄绍箕集》，北京：中华书局，2018年，第763页。
③ 黄绍箕19岁师从张之洞，31岁与张之洞的哥哥张之渊之女成亲，成为张的侄女婿。
④ 张之洞：《胪举人才折并清单》，载赵德馨主编《张之洞全集》第4册，武汉：武汉出版社，2008年，第48页。

月充教习庶吉士。九月补授左春坊左庶子。十月充大学堂总办。二十五年（1899）二月补授翰林院侍讲学士，充日讲起居注官。三月充咸安宫总裁。四月告假省亲。五月转补翰林院侍读学士。是月丁父忧……二十六年服阕。三十年（1904）九月到京充编书局监督。三十一年（1905）正月兼充译学馆监督。三十二年（1906）二月补授翰林院侍读学士。四月充日讲起居注官。本月二十日奉上谕，学部奏请简放提学使司提学使一折，湖北提学使著黄绍箕补授。[①]

黄绍箕科举之途顺畅，于1880年中进士而入翰林院，历编修、侍讲而至侍读学士，沿袭了士人科举正途入仕的传统道路，可谓"学而优则仕"的佼佼者。

从他丰富的仕途经历来看，一方面继续为科举取士服务，曾先后典试四川、湖北，另一方面深入学堂教育，担任过京师大学堂总办，丁父忧期间应张之洞之邀赴湖北担任两湖书院监督，回京后担任编书局监督、译学馆监督等。这些丰富的经历使黄对科举与学堂之争具有更加深刻的见解，因而对科举取士具有更切实的反思，对学堂教育也能提出有针对性、有价值的建议。1906年黄绍箕被任命为湖北提学使，真正成为省级教育最高行政长官，从而能够将自己的教育思想运用到地方教育改革中。

二、办学堂以养成国民

黄绍箕出自科举，入仕之途在晚清已非常顺畅，可以说他是科举制度的利益既得者，但身在局中，他已认识到科举取士的局限和积弊。1897年，黄绍箕被任命为湖北乡试正考官。在《丁酉湖北乡试录叙》中，他对科举制和当时的士风是这样说的：

臣惟古者取贤敛才之法，德进、事举、言扬而兼及曲艺，后世取士专以言，而所谓言者，又一寄之于文字，积久而弊生，必然之势也。国朝科举沿明制，用四书文，又再三试之经艺、策问，以觇其学识，立法郅详，

---

① 中国第一历史档案馆藏《清代官员履历档案全编》第7册，上海：华东师范大学出版社，1997年，第635—636页。

故文体虽屡变而不离其宗，名臣硕儒，肩项相望。比年风气日新，士务速化。于是，有为支离怪诞之词以希弋获者，议者断断焉，思返之于清真雅正。臣窃以为支离怪诞者，空疏庸滥之变态也，欲洁其流，不澄其源，此又必不可得之数也。①

　　古代取贤之法包括德、行、言、艺，从多方面考察和选拔人才，这是黄绍箕所崇尚的。科举取士专寄于文字，积久弊生，在他看来是必然之势。作为乡试考官，他虽对清代科举试以"四书"文、经艺、策问表示赞同，但晚近以来出现的支离怪诞、空疏庸滥的士风是他所忧虑的。该如何应对？他以康熙御制《西苑试士诗》——"文章随世转，经史得人安"明志，将这两句诗作为衡文标准，实则是重视经世致用实学。

　　从变科举、废科举到兴学堂，黄绍箕虽不是顶级擘画者，却积极参与其中。甲午战争发生后，鉴于国内外大势，黄绍箕表明"东事外误于北洋，内误于政府，败坏决裂，遂致不可收拾……虽恭邸及高阳、常熟均参密，而亦少补救，如此情形，非有大变不足以应之"②。维新变法时期，他积极参与强学会、保国会，戊戌政变发生时曾劝康有为"微服为僧，北走蒙辽"③。庚子年后清廷决定实行新政改革，1901年《江楚会奏变法三折》由两江总督刘坤一领衔，湖广总督张之洞主稿。时黄绍箕担任两湖书院监督，与郑孝胥、梁鼎芬等同为张之洞方面拟稿人，实则深入参与了变科举兴学堂的议程，其本人也深刻赞同采西学兴学堂。1902年黄绍箕写信劝瑞安乡绅广购书报时表示："今日天下不论东西、大小各国，凡学堂多者必强，少者必弱，无学堂者必亡……凡讲新学之人多者必日盛，少者必衰，不讲新学者平日无进身之阶，遇变无自全之路……"④因此，黄绍箕是广兴学堂教育的提倡者和实行者。

　　关于学堂教育的目的，1907年黄绍箕担任湖北提学使，在参加文普通中学堂开学典礼时有具体阐述：

---

① 黄绍箕：《丁酉湖北乡试录叙》，载《黄绍箕集》，北京：中华书局，2018年，第143页。
② 黄绍箕：《致胡宝仁书一通》，载《黄绍箕集》，北京：中华书局，2018年，第338—339页。
③ 康有为：《哭前翰林院侍读学士、湖北提学使黄君仲弢》，载《黄绍箕集》，北京：中华书局，2018年，第731页。
④ 黄绍箕：《劝南北乡绅购置书报书》，载《黄绍箕集》，北京：中华书局，2018年，第329页。

现在环球各强国，所以能自立而日益强盛者，其真实力量全在国民。中国士人涉猎新书，见闻稍广者，便自命为国民，不知欲成国民，宜先讲人格。现奉明诏开办学堂，正欲养成国民。诸生既入此堂，必不可不以国民自待。然却不可遽然自谓已成国民，必先力学，使人格具足，乃是真正国民。人格者，谓人之资格，必有三事皆完具，而后成其为人，品行、知识、技能三者是也。①

在他看来，"开办学堂，正欲养成国民"，与传统科举时代"学而优则仕"的思维逻辑已有很大不同，学堂教育真正培养的不是官而是民，是具有"人格"的国民。何谓"人格"？黄绍箕特别指出品行、知识、技能三者。他寄语学生"守规矩，办功课"，能守规矩，则品行自立；能办功课，则专心科学，知识、技能自然日长。对比该学堂设立之前，1902 年张之洞所上《筹定学堂规模次第兴办折》对普通学的阐释——"小学所以教为民之道，普通学所以教学为士学为兵者之道"②，说明当时张之洞已有了学堂为民的认识，黄绍箕则是在此基础上进一步提出"养成国民"，用"国民"的概念和尊严来吸引从学者。

学堂养成国民，实际还蕴含了一种教育普及、教育平等的观念。学堂之设不是为了官府，也不专为传统"四民社会"的"士"，而是倡导将教育普及普通民众。1906 年，刚被授湖北提学使的黄绍箕带领提学使代表团赴日本考察学务，当时温州留日学生倡导"县界之说"，黄绍箕听闻后劝谕游学日本子侄，认为"县界之说"乃考试旧习气，"在内地且不可，况在海外耶"。并进一步阐释了教育平等：

近来平等之说，此倡彼和，深入脑筋不可复出，实则止知贵贱平等耳！一切平等之说出于佛经，非徒贵贱平等，智愚亦平等，此境界极难到，然不可不知。余编《教育史》，首卷拟置一条云："《易·象》曰：'君子

---

① 黄绍箕：《文普通中学堂开学演说》，载《黄绍箕集》，北京：中华书局，2018 年，第 189 页。
② 张之洞：《筹定学堂规模次第兴办折》，载《张之洞全集》第 4 册，武汉：武汉出版社，2008 年，第 89 页。

以教思无穷，容保民无疆。'谓教育之思想无有穷尽，所保安人民者无有疆界也。无有国界，并无有种界也。"余更申言之，"教思无穷"即孔子之"诲人不倦"也，"容保民无疆"即孔子"有教无类"也。①

他认为平等不仅仅是贵贱平等，还包括智愚平等，并以孔子"有教无类""诲人不倦"加以解说，表明学堂教育所面对的受教者不应分贵贱、智愚，人人都有受教育的权利，也只有教育普及，才能真正养成国民。

三、沟通中西与保存国粹

黄绍箕具有融汇中西、注重西学的开阔视野，在办理学堂教育中他也非常重视沟通中西。1898 年乡人刘绍宽赴京应考，曾拜访黄绍箕，刘在日记中记有："仲弢先生推尊西学，以为暗合三代之治，且言时文改为策论，仅可以为过峡文字，必须整顿学堂为要。"②随后，经管学大臣孙家鼐奏请，黄绍箕由京师大学堂稽查功课提调升为总办，在大学堂草创时期真正践行了自己沟通中西的教育理念。"时学务萌芽，科举未废，士夫或茫昧莫知其原。绍箕本中国教法，参考东西洋学制，手定管理教授规则，是为中国有学堂之始。今日海内学校如林，教科成立，皆绍箕首先提倡之力。"③伍铨萃的评价或许有溢美之词，但黄参考东西洋学制以制定教授规则，应该是不虚的。此外，从黄写给友人曹元弼的信中可见他曾请曹转达"台端"张之洞为大学堂延聘讲席，目的是"培植阖堂中西诸学之根本"④，而大学堂培养的人才亦应中西学兼通。

沟通中西，通过学习和借鉴西方尤其是日本学制，黄绍箕倡导由专门学堂来培养有专业技能的人才。早在 1895 年，黄绍箕和同乡孙诒让、项崧、洪锦标等人已聚商创办瑞安算学书院（后改名学计馆）——"专治算学，以为致用之本"⑤。他很早就认识到算学的重要性，1882 年给张之洞的信

---

① 黄绍箕：《谕游学日本子侄书一通》，《黄绍箕集》，北京：中华书局，2018 年，第 400 页。
② 温州市图书馆编，方浦仁、陈盛奖整理：《刘绍宽日记》第 1 册，中华书局，2018 年，第 199 页。
③ 伍铨萃：《黄绍箕传》，《黄绍箕集》，北京：中华书局，2018 年，第 764 页。
④ 黄绍箕：《致曹元弼书二通之二》，《黄绍箕集》，北京：中华书局，2018 年，第 403 页。
⑤ 孙诒让：《瑞安新开学计馆序》，《黄绍箕集》，北京：中华书局，2018 年，第 138 页。

即谈及"算氏之学",认为"上者数穷天地,次亦利溥民物"①。1898年为学计馆经费事致信浙江布政使恽祖翼时,认为算学乃致学初基——"泰西各种学问,皆发源于算学,此事有实据而无实谈。少年以此为初基,则心思自然静细,以后涉及政治、兵、商等务,亦必探求实际,不敢率尔大言"②。

戊戌变法时期,光绪采纳协办大学士户部尚书孙家鼐的建议,将冯桂芬的《校邠庐抗议》交各部院卿寺堂司各官签注,以征求变革良策。时为翰林院侍讲的黄绍箕认为《制洋器议》可行,并"拟请谕令海疆督抚,劝谕富商,自立工艺学堂,又制造必需机器"③。此外,他认为"绘地图议""兴水利议"似可缓行,因为测绘、水学、农学人才均有待于"学堂办有成效",可见黄绍箕对学堂教育尤其是涉及工艺、测绘、水利等专门教育期望甚厚。对于学堂所需的科学仪器等教学用品,黄绍箕亦提倡自办。1905年,他曾致函商部左丞唐文治,请求从轮、电两局拨官款接济虞辉祖于1901年在上海创办的科学仪器馆,认为"若日人在内地制造,则上海之仪器馆势必渐至衰亡可翘足而待也。教育品一一皆仰给于外人,非惟利权尽失,即国体亦殊无光,甚可忧虑"④。尽管此议最终未成,但反映出黄绍箕对自办教育品以供学堂教育之用,争取主动权而非受制于人的可贵认识⑤。

黄绍箕被任命为湖北提学使后,曾筹设湖北实业专门学堂,开办了湖北师范学堂,并拟定《推广商业学堂章程》《开设工业学堂章程》《开设理化讲习所章程》,以教育管理者的身份参与各类专门学堂的兴办及推广。1907年11月,经时任湖广总督张之洞奏请,黄绍箕指导开办了商业中学堂,在"废科举"后第一次将商科职业教育从普通教育中独立出来,开创了我国商科职业教育的先河。⑥

然而,黄绍箕教育思想中的"沟通中西"并非中西并举,他确实主张学习西学,参考西方尤其是日本学制构建分科之学,但其教育思想从未忽视中学,内心深处中学始终是其最根本的思想来源。在废科举兴学堂的浪

---

① 黄绍箕:《上张之洞书一通》,《黄绍箕集》,北京:中华书局,2018年,第323页。
② 黄绍箕:《致恽祖翼书一通》,《黄绍箕集》,北京:中华书局,2018年,第343页。
③ 黄绍箕:《〈校邠庐抗议〉签议》,《黄绍箕集》,北京:中华书局,2018年,第133页。
④ 黄绍箕:《致唐文治书一通》,《黄绍箕集》,第354—355页。
⑤ 唐文治转商管理轮电大臣袁世凯,后未能照准。(唐文治:《茹经先生自订年谱正续编》,《近代中国史料丛刊三编》第9辑,杭州:文海出版社,1986年,第53页)
⑥ 周元武、许建国主编:《湖北经济学院校史(1907—2007)》,北京:崇文书局,2008年,第124页。

潮中，随着分科之学取代四部之学，传统的经史学问处于尴尬地位，黄绍箕是主张保存国粹并做过实际努力的。

前文论述他的教育平等思想时，他曾说"一切平等之说出于佛经"，说明他是从传统文化典籍中发展教育理念的。最明显的例证就是由他主编的《中国教育史》。在《采辑中国教育史长编略例》中，他指出"中国自周以前，书阙有间，汉以后立法不备，各科学及教法较之近日各国缺乏殊多，然事实或偶见有端，议论或略具有微旨，若斯之类，尤可宝贵"[①]。该书博采古书和西学论述上古至孔子时代的教育史，一个重要观点即在于"俾人知教育原理，中西未尝不同"[②]。从黄绍箕个人经历来看，其学兼综汉宋，服膺孔子之学。1898年山东即墨县文庙孔子圣像被德国士兵所毁，黄绍箕特上《呈请代奏圣像被毁宜速责德使惩办折》，称"圣像被毁，正教可危，众怒难测，宜速责德使惩办，以维教化而平人心"。他认为是孔子之教使中国2000余年"人伦明而小民亲，上下辨而民志定"，现当"外侮狎至，灾歉频仍"之际，"人心犹有所维系而不遽离析者，列圣尊崇，孔子之效也"[③]。此外，1905年黄绍箕写给友人陈庆年的信中提及王兆芳所作《教育原典》，"礼学多用师说，甚精熟，条例完密，深足为拙撰《教育史》之助，拟刊行以昌我国粹，振起学风"[④]。说明黄绍箕认为保存国粹、发扬中学是学堂教育必不可少的一部分。然而，伴随科举废除，士人传统的治学方法也遭到前所未有的挑战。那么经史传统之学如何适应新的学堂教育？

1907年，黄绍箕从日本考察学务回来，于1月21日到达湖北武昌接任提学使。上任伊始，黄绍箕即表明其办学宗旨："自近来水陆交通，四方辐辏，风气虑或稍杂，故管理为最难。臣惟有恪守遵旨，以中学为主，西学为辅，随时禀承督臣，认真经理，务使人知爱国以挽浇风，士皆成材以应急用……"[⑤]当时的湖广总督是张之洞，可见黄绍箕赞同张之洞"中体西用"的思想，两人精诚合作，在湖北创办存古学堂，展开了对保存国

---

① 黄绍箕：《采辑中国教育史长编略例》，《黄绍箕集》，北京：中华书局，2018年，第476页。
② 《叶尔恺序》，《黄绍箕集》，北京：中华书局，2018年，第478页。
③ 黄绍箕：《呈请代奏圣像被毁宜速责德使惩办折》，《黄绍箕集》，北京：中华书局，2018年，第35页。
④ 黄绍箕：《致陈庆年书一通》，《黄绍箕集》，北京：中华书局，2018年，第301页。
⑤ 黄绍箕：《奏报湖北提学使到任日期折》，《黄绍箕集》，北京：中华书局，2018年，第38-39页。

粹的实践。其实，癸卯学制规定"中小学堂宜注重读经以存圣教"①，在发展新式学堂教育时已开始关注保存国粹——"学失其本则无学，政失其本则无政"，这与负责筹定该学制的张之洞有极大关系。1904年黄绍箕尚未提学湖北时，张之洞就曾致电黄，言明存古学堂是为保存国粹："近日风气，士人渐喜新学，顿厌旧学，实有经籍道息之忧，故拟于武昌省城特设存古学堂，以保国粹……救时局，存书种，两义并行不悖。"②

1907年，张之洞正式将设立存古学堂提上议事日程，黄绍箕作为提学使主要协助张筹划学堂章程及延聘师资。对于筹划学堂章程，张之洞在奏请创立存古学堂折中提道："该堂一切课程钟点经臣殚心竭虑筹计经年，并督同提学司及各司道并各学堂长、良师通儒往复商榷数十次，始先拟定大略。"③说明学堂章程是集体智慧的结晶，对其进行考察也可以侧面反映出黄绍箕对保存国粹的看法和建议。存古学堂课程设经学、史学、辞章、博览等，"专力中学，务造精深"，经学要点阅群经，包含对文字学、音韵学的学习；史学要点阅廿四史及通鉴通考，包含本朝掌故；无论学经还是学史，均须兼习辞章，包括金石学和书法学等。这样的课程设置与学堂重教育普及不同，旨在借鉴传统书院治传统经典的方式，以保存国粹。黄绍箕对张的规划应该是认同的，这一时期黄在批复属下条陈学务说帖时表明"权利之说，深中人心，而道德日以沦丧，拟复宋明诸儒讲学之风，挽回士习，转移学风，看似空言，实乃要中之要，须以真实精神贯注，方有转机"④。也就是说，在兴办学堂教育时黄绍箕并不否定传统书院教育的讲授方式，相反，应该积极借鉴书院讲学的优点。

从该学堂后续发展来看，学部在1909年将"存古学堂则并应按期举行，一律开办"写入《奏遵章陈明次年筹备事宜折》⑤。四川提学使赵启霖"特委学务公所总务科副长冯家玮来鄂调查办法"⑥，且四川总督赵尔

① 舒新城：《中国近代教育史资料》上册，北京：人民教育出版社，1981年，第200页。
② 吴剑杰：《张之洞年谱长编》下册，上海：上海交通大学出版社，2009年，第831页。
③《协办大学士湖广总督张奏立存古学堂折》，《学部官报》光绪三十三年四月二十一日，"京外奏稿"。
④ 黄绍箕：《刘凤章、蔡念萱条陈学务说帖批》，《黄绍箕集》，北京：中华书局，2018年，第193页。
⑤《奏遵章陈明次年筹备事宜折》，《学部官报》宣统二年二月十一日，"本部章奏"。
⑥《调查存古学堂及图书馆》，《湖北教育官报》宣统二年四月，"纪事"。

巽在 1910 年上奏称将"参酌鄂苏办法暂定简章"①。湖北确开全国创办存古学堂之先并为他省提供了办学经验，然而这并不意味着湖北创办存古学堂的成功。1908 年学部奏派右参议戴展诚等前往各省查学，对湖北、江苏之存古学堂的调查结果为"意在保存数千年相传之文学，然未免仍沿书院之旧习"②，说明学部对此并不满意。据郭书愚对湖北存古学堂的专门研究，认为张之洞所谓的"保存国粹"不仅指"古学"本身，至少还包括"古学"的传承和授受方式。③ 这一点，应该也是黄绍箕对保存国粹的态度。然而，在学堂教育方兴未艾、普及教育重中之重的背景下，该学堂虽一直持续开办到武昌起义爆发，但其保存国粹在"救时局"的时代环境中并未取得显著成效。

此外，黄绍箕还曾协助张之洞筹办曲阜学堂。该建议始于梁鼎芬，梁于 1906 年冬上奏请建曲阜学堂，认为这是"遵祖训而崇孔教……日本讲求孔子之学，有会有书，其徒如云，其书如阜，孔教至为昌盛。我中国尊崇孔子数千年，不能过之，实为可耻可痛"。建议中并专门提及黄绍箕赴日考察之经历："现任湖北提学使黄绍箕，受父师之教，学问博洽，此次前往日本考察学堂办法，与日人讲论孔子之学，持议通正，日人折服。黄绍箕回鄂，臣因交替学堂各事，尚未起程北上，与之商榷累日，日望朝廷尊崇提倡，使我中国孔子之教日益广大，远在日本之上。"④ 可见，黄绍箕在梁鼎芬未上奏前即知晓此事，并且应该是赞成这一倡议的。因黄同样尊崇孔教，其上任前赴日考察学务时还不忘维护孔教，曾"赴帝国教育会，会中有倡废孔教者，公登台争之，洋洋数万言。回国后，彼国寄赠功牌以为纪念，盖已心折也"⑤。

随后，清廷谕令张之洞督同黄绍箕悉心筹办该学堂，"所需经费，即著该督筹办，并颁发帑银十万两，由山东藩库发给"⑥。但从结果来看，随着张之洞入阁办事及黄绍箕病故，在黄有生之年该学堂未能成功开办。

①《四川总督赵尔巽奏筹设存古学堂折》，《学部官报》宣统二年七月二十一日，"京外奏牍"。
②《学部奏派员查学事竣大概情形折》，《湖北教育官报》宣统二年七月，"章奏"。
③ 郭书愚：《开放而不失其故：张之洞兴办湖北存古学堂的努力》，《社会科学研究》2014年第 6 期。
④ 吴天任：《梁节庵先生年谱》，艺文印书馆，1979 年，第 217—218 页。
⑤《蔡念萱挽黄绍箕》，《黄绍箕集》，北京：中华书局，2018 年，第 762 页。
⑥ 吴天任：《梁节庵先生年谱》，第 219 页。

许同莘撰《张文襄公年谱》论及存古学堂之师资难得："盖师资难得如此，故曲阜学堂虽明旨敕办，竟不及草创规模。非卸责也，乃重难其事也。"①从中可体察此类学堂创办之艰辛。

四、关于教科书编纂的建议

从科举取士到广兴学堂，新的学堂教育急需新式教科书，因此伴随学堂教育的兴起出现了编纂教科书的热潮，黄绍箕厕身其间，提出了很多有价值的建议并付诸实施。1904 年，任两湖书院监督的黄绍箕从湖北回到北京，担任京师学务处编书局监督。1905 年正月，兼充京师大学堂译学馆监督，直到 1906 年实授湖北提学使。这段时间，黄绍箕能够直接参与学部关于编纂教科书的商讨，并深刻影响了此后教科书的编纂和出版。黄绍箕担任编书局监督，曾制定编书条例——"宗旨必归于中正，凡奇邪偏宕之词，概从屏绝"，要求"教科书不可过于繁多，亦不宜失之漏略"。对于地理科教科书，黄绍箕认为应包括天然地理、政治地理和历史地理。对于教育科教科书，他特别提出应编纂教育史，"俟书成时，令各处师范学堂先讲中国教育史，再讲外国教育史，以次及管理教授法，方为合宜"②。黄绍箕身先士卒，亲自主编《中国教育史》的初衷亦在此。

在初等小学堂教科书方面，黄绍箕根据《初等小学堂章程》要求"历史、舆地、格致三科，均就乡土编课"，撰写《乡土志例目》由学务大臣上奏，提倡编写乡土志以奠定编纂教科书之初基——"拟恳奏请饬下各省督抚，发交各府厅州县，择士绅博学能文者，按月考查，依例采录，地近则易详，事分则易举。自奉文日始，限一年成书，由地方官径将清本邮寄京师编书局，一面录副详报本省督抚，庶免转折迟延。并令各省地方官先将本省通志及府厅州县志，邮寄编书局，以资参考。各处乡土志辑稿送到，由局员删润画一，呈请学务大臣审定，通行各省小学堂授课"③。黄绍箕的这一想法或许受到友人陈庆年的影响，抑或是"英雄所见略同"。1904 年陈庆年写信给黄绍箕谈自己将由鄂返苏，扩张乡土之学。陈庆年认为："教育指归，

① 吴剑杰：《张之洞年谱长编》下册，第 992 页。
② 伍铨萃：《黄绍箕传》，《黄绍箕集》，北京：中华书局，2018 年，第 764—765 页。
③（清）朱寿朋：《光绪朝东华录》，光绪三十一年六月甲子条，北京：中华书局，1958 年，第 5370 页。

至令人爱国而极矣。然爱国之理，必先由于知国。知国之源，必先基于知乡。东西教育家谓舆地能养成生徒爱国心……然其致力之法，必自乡土地理、乡土历史始。"①这一想法与黄1905年编写乡土志的想法不谋而合，后被朝廷采纳，出现了清末各地大量编写乡土志的热潮，亦为民间出版机构编写教科书留下了巨大的空间。②

此外，关于中小学堂教科书，黄绍箕特别撰写《编纂中小学堂教科书五要》，从忠君、尊孔、尚公、尚武、尚实五方面对教科书编纂提出具体建议。忠君，是希望教科书择要编辑"开国以来列祖列宗缔造艰难，创垂之宏远，外患之所由乘，内政之所亟"。虽未脱效忠君主之意，但很大程度上体现了教科书应引导学生关注本朝历史、以史为鉴。尊孔，黄绍箕认为无论大小学堂，应以经学为必修科目——"经注经说之足资羽翼者必条分缕析，编为教科，颁之学堂。中小学堂以下，则取其浅近平实，切于日用，而尤以身体力行，不尚空谈为要旨"。这与上文所述黄绍箕倡导保存国粹相合，而且他强调对经学有所取舍选辑，尤其注重致用实学。尚公，黄绍箕主张"于公德之旨，团体之效，条分缕析，辑为成书"。尚武，黄绍箕提出教科书必寓"军国民主义"，于国文、历史、地理等科详述海陆战争之事迹，绘制炮台、兵舰、旗帜之图形；于音乐科辑录国朝之武功战事，演为诗歌，宣扬死绥诸臣百折不回、视死如归之志。其根本在于培养学生的爱国心，锤炼体魄。尚实，强调"修身、国文、算术各等科皆举其易知易从者，劝之以实行，课之以实用"，倡导求实致用之风。③

此外，因清末兴学，关于西艺、西学、西政等各科教科书亦多采用国外译本，在教科书的翻译方面黄绍箕亦提出了切实建议。他曾制定《翻译兼润色条例》：第一，关于博物科、物理科、化学科、法制及理财科、历史科之外国史地、理科之外国地理、图画科之用器画等教科书，应多译洋文书，因"近年各国科学之理后出愈新，课本之法后出愈善"；第二，宜续译参考书，以备教员之用；第三，东西文应访求善本付译；第四，译书

① 陈庆年：《致黄绍箕书一通》，《黄绍箕集》，北京：中华书局，2018年，第803页。
② 吴四伍：《论晚清乡土历史教科书的编写特色》，《清史论丛》2017年第1期。
③ 黄绍箕：《编纂中小学堂教科书五要》，《黄绍箕集》，北京：中华书局，2018年，第83—84页。

过程中应统一审定名词之华文洋文；第五，译者以不欺为第一要义。[①]可以说对教科书译本提出了严格要求。深入分析，有两点值得注意。其一，黄绍箕强调宜多译西方科学教科书，说明其对倡导西学抱有非常开放的态度。其二，第三条特别提及"东文书译自西书，非日本人自纂者仍当购求原本，以备参校"，一定程度上反映出黄绍箕对转经日本"再造"的二手知识审慎求实的态度。这与张之洞《劝学篇》已有些许不同。张认为"一、东文近于中文，易通晓；二、西书甚繁，凡西学不切要者，东人已删节而酌改之"[②]，其实是借道日本学习西学。维新变法、清末新政以来，教育改革多学习日本，翻译日文书籍尤其是教科书成为潮流。黄绍箕虽不反对译日文书，但要求购买西文书原本以备参校的想法可谓有所进步。

五、结语

沟通中外，并兼毅力热诚，教育赖扩张，数载可期人尽学；
病入膏肓，又适事繁款绌，艰难独支柱，一朝竟以道殉身。

——刘洪烈挽黄绍箕 [③]

1908 年 1 月 26 日，黄绍箕病逝于湖北提学使任上，曾担任两湖书院监院的刘洪烈评价黄绍箕办理学堂教育"沟通中外，并兼毅力热诚"，可谓生动凝练。

出生于咸丰兵兴年间的黄绍箕是幸运的，他幼承父师之教，作为科举应试者，一路披荆斩棘顺利进入翰林院供职，在晚清科举拥滞、捐纳泛滥的大环境下可谓正途入仕的佼佼者。作为科举抡材的典试者，他曾担任四川、湖北的乡试考官，得以近距离观察和反思科举积弊和空疏士风，进而意识到维新改革的重要性与废科举兴学堂的迫切性。更重要的是，他的多重身份和经历促成了他办学堂的教育理念。他既做过学堂的实际管理者，也曾担任中央和地方教育政策的制定者。因而，他能跳出"学而优则仕"

---

① 黄绍箕：《翻译兼润色条例》，《黄绍箕集》，北京：中华书局，2018 年，第 169—170 页。
② 张之洞：《劝学篇》，北京：华夏出版社，2002 年，第 88 页。
③《刘洪烈挽黄绍箕》，《黄绍箕集》，北京：中华书局，2018 年，第 747—748 页。

的传统思维逻辑，提出办学堂以养成国民，认识到教育平等、教育普及对扶助国家的重要作用。在办学堂的过程中，能沟通中西，借鉴西方学制的分科之学，提倡专门学堂培养专业技能人才，也能在广兴学堂的浪潮中反思中国传统学问如何安处以保存国粹。进而，对于各类学堂教育教科书的编纂提出有见地的建议，爱国必先从爱乡始——编撰乡土志以作为教科书的素材，从忠君、尊孔、尚公、尚武、尚实五方面提出具体意见，还对教科书的翻译加以指导，从而为学堂教育的推广提供了重要条件。

然而，黄绍箕作为清末趋新人士，他认可的是渐次改良。正如他写给表弟周洪藻的信所言："但望事变稍缓须臾，容我得尽一分心力，以待来者，渐次改良，诚为万幸。"① 因此，他虽然推尊西学，但中学始终是其最根本的思想资源。对待西学，他往往述之于内，从传统典籍寻求根源，这是他治学、办学的底色。当然，笔者认为不能简单地以"中体西用"概括他的办学思想，而是各有其体，各有其用。既借鉴西方学制构建以分科之学为核心的学堂教育，从而普及教育；又关注到传统经典学问本身的讲学和传承特色，以达到保存国粹的目的。因而，黄绍箕办理清末学堂教育的理念和事功对现在各类学校教育亦有借鉴价值。

（原文刊载于《江苏师范大学学报（哲学社会科学版）》2020年第6期）

---

① 《周洪藻挽黄绍箕》，《黄绍箕集》，北京：中华书局，2018年，第756页。

永嘉学脉的近代承续

——论宋恕与瑞安孙氏家族对晚清女子教育之贡献

傅湘龙*

永嘉之学历经薛季宣、陈傅良、叶适的调整，已然确立了事功的发展轨则，使之与朱熹道学、陆九渊心学鼎足并峙。然而，"自元明都燕，取士法陋，温复僻荒，至皇朝荒益甚"，有感于此，晚清瑞安孙锵鸣、孙衣言兄弟"力任破荒，不惮舌敝，以科第仕宦之重动父兄弟子之听，于是温人始复知有永嘉之学"①。后辈孙诒让、孙诒棫、孙诒㮰（按：字季恒，孙锵鸣之子）承续家学，审时度势，以更为开放的姿态，勠力推进瑞安教育的发展，个中对女性文化的贡献尤值得书写。受惠于孙氏家族、颇富平权思想的开明士子宋恕②，对推动当地女性教育亦有着重要作用。本文将具体考察宋恕的女性文化思想，以此审视瑞安孙氏家族对晚清女子教育发展之实绩，并借以观照传统永嘉之学在近代的承续。

一、夫妻平权与子女受教

同治八年（1869），宋恕年仅 8 岁，即以能默诵"五经"全文、唐宋八大家文数十篇而闻名乡里。翰林院侍读学士孙锵鸣罢官家居，其季女孙季穆喜好吟诗颂佛，欲以妻之。光绪五年（1879），宋恕正式迎娶孙季穆为妻，孙锵鸣《季女于归，手付〈朱子小学〉一书，并系以诗》云："送

---

*湖南大学文学院副院长、副教授、硕士生导师。
① 宋恕：《宋恕集》，北京：中华书局，1993 年，第 325 页。
② 宋恕为孙锵鸣女婿，受惠于孙氏家族，主要表现在：其一，宋恕父亲逝世，恶弟宋存法争产夺权，宋恕险遭不测，宋恕《上外舅夫子书》深情感喟："几绝而生者，十年之中殆十余次，得人之力亦复不少，而小姐（指孙季穆）之于礼实有救命之恩！盖礼若不结姻于尊府，必早同六弟被人狼所害！"（《宋恕集》第 680 页）其二，宋恕蒙李鸿章恩荫，得以派充天津水师学堂任教习委员。究其因，李鸿章乃孙锵鸣于道光二十七年（1847）任丁未会试第十一房同考官时所举荐，故俞樾《贺止园学士七十寿联》云"天下翰林皆后辈，一朝将相两门生"，即指孙氏所荐、后来官至傅相的李鸿章和两江总督沈葆桢。

汝上襜车，临行付是书。幼年曾课此，尔日莫忘诸。妇职今当谨，母仪道亦储。一般衿帨戒，珍重意奚如。"①孙季穆自幼熟读传统伦理道德经典，贤妻良母观念深植于心。宋恕时常展现妻子的诗文才能，如剪烛步韵唱和，或呈寄外出所咏诗作以求奇文共赏、疑义相析。至于"今交阿明带去五月分脩金及火食费四十一元，乞察收"的行为②，表明宋恕肩负家庭责任的同时，充分尊重了妻子的家庭话语权，《致孙季穆书》所言"自处事如何排调（按：指转典房田），一听吾子作主，不必写信问我"亦可为证③。

现存宋恕的家书数次涉及社会时政，如张之洞缉捕吴保初等五人、日本留学生组编拒俄义勇队、日本政府严禁陆军学生赴演说会并禁止《浙江潮》刊发要密时事、江浙各报公然刊载反逆言论、袁张分南北各省之权，诸如此类，既有对孙诒穀、孙延曙等家族成员生命安危的深切忧虑，也有与妻关切国事共议时政的考量。家书更多的则是频频劝言孙季穆开阔视野，增长识见，例如："到上海，可同仲恺带佩瑶坐马车游愚园、徐园、张园以开眼界，再去看一看戏，听一听书，皆天下之奇景也，不可错过，天津远不及上海矣！"④尤其是宋恕东渡日本期间，所寄家书详细描述了域外卫生、医疗、科技领域的"文明事业"：卫生环境整洁有序，"几席、窗户，每日馆仆频加拂拭，无丝毫之尘垢，地板皆露木纹，回忆我国风俗，污洁不啻天壤之相去"。强调日本绿荫满地、琴音纷触、窗明几净的人居环境，以合"吾四姊（按：指孙季穆）天性之好洁"，"若见彼国洁状，必不胜其悦"。医学技艺精湛高超，东京专设医科大学，"东京府下医院三千余所，病院亦不少"，"自非一起即属不治之症，无不能治愈"⑤。科技水平发达先进，大阪府博览会的各类展品，无不令人目迷心醉；汽车、电车通遍全国。其中，最为注重介绍日本女子接受教育的情况：

寓中老幼女仆无一不能笔谈天下事也。且一一能作草书。……女仆皆下户贫女充之，然竟无不识汉字者，且通英、德、法语文者亦有之，工书画、

---

① 胡珠生编注：《孙锵鸣集》，上海：上海社会科学院出版社，2003年，第225页。
② 宋恕：《宋恕集》，北京：中华书局，1993年，第709页。
③ 宋恕：《宋恕集》，北京：中华书局，1993年，第673—674页。
④ 宋恕：《宋恕集》，北京：中华书局，1993年，第676页。
⑤ 宋恕：《宋恕集》，北京：中华书局，1993年，第734—735页。

能诗者亦有之！其中户以上之女子，学识之不可思议，昭昭然矣！^①

宋恕之所以如此关注中小学及女子教育，与其所持"女人皆读书明理，则人才、风俗必大有转机"的理念有关。与此同时，女儿宋昭是否接受教育，如何培养，这让身在异国他乡的宋恕牵肠挂肚，细微呈现他国的教育普及现状，可以让孙季穆深刻认识到子女接受文化教育的必要性和紧迫性，是以许多家书特别标明"瑶同阅"，试图激发宋昭求知问学的志向。尽管日后会面临才女难于择婿的现实窘境^②，宋恕在女儿受教的问题上始终倾尽心力。

其一，童蒙课授。由于早年受家难牵累，宋恕逃离在外，直至1892年11月，妻女始到天津团聚。次年2月，宋恕讲授《十三经集字》《唐诗三百首》，日课40字，兼释字词之义。如此坚持半年，宋昭能自行阅读《三国演义》。在与孙宝瑄的交谈中，宋恕对女儿快速成长的经历颇为自得：

　　小儿教之读书通文，自有捷径。自言其女十岁时尚不识字，十一岁起课以《十三经集字》，日识四十字，兼为解字义，半年已能自阅《三国演义》说部最佳书。即为讲《左传》，使读，不令背诵，甫读完，能成数百言。嗣为解《国语》及《史记菁华录》，三书讫，能自览御批《通鉴》^③。

"先史而后经"的授读技巧以及所取得的显著成效，让孙宝瑄慨叹"中国文理得善法，教之更不难"。

以读书识字为基础，宋昭尝试诗词创作，自1898年开始，"学作古诗十余首，进境殊速"^④。宋恕从旁助推，邮请俞樾等誉满学林的名师点评。

---

① 宋恕：《宋恕集》，北京：中华书局，1993年，第720页。
② 如1901年7月13日，宋恕致孙季穆的书札述及："陆太史昨询及瑶女，我问何以知之，渠曰：'令爱才名久满此间，但恐择配为难耳！'"（《宋恕集》第709页）同年8月14日书札中又言："杭城不乏闺秀，但无大著名者。本院总理陆庶常之夫人亦一才女也，终日看书，不问家务，庶常与之反目，数年不交一语，人咸怜之。吴左泉太史之女闻亦颇聪慧，择婿久不得其人，今已年四十余矣。"（《宋恕集》第710页）
③ 孙宝瑄：《忘山庐日记》，上海：上海古籍出版社，1983年，第78页。
④ 宋恕：《宋恕集》，北京：中华书局，1993年，第940页。

比如，《又上俞师书》讲述女儿宋昭"曾粗涉《左》《国》《庄》《史》《通鉴辑览》及时务书，论古谈今，颇有条理。前读师诗，知孙世嫂许孺人素好吟咏，手写《咏古》十二篇，欲求孺人诲示"①。得益于诸多学殖深厚的名师指点，宋昭的文学素养有了大幅提升，其为洪炳文《楝园读书图》《适园记》诸文题词可窥一斑。对于书画技艺，宋恕亦不遗余力培养。赵元益致宋恕的书札记载：

> 昨日奉诵惠书，敬悉一是。令嫒欲附坐该公学，习绘事半年，甚好。弟今日往女公学账房面询章程。据云，修金作半年算，共六元，膳金作五个月，共十元零五角。至于教绘画之期，每逢三、六、九日，女师必到，余日只可自己加工，女师不教也②。

1899 年，宋昭始自学画。宋恕东渡日本期间，为满足女儿求取彼国才女书法作品的愿望而百般思虑，最终因"日本中流以上之女子轻支那人殆甚""悬润格取笔资者，则因行囊中金少而要需尚多"等原因未能如愿③，但其悉心栽培的行为令人感佩。

其二，培养女杰。宋恕《外舅孙止庵先生挽诗》之二十八云："侍谈嗟赏外孙女，幼龄心事似批查。不知他日神州域，能否风行五月花。"④因误传为写作《五月花》使美国黑奴得以解放而著称的批茶女士在晚清备受追捧，以其为典范，宋昭自幼树立了崇高的理想与抱负。对此，宋恕拟将女儿培养成本土的女杰，《致孙季穆书》曰："薛锦琴、林宗素闻皆有与人私通之事，大损声名，此外诸女士则皆同内地一样仍不见客。惟陈撷芬能为白话文，余皆尚不能，合上海及留学日本诸女学生，殆无一人可望瑶之肩背；其胜于瑶者，洋语、洋文、体操、算学四事而已。"⑤谈及薛锦琴、林宗素声名有污以及陈撷芬文才单一，意在说明上海与留日女学生罕能与宋昭匹敌，宋恕颇为自信的姿态立足于女儿在道德人格、综合素养方面已

---

① 宋恕：《宋恕集》，北京：中华书局，1993 年，第 592 页。
② 胡珠生编：《东瓯三先生集补编》，上海：上海社会科学院出版社，2005 年，第 265 页。
③ 宋恕：《宋恕集》，北京：中华书局，1993 年，第 732 页。
④ 宋恕：《宋恕集》，北京：中华书局，1993 年，第 863 页。
⑤ 宋恕：《宋恕集》，北京：中华书局，1993 年，第 717—718 页。

经取得了突出的成绩。对于可能影响宋昭日后发展的洋语、洋文、体操、算学，宋恕则有意识地弥补女儿的这些知识技能短板，比如，常常与孙季穆、宋昭至日本小学观看体操，研读《东语正规》。此书乃唐宝锷、戢翼翚所编日语教科书，由戢氏与日本著名女教育家下田歌子在上海合办的作新社出版，这是"中国人第一部科学地研究日语的书"，就装帧形式而言，也是一部"划时代的作品"①。选择科学规范的日语教科书，亦如同"先史而后经"的授读策略，可达到事半功倍的效果。陈淑真甚为推崇宋昭的才学，《致任觉书》曰："妹诸子百家之书无所不读，今日之时务无所不讲，见识日广，智慧日增，将中国之女子不出于吾妹之上矣！……吾妹曾题家父所著《红衣小儿记》，甚是！"②陈京致宋恕书札亦云："佩瑶贤侄女文学大进，且其议论甚有巾帼而具须眉之气象，将来必为闺阁异才，曷胜欣佩！"③事实上，宋昭日后推进晚清女子教育，贡献良多（详后论述）。

目前仅见的一封致女儿的书信中，宋恕主要谈及妥善保管公益学校关约及《外舅孙止庵师学行略述》等重要文件；介绍新出报刊《湖北学生界》《浙江潮》的新奇之处、《新民丛报》报道梁启超怒骂上海新少年的详情；谈到杭州城妇女的风习，如粗知文者甚少，但好出门，满街嬉春，衣服全是上海时装，偶有不缠足而穿旗装者。自此以后，宋恕的家信多有"瑶同阅"字样，包括《致孙公权书》亦强调"此信可交昭等一阅"，书信主要阐述留日学生的虚假伪饰习气以及日本蔑视国人的行径，意在激发宋昭铁肩担道义的使命意识与家国情怀。

二、关注女杰与崇尚才姝

在孙氏家族长者孙锵鸣、孙衣言看来，"积善好施""孝敬仁善""知书达礼"是他们所理解的"女杰"的内涵与标准。孙锵鸣《叶贞妇传》赞扬叶氏"皭皭不污之志，贞孝两全"④，《〈寒泉苦节图〉，彭恬舫司马属题》

---

①实藤惠秀著，谭汝谦、林启彦译：《中国人留学日本史》，北京：生活·读书·新知三联书店，1983年，第254页。
②宋恕：《宋恕集》，北京：中华书局，1993年，第960页。
③胡珠生编：《东瓯三先生集补编》，上海：上海社会科学院出版社，2005年，第221页。
④胡珠生编：《孙锵鸣集》，上海：上海社会科学院出版社，2003年，第78页。

咏叹"烈哉一门两女士""聋妪亦能骂贼死"①，其余如《曾氏二贞诗》《岩庵行，为大峃林烈妇作》，以及孙衣言《黄漱兰少司自江阴寄示马贞女诗，且以潘伯寅尚书所为烈女墓文见寄，属为之诗，即次韵寄之》《李烈女墓表》《孙烈女墓表》《旌表烈妇录序》《两烈妇碑跋》，均属于此类作品。此外，孙衣言《瓯海轶闻》"列女"栏目着力表彰降志节约、居贫若素、闺门肃睦的道德风范（《薛强立夫人》），鸡鸣而起，至夜分就寝的勤劳作风（《侯正臣夫人》）。

较之长者孙锵鸣、孙衣言聚焦于烈女贞妇，后学晚辈孙诒让、宋恕、洪炳文主要关注热心女学倡言革命的女杰。当时，晚清三大女性惠兴、秋瑾、胡仿兰之死，曾激起千层巨浪，成为当时街头巷尾热议的话题。瑞安孙氏家族各成员听闻之后，以不同方式积极参与后续事宜的处理，具体而言：

1905 年 12 月 21 日，杭州惠兴女士因创办的贞文女学校无常年经费，愤而自杀。惠兴办学寓含着鲜明的民族意识，杭州驻防正白旗人贵林遂积极宣传惠氏事迹，旨在借惠兴殉学意义的阐发以凝聚和重振民族精神。②宋恕祭吊惠兴挽联曰："众生尚恋生，何图女杰超男杰；说死便真死，毕竟旗人胜汉人。"③基于倡导女学的共同理念以及与贵林的情谊，宋恕于公于私从旁襄助，扩大影响，亦在情理之中。只是为了依循贵林悼亡的理路，宣扬民族精神，进而强调："若其（指八旗）谋略之沈雄、武力之震耀、气类之固结、风俗之近质，则汉族宁可与之同年而语耶？"④宋恕贬抑自我汉人的身份，也道出了他的无奈与隐忧。傅钟涛致信宋恕书札云："前承雅嘱，命挽惠兴女士。顷拟就二联，持呈邮政。如尚可用，即祈代寄，挽词容后再作。"⑤广泛征集挽联之余，宋恕"收贞文女校聘金 2 元，脩金 75 元"⑥，此前曾于 1904 年 9 月至次年 8 月受聘帮助学校维持正常运转，其后又让女儿宋昭任教于该校。

而关于秋瑾遇难，乃徐锡麟枪杀安徽巡抚恩铭案，殃及绍兴大通学堂。

---

① 胡珠生编：《孙锵鸣集》，上海：上海社会科学院出版社，2003 年，第 171 页。
② 晚清三大女性之死，事件本身的详细考量及暗含的意义指向，详见夏晓虹《晚清女性与近代中国》，北京：北京大学出版社，2004 年，第 235 页。
③《惠兴女学报》1908 年第 3 期。
④ 宋恕：《宋恕集》，北京：中华书局，1993 年，第 278 页。
⑤ 胡珠生编：《东瓯三先生集补编》，上海：上海社会科学院出版社，2005 年，第 323 页。
⑥ 宋恕：《宋恕集》，北京：中华书局，1993 年，第 1020 页。

省派第一标兵到堂，逮捕秋瑾等人。孙诒让闻讯秋瑾被执，立即电函张之洞，敦请密示浙江巡抚张曾扬，设法营救。终因复电谓："秋果与徐无关，望即提出确证。"①孙诒让难于措辞而作罢。宋恕亦痛心疾首述曰：

> 山阴鉴湖女侠秋瑾发起女子体育会，曾有诗句云……丁未六月初六日以徐案被株连，杀于绍兴。其生平善演说，能舞剑放枪，力唱男女革命云。时山阴令李祝嘏以不肯用刑讯，被知府贵禀撤其任②。

孙锵鸣的入室弟子洪炳文编写剧本《秋海棠》，专为凭吊秋瑾被害，"所谓主文谲谏，此编有焉"，具体地："若夫女士之事，夫人已知之矣，其不正斥其名，明言其事者，有合乎诗人忠厚之旨；所云海棠、花判、木兰诸名词者，则有合乎诗人比兴之义。"③这种温柔敦厚、怨诽不乱的传统诗教与创作技法，深受业师孙锵鸣的影响。

至于胡仿兰蒙祸，宋恕阅读1907年6月15日《时报》，见有刊载"沭阳胡象九之妹嫁徐沛恩，生有子女，以好学及解足缠被翁姑以毒药逼死"，顿觉愤慨，为之不平，由是密切关注事态的发展：

> 湖北人宋观察康复江苏道台报告胡仿兰惨死事于教育总会，由总会请江督查办，复由沈仲礼观察上禀请办。于是淮、徐、海留沪学界公举李壎调查得实，并得到该女士临死交轿夫带去《别兄嫂手书》一通，石印传世因欲入两江女子师范学堂被逼死。宋观察又建议请旌及各地天足会开追悼会④。

通过《时报》披露事件及7月24日登载《淮徐海留沪学界公推调查员李壎报告教育总会书》等相关文件，宋恕获知胡氏欲投考两江女子师范学堂，志在创兴女学，以致遭此祸事。为了伸张正义，宋恕《致陈子言书》（8月16日）云："顷阅贵报，登有海州胡普芳一事，不胜悲愤，赋此三

---

①陈守庸：《我所认识的孙诒让先生》，《温州文史精选集》第15辑，2001年，第2页。
②宋恕：《宋恕集》，北京：中华书局，1993年，第984页。
③洪炳文：《秋海棠》自序，载《洪炳文集》，上海：上海社会科学院出版社，2004年，第330页。
④宋恕：《宋恕集》，北京：中华书局，1993年，第984页。

绝句，录呈左右，并乞代呈狄楚公一阅，可否登入《平等阁诗话》以求海内诗人起和！冀藉同声歌哭，力挽此惨俗于万一。"所赋诗作《哀海州胡普芳烈女仿兰》围绕"遵旨放足见杀翁姑"的议题而阐发，维护江苏教育总会、天足会等组织机构的立场，并将"善男子无术救焉"改为"得逢义士奇冤传"[1]，褒扬宋康复等人的古道热肠。肇端于此，《时报》广而告之并连续刊登了徐澹庐、秦缦卿、甘泉常等众多文士的赓韵和诗。

对晚清慷慨赴死的女杰，宋恕自是敬佩不已。对其他类型的才女，宋恕亦为之折服。其嘱托孔昭探访女中文人[2]，亦从陈维崧《妇人集》《国民日日新闻》《警钟日报》《两浙诗选》《西湖志》等文献中辑录明末闺秀诗歌成集。孙氏家族成员如孙锵鸣《东嘉诗话》钩稽永嘉闺秀汪景兰、陈小兰、姚珊珊的诗句。孙诒让为蒙自伍太夫人《餐菊轩诗草》撰跋，对章学诚《妇学》篇"尊诗礼之隆軶，抑罄悦之浮辞"颇有微词，转而称许刘向《列女传》"惟若辩通，文辞可从"与范晔《后汉书·列女传》"取才行高秀，不专一操"，坚持"艺林舒藻，无间闺门，昭华镌芬，尤珍辞翰"的价值导向，并援据"唐山古歌，爰著刘略；颜峻专集，亦登隋篇"的既有范例[3]，为其辑录才女作品提供重要依据。具体地，如"（丙子）出都日记"记述其在平原县二十里铺获见汾阳女史阿珠《和宋芷香禹城题壁诗三绝》，"情词悱恻，殆姬妾之不容于嫡者，然深于诗，如此女子我见亦少矣，惜而录之"[4]。孙诒撰雅好书画收藏，1902年6月6日，张棡登门拜访，述曰：

见季恒书室壁上所悬挂者，半是名人遗墨，有琴条一幅，画木犀鹦鹉，极其娟秀，即近日平阳女子蔡笑秋笔也。天地灵淑之气钟于巾帼，令人愧然须眉矣。闻季恒云，笑秋为人落落大方，无一毫脂粉气，现寓郡城荷花孟介卿家，卖画声价几于户限欲穿。

<hr>

① 宋恕：《宋恕集》，北京：中华书局，1993年，第632页。狄葆贤在《平等阁诗话》卷二评此诗云："三诗有典有则，惜往伤今，元道州、白香山时有此种意境。"
② 孔昭曾致宋恕书札云："承属探访女中文人，俟有所闻，即当报命。"见胡珠生编：《东瓯三先生集补编》，上海：上海社会科学院出版社，2005年，第160页。
③ 孙延钊：《孙衣言孙诒让父子年谱》，上海：上海社会科学院出版社，2003年，第233页。
④ 孙延钊：《孙衣言孙诒让父子年谱》，上海：上海社会科学院出版社，2003年，第450页。

6月12日，张㭎携同林晋三再次造访。

季恒又出女子蔡笑秋所绘工笔大琴条四幅，其落笔秀逸，着色生动，令人玩之增爱，中有一幅绳络：

> 南瓜于竹棚，尤见生动。又有香山傅小方工笔甚妙，事本甚俗，而出之女史之笔则甚雅，叹观止矣。①

蔡巽（1885—1975），字笑秋，画家蔡英长女，创办平阳县立女子高小，精于绘制花鸟草虫，尤工牡丹、菊花，落笔秀逸，能从俗事中显见雅趣。孙诒燏将尚未出阁的蔡氏画作与名人遗墨并置悬挂书室，且数次展示不同作品，足见其对蔡氏、傅氏等闺秀才华的欣赏与推崇。概言之，不论是编选女性作品集、抄录女子题壁诗，抑或收藏闺阁的娟秀画作，瑞安孙氏对才姝群体的关注与敬意，亦值得书写。

三、劝说解缠与助益女学

晚清放足，经由来华传教士尤其是戊戌维新知识分子的倡导，"废缠足"与"兴女学"已经提升至强国保种的重要层面。康有为《请禁妇女缠足折》、梁启超《戒缠足会叙》被广泛传阅，广东南海康氏不缠足会、上海不缠足会相继成立，有力推动了全国解缠风气的盛行。孙氏家族成员采取著书立说、登台讲演等不同方式劝说解缠，使瑞安地区废缠足的呼声高涨。

宋恕阅读"《申报》载某闺秀《伤裹足》文，极陈骨折肉溃之苦，字字皆泪，读之长叹"②，当年幼女儿放足时，便多了几分同情与理解，遂再三叮嘱妻子曰："瑶缠足切宜松，我爱瑶如己，切勿打！"③所撰初稿《六字课斋卑议·变通》"女学章"认为缠足使人"体残气伤，生子自弱，士夫奄奄，此实其源"，故呼吁"旧缠女人，年未满十六者悉勒解，十六以外者听便，不勒解"，"敢私缠者，重惩家长"④。

---

① 张㭎：《张㭎日记》，上海：上海社会科学院出版社，2003 年，第 97—98 页。
② 宋恕：《宋恕集》，北京：中华书局，1993 年，第 70 页。
③ 宋恕：《宋恕集》，北京：中华书局，1993 年，第 665 页。
④ 宋恕：《宋恕集》，北京：中华书局，1993 年，第 17 页。

如果说缠足导致"士夫奄奄"的论述略嫌笼统，其用白话文撰写的《遵旨婉切劝谕解放妇女脚缠白话》中26条劝解放足的原因则显得切实具体。其一，针对下层社会，宋恕援引先圣时代不缠足、当今皇亲贵族与清官忠臣均推行放足的历史共性，使之产生心理共鸣，进而列举解缠可以释除心头之病、便于种田挑担、避免兵火水风灾害等各种现实功效，甚至还有着"往生西方"的美好归宿。对于放足容易堕落之类以男性为中心的谬论，宋恕旁征博引，一一予以驳斥。其二，女子缠足，主要原因在于女子无学、旗汉不杂处，以及通过观演、听闻而形成描述古今美妇才女必曰"三寸之足"、愚笨丑陋女子必曰"盈尺之足"的思维定式。其三，要增立新令，变通旗籍旧章，上策则是"追三代之典，师东邻之制，下教育之令：令民男女六岁皆入学"①。主张女子入学受教，这是宋氏始终秉持的观念，故《六字课斋津谈》"风俗类"云："女子多不识字而老死乡里，非但终身未见有不裹足之女，且未闻有不裹足之说，视裹足为世间女子之公法，宜其万不敢犯也。若使识字、游历之风开，则虽官令裹足，犹将格也。"②

　　瑞安地区放足观念之所以能够推行，在很大程度上得益于孙氏家族建言献策与躬行垂范。孙锵鸣深深哀叹温州地区"女足无一不缠"，为承继父亲劝解缠足的未竟之志，孙诒棫撰写《劝女子不缠足启》，刊于《新世界学报》第3期，并出资印发《遵旨婉切劝谕解放妇女脚缠白话》数万份，声称："如果还有些不明白，可到城内大沙巷孙宅问九少爷。"孙诒让曰：

　　在报纸上得此消息（按：上海不缠足会），即言于仲父锵鸣，因锵鸣当时方议改良乡俗也。锵鸣深韪之，而终以地方旧习暂难革除，未能果行。锵鸣殁后，林太夫人念及此。至是年，本省有杭州成立天足会，系由士绅高□□钟□□之母太夫人发起，诒让闻之，又言于林太夫人，林太夫人亟命季茀和诒让商酌办法，着手进行，订立会章九条。

　　该会成立后，即印刷诏文附办法，发送传观，并由会员家妇女先自放足，以示提倡，同时由会员随时随地向其亲戚朋友讲说我国古来妇女缠足之害，

---

① 宋恕：《宋恕集》，北京：中华书局，1993年，第270页。
② 宋恕：《宋恕集》，北京：中华书局，1993年，第71页。

使得有所感动。于是旬月之间，本城士绅家解者几半云。①

孙诒让时常向仲父孙锵鸣及林太夫人呈禀全国各地放足新闻，起草劝解缠足会会章，并切实履行会员向亲戚朋友剖析缠足之害的职责。其《复刘祝群书》认为："解缠一节，此为保种第一要义。舍间妇女均已解放，贵族千年华胄，切望实力举行为乡里倡！"谆谆劝勉刘耀东能担此道义。

1902年冬成立的瑞安劝解妇女缠足会，会址设在城内东北隅的长春道院，有男女会员共计20余人，林太夫人担任会长。孙氏家族的女性率先放足，以示提倡："目今我们孙宅大房、二房，从老太太起，以及许多少奶奶、小姐、孙小姐，统统遵旨放脚了。你们不信，可到城里大沙巷孙宅门前问鞋店老司，自然相信。"②宋恕的日记详细记载了孙诒棫、孙延曙等人紧锣密鼓劝解放足的满腔热忱，诸如分发传单、寺庙演讲："五月初九日始，公侠（孙诒棫）发动解缠义举。十一日，全宅动力充足。十二日，始分知单，廿二日付刻，六月初一日刻就。""初五日，《解缠公文》付印。""初八日，公侠为唱词人两人说缠禁。初九日，又为乞妇两人说缠禁。""九月十九日，公侠、公权（按：孙延曙）如各寺庙演说缠禁，叶芠汀亦同去。"宋恕作为家族重要成员，亦不遑多让："九月廿四日至十月初二日止，共八日，作《解缠白话》，连誊毕，约万字上下。"③

虽然如此孜孜以求，但长者孙锵鸣遭遇的"终以地方旧习暂难革除，未能果行"的困境，同样考验着孙诒棫与宋恕。尽管精心选择演说手段（为唱词人说缠禁，以便利用唱词通俗浅显、口传迅速和感动人心的特点，或者请乞妇沿街叫唱）、场地（人头攒动的寺庙），效果却不尽如人意，张棡如实记录了光绪二十九年（1903）正月初九日劝解放足的艰辛与窘境：

命培春兄贴演说告白，并知会戏班早打头通。上午即同季芿、小竹、羽仪先到神庙台上少坐。俄而左髓、让卿、镠旦诸人均至，戏班即打头通。演八仙毕，游人渐集，季芿遂在台上演说一番。旋以俗人无知，口语嘈杂，

①孙延钊：《孙衣言孙诒让父子年谱》，上海：上海社会科学院出版社，2003年，第306页。
②宋恕：《宋恕集》，北京：中华书局，1993年，第333—334页。
③宋恕：《宋恕集》，北京：中华书局，1993年，第959—960页。

即停演回家。①

可见，孙诒让所述"旬月之间……解者几半"的实际成效，仅限于"本城士绅家"，其中又有赖于孙氏家族身先士卒及门人陈黻宸、黄绍第的通力倡导，而且经历过"虽多隐表同情，然皆徘徊未敢显人"的艰难过程。②

因戒缠足与女学堂一体相关，密不可分，学校是推广放足的场所，解缠又以受教育成有用人才为归依，是以孙锵鸣、孙诒让、宋恕等倾注心力兴办学堂、报刊，使戒缠足与兴女学相辅相成、相生相续。

有鉴于近世浙西"稍存唐宋遗风"，"尚时出小闺秀"，"稍识字者亦较多"，而瑞安受闽地风俗"逼死报烈，惨均印度，而贱女学几同失节"的影响，以致"抑女日甚，女学几绝"，"稍识字者且如晨星"，孙锵鸣"独早有见于女学之重要，时时慨然为乡士大夫引西汉诗说，述三代女学之盛，津津乎有味其言之，以期渐移积习，由是温女识字者渐多焉"③。宋恕认为："人之生也，得母气居多，其幼也，在母侧居多，故使女人皆读书明理，则人才、风俗必大有转机。"④诸如此类，与梁启超所言"蒙养之本，必自母教始。母教之本，必自妇学始。故妇学实天下存亡强弱之大原也"⑤的观点如出一辙。如何兴设女学？宋恕在初稿本《六字课斋卑议·变通》中倡导曰："今宜每保设女学馆一区，公择识字女人为师，一切如村学法，惟到馆以百日为限。"⑥女学的创办仍是效仿"村学"模式，且较之童蒙"每岁定须到馆二百日"的规章来说，女子受教"以百日为限"以及略去"不者罚其父母"的种种"宽容"，反映了彼时宋恕仍持观望温和的态度。而后在印本《六字课斋卑议》中将原有的"村学""女学"两节合并为"开化章"，对女子受教的态度更为明晰与坚决："女不可不学，尤甚于男。""今宜取法日本，下教育令：令民男女六岁至十三岁皆须入学，不者罚其父母。"⑦

① 张棡：《张棡日记》，上海：上海社会科学院出版社，2003年，第102页。
② 宋恕：《宋恕集》，北京：中华书局，1993年，第908页。
③ 宋恕：《宋恕集》，北京：中华书局，1993年，第328页。
④ 宋恕：《宋恕集》，北京：中华书局，1993年，第17页。
⑤ 梁启超：《饮冰室合集》，北京：中华书局，2008年，第40—41页。
⑥ 宋恕：《宋恕集》，北京：中华书局，1993年，第17页。
⑦ 宋恕：《宋恕集》，北京：中华书局，1993年，第250页。

孙诒让亦倡导"仿美、日学制，略为变通，女子十二岁以下，可以与男生共学"[①]，甚至提出"设女学位以奖女学"：

凡女子有文学，与高等小学、中学毕业生程度相当，或国文、算学、西文有专长，足任女教员者，准各处劝学所查明，详提学司，派视学员就近考察，酌给学位。以后女校毕业生，亦照此例，给予奖励。其有才行高秀，如曹大家、宋宣文者，准破格奏奖，以示优异，亦提倡女学之一端也。[②]

落实到具体行动，孙氏家族可谓尽心尽力。例如，1904年9月，宋恕接受杭防协领贵林的邀请，担任积善坊巷女校教习，后又接受贞文女校之聘。[③]因宋昭"经明行修，声誉久著，吾邑学界中皆相仰镜"，陈承绂致信宋恕："前托敝堂苏君仲炬代为致意，未知不复远游，思兴故里，肯任义务，令女公子来振女学以化女界一切文明否？"诚邀宋昭担任教员。[④]此外，宋氏父女筹划创办女学会，在《简报》登载女学会创设事宜，印制并广泛赠阅《女学会启》，响应者颇多。

孙诒让担任瑞安普通学堂总教习以及温、处两府学务处总理期间，先后成立瑞安私立女子蒙塾（后改为公立德象初等小学堂），平阳毓秀女学堂，瑞安毅武、德象女子初等小学堂，乐清组强、朴头女子初等小学堂，短短几年间帮助创建20余所女学堂，占据浙江全省所办女学殆半。此外，分别于1906年、1907年主持召开温处学务总汇处评议大会，集中讨论如何推广女子教育。1907年赴杭州参加浙江全省教育总会成立大会，途经上海时，孙诒让不忘参观当地中小学及女子学校，取阅各校章程、施行法则及历年办学的文件表册，以备瑞安教育发展之需。

四、结语

浙江瑞安地区著名学人孙衣言、孙锵鸣昆仲以及后学孙诒让、宋恕、

① 俞天舒：《孙诒让教育活动年谱》，载《瑞安文史资料》第15辑，第30页。
② 张宪文辑：《孙诒让遗文辑存》，杭州：浙江人民出版社，1989年，第44页。
③ 宋恕曾记载："甲辰九月至乙巳八月，收积善坊巷女校程仪12元，脩金120元；收贞文女校聘金2元，脩金75元，又贵老太太压岁1元。"参见《宋恕集》，第1020页。
④ 胡珠生编：《东瓯三先生集补编》，上海：上海社会科学院出版社，2005年第241页。

陈黻宸、黄绍箕等，于中西文化碰撞的大变局中不断调整转化，采取有别于国粹派、西化派的文化路线，在教育、实业诸多领域引入西方文明，破除陈年积弊，成就斐然。面对晚清女性文化发展的蓬勃态势，孙氏家族几代学人勠力挖掘传统学脉"贯穿古今，通经致用"之义，结合西学东渐的精义，在夫妻平权与子女受教、关注女杰与崇尚才姝、劝说解缠与助益女学等方面析理，率先垂范，积极推进该地区女子教育之发展，鲜明体现了永嘉学脉的近代承续。

（原文刊载于《湖南大学学报（社会科学版）》2019 年第 2 期）

第四篇

创新与发展：
当代敢为人先的温州模式

    永嘉学派重商、实干、创新的特性，已成为融入温州人骨髓的集体潜意识。改革开放以来，温州秉持敢闯敢试、敢为天下先的创业精神，从发展家庭工业和专业市场起步，以"小商品大市场"名闻全国，创造了举世瞩目的温州模式。可以说，温州模式是事功学说的生动实践，事功学说因此被称为温州模式的文化基因。以研究温州模式为缘起的温州学也应运而生，温州正迎来历史上的第三次文化高峰。

文化：温州人力资本的重要构成要素

张仁寿*

很高兴能参加"2019玉海文化研究论坛"，感谢会议主办方特别是复旦大学李天纲教授的邀请。我是温州乐清人，专业背景为经济学，曾跟踪研究过温州模式较长时间。20世纪八九十年代，曾几次来瑞安的莘塍、塘下等地做家庭工业、专业市场发展情况调研，1998年还在瑞安参加过一个民营经济发展研讨会，但而后20多年就没有机会再来瑞安了。

瑞安是历史文化名城，是永嘉学派的重要发祥地。昨天我们实地考察了孙诒让、宋恕、陈黼宸、项骧、周予同等名人故居和整修后的忠义街等历史古迹，让我对瑞安的历史文化有了新的感性认识。还参观了瑞安中学及其校史馆，了解到它是孙诒让创办的、温州地区最早的新式中学及其发展历史，培养出一大批杰出校友，新校区从选址、规划、布局到建筑风格，也都给人留下深刻印象。瑞安与我老家乐清的人口规模、经济实力等都差不多，但瑞安的城市规划建设明显要比乐清好，中心城市的集聚功能相当突出。昨天听陈书记说，瑞安市区的建成区面积（包括周边街道在内）达100多平方千米，人口已有80多万了。而乐清主要受地理环境的影响，在狭窄的滨海地带从南到北就分布着北白象、柳市、乐成、虹桥等大镇，从而分散了经济和人口的集聚，不能有效形成一座市域中心城市，不无遗憾。

2017年，《温州日报》用一整版篇幅转载李老师的《兴文教以开风气，尊先贤以继传统》一文，它对瑞安近代历史文化的发展脉络，特别是对近200年来温瑞和上海的经济、文化联系与互动，梳理得非常清晰，分析得有根有据，读后让人信服，深受启发。在温州，瑞安无疑是一方重镇，历史文化积淀深厚，人才辈出，经济发展特色鲜明，值得进一步挖掘与研究。复旦大学中华文明国际研究中心在瑞安的研究基地昨天也已经正式挂牌，

---

*浙江工商大学教授、原校长，温州模式、区域经济研究专家。

可喜可贺。

我为这次会议提交的文章已发在微信群里，请大家批评指正。在今天的论坛上，就不打算宣读文章了，想就温州区域文化与温州经济发展中的人力资本之关系，漫谈一些体会认识。

在座的大部分教授、学者都是做历史学、文化学和思想文化史等方面研究的。像洪振宁先生提交的论文，把瑞安的历史文化与"改革开放"贯通起来进行研究。我们探讨文化与经济的联系、永嘉学派与温州模式的关系、温州人与温州经济发展的关系等，都会碰到一个问题：它们是通过什么"中介环节"而建立起有机联系的？我想到了现代经济学中现成的"人力资本"概念及人力资本理论。在我看来，区域文化对现实经济活动的影响，是通过凝结在劳动者身上的人力资本而发挥作用的，换言之，人力资本是文化与经济建立联系的"中介环节"。下面准备谈三大点。

一、温州发展的最大优势是温州人

温州的陆域面积只有 1.2 万平方千米，2018 年末全市常住人口为 925 万，其中户籍人口为 828.7 万，除了泰顺、文成等山区县，温州沿海一带的人口密度非常高。境内方言多种多样，有温州话、闽南话、蛮话、苍南金乡话、大荆话（台州黄岩话）、客家话、泰顺话等八大方言，它们相互之间是不相通的。如苍南县有温州话、蛮话、金乡话、闽南话等不同方言，平阳、洞头县主要有温州话和闽南话，乐清市有温州话、大荆话（台州黄岩话），泰顺则有泰顺话，文成话与温州话也有区别。语言相通是相互交流的前提，也是相同的区域文化形成的基础。温州区域文化，就其核心区范围而言，便是以温州市区为中心，并与周边的瑞安、乐清、永嘉等市县说温州话的人口共同组成的这样一个区域。

在 1978 年改革开放之初，温州人均耕地就只有 0.5 亩，到现在则下降到 0.33 亩，而联合国粮农组织公布的人均耕地警戒线是 0.81 亩。这么点人均耕地，不管农民怎样精耕细作，连吃饱肚子都有困难，更不可能发家致富了。从自然资源禀赋的硬约束条件看，温州人之所以形成跑码头闯天下、四海为家的传统习惯和生活方式，实在是一种无奈的选择。如果像浙东北和苏南等地那样，老百姓在当地生活得好好的，温州也就不会有那么多人、那么高的比例人口背井离乡去走南闯北甚至闯荡世界了。我觉得，很多温州人在国内外读了书以后不回来，选择留在外面发展，与温州的地理环境和资源条件也有密切关系。

很多人都说，温州经济发展是靠"改革开放"起家的。诚然，没有改革开放这个大背景，就不可能有温州模式的应运而生，也不可能有温州这40年来的大发展，但改革开放的大背景大政策如同普照之光，全国都一样，为什么温州能够成为市场化、民营化改革的开路先锋并独辟蹊径创造特色鲜明的温州模式？尽管几十年来不时听到有人说温州经济不行了，但温州人总是能够通过自主创业创新而发展了40多年。

温州背山面海，偏居东南一隅，国土面积小，腹地范围也小；人多地少，资源匮乏，无金属矿产资源；与台湾隔海相望，长期属于国防前线，获得的国家投资很少。就是说，温州在区位条件、资源禀赋、国家投资、原有经济基础、资本积累等方面，都没有比较优势可言。那么，温州经济发展的比较优势在哪里？依我看，温州发展的最大优势就是温州人，其成功的主要秘诀也在于充分发挥了温州人的优势。有人可能会说：人是经济活动的主体和动力，不管哪个地方的经济发展都离不开发挥人的积极性与优势。这话初听起来没问题，但如果我们比较一下改革开放以来中国不同地区的发展状况就不难发现，如何发挥当地人的优势及人的优势的发挥程度，是大不相同的，可以说温州是将人的优势发挥得特别淋漓尽致的地方。如地处长三角核心区的浙江杭嘉湖地区，由于区位条件得天独厚，容易吸引外资和集聚人才，不管谁当市委书记、市长，只要尊重经济发展规律，不瞎指挥不折腾，经济发展业绩一般就不会差到哪里去；而温州则不然，特别需要创造让广大老百姓可以跑码头闯天下、根据市场需求创新创业的制度和政策环境，特别需要充分发挥温州人的优势和人力资本的独特作用。

二、温州人力资本积累的比较优势

瑞士著名心理学家荣格说："一切文化都沉淀为人格。"我觉得，这句话对于我们理解温州人、温州区域文化是颇有启发性的。温州人具有强烈的地域认同感，喜欢"扎堆"集聚，喜欢"抱团"发展，还乐于互相帮助。在外地甚至在国外的温州人，一听到说温州话的老乡，即使初次见面，也会立即拉近情感距离。温州人所具有的特别强的乡情乡土观念，喜欢"扎堆""抱团"发展的行为方式，就是一种充满故乡温情的"集体人格"。

20世纪30年代，温州的民族资本主义经济就已发展到一定规模了。进入改革开放时代，温州为什么会成为中国民营化、市场化改革的开路先锋？温州人为什么能够率先开辟并走上市场经济的发展道路？我想，这与温州人在价值观和行为方式方面的"集体人格"也是相关的。

在这里，我拟从人力资本理论视角进一步分析。人力资本理论作为现代经济学的一个重要分支，是在20世纪五六十年代后才发展起来的。美国经济学家西奥多·舒尔茨和加里·贝克尔，都因主要对人力资本理论的重要贡献而先后获得诺贝尔经济学奖。"人力资本"是与"物质资本"相对应的一个概念，亦称"非物质资本"。人力资本的主要特点在于：它与人身联系在一起，是凝结在劳动者身上的资本，包括劳动者的文化知识、技术水平、劳动技能和健康状况等，且不随产品、服务的出卖而转移。人力资本通过人力投资形成，人力投资包括用于教育培训的支出、用于医疗卫生保健的支出、用于劳动力国内流动和移民入境的支出。其中，最重要的是教育培训支出。教育培训和医疗保健对于形成人力资本的意义，容易理解，但人口迁徙中发生的支出，为什么也构成人力资本的组成部分呢？这种支出，会使人力资本在流动重组中得到优化配置和增值，相当于间接提高了人力资本质量。

上述人力资本构成因素，没有涉及人的价值观念及其行为方式，或者说，它撇开了劳动者的价值观念及其行为方式的差别——对比较成熟的市场经济来说，这种"撇开"也是可以理解的。但是，如果我们结合中国经济改革和市场经济发展初期的特定背景，由于不同区域在从农业文明向工业文明的转型发展过程中，特定区域群体从历史文化传统中继承下来的价值观及其行为方式、交往方式和劳动技能等，都是大不相同的；而它们对当地经济发展路径、发展方式的选择及对发展绩效的影响，客观上也是大相径庭的。这也是我将特定的区域文化及受其影响的群体价值观及其行为方式，视为人力资本的构成因素的主要原因。

在相当长时期内，温州的人均受教育程度都远低于浙江其他地区，甚至还低于全国的平均水平，医疗卫生事业的发展水平也不见得高于全国平均水平。因此可见，温州在人力资本积累方面的比较优势，不是体现在教育培训和医疗保健的较高程度上，而是主要表现在受区域文化传统的影响，以及同时受发展条件制约而产生的劳动力高流动性所带来的价值观念及行为方式上。

温州人力资本积累的比较优势，概括地说表现在：一是具有发现潜在市场机会的敏锐眼光和特殊能力。自改革开放以来，大批温州人跑码头闯市场，捷足先登发现市场先机的例子不胜枚举。二是具有很强的动员、组织社会资源的能力。温州当地可利用的发展市场经济的社会资源较少，但通过市场方式并利用亲缘、地缘、商缘的关系网络，温州商人、企业家能够迅速有效地动员和组织社会资源。三是具有敢于竞争、勇于冒险、善于创新的企业家精神。在全国不同区域群体中，温州的商人、企业家人数占总人口比例应该是最高的一个区域，个体工商户、小微企业主、企业家人数合计有近 200 万人，平均每五个温州人中大约就有一个是老板。四是具有丰富的从当地产业文化传统中继承下来的"心灵手巧"的劳动技能。由于温州人多地少、发展空间狭小，广大老百姓必须在土地之外、区域之外寻找生存发展空间，各类传统手工业向来很发达，民间流传着"有艺不愁穷"的说法，裁缝、木工、泥水、油漆、理发和弹棉花、补鞋等农村手艺人一直很多。他们不仅吃苦耐劳、勤俭持家，而且头脑灵活，干活既快又好，在改革开放后是最早转入家庭工商业的一支生力军。试想，如果一个地方的农村劳动力长期被捆绑在土地上，像中国许多传统农区的农民那样，只知道面朝黄土背朝天埋头苦干农活，要想一下子跨越到家庭工商业领域从事经营活动，谈何容易，原因就在于人力资本积累难以匹配、不相适应。

那么，温州人力资本在价值观与行为方式上的比较优势是怎样形成的呢？我想，可能主要来自以下三方面。

首先，重商主义的区域文化传统。在中国长期的农耕文明时代，重义轻利、重农抑商可谓根深蒂固，但温州 800 年前形成的永嘉学派，就明确主张义利并举、事功务实、经世致用，永嘉学派的集大成者和主要代表人物叶适明确否定儒家所谓"仁人正谊不谋利，明道不计功"的思想，强调"功利与仁义并存""农商并举"，提倡发展工商业，并把士农工商的社会分工与互利作用看成社会兴盛、经济繁荣的前提，从而在温州率先出现重视工商业的思想文化传统和商业精神。需要指出的是，一种社会学说的发展往往是特定时代的产物，永嘉学派也不能说是叶适等人凭空创立的，而是由于他们长期生活在温州，不仅可以近距离观察和切身感受工商业发展所带来的社会福利效果，而且也容易体悟和认同当时当地老百姓的价值观念、人生追求和民风民俗。这是主张"经世致用，义利并举"、通商惠工、减轻捐税的永嘉学派形成的重要经济社会基础。但可以想象，宋代的温州人绝大多数肯定是文盲，更不要说有多少人有能力和时间去阅读永嘉学派的学术著作了，因此可以说，温州区域文化中源远流长的重商主义事功传统，应是由反映日常社会生活、非文本意义上的民间文化与由文人士大夫创立、文本意义上的永嘉学派所共同构成的，而且其主流应是民间社会代代相传的工商业传统及其价值观念、民风民俗。唯其如此，这种区域文化才具有充沛的活力、生命力及对后世的影响力！

其次，劳动力的高度流动性。受当地资源环境条件的约束，一代代温州人不得不选择流动迁移、外出谋生，形成跑码头闯天下的谋生习惯。俗话说，人挪活，树挪死。温州人漂洋过海到欧洲谋生，也有一二百年的历史了。费孝通先生在发表于1986年的《小商品、大市场》文中有一段是这样写的："那是1937年的夏天，我从伦敦到德国柏林去和我的哥哥一起度假。一天，有人敲我们的房，打开一看是一位拎着手提箱的中国人，异国遇乡人自然大喜过望，可我们彼此的方言不同、话语不通。只见他极有礼貌地鞠了个躬，然后打开手提箱，一看里面都是一些日用小百货，看来他是请我们买东西的。他走后，哥哥同我说，在柏林、巴黎等欧洲大陆的不少城市中，这样的小生意人数以万计。他们大多来自温州、青田一带。"至于温州人在国内的流动迁移就人数更多、频率更高了。即使在对劳动力流动管控极其严厉的"文革"时期，温州农村劳动力外出种田、伐木、做手工业、小生意每年仍有几万人。改革后，温州农村劳动力逐步获得了流动自由，据统计到1986年外出打工的就超过了29万人。他们从事各种手工业、个体商业、服务业，风餐露宿不畏艰辛，在市场的夹缝中求生存谋发展。现正泰集团董事长、全国工商联副主席南存辉是乐清人，他在20世纪80年代就是一位走南闯北的补鞋匠。农村劳动力在全国各地特别是在大中城市的大规模流动择业，非常有助于他们转变价值观念，提高劳动技能，积累货币资本，了解市场需求，捕捉市场机会，提高综合素质。在温州数以几十万计的打工者中，先是一批批分化出个体工商户、小业主，而后在个体工商户、小业主中又逐渐成长起一批大中商人、企业家。劳动力流动成为培育温州民间商人、企业家队伍的一所没有围墙而规模巨大的"综合性社会大学"，对温州人力资本的积累、提高的影响是积极全面，也是极其巨大的。再后来，温州商人、企业家走向全国创业，不仅为其他地区带去了资本、技术和管理经验，创造了大量就业机会，还为"将市场经济的种子撒向了全国各地"做出了独特贡献。

最后，"百工之乡"的产业文化传统。温州"百工之乡"的产业文化传统源远流长，这与上面说的"劳动力的高度流动性"也是相互联系的。据地方志记载，温州人"人习机巧"，"民以力胜"（乾隆《温州府志》卷4），"能握微资以自营殖"（万历《温州府志》卷5）。就是说，温州人心灵手巧，善于经商做生意，能够让小钱不断得到增值。即使经历20世纪50年代的社会主义改造"文革"期间的割"资本主义尾巴"，也没有将温州的个体工商业赶尽杀绝，改革前的温州依然存在着"地下包工队""地下运输队""地下黑市交易"和"地下劳务输出"。所谓"地下"，说的是这些经营活动在当时是非法的，但人要吃饭活命，只能冒着风险顽强地"在夹缝中求生存"。一到改革开放的春风吹拂，就"千树万树梨花开"了，到1984年，温州从事家庭工业加工生产的就有33万人，从事购销业务的民间商人队伍则达10多万人。这样的经济奇观，显然与温州源远流长的"百工之乡"产业文化传统及劳动力的高度流动性密不可分，是断不可能在长期封闭的内陆地区出现的。万事开头难，温州人力资本后来的进一步积累，则是在发展市场经济中"边干边学"，并适应市场竞争环境变化而"水涨船高"的结果了。

三、温州人力资本积累之不足

历史的发展如抽刀断水。前述温州区域文化，长期孕育于农耕文明和传统工商业的社会环境，对于当代温州人的价值观念与行为方式的塑造，如润物细无声具有潜移默化的影响。比之传统农耕文明更加根深蒂固的中国广大内陆地区，温州的区域文化及其受其深刻影响的人力资本积累，显然更有利于市场经济特别是"古典式市场经济"的发展。在经历了40多年发展后，就温州人力资本积累的比较优势而言，目前仍然主要集中在重商重功、善于捕捉商机、勇于竞争、敢于冒险等价值观上，以及吃苦耐劳、心灵手巧、擅长务工经商等群体行为方式上。如从现代市场经济发展来审视温州人力资本的积累现状，且不论现代教育培训和医疗保健方面，即使在价值观念和行为方式方面，我们也应看到其不足之处与局限。

一是竞争意识很强，而合作精神较弱。温州人的一大特点是人人都想当老板，都想自己做主说了算，"宁为鸡头，不为凤尾"，因此普遍选择单打独斗的家庭经营方式。今天的市场主体，绝大部分还是实行家庭（家族）经营的小微企业、个体工商业户，规模企业不多，上市公司更少。同时企业之间实行紧密合作方式的也不多，职业经理人市场也没有得到相应的发展。这表明，温州人对合作、协作是不习惯的也是重视不够的。我们知道，发展市场经济，敢于竞争、善于竞争固然重要，但合作、协作的作用也是不能忽视的。

二是重"三缘"等"特殊关系"，而轻交易的"普遍关系"。温州人的家庭（家族）观念、亲友观念特强，非常重视血缘、亲缘、地缘"三缘"关系，也很重视老乡、同学、朋友、战友等特殊性社会关系。但是，现代市场经济具有高度开放性特点，建立符合法律契约精神和现代商业伦理的普遍规则和交易关系，首先"要认规则而不是认熟人"。因为只有这样，才能更好地走向全国市场，进入全球市场，把企业做强、生意做大。

三是冒险精神强，而信用意识还需提高。温州人具有很强的自主性、冒险精神和扩张冲动。但近20年来，温州也不时发生一些民营企业资金链、债务链断裂，出现一些企业老板"跑路"并导致其他企业陷入财务危机，其中不少是由企业之间相互担保引发的。在温州民间，重诚信讲信用的"社会资本"本来是比较丰厚的，但一旦发生企业资金链、债务链断裂的连锁效应，何况有些被担保方从一开始就带有诈骗目的，也就必然会严重伤害市场经济发展的信用基础。

四是重视实践经验，而学习新知识不够。温州的商人、企业家的学历普遍不高，他们对实践经验非常重视，但对学习经济、管理、贸易、法学和现代科学技术等新知识则比较轻视。杭州有很多来自温州的商人、企业家，但在杭州的讲座、论坛和企业沙龙上，我几乎看不到温州人的身影。温州的商人、企业家在当地和国内外创办的商会、行业协会很多，但大都具有浓厚的同乡会、联谊会性质，组织会员举办新知识学习讲座、知识文化交流活动还很少。

总之，我们应该正视温州人在价值观念和行为方式方面存在的上述不足与局限，并努力加以创新改进。而近 200 年来"瑞安新学"的发展表明，它非常重视发展现代教育、培养现代人才，而且非常重视将教育发展、人才培养与实业拓展密切结合起来，像孙诒让这样的经学大师、文史学家，都亲自办学校、开公司；重视发展各类公益事业，有很强的公德意识；重视团结互助，抱团发展等。"瑞安新学"的这些特点和优点，是契合新的时代经济社会发展需要的，值得花力气进一步加以挖掘、总结和发扬光大。现在，瑞安市委提出要弘扬"玉海文化"精神。我相信，通过深入发掘"玉海文化"的丰富内涵并加以倡导推广，对于丰富提升温州人力资本的文化含量和企业家精神，对于促进温州人的现代化，对于进一步推进温州经济社会的现代转型，都是具有重要现实意义的。

"温州模式"中社会文化传承与企业家精神的演进

钱彦敏[*]

　　作为一名研究经济发展与金融市场的学者，我在浙江长期观察研究浙江企业和区域产业经济，温州的企业成长和经济社会的变化是我关注的其中一个重点。作为一位长期生活工作在长三角的杭嘉湖的人士，我在研究温州经济的同时，也比较熟悉临近的长三角其他区域的经济发展，对它们的差异有所了解。在曾经从事过的"温州企业家与私营部门的工业化模式"与"苏南经济的成长模式"的比较研究中，我对两地经济现象背后的地理、社会、人口因素关注较多。经济现象与社会文化传统密不可分，瑞安的例子，证明温州的经济与文化一直存在互动的关系。当然谁先谁后，谁重谁轻，在学术上并不能找出很确定的因果关系，也不需要太多的因果关系的争论。我们需要的是厘清两者之间的互动关系，顺势而为，收获新的成果。温州和瑞安，国际联系广泛，产业结构轻巧，企业家个人精神突出，在下一步文化创意产业、新兴智能产业上也应该是可以大有作为的。温州在自身已积累的社会文化资源禀赋的基础上可以做到与杭州、苏南和上海一样有自己的特色，但前提就是要像瑞安这样振兴文化，激活传统、开拓创新。

　　我们发现温州模式虽然有很大的特点，但跟市场经济的基本规律还是一致的。温州模式只是成功于在家庭企业、民营企业率先于全国早发阶段就大规模出现而成长起来了，当然它在特征、路径方面有很多不同。但它最终仍然是归向市场经济来配置资源，企业以市场需求为导向来投资、复制技术、改进和创新来满足市场的，这和很多东亚模式，乃至西方早期工业化的路径基本是一样的。

　　那么我们从以下几方面分析，主要是从微观层面，第一个就是企业家和企业家精神，看看到底跟其他地方有什么不同。因为南加州大学经济系

---

* 现任浙江大学金融研究院研究员，浙江大学经济学院副教授。

教授约翰·施特劳斯（John Strauss）对意大利非常熟悉，他对意大利、东南亚，还有东亚的家庭私营部门的工业化都进行过研究，他就觉得温州模式有其区域特征，可以从中发现当地的文化色彩。我们发现温州企业家的特征，是发现市场配置资源的能力，这方面相当多的温州企业家（可以说早期的家庭企业主）是相当强的，跟浙北和苏南不一样。强在哪里呢？强在发现市场的能力，强在快速组织生产的能力，以及执着的精神。浙北和苏南很多是通过乡镇集体企业的延伸，跟上海国有企业建立关系，甚至利用政府关系来得到资源和市场的；而温州基本上是通过自发、自主的企业活动来建立，当然这个自发不是凭空想象出来的，我们也发现了很多企业成长的种子（seed）。问他们企业的这个"种子"是哪里来的，有些人就会说是到上海、到深圳打过工的人带回来的，还有一些跟上海外贸有个人联系的，跟人学生意的，等等。记得有一家很大的服装加工企业，当时一年就有 1 亿多美元的出口订单，老板一开始就是学裁缝的，跟着前辈做。后来发现不行，大家都跟他一样，他说要跟人家不一样。他就跑到上海去跟人学如何找外国人做服装生意，摸来摸去摸不到门道，结果在进出口博览会上就遇到了老外，然后就很认真地约老外好几次，打动了老外。人家说你来给我先做学徒，他说我帮你拎包打杂都没问题，就是这种精神……学了两年多后回温州再创业。我们当时见到很多服装企业的老板，后来跟踪企业生命周期，发现能够长久的基本上都是这类企业，它们善于不断学习向上。还有一类是家庭作坊的案例，产业规模比较小。个体家庭作坊也是有组织的，他们联合起来构成了市场关系。个体户能够做到一定的规模，企业间也要形成供应链市场。我们发现产业的集聚，跟乡情观念是非常有关联的，往往一个产品的厂家就集中在一个村级单位，几家几户合作，然后变成一个村、一个镇的合作，不是很分散，城镇之间很有区域特色。这个跟很多地方不一样，和苏南、浙北是不一样的。

按照哈佛大学普特南（Putnam）教授的说法，意大利北部为什么后面会追上南部？按产业传统，原来罗马、那波利那边是很强的，后来北面米兰那边赶上来了。有人认为米兰公国是受了德国移民的影响，萨伏依是受了法国文化的影响，其实没有太大关系。德国是大机器、大工业生产的，很难移植到米兰地区；法国那边的产业也不过如此。其原因，还是跟米兰地区的企业家精神和文化有关。

人力资本跟当地文化的关系，张仁寿老师已经讲了很多。我在思考另外一个问题：文化、经济和传统的关系，能否做出来一个经济成长的逻辑模型？用这个复合关系的模型来理解我们温州现象中的宏观发展经济学、微观发展经济学，这是我们团队非常想做的。后来，我们专门研究企业、企业家的成长道路，都设法把文化要素放进去，试图把文化对于经济生活的影响体现出来。正好我们知道耶鲁大学有个经济社会学的博士马克在义乌这里做社会学课题的研究，我发现他找了很多文献，用在他的产业研究中。他跟我讲，他是用"关系网络"和"社会资本"这样一些概念来观察温州经济模式。我们跟他一起做了一个研究，成果是一份很有意思的报告，可惜后来没有发表。我们在好几个地方都讨论了这份"社会资本"的报告，参与讨论的学者都很感兴趣，颇有一些启发。我们是在经济发展模型的研究中，引入文化研究的视野和方法。从文化、历史、社会学的角度进入我们经济学研究的成果肯定是很多的。不管怎么样，我们经济学也一直想从社会、人文的角度观察，在温州模式中，温州的文化是怎样跟企业同发展，跟经济活动结合在一起的。

我们为了研究得更透彻，就采用了普特南在研究意大利北部家庭经济促进区域经济发展时定义的"社会资本"概念。社会资本是指文化继承下来后，在一些区域，或者个人身上带有的禀赋特征，这种禀赋特征会在企业的创立和经营过程中，尤其是在市场的发展方面起很多的作用，我们把它看作像是播种（seeding）的苗床（seedbed）的土壤。当然我们现在的经济学在实证上还没法精确运用"社会资本"这个概念，还没有做进一步的实证研究，但很多故事是可以这样讲的。社会资本的好几方面，是可以影响微观经济和区域经济的。社会资本是通过影响个人行为，达成不同的社会效果。社会处于一个庞大的网络系统中，个人的行为影响团体行为，团体的行为改变网络特征。一个区域的文化特征，又被那个时代的读书人按自己的体会用生花妙笔写出来，这一点其实就是经济地理与永嘉学派产生的真实关系。温州学者对永嘉学派的尊重，其实和外面的人文学者有很大的不同。我们认为是温州区域经济产生了思想学派，而外面一些搞思想、文化、哲学的教授每每要说是永嘉学派的"义利观"直接启蒙了温州人。

其实20世纪八九十年代温州的兴起和经济发展还很难从实证分析上证明这一点，毕竟这一代温州的家庭企业主和后来的企业家大多还没有完整的中学教育经历，更是和永嘉学派的人物、思想远隔上千年，或至少百年之久，哪来的纽带可以传承？而且不符合永嘉学派自身的观点。现在我们知道，连孙诒让也并不是这么说的，他是自己开公司做实践来体会、提炼并宣扬永嘉学派的"义利观"的。我怀疑"永嘉学派"中的有些人物，他们可能没好好读过"四书""五经"，只是在家族朋友之间受到了行为上的影响和传承。比如，温州人其实是比较讲义气的，这是很特别的。我们浙江籍同学之间都有一种现象，从国外回来也好，大学放寒暑假也好，温州人是非常喜欢结伙排队去买机票、抢火车票的，我们杭嘉湖、宁绍的朋友就基本上从来不打招呼地就自己回家去了。温州人关系网络密切，就是一般大家讲的"抱团"，可上海人、杭州人就不明显。你到兰州、西安、武汉，温州人抱团就更厉害了。搞一个地产项目，他可能搞不过那边的国企，或者什么关系户，但是几个人一聚资，几天内现金就能集几亿元，其他机构实力再大，数天内也难以做到。集资是有很强的信任和信用关系存在的，这是温州在外地做生意和投资受欢迎的重要原因，这就是一种在特定文化氛围内长期积累的社会资本。

上升到区域层面来谈社会资本，普特南教授其实就是讲这个问题。意大利北部的社会资本也是一个长期积累的社会资源禀赋，那边既有日耳曼的文化特征，就是行为严谨；又有意大利的文化个性，就是行为活泼。所以意大利北方的艺术设计很丰富，很现代，不像南面的比较保守。从这两方面，我们试图探讨社会资本对经济增长的作用，试图做一点理论上的突破。理论突破很难，但是我们有几点发现。第一，我们是把社会资本看作一种公共产品，公共产品没有排他性，可以公共享用，就像空气、文化一样。社会领域的公共产品，是可以积累的，可以应用的，但又不像经济上的公共产品是要折旧、损耗的，反而会自我进化，越来越好用，我把这样的社会资本外溢叫作正向的外部性，公共产品就有外部性。当然守旧、反对演进也会越来越不合时宜的，这时外溢性里面就会带有一些负面的，比如，温州人力资本上的一些缺陷也可以从这方面来理解。一定区域内的组织体系，可能不适应持续的创新，不适于现代化的要求，它会产生负面的作用。

极端的例子就是带有黑社会性质的行为，比如，一些极端的债务追讨方式的问题。所以传统地方经济制度非正规的金融运行方式，它发展到后来就难以为继了。东北、华北的朋友认为"拍胸脯"是讲"信用"，我们江浙沪的文化就不觉得这是信用，我们崇尚的实际是契约精神，"拍胸脯"只是"义气"。这两种社会习俗导致的社会资本差别很大，对商业社会的产生和运行的影响很大。而温州社会资本积累到今天，其文化个性可能表现得不太适应现在或未来的创新与发展。

温州当下可能面临的挑战，笼统地说，就是经济发展遇到了瓶颈。具体体现为人的素质问题，即企业家精神、人力资本的问题。经济学上把企业家精神、人力资本要素分开了，这两个要素可能都受到我刚刚讲的社会资本的影响。正面的和负面的都有。现在的温州要在人力资本、企业家精神、创新思维，以及企业家后备力量的培养上花功夫。这关系到企业家创新能力能不能持续，能不能顺利地过渡到下一代和企业的长期发展。还有一个问题，即我们现在的高新科技、创新驱动型企业、高质量发展的经济需要相当现代化的管理水平，这需要创业思想的更新。关于职业经理人和高技术的关系，我不太了解现在温州的现状。我觉得温州在这方面可能还不太具备优势，需要向杭、嘉、湖靠近，与上海靠近会比较容易落实到高新科技企业、创新型经济的升级上。温州的前辈已经做了许多的工作，所有工作实际上不外乎两点：一是用科技和文化开发"民智"（包括企业和人力资本），以提升自我；另一个是打开渠道，把新的技术、思想和人才内容引进来，把旧的产业提升上来或淘汰。温州的企业家很多是"二代"接班，大多数"二代"是被送出国去培养的。送到国外以后，有些"二代"对自己父母亲的事业不感兴趣，也没感情。我也曾参与过他们的这些企业家"二代"接班问题的讨论，就遇到这个问题，好多"二代"存在这样新旧身份的冲突。一家企业的传承，其实也是文化的传承，但传承又不能阻碍创新。怎么才能让他们继承和发扬企业家精神，面对创新型的经济开拓市场呢？开拓和提升更需要大量高质量的科技人员，而温州并不是一座科技城，也不是一座大学城，高科技人员的集聚是有一定的难度的，温州这方面的外力要比上海、杭州少很多，我们怎么样来解决？我想提出来供大家思考。

"温州模式"的提出与反思

高慎盈[*]

温州模式的讨论在 20 世纪 80 年代后兴起，作为在华东主要媒体《解放日报》工作的温州籍记者和编辑，我参与了一些温州经验和相关人物事迹的报道，经历、见证了温州模式的兴盛。作为生在乐清，学在复旦，对瑞安文化、经济也有了解的温州人，深知家乡发展的艰难曲折。而地处江南，勤劳勇敢，"抱团"成事的民风，加上文化底蕴深厚，诸事敢为天下先的精神，使得温州模式成为江浙地区社会发展的先锋。回顾 40 年来的道路，温州经验确实值得总结。"温州学"或者"瑞安学"的建立，是提升和超越温州模式的顺理成章的学术路径。

我在《解放日报》工作了 40 年，我见证了改革开放的全过程，又因为是温州人的关系，必然就会和温州模式有关联。《解放日报》是上海市委的机关报，在华东地区乃至全国也有很大的影响力。《解放日报》对华东地区的经济、社会报道比较擅长。温州模式的提法，正是 1985 年《解放日报》上最早提出来的。作为一个温州人，我一直为温州模式摇旗呐喊。这是我们温州人的本质，也就是当时的初心。现在强调"不忘初心、牢记使命"，改革开放就是我们不可忘记的极其重要的初心。

说《解放日报》与温州模式的提出有关联，因为它是本报 1985 年在周瑞金同志的重视下，首次提出来的。周瑞金是温州人，他的中学是在温州中学读的。当然，其他几位同事也做了不少具体的事情。回想起来，我也写了两篇与温州模式有关联的文章。一篇是在姓"资"姓"社"争论很激烈的时候，我以赵章光的"章光 101"作为例子，谈了温州的经济模式，刊登了一个整版，文章题目叫"改革需要红色大亨"。在这篇文章里，我

＊现任韩美林艺术基金会新闻总监，正泰集团传播顾问，温州南怀瑾书院顾问。曾任《解放日报》高级编辑，《解放周末》主编，解放报业集团文化讲坛总监等。

提到了私营经济的合理、合法的问题。第二篇文章，是我们上海新闻界的团队到乐清柳市镇采访，采访的题目就叫"'柳市现象'启示录"。什么叫"柳市现象"？就是柳市镇崛起了一批低压电器制造企业，被称为"中国电器之都"。据说，有人在外地写信，邮寄地址只要写"浙江省柳市某某收"，就收到了，连温州市、乐清县都可以省去，说明当时柳市被关注的程度。正是在乐清柳市兴起了一批私人企业，大家看到了温州的乡镇企业可以做大做强。好像是吴敬琏吴老说过一句话，说市场经济看温州，温州模式看柳市。所以，我们选择柳市这个地方，提出柳市现象来给我们启示。我就提示两条，两条放在一起说，就是"温州模式必须坚持，市场经济必须坚持"。这两篇文章的往事，已经如烟般地过去了，我们不需要再提"当年勇"。但是，有时候想起来，比如，在今天的会上想起来，还是觉得蛮欣慰的，作为一个温州人，身在上海，从事新闻事业，还为家乡的发展做了一点应该做的事情。

第二谈一个总体的感想，发言之前我想起了两句话。第一句话说，如果地理是历史的舞台，那么在这个舞台上唱主角的应该是文明；第二句话是汤因比在《历史研究》这本书上的开头所写的，印象特别深刻，就是"事实上，文明才是观察人类世界发展的标尺"。为什么这个时候会想起这两句话，因为我在想一个问题，就是为什么瑞安市委、市政府与我们复旦大学中华文明国际研究中心合作，共同举办这一场研究论坛？之前为了这个论坛，李天纲教授邀请我陪同他，几个月前到温州来过，和陈胜峰书记联系，做了些筹备工作。现在论坛成功举办了，我再次来瑞安表示祝贺。为什么温州瑞安要辛辛苦苦搞这样一次论坛，然后和前面两句话又有什么联系呢？我的粗浅理解就是，我们现在站在瑞安的地理位置上，展望未来，要唱一出以推进文明为主题的，以"温州模式""温州学"或者"瑞安新学"为标题的历史舞台剧。我们这个会议的关键词，就是"地理""历史"和"文明"，我对这个论坛的理解是这样的，不一定正确。但是我有这样的体会，认为温州模式不单是一种经济形态，是一种地方文化的表达，是一种地方历史的结晶，当然也是一种文明的呈现方式。

杨校长的发言，很清楚地表明文化与文明的区别。中华文化、海派文化、温州文化都是文化，但它们都是我们近代中华文明的一部分。中华文明进入人类近代文明之后，有很多进步，也有很多不足。中国近代的科学、思想都还没有达到人类文明的先进程度。文明暂且不论，什么叫文化？我理解的文化，就是文化的精神价值、生活方式、集体人格这 12 个字的综合。因此也可以说温州模式是温州人的精神价值、生活方式、集体人格的一种表达。我们理解的温州模式，是从文化角度来理解，比一般的经济理解要宽广一些。温州模式，它既是一种经济形态，也是精神形态，是一种文化表达，更是一种文明贡献。温州模式是温州人践行温州文化的集体意识，推动市场经济的文明贡献，这是我粗浅的总体的认识。

下面我想讲"三个不能回避"。研究瑞安新学、研究温州学、研究温州模式，在当下，我觉得有三个问题不能回避。第一个不能回避什么？就是不能回避温州文化特征之一的传教士文化是外来文化。温州文化特质，我记得五年之前在乐清，当时陈一新同志还在温州当书记的时候，在德力西集团创立 30 周年主办纪念活动的时候，我代表新闻界和他对话。讲到温州文化，我认为温州文化的特质是三方面构成的，第一是 5000 年中华文化的血脉，第二是永嘉学派的文化基因，第三是温州开埠后对于西方文化的包容，这三方面构成了温州近代文化土壤的特质。讲温州文化不能回避传教士，我看了原《温州日报》记者沈迦写的《寻找苏慧廉》，它把温州文化对于西方文化的包容都讲清楚了。有人说，温州是"中国的耶路撒冷"，浙江各种各样的宗教，最多的是在温州，其中最多的还在柳市。乐清柳市最大的基督教教堂，中国社会科学院世界宗教研究所在那里设立了一个研究基地。温州经济能够崛起，基督教起了相当大的作用。当年苏慧廉帮助建立的教会机构，与欧美国家，与港澳台地区有联系。倒不一定是信仰宗教推动经济，如同张校长、钱教授的研究所提示的，教会建立的海内外关系网络帮助温州发展了自己的市场经济。单讲温州经济模式是家族、宗法关系并不全对，因为温州人很多地方其实是一村一族都信宗教，教会的关系网络也帮助建立人群之间的紧密关系。19 世纪的时候，英国伦敦会传教士苏慧廉做了一项巨大的贡献，他把《圣经》翻成温州话，温州话一来大家听得懂，二来温州话变成了书面语，大家看得懂，使得大家可以理解。温州既能够敢为天下先，同时也能够成为外面所说的"东方犹太人"，这是能够构成"世界温州人"现象的一个重要的思想来源，这是我的一个想法。

刚刚听到李天纲教授的发言，捕捉到一束思想文化的灵光，不知道是不是准确。李教授谈到孙诒让请教过苏慧廉，瑞安办方言馆、学计馆也受到传教士"新学"的启发。这就是说瑞安新学本身诞生的过程中，就已经包含了传教士文化的因素，我们不能回避。我觉得母校的杨玉良校长推动中华文明国际研究中心建立，金光耀主任主持中心工作，李天纲教授策划瑞安新学的研究，在纪念改革开放40周年的背景下讨论温州模式，就是有这种中西文化会通的包容心态吧！

　　第二个不能回避的问题，就是"利"的文明史意义。温州永嘉学派中的"义利并举"的"利"字大有讲究，孔子有曰："君子不言利。"我现在深深地认识到，"君子不言利"是不文明的，这句话是不文明的。温州模式虽然是1985年提出来的，但并不是说温州模式是那一年才诞生的。如果我们把温州模式看作一种地方文化，是温州人的精神状态，那它就不是在改革开放之后才有的。温州人被批评的"资本主义的尾巴"，早就在那里摇摇摆摆的，我自己是有切身体会的。我从小是在乐清高岙的村庄里面长大的，村民大多是姓高的同一个宗族的。高岙在明代是尚书之村，现在还是国务院重点文保单位。但是在20世纪60年代三年困难时期，苦到什么程度，我印象特别深，实在没有吃的，还吃过藤叶。为了5分钱的一个饼，我和一个叔叔在马路上抢得哭了。那时我还是学生，每年春天生产队里插秧，凌晨3点多起来，跟我爸爸一起到田里干活。拔秧、插秧之后，生产队集体烧饭吃。为了吃饱饭，我从小就学会一个技能，我爸爸说你吃第一碗饭的时候，一定要盛得少一点，可以吃得快一点。第二碗你要多一点，把饭压下去，这样保证你不会饿。我在读书的时候，凌晨3点至永嘉山上去砍柴，砍完以后天亮挑到白象镇去卖掉，就为了几毛钱。最厉害的有一段时间，晚上穿着草鞋跑6小时，和父亲跑到了盐盘沿海。那时山高没有公路，买了盐以后挑着，摆渡到温州。我这么小的孩子，跑到了温州，人家屋檐下面门还没开。等庭院里扫马桶的声音起来了，我就推门进去，推销海盐。卖好以后，再去上学。讲这些故事，我想说明什么道理？我常常问自己，当时去卖盐、卖柴，心里想的是"义"吗？显然不是，就是为了活下去，这是一个根本的动力。我归纳起来说，温州模式的原点，就在于我们在一亩三分地上的努力，是一种生生不息的生命力。在这种困境之下，温州人为了争取活下去，摆脱自身的困境，以及活得更好一点的动力，这才是温州模式的本质。也就是说，为了利没什么不光彩，我觉得"利"是很真实、很朴素的道理，而真理往往就是最朴素的。哈耶克有句话，我觉得特别重要，他说人们在追逐私利，拥有私有财产的过程中，就自然地发出了价格的信号。这些私欲导致的价格的信号，奠定了市场经济的基础。我到城里卖给温州人海盐、木柴，赚到几毛钱，这就是价格的信号，进而发出了市场的信号，接下来的过程就催生了商业与文明。从这个逻辑过程来说，在一定意义上，这就是人类文明的起点。我被这句话深深打动，因为自己有切身体会。

所以对"义利并举"的关系，我是这样理解的。举个比喻来说，就像《圣经》与面包的关系。当一个人没有面包吃的时候，你读《圣经》，你当然可以很顽强地发扬自己的信仰精神，用天堂里的明天来激励自己，但是，你读下去也很难、很累。只有在吃饱的时候，才有更好的条件来享受《圣经》给你带来的精神愉悦，以及思想洗礼。在这个过程中间，只有当你吃饱了以后，读了《圣经》才能考虑到义，然后才能说坚持"义利并举"，不要"见利忘义"。我们观察柳市的市场经济，一开始家庭作坊做得粗制滥造、假冒伪劣，然后才逐步规范化、市场化。因为在这个过程中，人们被迫向市场低头、向规律低头、向法则低头、向契约低头，在这个情况下，人们逐渐得到了文明的熏陶。最简单的例子，以前我们从上海到温州，是坐轮船过来的，要坐几天几夜。因为我爱人在华东师范大学读书，我在《解放日报》工作特别忙，暑假把孩子送到高岙来，轮船要坐 36 小时，风浪摇摆。大家上轮船你挤我抢，说起来很不文明。现在回想起来，大概要难为情的。其实不足为奇，现在你看西装革履、坐高铁、坐飞机的乘客，来来往往多么文明。这个过程的养成，富而知礼，衣食足而知荣辱，这就是"义利并举"。

第三个不能回避，就是不能回避现实的课题。杨校长提出了六个结合，我觉得这六个结合就体现了教育的三个面向，即面向现代化、面向世界、面向未来。用这样一个现实的态度来研究瑞安新学，研究温州学是非常有意义的。现在大学里面的好多课题，没有意义，一方面是许多课题跟着短期的政策导向走，为已经成为客观现实的状况做注解。但也有另外一方面，就是脱离实际，以理论到理论，用不适用的概念来理解中国社会的变化。我觉得复旦大学中华文明国际研究中心在瑞安建立研究基地，对于瑞安100多年来形成的新学体系，结合自宋代以来的永嘉之学的历史传统，关注改革开放以来形成的温州模式，这样的研究才是自主的研究，是学者们自己想做的研究。我这些年来与李天纲教授的交流，知道他们对温州，对瑞安文化是有深入了解的，也有自己的想法，因而坚定地支持他们的想法。研究过去，直面当下，面向未来，研究不能从故纸堆回到故纸堆，不能从象牙塔回到象牙塔，不能不了解当地的文化脉络，就对永嘉学派、温州模式发表高谈阔论。瑞安新学、温州学，它们也是"经世致用"的学问，在孙诒让那一辈学者中就是这样的。当下最现实的课题是什么呢？温州模式过去得到了各方面的赞誉，现在也遇到了一些实际困难，但在对改革开放40多年的思考中，我们可以想想深层次的问题。温州模式怎么样持续下去，文明成果怎么样更坚实地落地？这些都是现实中的问题，是需要研究的，这才是我们推进文明成果落地，进而开展瑞安新学、温州学研究的现实意义。

温瑞崛起的文化基因

陈建克*

很高兴我有这个机会到瑞安来参加关于温瑞文化的研讨。

我们正泰集团的创业、发展，本身就是温州模式崛起的一个范例。正泰集团历来重视乡土文化，内部重视企业文化，外部则承担文化责任。瑞安是温州百年前社会、交通、教育、文化率先起步的城市，乐清则是近40年经济发展迅速的地方。作为一家在乐清创业，在全浙江发展，也在上海从事各项业务的集团企业，深感我们根在温州，底蕴是文化。一个地方的文化发展，会启动经济发展，这是百年前瑞安新派士绅的作用；一个地方的经济发展，也会带动当地的文化进步，这是正泰集团乐于从事的事业。我们这几年成立了正泰公益基金会，专门支持全国的文化事业。同时，正泰集团还在筹建温州南怀瑾书院，当然从事"温州学""瑞安新学"的研究，也是我们的文化责任所在。

我们知道，瑞安是浙商文化，还是南戏文化的发祥地。温州的读书风气很盛，从宋代以后就被称为"理学名邦""东南小邹鲁"，确实名不虚传。瑞安的先贤，如叶适、陈傅良等人，都是永嘉学派的主力军。南宋时期一大批倡导永嘉之学的大家，润物无声、薪火相传，到了孙诒让这一代学人，在从事学问的同时，还创办近现代工、商业，农、牧、渔等产业，为当代温州经济的崛起，奠定了基础，产生了非常深远的影响。据我了解，100年前，温州近代产业的兴起以瑞安先贤为代表；到了四五十年前，温州经济又一次崛起，以至于产生了温州模式，就主要是以乐清为代表了。从这个意义上来说，瑞安在温州有开风气之先的地位，而乐清人后来居上，也可以认为是瑞安先贤精神的继承者。

我们正泰集团是创办于1984年，也正好就是在学术界提出"温州模式"

*现任温州正泰集团董事、副总裁，正泰公益基金会执行理事长，温州南怀瑾人文公益基金会理事长。

的前一年，到今年为止已经是整整35周年。35年中，正泰在温州这一块土地上萌芽、成长，温州文化的滋养，不断地激励我们做大做强，成为温州产业模式的一家代表性的企业。因此，在这里说正泰是温州模式的一个代表，也是说得过去的。我们历来重视企业文化的传承和发展，不断地从温州优秀传统文化中吸取智慧，形成了兼具温州文化和企业自身特色的生态文化系统。我们提出了以客户为中心，创新、协作、正直、谦虚、担当的核心价值观，不断引领着我们正泰前行。我加入正泰集团的二三十年来，一直研究怎么样做好产业、做大实业。现在的正泰已经是一个在浙江省，在全球范围内经营的企业了，在上海也有很大的规模。但想来想去，正泰的生意做到了全世界，仍然有很强的温州文化特征。可以说，温州文化，对我们企业的影响是非常巨大的。近代以来，在国家、民族内忧外患的情形之下，温州各地早在戊戌变法时期，就出现了一批以追求"经世致用""义利并举"为特征的先贤。如陈虬、宋恕等人提倡"民权""自治"思想，他们办学校，建医院，开报馆，都是实践家。像孙诒让、项申甫这些读书人，还亲自开办实业，建电灯厂、轮渡公司、各种加工厂，他们才是温州第一代实业家。我也读过一点学术界关于永嘉学派的研究文章，谈了很多哲学问题，但很少说到他们的"义利并举"主张。还有，谈到瑞安孙氏、项氏复兴永嘉之学，整理文献，研究经学，这样的文章也不少，但详细研究他们创办现代实业、振兴地方经济的文章就不多。某种意义上来讲，当年瑞安先贤们主张的"义利并举"，是更早的温州模式。

从先贤的经验当中汲取思想精华，推陈出新、融汇中西，是我们正泰集团应该探索的一个方向。我们感受比较深的是，先贤把西方很多的理念、方法，引进我们的生产实践，需要跟我们温州这里的实际情况相结合。在那个年代能够这样做，是非常了不起的。戊戌变法之前，孙氏、项氏、黄氏这些士大夫，先是通过读书，在外面考试、做官、见世面，有点像我们今天读了大学，受了高等教育，有了人脉关系，再回到家乡从事创业实践。他们在当时的社会地位，比一般的农民要高，比后来发起建立洋务企业的官僚大员要低，是处于中间地位的士绅阶层。而三四十年前，温州人再一次投入市场经济，搞私营创业的时候，机会面前人人平等，不少人确实是从草根阶层突围出来的。可真正成功的企业，不但要靠机遇，还需要知识储备、技术引进、人才积累、海内外开拓等，这些都需要不断创新才能达到。正是在这种不断升级换代的过程中，正泰集团从一家小作坊，发展到今天的大集团。我们和当年瑞安先贤们走的道路有相同，有不同。不同的地方在于瑞安的第一次近代工业创业，走的是士绅道路，而乐清的第二次民营经济发展，走的是草根道路。然而，相同的地方更加重要，我们都共同地意识到了公司企业所应承担的社会责任，做实业不仅仅是为自己，更要造福一方，惠及全民。我感觉到，永嘉之学能在宋代以后，时隔数百年，到清代末年又在瑞安先贤们的努力下焕发出新的生机，并流传至今，有它很现实的原因。这就是，我们温州人在产业、经济、文化、思想的不断升级中意识到，永嘉之学重商、创新、变通、"义利并举"的事功精神，正是温州人敢为天下先的根本。

我们正泰集团最近正在编辑一个文库系列，我跟编辑的人讲，今天企业的发展壮大，要放到温州文化和这个时代的大背景之下，进行反思和总结。为什么我们正泰能够发展起来？1984 年，南存辉董事长从"求精开关厂"一家小作坊，不满足为上海来料加工，聘请老师傅、技术人员建立热继电实验室，发明新产品，在当年假冒伪劣产品盛行的市场环境中脱颖而出。我们创业的道路上，一波三折，承包制、中外合资、股份制、多元化、集团化，一路过来，算是成功了。到了今天，我们要进一步发展，就要回溯历史，寻找自己的文化基因和文化动力。无论是承担社会责任，还是扩大社会影响，或者深入地夯实我们的企业根基，都要重视文化建设。我们集团的务实创新，同样是基于温州的文化精神。永嘉学派特别坚持道器统一，实质上就是要反对空谈，强调务实。正泰的创新，一定要做得接地气，我们正泰创业 35 年来，始终坚持主业围绕实业不动摇，从 8 个人的一家小作坊，成长为有 30000 名员工的大企业，业务遍及全球 140 个国家，为各个产业提供我们的电气设备、高端装备。有工业的自动化，还有绿色的能源产业，形成了发电、储能、输电、配送、用电全产业链的全覆盖。特别是近年来我们抢抓工业物联网发展的机遇，提出了运用互联网的战略布局，依托工业物联网的平台，打造智慧能源生态圈。

正泰 35 年来的发展壮大，见证了温州从 20 世纪 80 年代改革开放初期到现在的艰难历程。温州人为中国市场经济的发展做贡献，不说是抛头颅，洒热血，那也是义无反顾，前仆后继。那么多的企业，有的是父创子承，有的是兄终弟及。还有的做着做着就没了，破产了，传不下去了。传不下去的原因各种各样，有一些是主观个人的原因，但更多的原因是市场经济环境恶劣，法规不全，保护不力，不公平竞争。早期，我们的经营不仅要承担业务经营上的经济风险，还要承担政策上的风险。温州民营经济都是这样一路走过来的，所以说，温州人为市场经济的创新开拓，做出了不可磨灭的贡献。那么永嘉学派和瑞安新学所展示的温州人精神，是一种怎样的联系呢？我们讲永嘉、讲瑞安，就是讲一种开拓精神，讲崇商的文化。实际上，就是讲要贴近市场，尊重劳动和生产。在温州这么一个氛围里，我们觉得创业很光荣，用自己的双手去开辟一片新天地，这是我们骄傲的地方。看到像孙诒让等前辈，严谨治学、兴办教育、创造实业，给我们留下非常深刻的印象。他推动创新永嘉学派，注重诚信重义、义利并举，成为温商思想文化的一条"主脉"。他的思想推动了近代温州现代化的进程，也激励着我们一代代温州人勇闯天下、锐意进取。

瑞安是一座拥有深厚历史文化底蕴的城市，近代以来的温州各个县市都是人才辈出。怎样推动温州的文化发展是我们共同的一个使命。2018年，正好是南怀瑾先生诞辰100周年，我们正泰基金会在温州市委、市政府的推动之下，和温州地方共同建设温州南怀瑾书院。南怀瑾先生生前也一直关心温州经济、文化的发展，他认为温州文化的文脉，从1300多年前到现在，是一脉相承的，今天需要我们做好传承和弘扬的工作。李强在温州总结了两句话：一句是"恋乡不守土，重利不守财"，另外一句是"自信不自满，敢冒险，知进退"。第二句我觉得也是永嘉学派"义利并举"的体现。温州人是敢冲敢闯，但是他们知道哪些地方能进就要进，不行就要退。我想文化是我们经济得以持续发展的不竭动力和精神支持。在瑞安和温州，我们拥有这么宝贵的财富，所以一定要弘扬务实创新、经世致用精神，用这种思想来推进文化的创新发展，加强文化建设，不断赋予温州精神新的内涵和活力，把我们的文化自信转化为经济动力，瑞安，乃至温州的发展必将会迎来新的更好的明天。

跋

温州，是一座富有传奇色彩的魅力城市。就经济而言，奇在遍布全球的温州商人。就文化而言，奇在绵延千年的永嘉学派。2023年3月13日，李强总理在人民大会堂出席记者会回答民营经济发展问题时，特别提到了浙商"四千精神"，也就是"走遍千山万水、说尽千言万语、想尽千方百计、吃尽千辛万苦"。发轫于温州的"四千精神"，直接缘由是对闯荡天下的温州人创业精神的高度概括，而它的文化根底无疑可以追溯到宋朝的永嘉学派。

2002年11月1日，时任温州市委书记李强在《光明日报》上发表了《关于创立温州学的思考》。二十多年来，以温州模式为缘起、以永嘉学派为核心的温州学研究渐成气候。但是，诚如袁家军同志在2021年8月召开的浙江省委文化工作会议上盘点问题时所说的，我们对"永嘉学派的集成研究和深度挖掘还不够"。当下学术界对永嘉学派的研究视角，大多数是从薛季宣、陈傅良、叶适等某个人物入手，或从经济、民生、教育等某个角度入手，解剖麻雀局部研究多、统揽全局整体思考少。永嘉学派以"经世致用"作为最闪亮的招牌，因此我们的研究自然要直指事功实学这个核心要义，紧扣服务发展这个第一要务，而不能仅仅拘泥于训诂句读、考据义理。

初到社科联主持工作的那一年，我发现很多人讲起永嘉学派，一是"南宋全国三大思想流派"，二是"经世致用，义利并举"，再深入点就似乎讲不出什么东西了。什么是永嘉？什么是永嘉学派？特色思想在哪里？突出成就有哪些？在中国思想史坐标体系里到底如何定位？对中国未来发展有什么样的独特启示？好像讲也讲不清楚。我问复旦的一位教授：永嘉学派研究下步该怎么做？他说永嘉学派没什么好研究的了。但是，知网上关于朱熹的论文达2万余篇，关于叶适的仅1000多篇。我想，也许是他自己没有研究罢了。包括很多温州人，对永嘉学派知之甚少，甚至不少温州领导干部也自认为永嘉学派在全国是不入流、排不上号的。但是，整整100卷的《宋元学案》共记录了中国思想史上2700多名学者、平均1卷约27人，然而叶适1人却被重用 2 卷篇幅来叙写。同样享此待遇的是：司马光、邵雍、周敦颐、张载、程颢、程颐、朱熹 7 位思想家。这些原因，促使曾经在市委办捉刀代笔写吐了的我，不揣浅陋重新拿起了笔杆子。

我想，我们不能老是在争叶适是瑞安人、鹿城人还是永嘉人，也不能仅靠名人后代在喊"某某是我老太，曾经非常厉害"云云。我们要靠坚定的文化情怀、严谨的治学态度，深挖永嘉学派思想富矿，在当下学术圈里拼成果，在中国思想史上争地位。特别是要跳出温州来研究温州，用"两创"成果挖掘永嘉学派的新内涵，用"两创"成果打响温州学的知名度。于是，也就有了我历时三年牵头主编的《永嘉学派丛书》问世，并且刚好赶上宋韵文化传世工程的启动，被省社科联作为重要基础性文献成果入选浙江文化研究工程。在编辑丛书过程中，我一边抓学习，一边做研究，并提出借船出海抓研究、借梯登高办论坛、借鸡生蛋出精品的"三借工程"，争取利用各大学术机构和力量同步开展系列工作。承蒙全国学界有关专家学者这些年来的错爱与支持，也就有了这本论文集的结集与出版。本书第一部分是我个人的研究心得，其他三个部分有些是我近年牵头策划的数次学术论坛所征集的论文，还有一些是全国各地专家学者自发关注的研究成果。在联系授权出版过程中，他们的热情态度、鼎力支持和殷殷鼓励，让我深受感动，在此一并表示感谢。

虽然本书确定了永嘉学派"一脉三高峰"的框架，尽量涵盖方方面面，但是由于专家学者对研究课题的确定，都是根据自己专业和爱好自由选择，因此本书的每一部分都是相对松散、不成体系的。而且，瑞安虽然是温州模式的主要发祥地之一，温州模式虽然是永嘉学派在当代的生动实践，但温州模式终究只是一种经济发展模式，并不能与已成过去时的南宋永嘉学派、晚清瑞安新学在学术上相并列。这也从侧面说明了温州学正在构建之中，她很可能迎来温州文化史上的第三次高峰，但最多是现在进行时而不是完成时。因此，希望本书的出版，能够对温州学的深入研究起到抛砖引玉的作用！

邵定美

2024 年 1 月 7 日

图书在版编目（CIP）数据

永嘉成派继何学 / 邵定美编著 . -- 北京：光明日
报出版社，2024.1
ISBN 978-7-5194-7728-8

Ⅰ.①永… Ⅱ.①邵… Ⅲ.①永嘉学派 – 研究 Ⅳ.
① B244.92

中国国家版本馆 CIP 数据核字（2024）第 005986 号

永嘉成派继何学
YONGJIA CHENG PAI JI HE XUE

编　　著：邵定美

责任编辑：李月娥　　　　　　　　责任校对：鲍鹏飞　慧　眼
封面设计：李彦生　　　　　　　　责任印制：曹　净

出版发行：光明日报出版社
地　　址：北京市西城区永安路 106 号，100050
电　　话：010-63169890（咨询），010-63131930（邮购）
传　　真：010-63131930
网　　址：http://book.gmw.cn
E – mail：gmrbcbs@gmw.cn
法律顾问：北京市兰台律师事务所龚柳方律师

印　　刷：北京圣美印刷有限责任公司
装　　订：北京圣美印刷有限责任公司
本书如有破损、缺页、装订错误，请与本社联系调换，电话：010-63131930

开　　本：170mm×240mm
字　　数：305 千字　　　　　　　印　　张：22
版　　次：2024 年 1 月第 1 版　　印　　次：2024 年 1 月第 1 次印刷
书　　号：ISBN 978-7-5194-7728-8

定　　价：99.00 元

版权所有　翻印必究